오르비스 테르티우스

라틴아메리카 석학에게 듣는다

오르비스 테르티우스

라틴아메리카 석학에게 듣는다

초판1쇄 펴냄 2021년 11월 22일

엮은이 우석균
지은이 김은중, 김창민, 넬슨 말도나도−토레스, 마벨 모라냐, 박정원, 산티아고 카스트로−고메스,
　　　　 아니발 키하노, 엔리케 두셀, 월터 미뇰로, 이매뉴얼 월러스틴, 존 베벌리
옮긴이 김동환, 김은중, 김종규, 우석균, 위정은, 이경민
펴낸이 유재건
펴낸곳 그린비
주소 서울시 마포구 와우산로 180, 4층
대표전화 02-702-2717 | **팩스** 02-703-0272
홈페이지 www.greenbee.co.kr
원고투고 및 문의 editor@greenbee.co.kr

주간 임유진 | **편집** 홍민기, 신효섭, 구세주, 송예진 | **디자인** 권희원 | **마케팅** 유하나
물류유통 유재영, 한동훈 | **경영관리** 유수진

ISBN 978-89-7682-666-4 93300

學問思辨行: 배우고 묻고 생각하고 판단하고 행동하고
───
독자의 학문사변행을 돕는 든든한 가이드 _그린비 출판그룹

그린비 철학, 예술, 고전, 인문교양 브랜드
엑스북스 책읽기, 글쓰기에 대한 거의 모든 것
곰세마리 책으로 통하는 세대공감, 가족이 함께 읽는 책

오르비스 테르티우스

라틴아메리카 석학에게 듣는다

우석균 엮음

그린비

머리말

우석균

이 책은 '오르비스 테르티우스: 라틴아메리카 석학에게 듣는다'라는 서울대학교 라틴아메리카연구소의 해외석학 초청강연 프로그램의 강연들을 뼈대로 하여 구성되었다. '오르비스 테르티우스'는 '제3의 세계' 정도를 뜻하는 라틴어로 아르헨티나의 세계적인 문호 호르헤 루이스 보르헤스(Jorge Luis Borges)의 유명한 단편인 「틀뢴, 우크바르, 오르비스 테르티우스」(Tlön, Uqbar, Orbis Tertius)의 제목에서 따왔다. 다만 이 단편과 직접적인 관계가 있는 것은 아니고, 서구 사유가 간과하고 폄하한 또 다른 라틴아메리카 사유를 소개한다는 취지로 '오르비스 테르티우스'라는 용어를 사용하였다.

국내 라틴아메리카 연구의 토대가 튼실하지 못하다 보니 이처럼 해외 석학들을 지속적으로 초청하는 기획은 참신하게 받아들여졌다. 호응도 뜨거웠고 많은 사람들이 지적 호기심을 충족하는 기회가 되었다고 말해 주었다. 필자 개인적으로는 아무래도 시간 제약이 있는 강연 자체보다는 식사자리나 이동 시간에 나눈 잡담이 더 유용했다. 그 대화를 통해 그들의 지적 계보(지적인 출발점, 발화 위치, 학문적 친소 관계, 다른 학자들에 대한 소위 뒷담화 등)를 나름대로 짐작할 수 있는 단서를 많이 얻을 수 있어서 그들의 저작을 읽을 때 생각보다 많은 도움이 되었다.

강연자들에 대한 여러 가지 기억도 새롭다. 첫 번째 강연자였던 아르헨티나의 해방철학자 엔리케 두셀(Enrique Dussel)이 질의응답 시간이 되었을 때 자신은 밤샘 토론도 마다하지 않을 테니 하고 싶은 질문 다 하라고 화통하게 말해 청중의 뜨거운 호응을 얻었지만, 정작 여독 때문인지 강연 후에 코피를 쏟아 당혹스러웠던 기억이 제일 생생하다. 또 분단 상황이나 산낙지, 노래방 등 한국 현실이나 문화에 특별한 관심을 보인 이들, 존 베벌리(John Beverley)처럼 젊었을 때는 하위주체 연구의 기본 틀에 입각해 국가를 억압의 도구로 보았지만 나이가 들면서 국가의 역할이 일정 부분 필요하다는 결론에 이르렀다고 솔직한 자아비판을 하는 학자 역시 기억에 남는다. 『르네상스의 이면』(*The Darker Side of Renaissance*, 1995)에서 기호학을 식민지 시대 연구에 창의적으로 접목시키고, 이를 바탕으로 에드워드 사이드의 오리엔탈리즘, 이매뉴얼 월러스틴의 세계체제론의 서구중심주의에 대한 비판을 수행한 탈식민주의 연구(decolonial studies)로 지평을 넓힌 월터 미뇰로(Walter Mignolo)는 번역을 약속한 책을 펴내지 못해 미안한 기억이 앞선다.

다만 이 책에서 '오르비스 테르티우스'의 모든 강연을 다 포함시키지는 못했다. 탈식민주의(decolonialism)와 하위주체연구 관련 강연을 위주로 책을 구성했다. 또 책의 구성상 실제 강연을 하지 않은 이들의 글도 몇 편 포함시켰다. 아니발 키하노(Aníbal Quijano, 페루)와 산티아고 카스트로-고메스(Santiago Castro-Gómez, 콜롬비아)의 경우가 그렇다. 원래 종속이론가였던 키하노는 1980년대를 거치면서 근대성과 식민성에 관심을 두다가 1990년대에 탈식민주의의 주요 이론 틀인 권력의 식민성 개념을 정립했다. 이는 탈식민주의 연구 초기의 3대 주요 개념으로, 또 다른 두 가지 주요 개념인 지식의 식민성 및 존재의 식민성의 영감이 되기도 했다. 포스트식민주의(postcolonialism)의 성 삼위가 사이드, 바바, 스피박이라면, 두셀 및 미뇰로와 더불어 탈식민주의의 성 삼위로 꼽히는 인물이 바로 키하노이다. 콜롬비아의 철학자 카스트로-고메스는 이 책에 포함된 그의 글을 보면 알겠지만, 탈식민주의의 지적 흐름의 초기 국면을 명료하게 개괄한 학자이기 때문에 포함시켰다. 월러스틴은 키하노와 공동집필한 글이 있어서 수록을 결정했다. 「개념으로서의 아메리카성 혹은 근대세계체제 속의 아메리카」(Americanity as a Concept, or the Americas in the Modern World-System)이다. 우리나라에서는 두 사람의 인지도가 하늘과 땅 차이이지만, 이 글은 외려 키하노 주도로 공동집필한 것이다. 푸에르토리코의 철학자 넬슨 말도나도-토레스(Nelson Maldonado-Torres)의 경우도 석학강연 강연자는 아니다. 하지만 파농 연구 등을 기초로 하여 존재의 식민성 개념을 정립하여 탈식민주의 연구에서 일찍 두각을 나타낸 학자이다. 나이로는 2세대 연구자이지만 앞서 언급한 1세대 연구자와 별로 시차 없이 탈식민주의 연구의 중심인물 중 하나가 되어 1세대와 2세대의 가교 역할을 하였다고 볼 수 있어서 수록을 결정하였다. 게다가 원래 석학강연 초청 대상자로 생각하고 있다가, 마침 연구소 주최 국제학술대회를 열게 되면서 기조 발표자로 돌린 사례이기 때문에 이 책에 포함시키는 것이 더 자연스러운 경우였다. 그 국제학술대회의 공동 주최자이자 친구인 이그나시오 로페스-칼보(Ignacio López-Calvo)는 탈식민주의 연구의 방향성에 전적으로 동의하지 않지만, 미국에서도 초청하기 힘들 만큼 바쁜 말도나도-토레스를 자신이 주도해 온 국제학술대회의 기조 발표자로 섭외한 비결이 무엇인지 궁금해하기도 했다.

'오르비스 테르티우스' 석학강연이 주목한 라틴아메리카 사유와 연구 흐름은 1990년대에 라틴아메리카에서 일어난 일련의 사건들과 긴밀하게 관련되어 있다. 우리나라에서도 꽤 관심을 끌었던 사건만 예로 들자면 1994년 멕시코의 사파티스타 봉기와 1998년 베네수엘라의 우고 차베스(Hugo Chávez) 집권을 꼽을 수 있다. 세계적으로도 대단히 반향이 큰 사건들이라 우리나라에서도 언급의 대상이 될 수 있었다. 사파티스타 봉기와 그 이후의 공동체 실험은 반신자유주의, 아래로부터의 세계화, 다중, 포스트모던 혁명, 코뮌, 선주민 등의 키워드와 관련되어 무수히 언급되었다. 온도차 큰 평가들이 존재하지만, 사파티스타 봉기는 적어도 절대악으로 여겨지지는 않았다. 반면, 차베스 정권은 일종의 악의 축으로 낙인찍혔다. 차베스 집권이 소위 분홍 물결(marea rosada, 라틴아메리카 여러 나라에서 과거에 비해 대체로 연성인 좌파 정권들의 연이은 등장을 일컫는 표현)의 선도적인 사건이었던 데다가, 그의 21세기 사회주의론이 시대착오적인 현상 내지 과격한 '불량 좌파' 혹은 포퓰리즘으로 비쳤기 때문이다.

오늘날의 관점에서 보자면 두 사건 모두 결코 성공했다고는 볼 수 없다. 또 사파티스타나 차베스의 노선에 대해서도 부정적인 사후 평가가 득세하고 있다. 그러나 설사 두 사건이 틀렸다 해도 이것이 비판자들이 옳다는 증거가 될 수 있을까? 이 사건들 자체가, 또 이 사건들이 영감을 주었던 탈식민주의 연구와 하위주체 연구는 한 시대의 산물이었고, 지난 5세기 동안 단 한 번도 서구와 대등한 관계를 맺지 못한 라틴아메리카 전체의 역사적 지평의 산물이기도 하다. 또 라틴아메리카의 질곡의 역사를 되짚어 보면 그 사건들, 그 주역들의 대척점에 있는 진영은 더 지속적이고 오랜 실패를 되풀이해 왔다. 현재의 실패를 지적하며 처음부터 끝까지 다 틀렸다고 말할 일이 아닌 것이다. 따라서 사건과 이론들이 등장한 시대적 맥락, 역사적 맥락에 대한 면밀한 고찰이 필요하다.

가령, 차베스 이전의 베네수엘라를 돌이켜 보자. 1960~70년대의 베네수엘라의 별칭은 사우디베네수엘라였다. 석유 덕분에 다른 라틴아메리카 국가들에 비해 풍요로웠고 번영을 구가하리라는 기대가 팽배했다. 정치적으로도 안정되어 있었다. 1958년 푼토피호 협약(Pacto de Punto Fijo)으로 권력을 나누는 일종의 대타협 덕분이다. 이 안정감 때문에 군부독재의 탄압 때문에 망명이나 이민을 선택해야만 했던 라틴아메리카인들 중에서 베네수엘라에 정착한 이들도 꽤 있을 정도였다. 이 책에 포함된 마벨 모라냐(Mabel Moraña)도 그런 경우였다. 그녀는 군부독재하의 우루과이의 억압적 분위기와 미래가 있을 것 같지 않다는 고민 때문에 베네수엘라로 갔다. 그러나 살아 보니 아니라는 생각이 들어 다시 미국으로 떠났다. 그렇게 생각한 이유를 한국 방문 중에 나눈 사적 대화에서 들을 수 있었다. 주말이면 으레 마이애미행 전세기가 편성되고, 으레 만석이고, 으레 미국에서 흥청망청 쇼핑을 하는 세태가 견딜 수 없었다는 것이었다. 모라냐는 그다지 차베스에 우호적이지 않았다. 하지만 분명하게 말했다. 베네수엘라의 호황기는 차베스가 등장해 뒤엎어 버려도 할 말 없는 지독한 불평등 사회였다고.

최근에 수도 카라카스의 빈민촌 사진을 게재하며 이를 차베스 탓으로 돌리는 기사들을 가끔 접하는데, 50년 전인 1971년에 출간된 에두아르도 갈레아노(Eduardo Galeano)의 『수탈된 대지』(*Las venas abiertas de América Latina*, 1971)는 무려 50만 명의 도시 빈민의 비참한 삶, 아동과 청년의 절반이 학교에 가지 못하는 현실을 고발하고 있다. 차베스가 2009년 막 집권한 오바마 대통령에게 선물해서 국내에서도 화제가 된 바로 그 책이다. 베네수엘라의 경제적 호황도 푼토피호 협약도 신기루였을 뿐이다. 1980년대에 세계적인 불황이 닥치고 라틴아메리카가 '잃어버린 10년'에 진입했을 때, 베네수엘라는 카라카스 봉기(Caracazo, 1989)라는 진실의 순간을 경험했다. 휘발유 가격과 교통요금 인상에 항의한 대대적인 시위로, 공식적으로는 270명 이상의 사상자가 발생했고 3,000명 이상을 언급하는 소문이 무성했다. 차베스 집권 10년 전의 일이었고, 그 10년 동안 베네수엘라는 거버넌스가 무너진 상태로 표류하고 있었다.

이 카라카스 봉기는 차베스 등장의 기원이기도 하고 사파티스타 봉기의 예고편이었다. 모두 다 '잃어버린 10년'이 야기한 시대적 사건들이다. 우리나라의 IMF 위기는 물론이고 대공황기의 미국보다 더 심각했던 1980년대의 라틴아메리카 경제위기는 실로 끔찍한 것이었다. 실질적으로 마이너스 성장을 한 10년이었고, 니카라과에서는 33,000퍼센트 이상의 인플레율을 기록한 해가 있을 정도였다. 필자도 '잃어버린 10년'의 끝 무렵에 페루에서 석사과정을 밟으면서 그 참상을 목도했다. 당시 정부 발표로는 연 2,000퍼센트, 훗날의 한 연구서에 따르면 연 8,000~10,000퍼센트의 인플레가 2년 연속 계속되었다. 아마 당시의 알란 가르시아 정부가 통계를 조작해서 축소 발표를 한 것이지 싶다. 당시 목도한 참상보다 더 기억에 남은 일은 2012년쯤 잉카 제국의 고도 쿠스코에서 택시 기사와 나눈 대화였다. 20세기 초 페루는 국제 원자재 가격 특수로 호황을 누리고 있었다. 쿠스코 공항도 거리를 달리는 차들도 말쑥했다. 기사에게 알란 가르시아 시절에 비해 몰라보게 발전했다고 하니, 맞장구를 치면서 그 시절 정말 기억하기 싫을 만큼 힘들었다고 말했다. 그런데 이상했다. 그 시절을 기억하기에는 너무 젊은 나이 같아서였다. 그래서 그때를 어떻게 기억하느냐고 물었더니 자기 인생 최초의 기억에 대해 말해 주었다. 다섯 살이었을 때 자식들을 위해 우유를 사러 간 부모님이 빈손으로 돌아와 펑펑 우는 장면이었다고 한다. 그새 우유 값이 올라서 빈손으로 돌아올 수밖에 없어서 자식들 앞에서 그리도 서럽게 울었다고 한다.

미증유의 경제적 참극 속에서 각국의 군부정권들은 정당성을 상실하고 속속 퇴장했다. 좌파 역시 책임론에서 자유로울 수 없었다. 알바로 바르가스 요사, 플리니오 아풀레요 멘도사, 카를로스 알베르토 몬타네르가 쓴『라틴아메리카 백치 설명서』(*Manual del perfecto idiota latinoamericano*, 1996)가 좌파와 진보 진영에 신랄한 비판을 가한 대표적인 저서의 하나였다. 분석 수준이 심층적이어서가 아니라 대중의 눈높이에 맞춘 책이어서이다. 저자들은 공산주의자, 민중주의자, 제3세계론자, 종속이론가, 해방신학자, 쿠바혁명 옹호론자, 반체제 무장 게릴라, 반미·반제국주의자, 산디니스타, 사파티스타, 페론 등을 싸잡아 백치라고 규정했다.

『라틴아메리카 백치 설명서』는 일견 호소력이 있어 보였다. 라틴아메리카를 설명하는 과거의 모든 패러다임이 신뢰를 상실하고 폐기되다시피 한 상황에서 '내 탓이오, 내 탓이오'를 외치는 처절한 반성이 선행되어야 한다고 생각하는 이들이 1996년이라는 시점에도 여전히 많았기 때문이다. 그만큼 '잃어버린 10년'의 파장이 컸기 때문이다. 그러나 한쪽 진영에만 책임을 묻는 것이 온당한 것인지 되묻지 않을 수 없었다. 물론 저자들이 군부독재를 옹호한 것은 아니다. 하지만 그들의 백치 명단에는 실종된 이들이 있었다. 경제 테크노크라트 집단이었다. 한때 유행한 기예르모 오도넬(Guillermo O'Donnell)의 관료적 권위주의 이론조차 경제 테크노크라트가 군부독재의 지배 정당성을 지탱한 한 축이었다고 지적한 바 있는데, 이들은 백치 명단에 없으니 납득이 가지 않았다. 그 이유는 이 책의 저자들이 후쿠야마의 '역사의 종말' 신봉자들이었고, 신자유주의 옹호론자들이었기 때문이다. 그리고 '잃어버린 10년'을 수습하는 과정에서 득세한 이들이 바로 경제 테크노크라트들이었기에 저자들의 눈에는 이 집단이 구세주였던 것이다.

라틴아메리카를 설명하던 과거의 모든 패러다임이 '잃어버린 10년' 시기에 폐기된 것으로 보였건만, 실제 벌어진 일은 좌파와 종속이론만 몰락하고 우파와 발전주의는 신자유주의로 새로 포장하고 부활했다는 뜻이다. 그것도 세계화 드라이브를 틈타 더 강력하고 폐쇄적인 국제적 네트워크로 무장한 채 말이다. 그 새로운 질서는 너무나 강고해서 균열을 낼 가능성조차 없어 보였다. 안토니오 네그리와 마이클 하트가 『다중』(Multitude, 2004)과 『공통체』(Commonwealth, 2009)에서는 활로를 모색했지만, 2000년에 쓴 『제국』(Empire)에서는 스스로 전지구적 제국으로 진화한 자본주의의 압도적이고 촘촘한 지배력에 절망하는 모습이 담겨 있었던 것이 그 때문이다. 이브 드잘레이와 브라이언트 가스의 『궁정전투의 국제화: 국가권력을 둘러싼 엘리트들의 경쟁과 지식 네트워크』(The Internationalization of Palace Wars, 2002)는 다른 각도에서 전지구적 제국의 강고한 질서를 조명한 책이다. 라틴아메리카의 시카고 보이스, 하버드대학 유학파 경제학자, 버클리 마피아, 법조계 카르텔 등이 어떻게 국제적인 학연으로 연결되어 칠레, 아르헨티나, 브라질, 멕시코에 신자유주의를 도입했는지 실증적으로 추적하였다. 이들 경제 테크노크라트들은 마거릿 대처의 "대안은 없다"라는 발언을 금과옥조로 여겼고, 그 결과 '잃어버린 10년'의 폐허

위에 신자유주의에 따른 극심한 경제적 불평등의 폐허를 추가했다.

2019년 칠레의 '30페소 혁명'은 폐허 위의 폐허의 산물이었다. 이 사건은 고작 50원 정도의 교통요금 인상으로 촉발되었는데, 인구 대비로 치면 우리의 촛불혁명 때보다 더 많은 군중이 거리로 쏟아져 나오는 칠레 역사상 최대 규모의 시위로 발전하여 2019년 연말을 달구었다. 한때 신자유주의 모범국으로 칭송받고, 중진국으로 도약하고, 정치적·경제적으로 라틴아메리카 여타 국가들보다 안정적이어서 라틴아메리카의 오아시스라고 자부하던 나라에서 이런 극단적인 사건이 발생한 것은 칠레가 가장 먼저 신자유주의를 도입한 나라로서 강고한 기득권 카르텔과 소득 양극화 등으로 인한 폐해가 더 켜켜이 쌓여왔기 때문이었다. 1973년 쿠데타로 집권한 피노체트의 시급한 과제 중 하나는 지배 정당성 확보를 위해 1970~1973년 사이의 인민연합(Unidad Popular) 정부보다 나은 경제 실적을 내는 것이었다. 1975년 밀턴 프리드먼의 방문으로 경제 정책 기조가 결정되었다. 덕분에 프리드먼은 처음으로 자신의 신자유주의 이론을 실제 현실에 적용할 실험장을 얻었다. 그로부터 30년 뒤인 2005년 허리케인 카트리나로 쑥대밭이 된 뉴올리언스를 두고 프리드먼은 학교 대부분이 피해를 입었지만 지금이 교육 시스템을 전면적으로 개혁할 기회라고 말했다(물론 그가 말하는 교육 개혁이란 무제한의 자유를 허용하는 신자유주의적 개혁이었다). 나오미 클라인이 『쇼크 독트린』(*The Shock Doctrine*, 2007)에서 비판한 전형적인 재난자본주의적 발상이었다. 그런데 프리드먼은 이미 1975년 칠레 강연에서 그 발상을 피력했다. 사회자가 예우를 위해 그를 우리 시대의 플라톤이라 할 만큼 대학자라고 소개하자, 프리드먼은 강연 시작하자마자 바로 자신은 그 비유가 불편하다고 말했다. 플라톤이 상징하는 사회 구원과 시민 계도 전통의 지식인상은 자신처럼 자유시장주의에 입각한 교육 시스템을 옹호하는 이들에게는 타파의 대상이라는 이유에서였다. 일견 엘리트와 일반 시민을 구분하지 않는 교육 민주주의를 주장하는 듯했지만, 이후에 입증되었듯이 피노체트의 칠레는 프리드먼의 속내를 충실히 수용해 자유경쟁과 민영화를 골자로 한 교육 시스템을 구축했다. 그리고 쿠데타라는 재난을 기회로 삼은 이 재난자본주의적 발상의 결과는 교육이 이슈가 된 2011년의 대규모 시위로 분출되었다. 30페소 혁명의 예고편격의 시위였다. 그래서 알베르토 마욜(Alberto Mayol) 같은 칠레의 중견 사회학자는 2011년 시위를 "[칠레] 모델의 붕괴", 2019년의 30페소 혁명을 파국 뒤에 비로소 새 국면이 열리는 "빅뱅"이라고 규정했다.

칠레 사례는 마거릿 대처식의 "대안은 없다"를 외친 라틴아메리카 신자유주의자들의 저의를 의심하게 만든다. '잃어버린 10년' 이전인 1975년에 이미 신자유주의가 라틴아메리카에 착륙했기 때문이다. 기회가 있을 때마다, 사회가 급변할 때나 심지어 재난이 발생해도 이를 기회로 삼아 번식하는 것이 자본의 속성이 아닐까 싶다.

이런 단상과 별도로 '잃어버린 10년'의 원인을 짚어 볼 필요가 있다. 1982년 멕시코의 모라토리엄 선언을 서막으로 라틴아메리카에 들불처럼 번진 경제위기는 과도한 외채, 적절치 못한 경제 운용, 부패 등 여러 가지 내부 문제가 분명 존재했다. 그러나 자본주의 세계체제의 위기가 더 근본적인 원인이었다. 한편으로는 1970년대의 오일쇼크가 문제였다. 석유로 막대한 수익을 올린 아랍 국가의 자본이 서구 금융기관에 대거 유입되고, 적절한 투자처나 금융 이익을 찾아 떠돌다가 당시로서는 아시아보다 신흥시장으로서의 가치가 높았던 라틴아메리카에 과도하게 유입되었다. 그러다가 1979년과 1981년 각각 대처와 레이건이 집권하여 실시한 긴축재정의 일환으로 자국의 은행 금리와 이자율을 높이자, 라틴아메리카를 떠돌던 자본은 수익을 쫓아 선진국 금융권으로 유턴했다. 라틴아메리카의 '잃어버린 10년'은 이렇게 시작되었다. 또 한편으로는, 2차 세계대전 종전 직전부터 자본주의 세계체제를 지탱한 브레튼우즈 체제가 1970년대 초부터 제대로 작동하지 않게 되었다는 점을 들 수 있다. 미국 달러화를 기축 통화로 하는 이 국제통화질서는 미국의 경제적 번영(덕분에 달러 강세를 유지할 수 있는 막대한 금 보유가 가능했다)과 2차 세계대전으로 인한 유럽 경제의 쇠약이 맞물려 출현한 체제이다. 그러나 공산주의 확산을 막기 위한 막대한 대외 원조, 서유럽 국가들의 경제적 부활로 인한 경쟁 심화, 베트남 전쟁 비용 등으로 미국의 국제수지가 악화되면서 1970년대 초에 이르면 더 이상 유지할 수 없는 체제가 되었다. 여기에 오일쇼크가 덮쳐 미국뿐만 아니라 전 세계 경제가 불황 국면에 접어들었고, 서구가 이를 타개하고 경제 헤게모니를 되찾으려는 과정에서 재정긴축을 출발점으로 하여 신자유주의 세계화로 귀결되었다. '잃어버린 10년'은 라틴아메리카 내부의 문제점보다 자본주의 세계체제의 위기가 더 큰 요인인 셈이다.

라틴아메리카 내부에 백치가 너무 많았다면서 "내 탓이오, 내 탓이오"를 외치는 것은 일견 반성의 미덕으로 비칠 수 있다. 그러나 자본주의 세계체제를 덮친 재난을 기회로 삼아 라틴아메리카를 온통 신자유주의 실험장으로 만들고 시치미를 뗀 이들을 향해 "네 탓이오, 네 탓이오"를 외치며 문제의 근본을 드러내야 한다는 것이 이 책에 포함된 라틴아메리카의 비판적 사유가 내린 결론이었다. 분홍 물결이 확산되고, 2001년부터 세계사회포럼이 주기적으로 열리고, "대안은 없다"에 맞서 "다른 세상은 가능하다"라는 외침이 설득력을 발휘하기 시작하면서 라틴아메리카의 비판적 사유는 현실에 개입할 여지를 얻었다. '오르비스 테르티우스' 석학강좌 프로그램과 이 책이 주목한 지점이 바로 그것이었다.

코로나19(COVID-19)는 또 다른 세계를 예고하고 있다. 많은 사람이 예상하듯이 분명 다른 국면의 세상이 전개될 것 같다. 그렇다고 이 책에서 다루는 라틴아메리카의 비판적 사유를 과거지사로 치부할 일은 아니다. 새로운 세상이 인류를 불평등에서 탈피하게 만들 것이라고 믿는 사람은 아무도 없기 때문이다. 재난을 숙주로 삼는 '탁월한' 능력이 있는 자본주의가 오히려 더 맹위를 떨칠 가능성이 더 크고, 세상은 평평하지 않다는 진실을 더 생생하게 체험할 것이다. 그래서 불평등하기 짝이 없지만 너무나 강고해 보이던 신자유주의 질서에 균열을 낸 라틴아메리카의 비판적 사유의 궤적이 소중한 자산이 될 수 있다.

라틴아메리카에 국한시켜 말하자면, 1940년대 어느 영국 학자가 한 말이 아직도 유효한 것 같아서 씁쓸하다. 그는 발전을 위해서는 아시아에는 자본, 아프리카에는 교육이 필요하다고 말했다. 그렇다면 라틴아메리카에는 무엇이 필요하다고 보았을까? 혁명이었다. 1940년대의 라틴아메리카는 아시아와 아프리카보다 더 나은 세상이었는데 혁명의 필요성을 거론한 것은 왜일까? 라틴아메리카가 정착 식민지여서, 또 서구와 가장 많은 관계를 맺은 비서구 대륙으로서 온갖 문제가 난마처럼 얽혀서 온건하고 점진적인 발전이 불가능하다고 보았던 것이다. 혁명이 필요하다는 것이 꼭 피를 보아야 한다는 뜻이 아니라, 첫 단추부터 잘못 끼운 대륙이라는 뜻이다. 물론 그 첫 단추는 콜럼버스의 아메리카 도착과 그 이후의 식민지배이다. '내 탓이오'라는 반성보다, 서구에 대해, 또 500년 자본주의 세계체제에 대해 '네 탓이오'라는 고발이 먼저 선행되어야 잘못 낀 첫 단추가 코로나19 이후의 세상을 다시금 불평등 사회로 내모는 일을 막을 수 있을 것이다.

차례

오르비스 테르티우스

라틴아메리카 석학에게 듣는다

1장
식민성과 근대성/합리성

아니발 키하노

오늘날 라틴아메리카로 불리는 지역의 여러 사회와 문화의 정복은 새로운 세계질서를 형성했다. 500년이 지난 지금 이 질서는 전지구를 망라하는 권력이 되었다. 새로운 세계질서가 성립되는 과정은 한편으로는 소수의 유럽인, 특히 그 지배계급에게는 세계의 자원을 폭력적으로 집중시키는 과정이었다. 이 집중은 피지배자들의 반란으로 일시적으로 완화되기도 했지만 결코 멈추지 않았다. 게다가 현재 진행되는 위기로 새로운 추동력을 통해 더 폭력적인 방식으로, 더 전지구적으로 이루어지고 있는 듯하다. 서구의 유럽 지배자들과 이들의 구미인 후손들은 아직도 이 폭력적 자원 집중화의 주된 수혜자이다. 유럽 국가는 아니지만 유럽의 식민지도 아니었던 일본, 특히 그 지배계급 역시 수혜자이다. 반면 라틴아메리카와 아프리카의 피착취자들과 피지배자들은 주된 희생자이다.

또 다른 한편으로, 유럽인은 모든 대륙의 피정복민을 직접 지배하는 정치적·사회적·문화적 관계를 수립했다. 이 지배 관계를 식민주의라고 부르는데, 이는 정치적인 측면에서는 대부분 종식되었다. 아메리카가 식민주의 타도의 선봉이었고, 2차 세계대전 후에는 아시아와 아프리카가 그 뒤를 이었다. 그러므로 타자에 대한 서구 유럽의 정치적 지배라는 의미의 식민주의는 과거지사로 보인다. 그 계승자인 제국주의는 식민주의처럼 외부로부터의 강압이라기보다는 세계 각국의 지배집단(사회계급 그리고/혹은 종족)이 저마다의 사회적 이해관계에 따른 합종연횡으로 권력을 형성하였다.

하지만 권력의 식민적 구조는 나중에 시기, 행위주체(agente), 인구집단에 따라 인종적, 종족적, 인류학적 혹은 민족적 범주로 코드화되어 각종 사회적 차별을 야기했다. 유럽인의 식민지배의 산물인 이 구축물들은 '객관'과 '과학'의 범주로 포장되어 역사를 뛰어넘는 진실인 양 치부되었다. 즉 권력의 역사가 아닌 자연의 법칙으로 치부되는 것이다. 그 권력구조는 계급주의적이거나 신분 차별적인 사회적 관계들이 작동하는 틀이었고, 지금도 여전히 그렇다. 실제로 전지구적으로 벌어지는 착취와 사회적 지배의 주요 흐름, 현재의 세계권력(poder mundial) 매트릭스, 자원과 노동의 배치 양상을 살펴보면, 오늘날의 대다수 피착취자, 피지배자, 피차별자들은 아메리카 정복 이래 세계권력이 형성되는 과정에서 식민지배를 받으면서 인종적·종족적·민족적 차별을 받았던 이들과 정확하게 일치한다는 사실을 명확하게 알 수 있다.

또한 정치적 식민주의는 사라졌음에도 불구하고, 소위 서구 문화로 불리는 유럽 문화와 비유럽 문화의 관계는 여전히 식민적 지배-피지배 관계하에 있다. 이는 비유럽 문화가 그저 유럽 문화에 외부적으로 예속되어 있다는 정도의 문제가 아니다. 비유럽 문화에 대한 식민화(문화에 따라 깊이와 강도는 다르겠지만)와 관련된 문제이다. 그리고 무엇보다 피지배자의 상상계의 식민화 문제이다. 즉, 유럽 문화와 비유럽 문화 사이의 식민적 관계가 피지배자의 상상계 내부에서 작동하고 있으며, 어떤 의미에서는 그 일부인 것이다.

이는 처음에는 식민주의가 식민지배에 도움이 되지 않는 타자의 믿음, 사상, 이미지, 상징 혹은 지식을 전지구적으로 체계적인 억압을 한 결과였다. 억압은 무엇보다 앎의 방식, 지식과 관점의 생산방식, 이미지와 이미지 체계, 상징, 의미화 방식에 가해졌다. 뿐만 아니라 지적인 것이든 시각적인 것이든 간에, 형식화되고 객관화된 모든 표현의 원천, 양식, 도구에도 가해졌다. 억압에 뒤이어, 지배자의 표현 양식 및 초자연적인 것에 대한 신앙과 이미지가 강요되었다. 이들은 피지배자의 문화 생산을 방해했고, 즉각적인 억압이 더 이상 지속적이고 체계적이지 않은 상황이 된 다음에도 매우 효율적인 사회·문화 통제 수단으로 기능했다.

또한 식민주의자들은 자신들의 지식과 의미화 생산방식에 포장된 이미지를 덧씌웠다. 그리고 먼저 피지배자들이 이에 접근하기 어렵게 했다. 또 나중에는 피지배자들에게 부분적이고 선택적으로만 가르쳤다. 지배자들의 일부 권력심급에 피지배자 일부를 포섭하기 위해서였다. 그리하여 유럽 문화는 권력에 접근하게 해주는 매혹적인 것이 되었다. 모든 권력의 주된 도구는 억압보다는 이러한 매혹이다. 이런 과정을 통해 문화적 유럽화는 하나의 열망으로 바뀌게 된다. 문화적 유럽화는 식민권력에 참여하는 방식이었다. 물론 이 권력을 파괴하는 방식으로 사용되기도 했지만, 궁극적으로는 유럽인과 동일한 물질적인 혜택과 권력을 누리기 위한 방법이었다. 요컨대 문화적 유럽화란 자연을 정복하는 방법, 즉 '발전'하기 위한 방법이었다. 이로써 유럽 문화는 보편적 문화 모델이 되었다. 그 결과 오늘날 비유럽적 문화의 상상계가 존재하기란 쉽지 않다. 무엇보다 유럽 문화와 완전히 독립적인 비유럽 문화를 재생산하는 것은 거의 불가능하다.

문화적 식민성(colonialidad)의 형식과 효과는 시기와 경우에 따라 달랐다. 라틴아메리카에서 문화적 억압과 상상계의 식민화 과정에서는 대대적인 선주민 멸족이 수반되었다. 이는 주로 선주민 노동력을 소모품처럼 사용했기 때문이며, 여기에 정복 과정의 폭력과 유럽인이 가져온 질병이 더해졌다. 아스테카, 마야, 카리브, 타완틴수유[1] 지역에서 약 3,500만 명이 50년도 채 안 되는 기간 동안 사망했다. 이는 인구적 재앙이었을 뿐만 아니라 사회와 문화를 파괴했다. 문화적 억압과 집단학살(genocidio)로, 아메리카의 수준 높은 문화들은 고작 구술성에 입각한 비문자 하위 농촌문화로 격하되었다. 즉 고유의 형식화되고 객관화된 지적·조형적(혹은 시각적) 표현 양식을 박탈당했다. 그 이후, 살아남은 이들은 지배자의 문화 양식 외의 다른 종류의 형식화되고 객

---

1 [옮긴이] Tawantinsuyu. 잉카인들이 자기 나라를 지칭하던 말.

관화된 지적 혹은 조형적 표현 방식을 소유하지 못했다. 때때로 지배자의 문화 양식을 전복하여 다른 표현을 분출하기는 했지만 말이다. 분명 라틴아메리카는 유럽이 행한 문화적 식민화의 가장 극단적인 경우이다.

아시아와 중동의 수준 높은 문화들은 라틴아메리카처럼 심각하게 파괴되지는 않았다. 그렇지만 유럽인의 관점에서뿐만 아니라 당사자들의 관점에서도 하위문화로 치부되었다. 유럽 혹은 서구 문화는 고도의 정치군사력과 기술력을 통해 자신들의 이미지 패러다임과 주요 인식적 요소들을 모든 문화 발전 방향의 규범, 특히 지적·예술적 규범으로 강요하였다. 따라서 서구 문화와 하위문화의 관계는 하위 사회와 문화들의 재생산 조건들의 구성적 요소가 되어 전면적인 혹은 부분적인 유럽화를 추동하였다.

아프리카의 문화 파괴는 분명 아시아보다는 심각했지만 아메리카보다는 덜했다. 아프리카에서 유럽인은 아프리카인의 표현 양식, 특히 객관화 방식과 시각적 형식화 양식을 완전히 파괴하지는 못했다. 유럽 양식이 지배하는 세계 문화 질서에서 아프리카 문화의 정당성을 박탈하고 인정받지 못하게 했을 뿐이다. 아프리카적인 것은 '이국적'이라는 범주에 속하게 되었다. 예를 들어 아프리카 조형물은 서구 예술가 혹은 유럽화된 아프리카 예술가들에 의해 모티브, 출발점, 영감의 원천으로 활용될 뿐이다. 독자적인 예술 표현 방식, 유럽 규범에 필적하는 위상을 지닌 표현 방식으로는 결코 인정받지 못한다. 이것이야말로 바로 식민적 시각이다.

따라서 확고한 정치 질서로서의 식민주의가 파괴된 오늘날의 세계에서 식민성은 가장 일반적인 지배 방식이다. 식민성이 인간 집단들 간에 존재하는 착취와 지배 조건 및 형식의 전부는 분명 아니다. 그러나 지난 500년 동안 식민성의 주요 틀은 결코 변한 적이 없다. 반면, 과거의 식민적 관계들은 동일 결과를 낳지 않았고, 무엇보다 그 어떠한 전지구적 권력의 초석도 아니었다.

1. 유럽, 문화적 식민성, 근대성/합리성

유럽의 식민지배가 공고해지는 바로 그 시기에 '유럽의 근대성/합리성'으로 알려진 문화 복합체(complejo cultural)도 구성되고 있었다. 이 복합체는 지식의 보편적 패러다임이자 유럽-비유럽 관계의 보편적 패러다임으로 확립되었다. '합리적 지식'이라는 유럽 패러다임의 산출 방식이 보여 주듯이, 식민성의 형성과 근대성/합리성의 형성이 이처럼 동시대에 진행된 것은 결코 우연이 아니다. 사실 그 동시대성은 상기 패러다임의 구성에서 결정적인 중요성을 지닌다. 식민주의, 특히 라틴아메리카에 대한 식민주의를 고려하지 않으면 완전하게 설명할 수 없는 도시적·자본주의적 사회관계의 출현과 결부된 패러다임이다.

　　유럽 근대성/합리성 패러다임의 구성에서 식민성이 차지하는 결정적인 중요성은 유럽적 문화 복합체가 현재 겪고 있는 위기를 통해 분명히 드러난다. 따라서 이 위기의 일부 기본적 문제들을 검토해 보는 것은 이를 분명히 하는 데 도움이 될 것이다.

2. 지식 생산에 관한 문제

우선 '합리적 지식'이라는 유럽 패러다임의 기본 전제, 즉 지식은 주
체-대상 관계의 산물이라는 전제에 의문이 제기되었다. 이 전제는 지
식의 유효성 문제와는 다른 별도의 문제를 제기하는데, 이에 대해서는
간단하게라도 소개할 가치가 있다.

우선 이 전제에서 주체는 독립된 개인을 지칭하는 범주이다. 주체
는 본유관념, 언어와 성찰 능력 속에서 구성되기 때문이다. 데카르트
의 명제 '나는 생각한다, 고로 존재한다'는 정확하게 이를 의미한다. 둘
째, 대상은 주체/개인과 다른 범주일 뿐만 아니라 본질적으로 주체의
외부에 있다. 셋째, 대상 역시 스스로와 동일하다. 왜냐하면 대상은 이
에 정체성을 부여하고, 대상을 규정하는 속성(propiedad), 즉 대상의
경계를 구획함으로써 다른 대상들과 구분시키는 속성으로 구성되기
때문이다.

이 패러다임에서 문제가 되는 것은 우선 주체의 개별적이고 개인
주의적인 특징이다. 이는 모든 반쪽짜리 진실과 마찬가지로 모든 지식
의 생산 지점인 상호주체성과 사회적 총체성을 부정함으로써 문제를
왜곡한다. 둘째, 대상이라는 관념은 최근의 과학 연구가 도달한 지식
에도 부합하지 않는다. 이에 따르면, '속성'이란 특정 관계장(campo de
relaciones)이 형성된 방식과 시기에 따라 결정되는 것일 뿐이다. 따라
서 관계장과 무관한 정체성, 존재론적으로 환원 불가능한 독창성이 존
재한다는 관념이 설 자리는 거의 없다. 셋째, 주체와 대상의 구분은 양

자의 차이를 지나치게 자의적으로 범주화한 것이다. 최근 연구는 이 세계에는 보다 심오한 소통 구조가 존재한다는 것을 발견했다.

물론 독립된 개인이라는 주체 관념을, 개인을 속박하는 사회 구조로부터의 해방 과정의 요소이자 단계로 인정할 수도 있다. 폭력에 의해 지탱되고 이데올로기와 그에 상응하는 상상계를 통해 유지되는 모든 엄격한 위계사회에서 벌어지듯이, 속박의 사회 구조는 개인에게 일생 동안 오직 하나의 장소와 단 하나의 사회적 역할만을 부여한다. 모든 전근대 유럽 사회/문화의 경우도 마찬가지였다. 해방은 자본주의적 사회관계와 도시적 삶의 출현과 연관된 사회·문화 투쟁이었다. 하지만 그러한 주체 개념은 현재의 지식장에서는 용인될 수 없다. 차별화된 개인의 주체성은 엄연히 존재하지만, 본유적으로 혹은 독자적으로는 존재할 수 없다. 개인의 주체성은 상호주체성과 분리되어 존재하는 것이 아니라 그 속에 존재하는 차별화된 일부분일 뿐이다. 개인의 모든 언어나 성찰은 상호주체성 구조의 일부인 것이다. 이 구조 속에서, 또 이 구조와 관계를 맺으며 구성된다. 이 관점에서 볼 때, 지식이란 어떤 목적을 위해 구성되는 상호주체적 관계이지, 본유적으로 구성된 독립된 주체와 그 무엇(algo)의 관계가 아니다.

지식이 속성과 마찬가지로 개인과 무엇 사이의 관계로 간주된 것은 우연이 아니다. 근대 사회가 출현할 때 생겨난 이 두 생각에는 동일한 정신적 메커니즘이 깔려 있다. 그러나 지식은 무엇인가를 위해 사람들 사이에서 맺어진 관계이지 개인과 무엇 사이의 관계가 아니다. 지식과 속성의 차이는 주체가 속성과 맺는 관계가 물질적이면서 상호주체적 관계를 맺고 있는 반면, 지식은 단지 상호주체적 관계에 따른 것이라는 점이다.

이제 사람들은 유럽의 합리성 패러다임이 형성된 시기의 사회적·문화적 갈등과 개인주의 사이의 연관성을 이해할 수 있을 것이다. 하지만 그 개인주의에는 또 다른 요소가 존재한다. 유럽의 내적 맥락만으로는 설명되지 않는 '타자의 철저한 부재'가 그것이다. 이는 사회적 존재의 전반적인 원자화 이미지를 상정한다. 즉, 사회적 총체성(totalidad)이라는 관념을 부정한다. 유럽의 식민지배가 보여 주었듯이, 유럽적 패러다임은 유럽에 속하지 않는 모든 다른 주체에 대한 언급을 간과하게 만들 수 있다. 즉, '유럽'이라는 관념 자체가 유럽이 나머지 피식민 세계와의 관계 속에서 구성되는 바로 그 순간에도 식민질서를 가시화하지 못하게 하는 것이다. '서구' 혹은 '유럽'이라는 관념의 출현은 이를테면 정체성의 수용이다. 다시 말해 타자의 문화적 경험과의 관계, 타자의 문화와의 차이를 수용하는 셈이다. 그러나 한창 형성 중이던 그 유럽적 혹은 서구적 관념 속에서 그 차이는 위계질서에 따른 불평등을 의미할 뿐이다. 그리고 자연의 법칙으로 지각된다. 오직 유럽 문화만이 이성적인 것이고 주체를 담지할 수 있다. 따라서 나머지 문화들은 비이성적이고, 주체가 될 수도 주체를 담지할 수도 없다. 이에 따라 타자의 문화는 자연의 법칙대로 열등한 차이만을 지닌다. 지식의 대상일 뿐이며, 그리고/혹은 지배의 대상이다. 이러한 관점에서 유럽 문화와 비유럽 문화 사이의 관계는 주체와 대상의 관계로 확립되어 유지되어 왔다. 그러므로 유럽과 타 문화 사이의 관계는 여러 문화 사이의 소통, 지식 및 그 생산방식의 상호교환을 가로막는다. 왜냐하면, 유럽적 패러다임에는 주체와 대상 사이에 외부성의 관계만이 있을 뿐이기 때문이다. 500여 년의 시간 동안 견고해진 이 패러다임은 유럽이 나머지 세계와 맺은 식민성의 관계가 낳은 것이었다. 다른 말로 하면, 유럽의 합리적 지식 패러다임은 유럽의 타 지역 지배가 낳은 권력구조 속에서, 또한 이 구조의 일환으로 형성되었다. 따라서 이 패러다임은 권력구조의 식민성을 여지없이 표출한 것이었다.

이미 오래전부터, 특히 2차 세계대전 때부터 논박되었듯이, 인류학과 민족지학 같은 특정 분과학문들의 형성과 발달은 서구 문화와 다른 문화들 사이의 주체-대상 관계를 입증하였다. 인류학과 민족지학의 연구 대상은 타자의 문화이다. 서구 사회와 문화에 대한 연구는 아이러니한 패러디(문화와 사회에 대한 민족지학적 연구, 인류학적 연구는 역설적 패러디 — 나시레마인의 의례 — 가 전형적인 예이다. 나시레마인 Nacirema은 미국인American의 철자를 거꾸로 쓴 것이다)를 제외하면 사실상 존재하지 않는다.

3. 지식에서 총체성의 문제

데카르트의 패러다임에는 부재하지만, 총체성, 특히 사회 현실을 지시하는 총체성이라는 관념 혹은 시각과 관련된 지적 필요성은 유럽에 존재했다. 이베리아반도 국가들에서는 일찍부터(비토리아와 수아레스[2] 때부터) 교회와 국왕의 권력 유지를 위한 총체성 논의가 있었다. 프랑스에서는 상당히 후대인 18세기부터 관련 논의가 있었고, 그때는 이미 총체성이 사회 비판과 대안의 사회적 제안에서 핵심 요소였다. 특히 생시몽 때부터 사회적 총체성이라는 관념은 혁명적 사회 변화를 위한 여러 제안과 함께 확산되었다. 이는 당대의 경험주의자들 및 기존 사회·정치 질서의 옹호자들 사이에서 지배적이었던, 사회적 존재에 대한 원자론적 관점과 대립하는 것이었다. 그리고 20세기에는 총체성이 과학 연구, 특히 사회 연구에서 일반적으로 인정받는 시각이자 범주가 되었다.

그러나 유럽 혹은 서구식 근대성/합리성이 교회 및 종교와의 대결을 통해서만 형성된 것은 아니다. 그것은 다른 한편으로는 도시적·자본주의적 사회관계와 국민국가의 맥락에서 이루어진 권력의 재구조화 과정에서, 또한 나머지 세계의 식민화 과정에서 형성된 것이기도 하다. 이는 사회적 총체성이라는 관점이 유기체적 이미지에 기초했다는 사실과 아마 무관하지 않을 텐데, 이 이미지는 현실을 결국 환원주의적으로 보게 했다.

실제로 유기체적 이미지는 사회적 총체성, 즉 사회라는 관념의 도입, 안착에 분명히 도움이 되었다. 하지만 또한 두 개의 서로 다른 관념을 동일한 것으로 만들기 위한 도구였다. 하나는 사회는 모든 부분이

---

2 [옮긴이] 프란시스코 데 비토리아(Francisco de Vitoria, 1483 혹은 1486~1546) 수사는 에스파냐 살라망카대학의 교수로 국제법의 비조로 불린다. 프란시스코 수아레스(Francisco Suárez, 1548~1617)는 토마스 아퀴나스의 스콜라 철학을 계승한 대표적인 인물이면서도, 르네상스 철학과 근대 철학의 가교가 된 신학자, 철학자, 법학자이다.

서로 기능적 관계를 맺는 구조로 이루어져 있으며, 따라서 단 하나의 논리만으로 작동한다는 생각이다. 즉 폐쇄적인 총체성을 상정한다. 이는 이후에 구조기능주의의 체계적인 총체성 관념으로 이어졌다. 또 다른 하나는 사회는 유기체적 구조를 띠고 있다는 관념이다. 이는 모든 유기체, 특히 인간의 몸에 대한 이미지를 상기하면 쉽게 이해가 갈 것이다. 우리는 신체 각 기관이 어떤 위계질서하에서 서로 관계를 맺는다고 생각하는 경향이 있다. 비록 생명을 이어 가려면 그 어느 기관도 배제할 수 없지만, 전체 기관을 관장하는 기관(두뇌)이 존재한다고 믿는다. 각 기관 역시 유기체를 관장하는 이 기관과 예속적 관계를 맺지 않고는 존재할 수 없다(유기체 이미지는 심지어 기업, 기업가와 노동자의 관계에서도 작동한다. 이는 로마 공화정 초기에 역사상 최초의 파업자들을 설득하기 위해 메네니우스 아그리파가 개발한 전설적인 기발한 담론의 연장이다. 아그리파는 소유주는 두뇌이고 노동자는 양팔이며, 두뇌와 양팔이 신체 나머지 부분들과 함께 사회를 형성한다고 주장했다. 두뇌 없는 팔은 무의미하고, 팔 없는 두뇌 역시 존재할 수 없다. 둘 다 나머지 신체 부분들이 생명과 건강을 유지하기 위해 필수적이고, 나머지 부분들이 없이는 두뇌와 팔 모두 존재할 수 없다. 이와 마찬가지로 권력자들은 두뇌요, 노동자들은 양팔이다. 레닌이 채택한 카우츠키의 주장은 이런 유기체 이미지의 변형이다. 카우츠키에 따르면 프롤레타리아는 스스로 계급의식을 형성할 수 없으므로, 부르주아 인텔리겐치아 그리고/혹은 프티부르주아지가 그들을 가르쳐야만 한다. 러시아 인민주의자들에 대한 논쟁적인 비판이 담긴 「누가 인민의 친구가?」에서 레닌이 사회는 하나의 유기체적 총체라고 명시적으로 주장한 일은 결코 우연이 아니다. 라틴아메리카에서 이러한 이미지는 반복해서 등장했다. 예를 들면, 최근 하이메 파스 사모라[3]는 언론과의 인터뷰에서 볼리비아의 정당과 노동조합의 관계, 지식인과 노동자의 관계를 머리와 다리에 비유했다. 이런 유기체적 관념은 대부분의 정당과 기층 민중에 깊이 스며들어 있다).

사회에 대한, 사회적 총체에 대한 이 같은 유기체적 관념은 주체-대상 관계에 입각한 일반적인 지식 패러다임, 나아가 그 체계적인 변이형과 양립 불가능하지 않다. 현실에 대한 원자론적 관점과 배치되는 대안적 선택이지만, 결국 동일한 패러다임의 산물인 것이다. 19세기와 20세기 상당 기간의 각종 사회비판과 사회변혁 제안은 어쨌든 유기체 이미지에 의존했다. 권력을 사회의 조음 기관(articulador)으로 간주한 것이다. 그리하여 사회에서의 권력 문제를 정립하고 논의하는 데 있어 중요한 기여를 했다.

다른 한편, 유기체적 관념에는 '역사적으로 동질적인 총체'라는 예단이 함축되어 있다. 식민주의에 의해 잉태된 질서는 전혀 동질적이지 않은데도 그렇다. 그러므로 식민화된 부문은 결국 그 총체에서 배제되는 셈이다. 익히 알려져 있듯이, 계몽주의 시기의 유럽에서 인간 및 사회라는 범주들은 비서구 사람들에게는 적용되지 않거나, 혹은 실질적 효과가 없는 형식적인 범주에 불과했다. 그 어느 쪽이든 간에, 유

---

3 [옮긴이] Jaime Paz Zamora(1939~). 볼리비아의 정치인으로 혁명좌파운동(MIR: Movimiento de la Izquierda Revolucionaria)을 창당한 주역 중 한 사람이며, 1989~1993년 사이에 대통령을 역임했다.

기체적 총체 이미지에 입각해 있었고, 관장 기관, 즉 전체 유기체의 두뇌는 유럽이었다. 그리고 식민화된 지역에서 두뇌는 유럽인이었다. 피식민지인은 '백인의 짐'이라는 유명한 허언은 바로 그 이미지와 직접 결부되어 있다.

결국 이런 식으로 사회를 부분들이 위계질서에 따라 기능적인 관계를 맺고 있는 폐쇄적 구조로 만드는 총체 관념들은 역사적 총체성에는 단 하나의 역사적 논리만이 있고, 모든 부분을 그 유일 총체 논리에 예속시키는 것을 목적으로 하는 합리성을 전제하는 것이다. 이는 사회를 역사적 합리성을 지닌 거시사적 주체로 인식하게 만든다. 이는 총체와 부분의 행동, 통시적인 발전 방향과 종착점을 예측해도 되는 합법적인 주체이기도 하다. '총체를 관장하는 기관'이란 이러한 역사적 논리의 화신인 셈이다. 즉 유럽은 식민지에 이러한 역사적 논리를 강요했다. 그러므로 역사가 원시에서 문명으로, 전통에서 근대로, 야만에서 합리로, 전자본주의에서 자본주의로 진화론적 연속성을 갖는다고 생각하는 것은 당연하다. 나아가 유럽은 다른 모든 사회와 문화의 미래이며, 전 인류 역사의 가장 발전된 형태임을 자처한다. 어쨌든, 자신이 식민화한 모든 문화에 유럽이 이런 환상을 강요하고자 한 일은 여전히 놀랍다. 더 놀라운 일은 유사한 망상이 오늘날에도 아직 너무나 많은 이들에게 너무도 매력적으로 여겨지고 있다는 점이다.

4. 인식론적 재구성: 탈식민화

총체성 관념은 오늘날 유럽에서 전반적으로 비판받고 배격된다. 이 관념에 늘 비판적이던 경험주의자들뿐만 아니라 포스트모더니즘으로 지칭되는 모든 지적 조류가 그런 태도를 취한다. 사실 유럽에서 총체성 관념은 근대성의 산물이다. 그리고 앞서 살펴본 것처럼 총체성에 대한 유럽적 관념들이 이론적 환원주의와 거시사적 주체라는 형이상학을 낳았다는 것은 충분히 입증되었다. 게다가 그러한 관념들은 사회의 완전한 합리화라는 이상 뒤에 숨은 부적절한 정치적 관례와 연관되어 있다.

하지만 유럽 근대성 내에서 총체성 범주를 형성한 이미지 및 관념과 결별하고자(desprenderse) 총체성 관념 자체까지 부정할 필요는 없다. 우리가 해야 할 일은 유럽의 근대성/합리성의 덫에서 지식, 성찰, 의사소통을 해방시키는 것이다.

서구 외부의 사실상 모든 문화, 우주관, 상상계, 체계적인 지식 생산은 총체성이라는 관점과 연관되어 있다. 하지만 비서구 문화의 지식의 총체성 관점은 현실의 이질성, 환원 불가능한 모순적 특징, 현실 모든 요소의 다양성, 이런 특징들에 따른 사회적 총체성을 인정한다. 따라서 사회적 총체성이라는 관념은 모든 사회의 역사적 다양성과 이질성에 의거하고 있다. 결코 이들을 부정하지 않는다. 다른 말로 하면, 다양하고 차이를 지닌 타자를 필요로 하지 부정하는 것이 아니다. 그리고 그 차이는 타자의 대등하지 못한 속성과 이에 따른 제 관계의 전적인 외부성을 필연적으로 함축하지 않는다. 또한 타자의 위계질서적 차별이나 사회적 열등함도 함축하지 않는다. 차이는 필연적인 지배의 이유가 되지 못한다. 동시에, 또 바로 그런 이유로, 역사구조적 이질성(heterogeneidad histórico-estructural)은 다양한 역사적 논리들의 공존과 절합을 함축하고 있다. 헤게모니적 논리는 존재할 수 있으나 유일 논리는 있을 수 없다. 그리하여 합리적이고 목적론적인 거시사적 주체라는 형이상학과 모든 환원주의는 불가능하게 된다. 개인과 특정 집단, 가령 계급은 그저 역사의 운반자이거나 선교사일 뿐이다.

유럽적인 근대성/합리성 패러다임 비판은 필요하며, 심지어 매우 시급하다. 하지만 그 길이 모든 범주에 대한 단순한 부정, 현실의 담론적 해체, 지식 부문에서 총체성 관념과 관점의 전면적 부정에 기초하고 있는지는 의심스럽다. 처음에는 식민성과 연계된 근대성/합리성으로부터, 궁극적으로는 인간의 자유로운 결정에 작동하는 모든 비구성적 권력과 결별할 필요가 있다. 왜곡된 지식 패러다임을 야기하고, 근대성의 해방의 약속들을 망친 것은 권력, 무엇보다도 식민권력 장악을 위한 이성의 도구화이다. 대안은 명백하다. 세계권력의 식민성을 파괴하는 것이다. 이를 위해서는 우선 인식론적 탈식민화(descolonización epistemológica)가 필요하다. 이는 합법적인 보편성을 희구할 만한 다른 합리성의 토대가 되어 새로운 상호문화적 의사소통, 경험과 의미화의 새로운 교환의 길을 열 것이다. 마지막으로 특정 종족의 우주관만이 보편적 합리성이라는 주장만큼 비합리적인 것도 없다는 점을 지적하고 싶다. 설사 그 종족이 서구 유럽이라 하더라도 말이다. 그래 봐야,

유럽적 지방주의에 보편성이라는 이름을 붙여 주기 위한 거짓 주장일 뿐이다.

식민성의 감옥에서 상호문화적 관계들을 해방시킨다는 것은 또한 모든 인간 집단의 자유, 개인적인 차원이든 집단적인 차원이든 모든 사람이 어떠한 관계를 맺을 것인지 선택할 자유를 의미한다. 그리고 무엇보다 문화와 사회를 생산, 비판, 변화, 교환할 수 있는 자유를 의미하는 것이다. 따라서 해방은 불평등, 차별, 착취, 지배로 점철된 모든 권력에서 사회를 해방시키는 과정의 일부이다.

김종규 옮김

2장
개념으로서의 아메리카성
혹은 근대세계체제 속의 아메리카

아니발 키하노 / 이매뉴얼 월러스틴

1.

근대세계체제는 장기 16세기에 탄생했다. 지사회적(geosocial) 구성물로서의 아메리카 역시 장기 16세기에 탄생했다. 이 지사회적 실체, 즉 아메리카의 창조는 근대세계체제의 구성적 행위였다. 아메리카는 이미 존재하고 있던 자본주의 세계경제에 편입된 것이 결코 아니다. 아메리카가 없었다면 자본주의 세계경제 자체가 존재할 수 없었다.

월러스틴은 『근대세계체제』 1권(1974)에서 다음과 같이 주장하고 있다.

> 자본주의 세계경제의 확립에는 [⋯] 본질적인 사항들이 있었다. 해당 세계의 지리적 규모의 확대, 세계경제의 각종 생산품 및 각 지역에 적합한 다양한 노동 통제 방식의 개발, 이 자본주의 세계경제의 핵심국

가가 될 곳에서의 비교적 강력한 국가기계의 창출이다.

아메리카는 이 세 가지 요소 중 앞의 두 가지를 위해 본질적이었다. 공간을 제공했고, 또한 "다양한 노동 통제 방식"이 일어나는 장소(locus)이자 주요 시험장이 되었다.

물론 중·동부 유럽과 남부 유럽의 일부에 대해서도 같은 이야기를 하는 사람이 있을 수 있다. 하지만 이들 지역과 아메리카 사이에는 한 가지 결정적인 차이점이 있었다. 그래서 '아메리카성'(Americanity)을 하나의 개념이라 말할 수 있는 것이다. 새로운 자본주의 세계경제의 주변부이지만 유럽에 속한 지역에서는(예를 들어 폴란드나 시칠리아) 기존의 농업공동체들과 그 선주민 귀족(indigenous nobilities)들의 힘이 상당했다. 따라서 주변화 과정에서 경제·정치 제도들의 재구성에 직면했을 때, 그들은 자신들의 역사성, 즉 장소에 입각하여 착취에 대해 문화적 저항을 할 수 있었다. 그리고 그 역사성은 20세기까지 계속 유효한 장소로 작용했다.

그러나 아메리카에서는 선주민(특히 수렵 및 채집에 의거하여 삶을 영위하던 이들)에 대한 광범위한 파괴와 노동력의 광범위한 수입이 이루어졌다. 따라서 주변화 과정은 경제·정치 제도의 재구축이 아니라, (아마도 멕시코나 안데스 지역을 제외하면) 사실상 모든 지역에서 무에서 유를 창조하는 방식으로 진행되었다. 애초부터 억압적 조건들에 대항하는 문화적인 저항은 역사성의 요구라기보다 근대성으로의 이륙 양상을 띠고 있었다. 아메리카성은 오늘날까지 항상, 우리가 의미하는 바의 근대성의 본질적인 요소였다. 아메리카는 신세계였다. 즉, 아메리카는 처음부터 배지(badge)이자 짐이었다. 그러나 몇 세기가 지나는 동안 신세계는 전체 세계체제의 양식(pattern)이자 모델이 되었다.

이 '새로움'(newness)이란 무엇이었을까? 그것은 식민성, 종족성, 인종주의, 새로움이라는 개념 자체의 네 개 영역이 서로 연계된 것이었다.

식민성은 본질적으로, 위계질서에 입각한 국가간 체계(interstate system) 속에서 서로 연결된 국가들의 창조를 의미한다. 그 위계질서에서 가장 아래에 있는 것은 식민지였다. 그러나 식민지 상태에서 벗어나더라도 식민성은 종식되지 않는다. 식민성은 유럽과 비유럽 간의 사회문화적 위계질서하에서 지속된다. 국가간 체계하에서 맨 위에서 맨 아래까지 존재하는 모든 국가가 사실상 새로운 국가였다는 점을 반드시 이해해야 한다. 큰 폭으로든 작은 폭으로든, 모든 국경이 수 세기 동안 계속 변했다. 때로는 국경이 전근대적인 정치 시스템과 어느 정도 역사적 연속성을 보이기도 했으나, 대체로는 그렇지 않았다. 아메리카에서는 모든 국경이 새로 설정된 것이었다. 그리고 근대세계체제의 처음 3세기 동안,[1] 현재의 모든 아메리카 국가들은 소수의 유럽 국가에 정치적으로 예속된 식민지였다.

식민성의 위계질서는 정치와 경제뿐만 아니라 문화 등 모든 영역에서 표출되었고, 세월이 흘러도 재생산되었다. 물론 아주 소수의 국

---

1 [옮긴이] 16세기에서 18세기까지를 지칭한다.

가는 서열 상승이 가능했지만, 그렇다고 해서 그 변화가 항구적인 위계질서 자체를 교란하지는 못했다. 아메리카에게도 서열 상승 기회가 몇 차례 있었다(그저 몇 차례뿐이었다). 그것도 18세기에 최초의 시험장이 되었다. 그리고 이때 북아메리카와 라틴아메리카는 서로 다른 길로 접어들었다.

식민성은 국가간 체계의 본질적인 요소로, 서열뿐만 아니라 국가간 상호작용을 위한 일련의 규칙을 창조했다. 그리하여 낮은 서열 극복을 위한 바닥 국가들의 치열한 노력이 오히려 여러 가지 방식으로 그 서열을 고착화했다. 식민당국이 확립한 행정 구역은 일정 부분 유동적이었고, 식민모국 시각에서 볼 때 본질적인 경계선은 제국 간 경계였다. 탈식민화(decolonization)는 독립 국가들의 국가성(stateness)을 고정시켰다. 네 개의 에스파냐 부왕령[2]은 독립전쟁 과정에서 대체로 오늘날의 국가들로 분할되었고, 30여 개의 영국 왕령식민지(Crown Colony) 중 13개 식민지가 독립전쟁에서 함께 싸우면서 미합중국이라는 새로운 국가를 형성했다. 독립 국가의 틀 안에서 저마다 민족주의라는 공동체적 감정이 발아하고 고조될 수 있었고, 각 국가의 국가성이 뚜렷해졌다. 독립은 국가간 체계 내에서의 국가 서열을 확인시켜 주었을 뿐이다. 식민성을 해체하지 못하고, 그저 그 외형만 바꾼 셈이다.

---

2 [옮긴이] viceroyalty. 왕을 대리하여 통치하는 이를 '부왕'(viceroy), 부왕이 관장하는 영토를 '부왕령'이라고 불렀다. 에스파냐는 식민지시대 초기에는 멕시코시(市)와 리마를 중심으로 하는 두 개의 부왕령을 두었고, 이후 보고타와 부에노스아이레스를 중심으로 하는 부왕령들이 생겨났다.

독립국가들의 국가성, 무엇보다도 아메리카 국가들의 국가성이 근대세계체제의 건축재로 종족성이 대두되는 것을 가능하게 했다. 종족성은 공동체들의 경계였다. 타자가 우리를 그 경계 안에 놓기도 하고, 국가 내에서 우리의 정체성과 서열을 자리매김하고자 스스로 그 안에 우리를 얽어매기도 한다. 종족 집단들은 저마다의 역사를 주장하지만, 그 역사는 무엇보다도 만들어진 것이다. 종족성은 언제나 당대의 구축물이며, 따라서 항상 변화한다. 오늘날 아메리카는 물론 세계적으로 통용되는 종족 구분의 주요 범주(아메리카 토착민 혹은 인디언, 흑인 혹은 니그로, 백인 혹은 크레올Creole/유럽인, 메스티소 혹은 소위 혼혈인 범주의 다른 여러 명칭)들은 근대세계체제 이전에는 존재하지 않았다. 이 범주들은 아메리카성을 형성하는 것의 일부이자, 세계체제의 주요 문화적 요소가 되었다.

이 범주들 중 그 어느 것도 유전학이나 고대 문화사에 근거가 없다는 점은 아메리카의 모든 국가, 모든 시기의 용법을 간단히 살펴보는 것만으로 쉽게 알 수 있다. 각 국가의 어느 시기에 이루어진 범주화이든 간에 모두가 향토적(local) 상황이 요구하는 콤플렉스거나 단순화의 산물이었다. 격렬한 사회적 갈등이 벌어지는 장소들(loci)과 국면들에서는 사용되는 종족 범주의 수가 보통 감소했다. 반면 경제적 팽창이 일어나는 장소들과 국면들에서는 상이한 집단들을 더 정교한 노동분업에 짜맞추기 위해 범주의 수가 보통 늘어났다.

종족성은 식민성의 불가피한 문화적 결과였고, 노동분업과 상응하는 사회적 경계들을 획정했다. 또 아메리카성의 일부로 발명된 다양한 형식의 노동 통제를 정당화했다. 아프리카 흑인에게는 노예제도, 아메리카 토착민에게는 다양한 강압적인 방식의 환금작물 재배 노동제도(레파르티미엔토, 미타, 페온 제도), 유럽 노동계급에게는 계약노동제도를 적용했다.[3] 이 제도들은 당연히 초기의 종족 할당 방식으로 노동의 위계질서에서 종족에 따라 위치를 정해 주었다. 독립 이후, 노동통제 방식과 각 종족 범주의 명칭은 갱신되었다. 그러나 종족에 따른 위계질서는 잔존했다.

종족성은 위로부터 부과된 범주일 뿐만 아니라 아래로부터 강화된 범주였다. 가정에서는 자식을 종족적 정체성과 결합된 문화적 틀로 사회화시켰다. 이는 정치적으로는 (어떻게 적응하고 대처하는지 배우게 되는) 안정화 방식이지만 (억압의 속성과 근원을 배우게 되는) 급진화 유발 방식이기도 했다. 정치적 격변은 다수의 노예와 아메리카 토착민들의 소요에서 나타났듯이 종족적 색채를 띠었다. 또한 18세기 말과 19세기 초의 모든 독립운동도 종족적 색채를 띠었다. 아이티에서는 도망 노예들이, 투팍 아마루 반란[4]에서는 토착민들이 종족적 위계질서 전복

---

3 [옮긴이] 레파르티미엔토(repartimiento)는 에스파냐인에게 선주민 노동력을 할당하는 제도, 미타(mita)는 원래 정복 이전 안데스 지역의 부역 제도였으나, 식민지시대에 에스파냐인이 주로 광산 노동자 수급을 위해 계승하였다. 페온 제도(peonage)는 농장주들의 교묘한 술책으로 떠안은 부채 때문에 사실상 농노로 전락한 임금 농업노동자 페온(peon)을 이용한 노동 방식이다. 계약노동제도(indentured labour)는 몇 년 단위의 계약으로 노동자를 묶어 놓는 제도이다.

4 [옮긴이] 투팍 아마루(Túpac Amaru) 반란은 메스티소인 호세 가브리엘 콘도르캉키(José Gabriel Condorcanqui)가 1780년 안데스에서 일으켰다. 잉카 왕실의 피를 이어받은 그는 잉카 부흥운동을 일으킨 빌카밤바 왕조(1536~1572)의 마지막 군주 투팍 아마루의 후계자를 자처하며 자신을 투팍 아마루 2세라고 칭하였고, 선주민 국가 건설을 표방했다.

을 천명했고, 백인 정주민들은 이에 크게 놀랐다.

그러므로 종족성은 새로운 구조를 유지하기에 불충분했다. 근대 세계체제가 역사적 진화 과정 속에서 스스로 식민지배 종식(먼저 아메리카에서 이루어졌다)과 노예제(주로 아메리카에 있던 현상이다) 폐지에 착수했을 때, 종족성은 의식적이고 체계적인 인종주의에 의해 강화되어야 했다. 물론 인종주의는 늘 종족성에 내포되어 있었고, 인종주의적 태도는 애초에 아메리카성과 근대성의 부분이었다. 그러나 이론화되고 명시적인 완전한 인종주의는 주로 19세기의 창작물이었다. 1789년 이후의 주권재민 시대에, 정치적 안전판을 일부 상실한 경제적 위계질서를 문화적으로 떠받들기 위한 수단이 인종주의였던 것이다.

인종주의가 기저에 깔려 있는 현실이라고 해서 인종차별적 언어 혹은 사회적 행동이 항상 드러나는 것은 아니다. 예를 들어 19, 20세기의 라틴아메리카와 같이 자본주의적 세계경제의 좀 더 주변부적인 지역에서 인종주의는 종족적 위계질서의 속치마 뒤에 숨을 수 있었다. 공식적 격리 혹은 심지어 덜 공식적인 차별도 존재하지 않았다. 브라질과 페루 같은 나라들은 인종주의가 존재한다는 사실을 확고하게 부인했다.

한편 19세기 미국은 노예제의 공식 폐지 이후에 근대체제에서 공식적 격리를 법제화한 최초의 국가이자 선주민을 보호구역에 배치한 최초의 나라였다. 바로 미국의 세계경제 내에서의 강력한 위치 때문에 그러한 입법 조치가 필요했던 것으로 보인다. 상층부 규모가 인구에서 차지하는 비중이 점점 더 커지는 나라, 따라서 개인의 신분상승이 빈

번했던 나라에서 비공식적인 인종적 제약만으로는 직장과 사회의 위계질서 유지가 오히려 불충분했던 것이다. 따라서 공식적 인종주의는 세계체제를 위한 아메리카성의 추가 기여였다.

미국은 1945년 이후의 세계체제에서 헤게모니를 장악하면서 공식적 격리를 이데올로기적으로 더 이상 옹호하지 못하게 되었다. 또 바로 그 헤게모니 때문에 미국은 비유럽국가들로부터의 광범위한 합법·불법 이민을 허용할 수밖에 없었다. 그리하여 '내부의 제3세계'(Third World within) 개념이 탄생했고, 이는 세계체제를 위한 아메리카성의 또 다른 기여였다.

종족성은 여전히 인종주의에 필요한 것이었으나, 인종주의는 더 교묘한 얼굴을 띠어야만 했다. 그래서 인종주의는 외견상 그 반대편에 있는 것처럼 보이는 보편주의로, 또 여기서 파생된 능력주의로 대피했다. 지난 20년 동안의 논의에서 우리는 아메리카성의 이 최근 기여를 목도한다. 종족적 위계질서가 외형만 바꿔 유지되고 있으니, 평가 체계는 애초에 상위 종족 계층에게 대단히 유리할 수밖에 없다. 그래서 능력주의 체계는 인종주의적 태도를 정당화시킨다. 굳이 인종주의적 발언을 할 필요도 없다. 능력 발휘를 잘하지 못하는 종족 계층은 인종적으로 열등하기 때문에 그런 것으로 비친다. 이는 통계로 입증되는 것처럼 보이고, 따라서 '과학적'으로 보인다.

이는 아메리카성의 네 번째 기여인 '새로움의 신격화와 물화(reification)'로 이어지는데, 새로움에 대한 열망은 근대성의 기둥인 과학 신봉에서 파생된 것이기도 하다. 신세계는 새로웠다. 즉 낡지 않았고, 전통과 봉건적 과거, 특권, 구태의연한 행동방식에 구속되어 있지 않았다. 새롭고 더 현대적인 것은 그 무엇이든 더 좋은 것이었다. 아니 이를 넘어, 모든 것이 다 새로운 것으로 항상 정의되어야 했다. 역사적 깊이의 가치가 도덕적으로 부정되었기 때문에, 분석 도구로서의 역사적 깊이 역시 일축되었다.

'새로움'의 정치적 실현을 표상한 사건이 바로 독립으로, 아메리카는 이와 함께 더 나아지리라고 여겨졌다. 독립 이후 북아메리카는 라틴아메리카와 갈라지기 시작했다. 대다수 사람이 북아메리카의 이점으로 새로움을 더 체화시켰다는 점, 더 근대적이라는 점을 꼽았다. 근대성은 경제적인 성공을 정당화시켰을 뿐만 아니라 그 증거로 받아들여졌다. 철저한 순환논법이었고, '저발전의 발전'을 도외시하게 만들었다. 그래서 '새로움'이라는 개념은 자본주의 세계경제의 발전과 안정을 위한 아메리카성의 네 번째 기여, 아마도 더 효과적인 기여였을 것이다. '새로움'이라는 개념은 현재의 불평등에서 벗어날 방법을 제공하는 척하면서, 사실은 불평등을 은폐했고, 나아가 그 불가피성을 세계체제의 집단적 초자아에 각인시켰다.

따라서 아메리카성은 근대세계체제를 뒤덮은 거대한 이데올로기적 구조물이었다. 아메리카성은 세계체제를 지탱하는 일련의 제도와 세계관을 정립했고, 이 모든 것을 아메리카라는 도가니로부터 발명했다. 그러나 아메리카성은 그 자체가 모순이었다. 아메리카에서 너무 오래 전부터 존재한 관념이고, 그 때문에 4세기가 넘도록 정치적·지적 혼란이 있었고, 비판의 대상(무엇보다도 아메리카에서)으로 드러났기 때문이다. 라틴아메리카경제위원회(Economic Commission for Latin America)가 지성의 세계무대에 중심-주변부 분석을 내놓은 것은 결코 우연이 아니었다. 또 반인종주의적 정치 시위가 북미에서 가장 먼저, 가장 큰 동력을 얻은 것도 결코 우연이 아니었다.

2.

식민지시대에 역사적으로 분리된 두 아메리카는 19세기에 들어서서야 직접적 관계를 발전시켰다. 그리고 미국이 헤게모니를 행사하는 구조 속에서 세계체제의 특정한 부분을 구성하게 되었다. 15세기 말부터 18세기까지 가장 다양하고 풍요로운 생산물들을 지녔고, 또 가장 착종되고 농밀한 사회와 문화를 지닌 곳은 이베리아인들의 식민지였다. 그러나 이 상황은 18세기 중반부터 역전되기 시작했다. 18세기가 끝날 즈음에 라틴아메리카는 주변화되었고, 페루 부왕령의 투팍 아마루 사례처럼 탈식민적 잠재력을 지닌 최초의 독립기획은 패배했다. 북아메리카의 미국은 독립을 성취했으며, 미국의 권력은 19세기부터 지속적으로 성장해 역사상 최초의 세계권력이 되기에 이르렀다.

두 아메리카 역사의 이러한 궤적의 차이를 어떻게 설명할 수 있을 것인가? 근본적인 설명은 두 아메리카의 각각의 성공적인 역사적 순간에서 권력이 구성되는 방식과 그 과정의 차이에서 찾을 수 있다. 우선 이베리아인 아메리카 지역의 식민성은 식민모국의 왕실에 대한 정치적 예속뿐만 아니라, 무엇보다도 유럽인의 인디오(인디언) 지배에 기초해 있었다. 반면 영국령 아메리카에서는 식민성이 거의 영국 왕실에 대한 예속만을 의미했다. 이는 영국인 식민지들은 애초에 '유럽 외부의 유럽사회'로 구성된 반면, 이베리아인 식민지들은 유럽계 아메리카인과 토착민 아메리카인의 사회였다는 점을 의미했다. 따라서 추후의 역사적 과정이 매우 다를 수밖에 없었다.

이는 양 지역 토착민 아메리카 사회들 간의 익히 알려진 차이에서 비롯되었다. 그러나 그 이상의 이유가 있었다. 이는 영국인이 아메리카 토착민 사회를 '민족'(nation)이라고 부른 이유에서 아주 명백하게 드러난다. 토착민들은 분명 예속민이었다. 하지만 영국인으로 구성된 식민지 사회 외부 민족으로서의 예속민이었다. 이들은 모피와 기타 원자재들의 제공자였고, 다른 유럽인들과 전쟁을 할 때는 동맹자였다. 독립 이후 북아메리카인들은 토착민들의 식민화보다는 제거를 택했다.

반대로 이베리아인은 고도로 발전된 토착민 사회들을 정복하고 파괴하는 동안에 인디오들이 진짜 인간이고 영혼을 지녔는지 뜨거운 논쟁을 벌였다. 이베리아인은 토착민들을 노예화했고, 처음 수십 년 동안 거의 멸족된 부족들도 있었다. 이베리아인이 그들을 소모품 같은 노동력으로 이용했기 때문이다. 생존자들은 무용지물 취급을 받았고, 착취와 예속의 대상이었다. 식민지 사회는 토착민 지배를 바탕으로 건설된 것이다.

그러므로 식민화 사회들을 제대로 주목할 때에야 비로소 여타 요소들을 식민지 역사에 올바로 자리매김할 수 있다. 무엇보다도 15세기가 끝날 즈음 이베리아인에 의한 아메리카 정복, 식민화, 명명 작업은 세계시장, 자본주의, 근대성의 태동기에 일어난 일이라는 점을 기억하자. 한 세기 이상이 흐른 후 영국인의 아메리카 북부 도착은 이 새로운 역사적 과정이 이미 충분히 진행된 후에 이루어졌다. 결과적으로 두 아메리카의 식민화 사회는 서로 극단적으로 달랐고, 식민화 양상 및 이 양상이 각각의 본국과 식민지 사회에 끼치는 영향도 마찬가지였을 것이다.

아메리카와 처음 접촉했을 때 에스파냐는 소위 국토회복[5]을 막 완수했고 강력한 중앙집권국가 건설 과정에 막 착수했다. 이러한 조건 하에서 식민제국 건설은 이베리아 사회에 특별한 결과들을 낳았다. 16세기 동안, 에스파냐 왕실은 영주제 권력 모델을 통해 중앙집권국가를 추구했다. 그 과정에서 자율성, 민주주의, 부르주아적 생산양식을 파괴하면서 귀족 관료들의 지배를 강화했다. 교회는 대항종교개혁(Counter-Reformation)의 화신이었고 종교재판을 통해 지배되었다. 종교 이데올로기가 모사라베인 및 무데하르인[6] 경작자와 장인, 유대인 상인과 금융업자의 추방을 정당화했다. 이 조치에도 불구하고, 식민지의 부가 물질주의적·주체적 중상주의를 확산시키는 것을 가로막지는 못했다. 그러나 에스파냐에서 상업자본에서 산업자본으로의 이행은

---

5 [옮긴이] Reconquista. 7세기에 이베리아반도로 진출한 무슬림에게 빼앗긴 땅의 회복.
6 [옮긴이] 이베리아반도에서 사용하던 종족 구분법으로 모사라베인(los mozárabes)은 무슬림 치하에 살던 에스파냐인, 무데하르인(los mudéjares)은 에스파냐인 치하에 살던 무슬림을 가리킨다.

봉쇄되었고, 이 봉쇄는 유럽의 17세기 위기 때 더 가중되었다.

그 결과 상인과 기업가 계급의 사회적 실천과 귀족들의 가치 체계가 동시에 존재했을 뿐 결코 양립할 수는 없었다. 유럽 문학의 가장 위대한 역사적 이미지가 이를 포착했다. 돈키호테는 거인을 보았다고 믿고 공격을 감행하지만, 어찌 된 영문인지 그가 쓰러뜨린 것은 풍차인 것이다.

이 모든 것은 에스파냐의 생산품과 생산계급들의 대체를 가능하게 해준 식민지 아메리카의 막대한 양의 귀금속과 무궁무진한 무임금 노동력이 없었다면 불가능했을 것이다. 더 나아가 왕실은 상업적 이윤보다 왕조의 위신 때문에 유럽에서의 권력 확대를 모색했다. 이로 인해 초래된 막대한 비용은 식민지의 부에 의해 충당되었다. 그러나 에스파냐의 생산은 침체되었고, 식민지에서 획득한 부는 중부 유럽의 은행가들과 영국, 프랑스, 네덜란드, 플랑드르의 산업가와 상인들에게 이전되었다. 결과적으로 17세기에 에스파냐는 유럽에서 영국과의 패권 다툼에서 패했고, 이베리아 사회들은 장기 주변화 단계에 돌입했다.

식민지 사회의 형성에서 그 여파는 결정적이었다. 이베리아인 정복자들의 행동과 동기는 상업적이었는데도 불구하고, 그들에게는 귀족들의 권력 개념과 가치관이 배어 있었다. 따라서 식민권력 조직화 초기 단계의 엔코미엔다 및 엔코멘데로 제도[7]의 이면에는 봉건 영주의

---

7 [옮긴이] '엔코멘데로'(encomendero)는 인디오 포교를 대가로 이들의 노동력을 이용할 권한을 위임받은 사람을 말하며, '엔코미엔다'(encomienda)는 이 위임 제도를 가리킨다.

그림자가 어른거렸다. 그러나 얼마 안 가 엔코미엔다 시스템이 해체되고, 왕실의 권위하에 식민지의 정치관료적 집중이 이루어졌다. 이는 상업적 필요성 때문이었다.

정치적 질서는 중앙집중화되었고 관료적이었다. 그런 의미에서 봉건적이지 않았다. 그러나 그 질서는 동시에 귀족적이고 자의적이고 세습적이고 격식을 따졌다. 생산구조는 외부시장의 요구에 맞춰 설계되었기 때문에 내부시장을 위해서는 불완전했다(내수가 그렇다는 것이 아니다. 내수는 확실히 대단히 규모가 컸다. 특히 귀족과 사제들의 내수 규모가 컸다. 그러나 그들은 대체로 시장을 통해 소비 욕구를 해결하지 않았다). 귀족적 특권들은 인디오와 흑인과의 관계에서 특히 많이 행사되었고, 여기에다 모든 종류의 사회심리학적 함의(노동, 특히 육체노동에 대한 업신여김, 사회적 명망과 명예 추구 및 이와 관련된 외양, 모의, 구설수, 차별에 대한 강박관념)가 첨가되었다.

18세기에 부르봉 왕가의 도래는 식민지에 도움이 되지 않았다.[8] 에스파냐의 새로운 식민행정은 사실상 영국의 대서양 무역에 복무했다. 생산구조를 탈구시키고, 부유한 지역들을 재정적으로 쥐어짜 왕실의 전쟁 비용에 충당했고, 제조업에 제약을 가해 유럽 산품의 수입 활

---

8 [옮긴이] 1700년 카를로스 2세가 후계자 없이 사망한 이후 왕위를 계승한 펠리페 5세는 에스파냐 왕실의 혈통도 이어받았지만, 태양왕 루이 14세의 손자이기도 하다. 이로써 에스파냐에 부르봉 왕가 시대가 개막되었다. 18세기의 에스파냐 군주들은 실제로 프랑스 부르봉 왕가의 정책들을 도입하였다. 특히 1759년 즉위한 카를로스 3세는 프랑스식 중상주의와 절대왕정을 추구하였고, 이에 따라 본국만의 이익을 위한 식민지 정책을 펼쳤다. 그래서 부르봉 왕실의 식민지 정책을 제2의 정복이라고 정의하기도 한다.

성화에 도움이 되었다. 예전에는 생산적이었던 지역들이 주변화되기 시작했고, 독립 후인 19세기에는 거의 의심의 여지 없이 발칸화되었다.

17세기 초 최초의 영국인 계약 정주자들이 북아메리카에 하선했을 때, 자본주의적 이행과 관련된 모든 사회적·상호주체적 경향들이 대두되었다. 이 사건은 또한 유럽 최초의 명백한 정치혁명(크롬웰)뿐만 아니라, 유럽 근대사 최초의 정치적·철학적 논쟁(이 논쟁은 권력과 지성 간 결합의 산물이었다)으로 귀결되었다. 16세기 말부터 바다와 세계시장에 대한 영국의 지배력은 극도로 확대되었다.

영국계 아메리카 식민지 사회는 아메리카 토착민 사회들의 정복 및 파괴의 결과가 아니었다. 아메리카 대지 위에 조직된 유럽인 사회였다. 무엇보다도 그 사회는 처음부터 자본주의 사회로 형성된 예외적인 경우였다. 영국의 봉건적 역사에 해당하는 집단, 사회적 이해, 제도, 규범, 상징과 무관한 사회였고, 자원이 대단히 풍부했다. 생산품은 주로 외부 시장이 아닌 내부 시장을 위한 것이었다. 식민지 사회는 새로운 원자재 제공자이자 산업생산 과정의 일부로 본국과 연결되었다. 이베리아반도 사례와 달리, 국가가 규범을 조율하고 정립하기는 했지만 식민지를 조종하지는 않았고, 국가가 자원과 생산적 기업들의 소유자도 아니었다. 부르봉 왕가 이전의 이베로아메리카와 달리, 영국령 아메리카에서는 교회가 무소불위의 힘을 지니고 있지도 않았고 종교재판이 근대성과 합리성을 지연시키지도 않았다.

영국령 사회는 노예제 구조조차 자본주의 시스템의 일부로 작동했다. 노예제 구조가 귀족적 사회관계의 용인을 초래한 것은 사실이지만, 이 사회관계는 모든 것을 수익 창출을 위한 상품으로 다룰 필요성 (심지어 노예까지도)에 따른 것이었다. 이 구조들은 산업혁명의 일환이 었던 기술혁신을 가로막지 않고 오히려 자극을 주었다. 상업적으로 생산되지 않은 인디오 무상 노동에 의거한 이베리아적 구조와는 아주 달랐던 것이다.

독립운동은 양 지역에서 상이한 논리로 진행되고, 상이한 결과를 초래했다. 18세기 말 이베로아메리카 식민지들은 경제가 침체했고, 사회 양식과 정치 양식도 위기에 빠져 있었다. 1780년 투팍 아마루 운동의 패배와 함께, 독립을 위한 각종 봉기는 매우 부분적으로만 인디오 반식민운동이나 자본주의 확대의 필요성 및 이에 대한 합리적인 제어에 부합했다. 사실 식민지의 주요 중심지에서 독립은 19세기 초에 지배 귀족들 스스로가 에스파냐의 자유주의 체제에서 벗어나기를 원했을 때 일어났다. 이는 혁명과 거리가 아주 멀었다. 이베리아 식민주의가 종식되었을 때, 에스파냐의 여러 구식민지에서는 이베로아메리카의 정치적 통일성을 유지할 능력을 지닌 헤게모니적 사회세력들이 존재하지 않았다. 브라질 사례는 예외적이었다. 하지만 브라질의 독립운동은 더 늦게 일어났다.

반면에 영국령 아메리카 식민지들은 선명한 헤게모니적 사회질서에 입각한 정치 체제, 강력한 국가기구, 뿐만 아니라 국가기구와 주 정부 간의 관계를 조율할 메커니즘을 지닌 시민사회를 갖춘 미합중국을 건설했다. 독립은 민족 자본주의의 발전 필요성과 근대성 및 합리성의 새로운 토대를 둘러싸고 이루어진 정치 논쟁의 필요성을 결합시켰다.

따라서 북아메리카 독립이 혁명적 의미, 즉 미국혁명의 성격을 지닌 것은 전혀 놀라운 일이 아니다.

두 아메리카는 매우 불균등한 조건 속에서 19세기를 맞이했고, 매우 상이한 길을 걸었다. 미국은 새롭고 특이한 발전 양식을 추구했다. 하나의 민족국가로 구성되었고, 이와 동시에 헤게모니 권력을 지닌 제국의 역할을 하기 시작했다. 따라서 '명백한 운명'[9]은 대단히 적절한 이데올로기적 구호였다.

성공적인 역사적 단계와 양상들이 뒤따랐다. (1) 서부의 인디언 영토와 멕시코 영토의 절반을 흡수하면서 80년이 채 안 되는 동안에 미국 면적을 두 배로 확장시킨 폭력적인 영토 팽창. (2) 필리핀과 괌의 탈취, 파나마 탈취와 파나마운하 건설 및 통제를 비롯하여 카리브 해와 중미 국가들에 대한 사실상의 보호국화. (3) 1차 세계대전 이후 라틴아메리카 나머지 지역에 대한 경제적·정치적 헤게모니 장악. (4) 2차 대전 이후 미국의 세계 권력구조 진입과 전 세계적인 헤게모니 장악.

이와 관련하여 두 가지 결정적인 요인이 언급되어야 한다. 첫째, 미국의 급격한 자본주의적 발전이다. 이로써 미국은 19세기 말엽에 이미 유럽, 특히 영국과의 경쟁이 가능해졌다. 둘째, 양차 대전 사이에 미국은 대외 관계에서 영국과 유착했다. 이는 궁극적으로 이후 미국의

---

9 [옮긴이] 명백한 운명(manifest destiny). 미국의 칼럼니스트이자 신문 편집자 존 L. 오설리번(John L. O'Sullivan)이 1845년 「합병」(Annexation)이라는 사설에서 처음 사용한 표현. 미국이 북미 대륙을 장악하는 것이 섭리라는 내용을 담고 있는데, 이는 당시 멕시코에 속해 있던 텍사스의 미국 합병을 정당화하는 논거로 사용되었다.

세계 헤게모니를 영국이 지지하게 만들었다.

같은 기간에 라틴아메리카는 발칸화되었다. 곳곳에서 유혈 경계 전쟁(frontier wars)과 내전이 벌어졌다. 권력은 귀족적·중상주의적 토대 위에서 조직되었다. 자본주의와 이와 관련된 사회적 토대들의 발전은 지지부진했다. 이런 조건하에서 근대적 사유는 내면적 망명 (internal exile)이나 유토피아적 도피를 특징으로 하는 카프카적 고문 (拷問)에 시달렸다. 유럽중심적인 지배 계급들은 유럽의 국민국가 모델을 유럽인과 비유럽인 사이의 식민적 계층화라는 기반이 남아 있는 사회에, 또 자유주의 정치 모델을 중상주의적이고 귀족적인 계층의 지배를 받는 사회에 어쭙잖게 적용했다. 이 모든 것이 라틴아메리카 역사의 전개 과정에 발현되고, 구미 제국주의에 순차적으로 예속시킨 종속적 특징들을 지속시켰다.

20세기 동안 라틴아메리카의 대부분 지역은 민족, 정체성, 민주주의 등의 쟁점들이 뒤얽힌 역사적 매듭을 풀지 못했다(유럽 같은 곳에서는 동시에 다루어지지 않고 순차적으로 다루어진 쟁점들이었다). 이 매듭은 멕시코혁명과 함께 풀리기 시작하는 듯했다. 그러나 라틴아메리카 다른 나라들의 민족민주적 혁명의 패배로 문제 해결에도 실패했을 뿐만 아니라 권력의 위기라는 숙제를 남겼다. 이 위기는 라틴아메리카 특유의 정치적 피조물인 포퓰리스트적이면서 발전주의적이면서 사회주의적인 민족주의로 표출되었고, 이 민족주의의 이러한 부품들은 각 나라마다 상이하게 조립되었다.

3.

아메리카는 21세기의 시작을 사실상 19세기의 시작 때처럼 불평등 속에서 준비하고 있다. 그러나 한 가지 차이가 존재한다. 19세기 때처럼 두 아메리카로 나뉘어 각자의 길을 가지 않으리라는 점이다. 아메리카는 세계질서의 한 부분으로 21세기를 맞이할 것이다. 다만 그 질서는 미국이 여전히 최상위 위치를 차지하고, 라틴아메리카는 예속된 위치에서 독립 이후 가장 심각한 위기를 맞이하고 있다.

아메리카의 미래 전망에서 몇 가지는 강조되어야 한다. 첫째, 북아메리카(이제는 캐나다도 부차적으로 포함된다) 헤게모니하에서 두 아메리카는 더 체계적으로 결속되는 경향이 있다. 남에서 북으로, 특히 미국으로 향하는 이주 흐름의 증가도 이에 포함된다. 둘째, 라틴아메리카의 내부 결속도 전지구적 자본, 유럽, 일본, 미국의 압력에도 불구하고 더 단단해지고 있다. 셋째, 문화·예술·과학 지식 생산에서 탈식민화가 점증하고 있다. 요약하자면, '아메리카의 아메리카화'가 만개하고 있다.

아메리카는 유럽 식민지배의 역사적 산물이다. 그러나 아메리카, 심지어 영국령 아메리카도 결코 단순한 유럽의 확장이 아니었다. 아메리카는 독창적인 창조물이었다. 다만 성숙하기까지, 유럽에 대한 예속적 태도를 버리기까지 오랜 세월이 걸렸을 뿐이다. 특히 라틴아메리카는 더 그랬다. 그러나 오늘날, 아메리카의 사운드, 이미지, 상징, 유토피아를 접하고 나면, 아메리카의 독자적인 사회 양식의 성숙, 문화의 재

발명 과정의 존재를 인정할 수밖에 없다. 바로 이것이 우리가 아메리카의 아메리카화라고 부르는 것이고, 유럽 양식의 위기가 이 흐름을 추인하고 있다.

미국이 애초부터 자본주의 사회로 형성되었다는 점이 '사회적 평등과 개인적 자유'라는 유토피아의 토대였다. 물론 이 이미지는 현실의 사회적 위계질서, 이 질서와 권력의 결탁을 은폐한 측면이 있다. 그러나 이 이미지는 또한 이들의 합법성 획득을 저지하고, 이와 관련된 논쟁의 장을 유지하고, 국가 권력을 통제할 여지를 제공했다. 라틴아메리카에서는 지배를 받는 와중에도 토착민 아메리카인의 상상계가 지속되었고, 이는 호혜, 사회적 연대, 직접민주주의 등의 유토피아의 토대였다. 그리고 현재의 위기 속에서도 억압받는 사람들 중 일부는 전반적인 자본주의 시장의 틀 속에서도 그런 방식으로 스스로를 조직하고 있다.

머지않아 아메리카의 이 두 가지 유토피아가 합류하여 아메리카 전체의 유토피아를 창출하여 세계에 내놓을 것이다. 두 아메리카 민중들의 움직임과 문화, 단일한 권력 틀로의 점진적인 통합은 두 아메리카의 가장 효과적인 버팀목 중의 하나이거나 그렇게 될 것이다.

우석균 옮김

3장

해방철학의 관점에서 본 트랜스모더니티와 상호문화성[1]

엔리케 두셀

1. 라틴아메리카 정체성을 찾아서: 유럽중심주의에서 발전주의적 식민성으로

나는 2차 세계대전 말엽부터 1950년대 사이에 활동하기 시작한 라틴아메리카 지식인 세대에 속한다. 그 당시에 아르헨티나가 서구 문화의 일부분이라는 사실을 의심하는 사람은 아무도 없었다. 이 때문에 혹시라도 그렇지 않다고 생각하는 사람은 자기 자신을 부정하는 사람이라고 생각되었다.

우리가 공부한 철학은 그리스에서 출발했고, 그리스는 까마득히 먼 우리 문화의 기원이라고 생각되었다. 아메리카 선주민 세계에는 아

---

1 [옮긴이] 이 번역본을 위해 두셀이 제공한 원고는 미완성본이어서, 다음의 정제된 글을 번역에 대폭 참조하였다. Enrique Dussel, "Transmodernidad e interculturalidad (interpretación desde la filosofía de la liberación)", en Raúl Fornet-Betancourt(ed.), *Crítica intercultural de la filosofía latinoamericana actual*, Madrid: Editorial Trotta, 2004, pp. 123~160.

무 관심이 없었고, 우리를 가르친 어떤 선생님도 철학의 기원과 아메리카 선주민을 연관시키지 않았다.[2] 우리가 생각하는 철학자의 이상은 서양 고전 철학자들의 작품에 대해 세밀하고 정확하게 알고 있고, 그들의 작품이 현재까지 어떤 영향을 미쳤는지 아는 사람이었다. 라틴아메리카의 관점에서 특정한 철학적 문제를 제기한다는 것은 생각할 수도 없었다. 그 당시에 아르헨티나에서 미국을 거론하는 일은 드문 일이었고, 꼼짝 못 하고 유럽 철학에 매달려 있는 현실은 지금까지도 변함이 없다. 멕시코, 중앙아메리카 혹은 카리브 지역과는 달리, 남아메리카에서는 특히 독일 철학과 프랑스 철학이 완전히 헤게모니를 장악하고 있었다.

문화철학 분야에서는 슈펭글러, 토인비, 베버(Alfred Weber), 크뢰버, 오르테가 이 가세트 혹은 브로델, 맥닐을 참조했다. 그러나 이런 경우조차도 (예거 W. Jaeger가 쓴 『파이데이아』나 『아리스토텔레스』 같은 뛰어난 작품의 도움을 얻어) 그리스 시대를 이해하기 위해서이거나, (질송 Etienne Gilson의 권위 있는 재평가의 시각에서) 중세에 관한 논쟁을 이해하기 위해서, 근대와 현대 철학을 이해하기 위한 맥락으로서 (유럽) 서구 문화의 의미를 파악하기 위해서였다. 아리스토텔레스, 아퀴나스,

---

2 내 고향 멘도사(Mendoza) 지방은 잉카 제국의 남쪽 끝이었다. 더 정확히 말하면, 아르헨티나와 칠레를 연결하는 잉카의 다리와 잉카의 길이 있었던 우스파야타(Uspallata) 계곡에 위치해 있다. 젊은 시절에 전문적인 등산가 수준이었던 나는 해발 4,500미터 높이에서 잉카의 다리와 잉카의 길을 황홀하게 바라볼 수 있었다. 내가 속한 세대의 자전적-철학적 경험들에 대해서는 『아펠, 리쾨르, 로티, 그리고 해방철학』 등을 참조하라(Dussel 1993a, 138~140; 1996, 77~79; 1998b, 14~19).

데카르트, 칸트, 하이데거, 셸러가 중심에 위치한 인물들이었다. 보편사에 대한 헤겔의 관점에서 알 수 있듯이 역사가 동양에서 서양으로 진행된다는 유럽중심적 사관은 문화에 대한 본체론적 시각이었다.

라틴아메리카 사람이 유럽을 방문하게 되면 리스본이나 바르셀로나에 내리자마자 — 나는 1957년 배를 타고 대서양을 건너갔다 — 자신들이 라틴아메리카 사람일 뿐, 더 이상 유럽 사람이 아니라는 사실을 알게 된다. 유럽 사람과 라틴아메리카 사람의 차이는 금방 눈에 띄어서 감출 수가 없었다. 그 때문에 나에게 문화적인 차이는 강박으로, 또 인간적이고, 철학적이고, 실존적인 문제로 다가왔다. '문화적인 관점에서 우리는 누구인가?' '우리의 역사적 정체성은 무엇인가?' 등의 질문들은 라틴아메리카 사람의 정체성을 객관적으로 묘사할 수 있느냐는 질문 이전에 실존적 고뇌였다.

에스파냐에서나 ('라틴아메리카적인 것이 무엇일까'라는 질문에 대한 대답을 찾으려고 1957년부터 1961년까지 머물렀던) 이스라엘에서나 나의 공부는 같은 문제의식에 사로잡혀 있었다. 그 당시 나에게 문화 이론의 모델은 몇 년 동안 변함없이 폴 리쾨르였다. 나는 소르본 대학에서 리쾨르의 강의를 수강했는데, 강의에서 그가 수없이 언급한 자신의 글 「보편 문명과 민족문화」(Ricoeur 1964, 274~288)[3]는 나에게 커다란 충격을 주었고, 그의 이론을 유럽중심적 토대 위에 세워진 실체론

---

3 이 글은 1961년 10월 『에스프리』(*Esprit*)에 이미 실렸다. 모든 제도적 시스템(특히 정치, 그리고 경제도 마찬가지로)이 이미 '문화적'이라는 것은 염두에 두지 않고 '문명'과 '문화'를 구별하는 것은 발전주의의 오류(falacia desarrollista)이다.

적 문화이론의 모델로 받아들였다. 그 당시 이미 '문명'은 '하나의 문화가 몰락하는 순간'이라는 슈펭글러 식 의미보다는 총체적인 면에서 인간적-도구적 진보를 보여 주는 보편적이고 기술적인 구조를 뜻하는 것이었다고 할지라도, '문화'는 민족의 가치와 신화 체계였다. 리쾨르의 문화이론은 그 당시에 라틴아메리카의 위치를 알기 위해 사용한 첫 번째 모델이었다. 나는 리쾨르의 문화이론 관점을 받아들여 라틴아메리카를 해석하려는 작업에 착수했다. 이를 통해 (토인비 식으로) 보편사에서 라틴아메리카의 '자리'를 찾기를 바랐고, 리쾨르뿐만 아니라 막스 베버, 소로킨, 야스퍼스, 좀바르트 등 여러 학자에게 영감을 받아 문화의 층위를 구별하려고 시도했다.

1964년 겨울에 나는 유럽 여러 나라에서 공부하는 라틴아메리카 유학생들과 함께 '라틴아메리카 주간'을 조직했다. 그것은 근본적인 경험이었다. 리쾨르 교수를 포함하여 조수에 지 카스트루(Josué de Castro), 헤르만 아르시니에가스(Germán Arciniegas), 프랑수아 후타르(François Houtart)를 비롯한 많은 지식인이 자신의 견해를 피력했다.[4] 주제는 라틴아메리카 문화가 실재적으로 존재한다는 사실에 대한 '의식의 획득'이었다. 라파엘 브라운 메넨데스(Rafael Brown Menéndez), 나탈리오 보타나(Natalio Botana) 같은 이들은 이런 주제를 반대했다.

같은 해에 나는 오르테가 이 가세트가 편집인이었던 잡지 『레비스

---

4 관련 글들은 1965년 『에스프리』 10월호에 게재되었다. 나는 「라틴아메리카 기독교 세계」(Chrétientés latino-américaines)라는 글을 발표했고, 이 글은 폴란드어로도 출판되었다 (Dussel 1967, 1244~1260).

타 데 옥시덴테』(*Revista de Occidente*)에 라틴아메리카 현실에 대한 역사주의적 환원론에 반대하는 글을 발표했다(Dussel 1965).[5] 나는 이 글에서 역사를 새롭게 '시작'해야 한다는 혁명가들에게 반대했고, 19세기 초에 에스파냐로부터의 민족적 해방을 신비화하는 자유주의자들에 대해서도 반대했다. 또한 식민지 시기의 영광을 신비화하는 보수주의자들도 반대했고, 위대한 아메리카 선주민 문화 이후의 것들을 모두 부정하는 선주민주의 옹호자들도 반대했다. 나는 세계사의 틀 안에서 총체적으로 라틴아메리카의 역사적 정체성을 재건해야 할 필요성을 제안했다.

이러한 철학적 작업은 (1963년 이후의) 역사적-경험적 조사를 통한 결과물이었고, 1967년 파리의 소르본 대학에서 발표했던 라틴아메리카 역사 논문에 반영되었다.[6]

---

5 이 시기에 나는 사실상 책 두 권을 다 써 놓은 상황이었다. 1961년에는 『헬레니즘 인문주의』(*El humanismo helénico*)를, 1964년에는 『셈족의 인문주의』(*El humanismo semita*)를 탈고한 뒤였다. 또한 최종적으로는 1968년에 탈고한 『기독교 인류학의 이원론』(*El dualismo en la antropología de la cristiandad*)에 실릴 원고들도 가지고 있었다. 이 책은 라틴아메리카의 원사시대 역사로 불렸던 콜럼버스와 코르테스의 역사를 창조적으로 재구성한 것이었다.

6 문화, 특히 라틴아메리카 문화에 대해 언급한 많은 사람과 달리, 나는 유럽에 머문 4년 중 여러 달을 세비야의 인디아스 문서고(Archivo General de Indias)에서 기본적인 역사서들을 공부할 기회를 얻었다. 그 덕분에 식민지시대가 시작된 16세기에 대해 과학적-실증적으로 이해할 수 있었으며, 내 머릿속은 (멕시코의 캘리포니아에서 칠레 남부에 이르고, 17-18세기까지 지속되는) 라틴아메리카 대륙 전체에 대한 구체적이고 방대한 내용들로 가득 찼다. 나는 '라틴아메리카 문화'에 대해 말한다는 것은 선주민, 정복 전쟁, 식민지화 과정, 도시의 건설, 시의회와 지방 협의회 그리고 교구 종교회의의 설립, 대농장의 1할 관세, 광산 세금 등등에 대해 말하는 것이라고 생각했다. 이에 대해서는 9권으로 이루어진 『에스파냐어권 아메리카 주교단. 선주민 옹호를 위한 전교 기관』을 참조하라(Dussel 1969~1971).

아르헨티나 북서부의 차코(Chaco)주 레시스텐시아(Resistencia) 시에 있는 대학에서 맡았던 문화사 강의는 나에게 (헤겔이나 토인비의 방식으로) 세계사의 파노라마를 섭렵할 기회를 주었고, 그 기회를 이용해 세계사의 재건(하이데거 식으로 말하면 '파괴')을 통해 끊임없이 라틴아메리카의 위치를 찾으려고 시도했다. '보편사의 맥락에서 라틴아메리카 연구를 위한 가설'(Hipótesis para el estudio de Latinoamérica en la Historia Universal) 강의에서는[7] (리쾨르 식으로) 개별 문화의 '윤리적-신화적 핵심'에서 출발해 문화들의 역사를 기술하려고 시도했다. 문화 간 대화를 모색하기 위해서 개별 문화의 가장 최근의 신화적 서사의 '내용들', 존재론적 가정들, 윤리적-정치적 구조에 대한 분석부터 시작해야 했다. 왜냐하면, 그런 대화를 통해 가능한 주제들에 대해 구체적으로 알지도 못한 채 서둘러 대화를 이론화하려고 하기 때문이다. 이 때문에 나는 광범위한 방법론적 서론과 '위대한 문화들'에 대한 세밀한 기술(헤겔, 다닐레프스키N. Danilevsky, 딜타이, 슈펭글러, 알프레드 베버, 카를 야스퍼스, 아놀드 토인비, 피에르 테이야르 드 샤르댕Pierre Teilhard de Chardin과 그 밖의 많은 사람, 그리고 그 당시 세계사에서 중요한 인물들을 언급함)을 중심으로 '보편사의 맥락에서 라틴아메리카 연구를 위한 가설' 강의를 진행했다. 그리고 이를 통해 나는 인류의 기원으로부터 구석기와 신석기를 거치고 서구가 아메리카를 침략한 시기에 이르

---

7 이 강의는 '엔리케 두셀의 철학 작품(1963~2002)'(Obra filosófica de Enrique Dussel [1963-2002])이라는 제목으로 제작한 CD에 처음으로 출간되었다. 이 CD는 다음 메일로 요청할 수 있다. dussamb@servidor.unam.mx.

기까지 라틴아메리카의 위치를 설정하려고 시도했다.[8] 위대한 신석기 시대 아메리카 문화들은 메소포타미아와 이집트에서 태평양을 가로질러 인도와 중국에까지 존재한다(이것이 라틴아메리카 역사적 기원의 한 줄기이다). 정착농경민들과 (그리스와 로마를 포함하는) 유라시아의 유목민들 간의 대립, 유라시아 유목민들과 (아라비아 사막에 기원을 둔) 셈족의 대립은 비잔틴 세계와 이슬람 세계를 거쳐 로마화된 이베리아 반도에 도달했던 '윤리적-신화적 핵심'의 역사를 서술하는 단서를 제공해 주었다(이것이 라틴아메리카 역사적 기원의 또 다른 줄기이다).

1967년 3월 귀향 중 바르셀로나에 들렀을 때, 출판사 노바 테라의 편집자가 나의 첫 번째 저서인 『라틴아메리카 교회사를 위한 가설』 (*Hipótesis para una historia de la iglesia en América Latina*)을 내 손에 들려 주었다. 나는 이 책에서 라틴아메리카의 문화철학을 종교적 수준에서 기술했다. 이 조그만 책자는 문화사의 관점에서 종교사를 재해석했다는 점에서 '중요한 의미'를 갖는다. 전통적인 역사 편찬에서는 '교회와 국가의 관계는 무엇인가?'를 물었다. 그러나 나는 이 책에서 '문화들과 교회 간의 입장의 충돌'로 규정했다(Dussel 1972b, 56쪽부터).[9] (1810년부터 시작된) 에스파냐에 저항한 해방운동으로부터 비롯된 위기는 '기독교 세계에서 복수의 세속적 사회로의 이행'으로 기

---

8 이 강의에서는 내가 5세기까지만 공부한 라틴-게르만 유럽에 대해서는 사실상 제외했다.
9 이 책은 『라틴아메리카의 교회사. 식민통치와 해방, 1492-1972』(*Historia de la iglesia en América Latina. Coloniaje y liberación, 1492-1972*)로 제목을 바꿔 1972년에 다시 출판되었다.

술했다. 다시 말해, 이 책은 라틴아메리카 (교회사뿐만 아니라) 문화사를 유럽중심적 관점에서 벗어나 새로운 관점에서 기술했다. 그러나 여전히 발전주의 관점에서는 벗어나지 못했다.

이런 맥락에서 1967년 5월 25일, 같은 대학에서 행한 '문화, 라틴아메리카 문화 그리고 국민 문화'라는 제목의 강연[10]은 일종의 선언, 즉 '세대의식의 획득'이었다. 그 강연문을 다시 읽어 보면서 나는 그 후 30년 이상 이런저런 방법으로 수정되거나 확장되어 온 많은 문제의 기초적 구상을 발견할 수 있었다.

그해 9월, 에콰도르 키토의 한 연구소가 개설한 한 학기 강좌에서 나는 라틴아메리카 문화사 전체를 재건하기 위한 새로운 관점을 제시했고, 카리브와 미국의 라티노를 포함해 모든 라틴아메리카 국가에서 온 80명이 넘는 성인이 이 강좌를 수강했다. 이 강좌에서 어떤 수강생들은 굉장한 충격을 받았지만, 강좌 막바지에는 모든 수강생이 새로운 해석의 시대에 대한 희망을 발견했다.[11] 1969년 부에노스아이레스에서 '문화철학을 위하여'(Para una filosofía de la cultura)라는 강의로 시작한 '라틴아메리카 문화와 교회의 역사' 강좌는(Dussel 1969b) '라틴아메리카 의식의 획득'이라는 구절로 요약될 수 있고, 이것은 그 당시 세대의 절규였다.

---

10 이 강연은 1968년 처음으로 출간되었다(Dussel 1968a, 7~40).
11 키토 강의 내용에 대해서는 『라틴아메리카 해방의 길』(Dussel 1972a)과 이 책의 증보판인 『식민적 기독교교회의 해체와 해방. 라틴아메리카의 시각』(Dussel 1978)을 참조하라.

우리의 문화적 과거가 이질적이며, 때로는 일관성이 결여되어 있고 조화롭지 않으며, 어떤 면에서는 유럽 문화의 주변부에 속한다고 말하는 것은 이미 습관이 되어 버렸다. 그러나 더 비극적인 사실은 라틴아메리카 문화가 존재한다는 사실조차 부인된다는 점이다. 어찌 되었든 라틴아메리카에는 문화가 존재하는데도 말이다. 부정하는 이들이 있지만, 라틴아메리카 문화의 독창성은 예술에서, 또 삶의 스타일에서 명백하다. (Dussel 1969b, 48)

아르헨티나 멘도사의 쿠요(Cuyo) 국립대학 교수로 재직하면서 나는 엄격한 철학적 방법으로 라틴아메리카 문화의 역사적 재건에 대해 강의했다. 지속적으로 '라틴아메리카 문화'의 기원 문제를 염두에 두면서 (정신-육체의 개념화, 영혼의 불멸, 육신과 정신, 인격체persona, 부활 같은 문제들을) 인류학적 수준에서 다룬 이 강의는 나중에 삼부작 『헬레니즘 인문주의』(1969), 『기독교 인류학의 이원론』(1974),[12] 『셈족의 인문주의』(1975)로 출간되었다. 5세기 라틴-게르만 기독교로 끝나고 유럽이 라틴아메리카로 확장되는 사건을 다룬 '1966년 강의'는 『기독교 인류학의 이원론』으로 종결되었다. 나는 이 책들에서 나중의 저술에서 다룬[13] 이베리아반도에서 이슬람 세계와의 충돌(711~1492)을

---

12 부제는 '기원부터 아메리카 정복 이전까지'이다.
13 예를 들면, 『라틴아메리카 교회 일반사』서론(Dussel 1983, 103~204)이 있다. 또한 『해방윤리』에서(Dussel 1998a, 26), 더 길게는 지금 집필 중인 『해방정치』같은 작업에서 최초의 유럽만의 단계였던 라틴-게르만의 '창건'(fundación)과 '발전' 같은 주제를 다루었다. 『비판적 정치철학을 향하여』의 「유럽, 근대성, 유럽중심주의」(Dussel 2001)를 참조.

다루면서 기독교의 역사 전체를 새롭게 구술했다.

그 당시 나의 강박관념은 라틴아메리카 문화의 기원, 발전, 내용을 이해할 수 있는 세계사의 비전에서 어느 한 시기도 빼놓아서는 안 된다는 것이었다. 실존적 요청과 (여전히 유럽중심적인) 철학은 문화적 정체성을 추구했다. 그러나 거기서 탈구가 발생하기 시작했다.

2. 문화의 중심과 주변. 해방의 문제

라틴아메리카의 비판적 사회과학(특히 종속이론)의 등장, 에마뉘엘 레비나스의『전체성과 무한』이 미친 영향, 그리고 무엇보다도 1968년 민중-학생운동의 여파로 1960년대 말부터 철학 분야에, 그리고 그로 인해 문화철학 분야에 역사적 단절이 발생했다. 단절을 기점으로 그전까지는 식민 본국과 식민지로 구분되었던 세계가 이때부터 (여전히 발전주의적 용어이긴 하지만 라틴아메리카경제위원회CEPAL의 라울 프레비시Raúl Prebisch가 사용하기 시작한) '중심'과 '주변'으로 범주화되었다. 비판적 경제학에서 유래한 중심과 주변이라는 범주는 상호주체적 행위자인 사회계급 전체를 문화 개념으로 통합하는 지평이 되었다. 중요한 것은 용어 그 자체가 아니라 개념이었는데, 중심-주변이라는 개념은 문화를 실체론적 개념에서 분리시켰고, (개별 문화 내부의) 내재적 균열과 문화 간 균열을 발견할 수 있게 해주었다. 부연하자면, 문화 간의 관계는 대화나 충돌이며, 더 엄밀하게 말하면 지배와 착취의 관계라는 것이다. 즉 모든 수준에서 행위자끼리의 불균형을 염두에 두어야 한다는 것이다. 이렇게 실체론적 문화(중심)주의는 종결되었다. 「문화주의를 넘어서」라는 글에서 나는 다음과 같이 썼다.

> 일정한 역사적 블록 내에서뿐만 아니라, 다양한 계급과 분파의 이데올로기 형성과 관련된 헤게모니가 변화하는 상황에서 구조주의적 관점의 문화주의를 발견하는 것은 불가능했다. […] 또한 문화주의에는 정치 사회(최종적으로 국가)와 시민 사회의 범주도 결여되어 있었다. (Dussel 1983, 35~36)

라틴아메리카 해방철학(Filosofía de la Liberación)은 스스로의 문화적 조건, 즉 사유는 정해진 문화적 틀로부터 가능하며, 또한 (명시적이건 암묵적이건 간에) 계급, 집단, 성, 인종 등의 이해관계와 절속되어 있음을 깨닫는 것이었다. 해방철학의 첫 번째 주제는 위치(location)였다. 문화 간 대화라는 소박한 생각은 실종되었고, 라틴아메리카 문화는 식민지 기간 내내 과잉결정되었다. 1974년 아프리카, 아시아, 라틴아메리카 철학자들이 모여서 처음으로 '남-남'(Sur-Sur) 대륙 간 대화를 시작했는데, 첫 번째 모임은 1976년 탄자니아의 다르에스살람(Dar-es-Salam)에서 이루어졌다.[14] 이 모임을 통해서 우리는 인류의 위대한 문화들의 파노라마를 직접 체험할 수 있었다.[15]

---

14 제3세계 지식인들의 대화는 그때부터 현재까지 계속되고 있으며, 모임이 개최된 장소도 델리, 가나, 상파울루, 콜롬보, 마닐라, 오아스테펙 등 다양했다.

문화에 대한 새로운 관점을 언급한 것은 1973년 8월 6일 아르헨티나 부에노스아이레스의 엘살바도르대학에서 이루어졌던 모임이었다. 나는 「제국주의 문화, 계몽주의 문화 그리고 민중 문화의 해방」이라는 제목의 글을 발표했는데,[16] 그때는 해방철학이 성숙되어 있던 시점이었다. 이 글은 아르헨티나의 뛰어난 교육자이자 『파쿤도: 문명과 야만』(Facundo: Civilización o barbarie)의 저자인 사르미엔토(Domingo F. Sarmiento)의 입장에 대한 정면 공격이었다. 그가 지칭하는 문명은 미국 문화였고, 야만은 (영국의 지배 세력과 연관되어 있었던) 항구도시 부에노스아이레스의 세력에 맞서서 자율성을 얻기 위해 투쟁했던 지방 수령들의 문화였다. 이 글이 갖는 중요성은 아르헨티나에서 이미 실효성이 바닥나기 시작한 신식민지 모델을 받아들인 국민적 영웅들을 처음으로 탈신비화했다는 점이다.[17] 1492년 아메리카에 대한 침략으로 시작된 (중심부의) 제국주의 문화는 라틴아메리카, 아프리카, 아시아와 동유럽의 주변부 문화와 마주쳤다. 양 문화의 대립은 대칭적 대화가 아니라 지배, 착취, 말살이었다. 게다가 장 폴 사르트르가 프란츠 파농의 『대지의 저주받은 사람들』 서문에 썼듯이, 제국에서

---

15 나는 거의 8년 동안 유럽에서 살았다. 2년은 이스라엘에서 팔레스타인 사람들(그중에 많은 사람은 무슬림)과 살았다. (많은 문화 중에서 가장 인상적이었던) 인도는 강연을 하거나 세미나와 회의에 참석하기 위해 다섯 번 간 적이 있다. 필리핀에는 세 번 갔었고, 아프리카(케냐, 짐바브웨, 이집트, 모로코, 세네갈, 에티오피아 등)도 여러 번 방문했다. 이런 기회를 통해 열정과 존경심을 가졌던 문화들을 직접 체험할 수 있었다.

16 이 글은 군사독재에 반대하는 투쟁이 한창이던 시기에 수백 명의 청중이 참석한 가운데 발표되었으며, Dussel(1974a, 93~123; 1974b, 43~73; 1997, 121~152)에 실려 있다.

교육받은 식민지 엘리트들은 파리나 영국에서 배운 것을 식민지에서 그대로 반복했다. 계몽주의 교육을 받은 신식민지 엘리트들은 자신들의 민중을 멀리하고, 그들을 자신들의 정치적 입지를 확보하는 볼모로 이용함으로써 제국의 신민이 되었다. 그 결과, 전 세계적으로 비대칭성이 확산되었다. 한편으로, (리쾨르의 말을 빌리면 '문명'인) 하나의 문화, 즉 유럽중심적이고 식민지 본국인 서구 문화가 모든 주변부 문화를 지배했고 말살하려고 시도했다. 다른 한편으로, (라틴아메리카의 경우는 19세기 초반부터, 아시아와 아프리카는 제2차 세계대전 이후부터) 포스트식민지 문화들은 내부적으로 '계몽' 엘리트와 다수 민중으로 분열되었다. '계몽' 엘리트들은 지역의 전통적인 문화에는 등을 돌린 채 제국에 더 밀접하게 연관되어 있었고, 전통에 뿌리를 둔 다수 민중은 경제적 자본주의와 기술 문화를 앞세운 서구 문화에 맞서 (빈번하게 근본주의적 방식으로) 자신의 문화를 방어했다.

해방철학이 문화비판 철학의 역할을 하기 위해서는 '계몽'과 억압된 자들(그람시의 용어로는 'popolo')의 사회적 블록의 이해관계를 연

---

17 2001년 12월의 격렬한 항의 집회는 주변부 국가의 모든 것이 약탈되는 기나긴 과정의 막바지에서 발생했다. 3세기 동안에는 식민적 구조로 인해, 19세기 중반부터 20세기까지는 농산물의 수출과 차관에 의해서, 그리고 미국의 부시 대통령과 아르헨티나의 메넴(Carlos Menem) 대통령에 의해 강제된 신자유주의 모델이 가속화시킨 국부 유출에 의해 아르헨티나는 텅 비어 버렸다. 신자유주의 경제모델을 강제로 이식하기 위해 저질러진 '더러운 전쟁'(Guerra Sucia, 1975~1984)은 1850년부터 1950년까지 라틴아메리카에서 가장 부유하고 산업화되었던 나라를 곤궁으로 밀어 넣었고, 그 기간에 한 세대가 물리적으로 제거되었다. 해방철학은 1973년 6월부터 후안 페론(Juan Perón)의 숨길 수 없는 파시즘이 캄포라(Héctor José Cámpora) 정권을 붕괴시키고 정치적 우경화로 치달았던 시기에 이미 이러한 상황을 정확히 예견했다.

관시키는 새로운 엘리트를 배출해야만 했다. '민중문화의 해방'을 언급한 것은 이런 맥락이었다.

첫째는 국가를 해방시키기 위한 애국 혁명이고, 둘째는 억압된 계급의 해방을 위한 사회 혁명이며, 셋째는 문화 혁명이다. 문화 혁명은 젊은 이들에게 문화를 가르치는 교육적인 차원에 해당한다. (Dussel 1997, 137)

제국주의 문화에 억압당한 주변부 문화가 상호문화적 대화의 출발점이 되어야 한다. 1973년에 나는 이렇게 썼다.

문화는 민중문화를 의미하며, 민중문화는 문화적으로 빈곤한 문화가 아니라 억압자에 맞서는 피억압자의 저항이 억압자의 문화에 오염되지 않은 상태로 분출되는 중심이다. […] 새로운 것을 창조하기 위해서는 외부성(exterioridad)으로부터 분출되는 새로운 언어가 필요하다. 외부성은 체계에 의해 억압당함에도 불구하고 체계에 전적으로 낯선 것이다. (Dussel 1997, 147)

'문화 해방 기획'(Dussel 1997, 146ss.)은 해방철학이 라틴아메리카의 맥락에서 사유하는 민중문화에서 출발한다. 전통문화가 세속화된 다원적 문화로 이행한다는 문화발전주의는 극복되었다. 하지만 그와 동시에 한 걸음 더 나아가 긍정적인 의미의 '민중적인 것'에 대한 분석을 철저히 할 필요가 있었다. 왜냐하면 '민중적인 것'에는 부정적인 의미의 포퓰리즘과 근본주의가 포함되어 있었기 때문이다.

3. 민중문화는 '단순히 포퓰리즘이 아니다'

1984년에 쓴 글 「라틴아메리카 문화와 해방철학(혁명적 민중문화: 포퓰리즘과 독단주의를 넘어서)」에서 다시 한 번 '민중'(pueblo), '민중적인 것'(lo popular), '포퓰리즘'(populismo)의 차이를 명확히 밝혔다(Dussel 1984; 1997, 171~231). 포퓰리즘의 예는 에르네스토 라클라우(Ernesto Laclau)가 시사하고 리처드 홀(Richard Hall)이 버밍엄에서 연구한 영국의 대처 포퓰리즘에서부터 이슬람 세계의 근본주의에 이르기까지 다양했다. '근본주의'는 조지 W. 부시 정권 시절의 미국 기독교 분파에서도 그대로 나타났다.

이 글은 네 개의 장으로 이루어졌다. 첫 번째 장에서는 1960년대의 맥락에서 환원주의적 한계를 극복하는 것이 중요하다는 사실을 강조했다. 비역사적 혁명가들, 자유주의적 역사들, 에스파냐에 뿌리를 둔 보수주의자들, 선주민주의자들 등 다양한 형태로 나타나는 환원주의의 한계를 극복하기 위해서는 세계사의 틀 안에서 라틴아메리카 문화사를 재건해야 할 필요가 있었다. 이러한 재건의 대미(大尾)는 '자본주의 이후 민중문화'였다(Dussel 1997, 189ss.). 토마스 보르헤는 농부들에 대해 이렇게 썼다.

산에서 농부들이 순수하고 깨끗한 마음으로 단순하면서도 시적인 언어를 사용하는 것을 들었을 때, 우리는 신식민지 엘리트들이 몇 세기에 걸쳐 잃어버린 모든 재능을 그들이 간직하고 있음을 깨달았다. (Borge 1981, 116)

토마스 보르헤의 언급은 '있는 그대로의' 문화를 드러내기 위한 새로운 출발점을 요구했다. 이 새로운 출발점이 이 글의 두 번째 장의 주제이다. (맑스가 청년 시절이었던 1835년부터 1882년까지의) 맑스의 작품을 인류학적인 관점에서 조심스럽게 다시 읽은 후에,[18] 우리는 모든 문화가 하나의 양태, 즉 '노동 유형'의 체계라는 점을 지적했다. 엄밀하게 말하면 'agri-cultura'가 '대지에 대한 노동'이라는 것이 공연한 말이 아닌 이유는 어원적으로 '문화'(cultura)가 대지에 대한 숭배라는 의미의 라틴어 'cultus'에서 온 말이기 때문이다.[19] (노동의 물리적 결실인) '물질적' 작위(作爲, poiética)와 (상징적 창조인) '신화적' 작위는 모두 문화적 생산물(pro-ducción)이다. 'pro-ducción'은 '주관적인

---

18 맑스에 대한 강독은 나중에 삼부작인 『맑스의 이론생산』(1985), 『알려지지 않은 맑스를 향하여』(1988), 『마지막 맑스』(1990)로 결실을 맺었다. 『알려지지 않은 맑스를 향하여』는 이탈리아어와 영어로 번역되었다.

19 쟁기로 어머니 대지(terra mater)에 상처를 냈을 때 인도유럽어족 사람은 그 상처를 치유하는 성스러운 행위가 필요했다. 어머니 대지에 대한 숭배는 대지와 인간의 고통인 노동을 통해 어머니 대지로부터 결실, 추수, 인간의 식량을 거둬들일 수 있는 가능성의 조건이다. 대지에 대한 노동과 대지에 대한 숭배는 삶-죽음, 행복-고통, 식량-배고픔, 문화(질서)-무질서(혼돈)의 변증법이다. 또한 죽음-부활, 고통-풍요, 필요-만족, 혼돈-창조의 변증법이다.

것을 객관적으로 바깥에, 더 적절하게 말하면 상호주관적인, 공동체적
인 위치에 놓다'라는 뜻이다. 이런 방식을 통해서 경제적인 것은 경제
(지상)주의로 전락하지 않고 제자리로 돌려졌다.

세 번째 장에서는 후기구조주의적 혹은 포스트-슈펭글러적인 관
점에서 문화적 경험이 균열되는 순간들을 다뤘다. '부르주아 문화'(a)
는 추상화된 '프롤레타리아 문화'(b)와 분리되었다. '중심부 국가들의
문화'는 (세계체제의 질서 안에서) '주변부 국가들의 문화'와 분리되었
다. '다국적 문화/문화적 제국주의'(c)는 '대중문화/소외된 문화'(d)와
분리되었다. '민족문화/문화적 포퓰리즘'(e)과 절속된 '계몽엘리트 문
화'(f)는'민중문화[20]/문화적 창조를 통한 저항'(g)과 분리되었다.

이러한 문화유형론과 여기에 적용된 범주적 기준은 틀림없이 라
틴아메리카의 새로운 사회과학과 해방철학이 치러야 할 비판적이고
고유하며 기나긴 '인식론적 투쟁'을 예상하게 했다. 이러한 작업은 훨
씬 오래전에 마무리된 것이었지만, 그때서야 최종적인 윤곽을 그릴 수
있었다.

(a)부르주아 문화	중심부 자본주의	다국적 문화(c)			대중문화(d)
	주변부 자본주의	계몽엘리트 문화(f)			
(b) 프롤레타리아 문화	임금 노동	노동자 농민		민족문화(e)	
외부성을 간직하는 부분[21]		종족들, 수공업자들, 주변인들, 기타	민중문화(g)		

1977년, 『라틴아메리카 해방윤리학을 위하여』세 번째 권에서 나는 다음과 같이 썼다.

(자칭 보편적인) 제국주의 문화[22]는 (민중문화와 일치하지 않는) 민족문화와 동일하지 않고, (항상 부르주아적은 아니지만 항상 과두제적인) 신식민지 엘리트의 계몽문화와도 동일하지 않으며, (중심부 국가에서건 주변부 국가에서건 간에 소외되고 일차원적인) 대중문화와도 동일하지 않고, 민중문화와도 동일하지 않다. (Dussel 1980, 72)

그리고 다음과 같이 덧붙였다.

제국주의 문화, 계몽엘리트 문화, (부정적 의미에서 프롤레타리아 문화도 포함되는) 대중문화는 지배적 총체성의 관점에서 볼 때 내적인 지배 순간들이다. 민족문화는 중요함에도 불구하고 여전히 모호하다. […] (문화적) 해방을 위한 핵심적인 개념은 민중문화이다. (Dussel 1980, 72)

---

20 그 당시의 다음 글들을 참조할 것. VV. AA.(1983); Ecléa(1977); Ardiles(1975).
21 (선주민 종족들, 룸펜 혹은 주변인 같은) 문화적 집단들은 자본주의적 질서의 외부에 위치하지만 민중의 내부 혹은 한복판에 위치한다는 사실을 특별히 주목해야 한다.
22 1984년에는 다국적 기업과 연관되어 '다국적 문화'로 규정했다. 그러나 2003년에는 '포스트냉전 자본주의의 중심으로부터 세계화된 지배 문화'라고 규정하는 것이 더 적절할 것이다.

1980년대에는 니카라과의 산디니스타민족해방전선(FSLN)과 라틴아메리카 전역에 등장한 많은 다른 경험으로 인해서 창조적 문화는 '혁명적 민중문화'로 인식되었다(Cardenal 1980, 163ss.).

라틴아메리카 민중문화는 (자본주의로부터 경제적으로, 억압으로부터 정치적으로) 해방되는 과정에서 민주주의를 새롭게 복구하고, 그럼으로써 문화적 해방을 성취하며, 억압의 대상이지만 지금은 혁명의 주인공인 민중의 역사-문화적 전통을 잇는 창조적 발걸음을 내딛음으로써만 부각되고, 고양되며, 공인된다. (Dussel 1997, 220~221)[23]

그 당시에 혁명적 문화의 역사적 주체인 민중이 자신의 역사적-혁명적 역할에 대해 주체적인 인식을 얻게 되면서 민중은 '억압받는 자들의 사회적 블록'으로 규정되었다.[24]

민중문화는 포퓰리스트적이 아니었다. '포퓰리스트'라는 용어는 국민문화 안에 부르주아적이고 과두제적인 엘리트문화와 프롤레타리

---

23 마오쩌둥은 다음과 같이 썼다. "낡은 봉건 지배계급이 저지른 모든 부패로부터 오래되고 훌륭한 민중문화, 다시 말하면, 민주적이고 혁명적인 성격을 갖는 민중문화를 분리하는 것은 시대적 명령이다. […] 새로운 문화는 오래된 문화에서 유래한다. 따라서 우리의 고유한 문화를 훼손하지 않고 존중해야 한다. 역사를 존중한다는 것은 그 역사에 해당하는 자리를 부여하는 것을 의미하며, 그 역사가 발전해 온 과정을 존중하는 것을 의미한다."(Mao 1965, 396) 마오쩌둥은 이 글에서 '오래된'(antigua) 문화와 '낡은'(vieja) 문화를 구별하고, '지배적', '현행의', '제국주의적인', '반(半)봉건적인', '반동적인' 문화와 '새로운 민주주의', '민중문화', '민족적', '혁명적' 문화를 구별한다.

24 다음을 참조하라. Ramírez(1982); Arce(1980, 155ss.).

아트, 농민, 근대국가 영토 내부의 모든 거주자의 문화를 포섭하는 것
(프랑스에서는 '보나파르티즘'이라고 규정했던 것)을 의미했다. 그와는
반대로, 민중적인 것은 착취당하고 억압당하는, 그러면서 국민의 외부
성에 놓인 모든 사회 부문을 지칭했다. 다시 말해, 국가 체제 안에서 억
압당하고, 지배자에 의해 간단하게 사라져 버리는 민속,[25] 음악, 음식,
복장, 축제, 영웅에 대한 기억, 해방적 서사, 정치적-사회적 조직들을
지칭했다.

　　문화적 혁명 덕분에 라틴아메리카 문화를 본체론적이고 한 덩어
리로 바라보는 관점은 뒷전으로 밀려났고, 그 대신에 문화의 내적 균
열들이 증식되었다.

4. 근대성, 옥시덴탈리즘의 세계화, 자유주의적 다문화주의, 군사적 제국의 '선제 개혁'

1950년대 말부터 직관적으로 느끼고 있던 문제, 즉 세계사에 라틴아
메리카의 '위치를 정해야 한다'는 강박관념은 라틴아메리카를 배제했
던 (헤겔 세대의) 보편적 역사가 내세우는 표준에 대한 의문으로 서서
히 이동했다. 왜냐하면, 유럽중심주의는 비유럽 문화를 왜곡되게 해석

---

25 안토니오 그람시는 다음과 같이 지적했다. "민속을 괴상한 것, 우스꽝스러운 것, 촌스러
운 것으로 생각해서는 안 된다. 민속은 뛰어난 것으로 인식되어야 하며 진지하게 받아들
여져야 한다. 따라서 효율적이고 조직적으로 위대한 민중문화를 배워야 한다."(Gramsci
1975, 90)

했을 뿐만 아니라, 1950년대에는 예견하지 못했지만 타 문화에 대한 왜곡은[26] 결국 유럽 문화 자체도 올바르게 해석하지 못했기 때문이다. (에드워드 사이드가 1978년에 출판된 유명한 그의 저서 『오리엔탈리즘』에서 보여 준 것처럼, 유럽이 동쪽에 위치한 모든 문화에 대해 잘못된 해석을 한) 오리엔탈리즘과 (유럽 문화에 대한 잘못된 해석인) 옥시덴탈리즘은 동전의 양면이다. 라틴아메리카 문화가 존재하지 않았다는 주장에 대한 비판은 주변부 문화에 대한 새로운 비판적 시각을 갖게 해주었을 뿐만 아니라, 유럽 자체에 대한 비판적 시각도 가능하게 했다. 이러한 작업은 주변부의 포스트식민 문화들(아시아, 아프리카, 라틴아메리카)에서 거의 동시에 진행되었지만, 불행하게도 정작 유럽과 미국에서는 활발하지 못했다.

그 결과, 근대성에 대한 포스트모던적 비판은 여전히 유럽적 관점이라는 것과 라틴아메리카에서 말하는 '포스트모던'[27]과 1980년대 유럽의 '포스트모던'은 다르다는 것을 깨닫기 시작했다. 부연하자면, 식민지 주변부의 관점에서 근대 문화를 해석하고 라틴아메리카를 위치시키려는 작업을 통해서 근대성에 대한 다른 정의가 가능하다는 것을 알게 된 것이다. 이 때문에 외부의 관점에서 유럽중심적 근대성의 개

---

26 모든 유럽인과 미국인은 "보편사는 최종적으로 유럽에서 완성된다"라든지 "역사는 동쪽에서부터 서쪽으로 발전한다"는 확신을 당연하게 여긴다. 내가 프랑크푸르트에서 한 강연 내용을 참조하라(Dussel 1993b, 1995).

27 나는 1976년 『해방철학』 서문에서 리오타르보다 먼저 '포스트모던'(postmoderno)이라는 용어를 사용했다. "Filosofía de la liberación, filosofía postmoderna, popular, feminista, de la juventud, de los oprimidos, de los condenados de la tierra…."

넘을 새롭게 정의해야 할 필요성을 느꼈다. 여기서 외부는 유럽인들처럼 지방(provincia)이 아니라 세계(mundo)를 의미한다. 리오타르, 바티모를 거쳐 하버마스까지, 그리고 미묘한 차이가 있기는 하지만 월러스틴조차도 유럽중심적 근대성 개념을 숨길 수 없다. 나는 이들의 유럽중심주의를 '두 번째 유럽중심주의'라고 부른다.

이러한 일련의 논증적 연구를 통해서 문화라는 주제를 새로운 범주에서 문제설정할 수 있었고, (존 롤스John Rawls가 『만민법』*The Law of Peoples*에서 주장한) '자유주의적 다문화성'(multiculturalidad liberal)을 비판했으며, 순진하게 (혹은 냉소적으로) 논쟁자들 간에 존재하지 않는 대칭성을 가정하면서 의사소통이나 다문화적 대화의 가능성을 쉽게 제시하는 피상적 낙관주의를 비판했다.

지금 중요한 것은 라틴아메리카의 '위치를 정하는 것'(localizar)이 아니다. 지금 중요한 것은 일상생활에서부터, 커뮤니케이션, 교육, 연구, 문화적 확대 정책이나 문화적 저항, 그리고 군사적 확장에 이르기까지 오늘날 모든 수준에서 필연적으로 맞부딪치는 모든 문화를 '배치하는 것'(situar)이다. 수천 년 동안 형태를 갖추어 온 문화적 체계들은 다른 문화들과 맞부딪치는 과정에서 파괴될 수도 있고 발전할 수도 있다. 어떤 문화도 끝까지 살아남을 수 있다는 보장이 전혀 없다. 인류 역사가 중대한 기로에 선 오늘날 이러한 생각은 점점 더 커지고 있다.

'보편사의 맥락에서 라틴아메리카 연구를 위한 가설' 강의에서, 그리고 그 당시의 연구에서 나는 각각의 문화는 자율적이거나 독립적으로 발전한다는 것을 보여 주려고 했다. (지중해 동부, 태평양, 고비 사막에서 카스피해에 이르는 유라시아 초원 같은) '접촉 지대들'(zonas de contactos)이 있었지만 포르투갈이 대서양 남쪽을 통해 인도양에 진출할 때까지, 혹은 에스파냐의 '아메리카의 발견'과 세계체제의 전개, 그리고 (선주민 아메리카, 중국, 인도, 이슬람 세계, 비잔틴 문화, 라틴-게르만 문화 같은) 독립적 문화들이 역사상 처음으로 연결될 때까지 뚜렷한 접촉이 존재하지 않았다. 이 이론은 안드레 군더 프랑크가 제안한 '5천 년 세계체제'로 인해 근본적으로 수정되었다. 나는 5천 년 세계체제를 즉각 받아들였다. 왜냐하면, 5천 년 세계체제는 내가 생각한 연대기와 같았기 때문이다. 동북아시아의 초원과 사막 지대에 '실크 로드'라고 부르던 확실한 접촉 지대가 있었다면, 아시아-아프리카-지중해 세계를 연결하는 축은 처음에는 바빌로니아 유적으로부터 멀지 않은 셀루콘을 중심으로 그리스화되고, 나중에는 사마르칸트 혹은 바그다드를 중심으로 이슬람화된 고대 페르시아 지역이었다. (남쪽에 있었던 고대 로마 제국 덕분에 중심의 역할을 하기는 했지만) 라틴-게르만 유럽은 항상 주변이었고 결코 유럽의 중심이 되지 못했다. (필리핀의 민다나오, 말라카, 이슬람 세계의 심장인 델리에서 마그레브, 모로코의 페스, 에스파냐 안달루시아 지방의 코르도바에 이르는) 이슬람 세계의 중상주의 문화는 과학적-이론적-경제적-문화적인 면에서 7세기부터 시작된 게르만[28]과 이슬람의 비극적인 침입을 당한 이후의 라틴-게르만 유럽보다 훨씬 발달되어 있었다. 막스 베버의 견해와 달리 13세기까지(시베리아 투

---

28 이에 대해서는 「유럽, 근대성, 유럽중심주의」(Dussel 2001)를 참조하라.

르크족[돌궐족]의 침략이 거대한 이슬람 문화를 갈라놓기 전까지) 이슬람 문화는 (아직 발전하지 못하고 있었던) 유럽 문화보다 월등히 발전된 문명이었음을 인정해야 한다.

안달루시아를 통해 지중해의 이슬람 문화와 이탈리아 남부에 거주했던 카탈루냐 사람들을 통해[29] 이탈리아 르네상스 문화를 계승한 에스파냐 사람들의 아메리카 침략으로 시작된 서구의 근대성은 유럽이 대서양으로 진출한 지정학적 출발점이다. 다시 말해, 서구 근대성은 엄격한 의미에서 (느리고 위험한 육로가 아닌 바다로) 세계체제를 확산하고 통제하기 시작한 것이며, 고립되어 있었고 주변부에 위치했던 유럽이 300년 동안 서서히 경제적-정치적 권력을 장악한 '식민지 체제'의 발명이다. 이 모든 것은 자본의 원시적 축적의 토대가 된 초기 중상주의적 자본주의의 시작과 동시에 발생했다. 다시 말하자면, 근대성, 식민주의, 세계체제, 자본주의는 동일한 현실을 서로 동시에 구성하는 요소들이다.

사태가 이렇다면, '에스파냐는 첫 번째 근대 국가이다'. 이러한 가정은 근대성에 대한 유럽과 미국의 모든 해석과 상반되며, 오늘날 에

---

29 하버마스부터 툴민(Stephen Toulmin)까지 북유럽과 미국의 지식인들에게, 근대성은 대략 르네상스(동쪽) → 종교개혁(북쪽) → 프랑스혁명(서쪽) → 영국 의회주의의 지정학적 경로를 따라간다. 이 경로에서 (에스파냐와 포르투갈이 위치한) 서지중해 유럽은 확실히 배제된다. 이것은 역사적 근시안이다. 제노바 금융자본을 연구한 아리기(Giovanni Arrighi)도 근대성이 에스파냐가 제국을 이루었던 시기에 발현되었다는 것을 무시한다. 다시 말해, 르네상스 이탈리아는 여전히 지중해(고대) 경제이고, 에스파냐는 대서양(근대) 경제이다.

스파냐의 거의 대부분의 지식인들의 견해와도 상충된다. 그럼에도 불구하고, 우리가 새로운 증거들을 발견할수록 이러한 가정은 더욱더 확실해진다. 결과적으로, (1492년부터 대략 1630년까지의) 에스파냐의 첫 번째 근대성은 (12세기에 지중해의 가장 세련된 문화 중심지였던)[30] 안달루시아를 통해 이슬람 색채를 띠고 있고, 시스네로스(Francisco Jiménez de Cisneros) 추기경의 개혁과 (중세를 벗어나 이미 근대적인 2차 스콜라 철학을 연구했던) 살라망카의 도미니크 교단의 대학 개혁을 확실하게 받아들인 이탈리아 인문주의 르네상스로부터 영감을 받았으며, 특히 엄밀한 의미에서 근대 형이상학적 사유의 시조인 프란시스코 수아레스에서 시작된 예수회 바로크 문화에서 영감을 받았다.[31] 『돈키호테』는 에스파냐의 첫 번째 근대문학 작품이다. 『돈키호테』의 등장인물들은 유럽의 첫 번째 근대성의 지역이자 그 당시에 가장 앞선 문화적 성취를 보인 남쪽의 이슬람 문화와 북쪽의 기독교 문화에 동시에 발을 딛고 있다.[32] 로망스어로 된 첫 번째 문법서는 1492년 네브리하(Antonio de Nebrija)가 편집한 에스파냐어 문법서이다. 공동체의 법을 지키기 위해 싸우다가 카를로스 5세에 의해 진압된 첫 번째 부르주아 혁명도 카스티야(Castilla) 지방에서 일어났다. 최초의 세계화폐는

---

30 철학사의 놀라운 재해석에 대해서는 알자브리의 『아랍 이성 비판』(Al-Yabri 2001a)과 『아랍 철학의 유산』(Al-Yabri 2001b)을 참조하라.
31 데카르트가 예수회 교단의 학생이었고, 그가 처음 읽은 철학책이 프란시스코 수아레스의 『형이상학적 논쟁들』(Disputaciones metafísicas)이었음을 염두에 둘 필요가 있다.
32 중세 기사(돈키호테)가 돌진하는 풍차는 근대성의 상징이며, 풍차는 이슬람 세계에서 유래했다는 것을 잊어서는 안 된다. 바그다드에는 8세기에 이미 풍차가 존재했다.

멕시코와 페루에서 주조된 은화였고, 세비야를 거쳐 최종적으로 중국에 축적되었다. 요컨대, 에스파냐의 첫 번째 근대성은 유럽의 확장이 시작된 중상주의, 초기 부르주아, 인문주의 근대성이다.

진정한 의미의 부르주아 근대성인 두 번째 근대성은 17세기 초반까지 에스파냐가 지배한 네덜란드에서 시작된다.[33] 처음에는 영국, 나중에는 프랑스가 주도한 세 번째 근대성은 (철학적으로는 데카르트와 스피노자에 의해 시작되었고, 홉스, 로크나 흄의 사유재산 개인주의 individualismo posesivo 형태로 일관성 있게 실천된) 두 번째 근대성 모델의 발전이다.

산업혁명과 계몽주의로 근대성이 정점에 도달한 시점에 처음에는 아시아로, 나중에는 아프리카로 확대된 유럽의 식민주의가 공고화되었다.

근대성은 500년이 되었고, 세계체제도 마찬가지이며, 1492년부터 '중심'이 된 유럽의 세계 지배도 그 기간만큼 지속되었다. 라틴아메리카는 근대성의 구성적 요소였다. 세르히오 바구(Sergio Bagú)가 제기한 이후 사회과학 전반의 중요한 논쟁이 되었지만, 식민체제는 봉건체제가 아니라 근대 자본주의 세계의 주변부이다.

이런 맥락에서 나는 다른 문화 간에 다문화적 관점에서 대칭적으로 대화하는 것이 가능하다는 순진한 입장을 비판했다. 이러한 순진한 입장은 이상적이며 합리적 존재 간에 의사소통이 가능하다고 전제한

---

33 이에 대해서는 월러스틴의 『근대세계체제』를 참조할 것(Wallerstein 1974~1989).

다. '담론 윤리'(Ética del Discurso)는 이러한 낙관적인 입장을 택했다. 매킨타이어(Alasdair McIntyre) 같은 사람과 달리, 리처드 로티(Richard Rorty) 같은 사람은 '완벽히 공약불가적인 불가능한 의사소통'(la completa incommensurabilidad de una comunucación imposible) 혹은 의사소통의 극단적인 어려움을 보여 주었다. 어떤 경우든 (구체적으로 이름을 부르거나 그것의 역사와 구조적 내용들을 연구하지 않고) 문화들을 식민체제에서 각자의 위치로부터 유래하는 비대칭적 상황에 배치하고 있다는 것을 간과한다. 서구 문화는 자신의 옥시덴탈리즘의 관점에서 다른 모든 문화를 미개하고, 전근대적이며, 전통적이고, 저발전된 문화의 자리에 배치했다.

문화 간 대화에 관한 이론은 모든 문화가 대칭적 조건에 있다고 생각한다. 인류학은 임시변통적으로 원시 문화들에 대해 비개입적 관찰(observación descomprometida)을 수행한다. 이 경우에 (대학의 문화인류학의) 우월한 문화들과 ('원시적'인) 다른 문화들이 있다. 이 양극단 사이에 대칭적으로 발전한 문화들과 (뛰어넘을 수 없는 문화적 심연으로 인해 비대칭적으로조차 배치될 수 없는) 다른 문화들이 존재한다. 뒤르켕이나 하버마스가 이런 경우이다. 다른 문화들을 대상으로 관찰하는 인류학은 계몽주의 문화도 아니고 원시적인 문화도 아닌 중국, 인도, 이슬람 세계와 문화적으로 대화하려고 하지 않는다. 다른 문화들은 '사람이 살지 않는 땅'(tierra de nadie)이다.

식민국의 문화도 아니고 '원시적'인 문화도 아닌 문화들은 프로파간다를 통해서, (음료수, 음식, 옷, 자동차 같은) 문화적인 물질적 생산물인 상품 판매를 통해서 파괴되는 과정에서 겨우 민속적인 요소들만 가치를 인정받았다. 타코 벨(Taco Bell) 같은 초국가적 레스토랑 체인은 메뉴에 특정한 음식 문화를 포함시키고, 이것이 다른 문화들에 대한 존경인 것처럼 내세운다.

존 롤스의 '중첩적 합의'(overlapping consensus)에서 뚜렷이 드러나 있는 이러한 유형의 이타적인 다문화주의는 문화적이고 종교적인 다양한 가치를 인정하면서 정치 공동체의 모든 구성원이 받아들여야 하는 특정한 과정적 원리의 수용을 요구한다. 정치적인 면에서 이것은 대화를 하는 사람이 다문화적 자유 국가를 받아들이는 것을 전제하는 것인데, 다문화적 국가의 구조 자체가 서구 문화의 표현이며 다른 문화들의 생존 가능성을 제한하고 있다는 사실을 간과하는 것이다. 이것은 부지불식간에 공존을 위한 순전히 형식적인 요소를 앞세워 문화적 구조를 강제하는 것이다. 또한 이것은 경제적 하부구조가 이러한 유형의 자유 국가를 떠받치고, 앞에서 언급한 중첩적 합의 덕분에 수용할 수 없는 반서구적 차이를 '주식회사 문화'에 녹아들게 하는 것이 초국가적 자본주의라는 사실을 확실히 인식하지 못하는 것이다.

헌팅턴이 『문명의 충돌』에서 군사적 수단을 통한 서구 문화의 보존을 직접적으로 옹호한 것처럼, 어떤 경우에는 (보편 종교들 간에도 자주 발생하는) 이러한 유형의 무균(無菌) 상태의 다문화적 대화는 침략적인 문화 정책이 된다. 특히 헌팅턴은 이슬람 근본주의로부터 서구 문화를 보존해야 한다고 주장했는데, 그는 지구상의 거대한 유전들이 이슬람 국가에 매장되었다는 사실과 이슬람 근본주의와 동일한 유형의 기독교 근본주의가 미국에 존재한다는 사실을 언급하지 않았다. 또한 조지 소로스가 명명한 '시장 근본주의'는 문화 간 충돌이나 민주적인 정치 문화의 확산이라는 가면을 쓴 침략적 군사 근본주의, '선제적 전쟁'의 토대라는 사실을 언급하지 않았다. 요컨대, 다문화주의의 대칭적 대화의 요청은 모든 대화의 전면적 소멸과 서구 문화 특유의 군사적 기술에 의한 강압으로 귀결되었다. 적어도 이라크 전쟁에서 보았던 것처럼 이것은 구실일 뿐이고 중요한 것은 석유라는 경제적 이해를 충족시키기 위한 것이었다.[34]

네그리와 하트는 공동저작인 『제국』에서 세계화된 세계체제의 구조를 포스트모던적 관점에서 서술한다. 하지만 지금 필요한 것은 냉전이 종식된 이후에 전지구적 권력을 일극 체제로 만들기 위해 공화국에서 제국으로 변해 가고 있는 미국의 군사적 헤게모니의 시각에서[35] 세계사의 현재적 국면을 이해하는 것이다. 다문화적 대화가 실상 대화 당사자들 간의 비대칭성을 인식하지 못하는 순진한 생각이 아니라면 무엇이란 말인가? 무장한 신자유주의의 상황에서 대칭적 대화를 상상할 수 있는가? 모든 것이 사라져 버리고, 갈수록 미국적 규범이 되어 가는 옥시덴탈리즘의 세계화가 수천 년 동안 발전해 온 보편 문화들을 지구상에서 다 소멸시켜 버릴까? 영어는 인류가 사용하는 유일한 언어가 되고, 영어를 사용하게 되면서 다른 전통들은 다 잊히는 게 아닐까?

---

34 나는 2003년 3월 15일 시점에 이를 언급하고 있다.

35 의회가 수동적인 자세를 보이면서 국무부와 조지 W. 부시 대통령 '팀'은 이라크 전쟁을 시작했다.

5. 상호문화적이고 트랜스모던적인 대화의 횡단성: 포스트식민적 보편 문화로부터의 상호 해방

군더 프랑크의 새로운 가정에서 출발한 논증이 이제 마지막 단계에 도달했다. 그의 저작 『리오리엔트: 아시아 시대의 전지구적 경제』(1998) (그리고 더 복잡한 케네스 포머란츠의 『대분기: 중국과 유럽, 그리고 근대 세계 경제의 형성』[2001])[36] 덕분에 우리는 더 넓은 범위에서 비판적으로 문제설정을 할 수 있게 되었다. 다시 말해, 1960년대 문화의 문제를 (여전히 근대성의 마지막 단계에 머물러 있는) 포스트근대성 개념에서 벗어나 트랜스-모던적 관점에서 재해석할 수 있다.

새로운 가정은 다음과 같이 간단하게 요약될 수 있다. 근대성(자본주의, 식민주의, 첫 번째 세계체제)은 유럽이 나머지 문화들의 중심 역할을 수행했던 세계적 헤게모니 시기와 일치하지 않는다. 세계시장의 '중심'과 근대성은 공시적 현상이 아니다. 근대 유럽이 '중심'이 된 것은 '근대적'이 된 이후이다. 월러스틴에게 두 가지 현상은 동일한 시공간 현상이다. 이 때문에 월러스틴은 근대성과 유럽이 세계시장의 중심이 되는 시기를 계몽주의와 자유주의의 출현 시점으로 미룬다. 내가 생각하기에 네 가지 현상(자본주의, 세계체제, 식민주의, 근대성)은 동시

---

36 이 책에서 포머란츠는 결과적으로 1800년까지 영국은 1750년에 3,900만 명의 인구를 가지고 있던 중국의 양쯔강 지역에 비해 그 어떤 것도 보잘것없었다는 것을 보여 준다. 또한 영국과 중국의 농지개간의 발달을 평가한 뒤에 영국에서 산업혁명이 일어날 수 있었던 것은 외부적이고 우연한 두 가지 요소 — 식민지 소유와 석탄 사용 — 덕분이라고 말한다(Pomeranz 2000).

적이다. (그러나 유럽이 세계시장의 '중심'이 되는 것은 일치하지 않는다.) (18세기 말의 상징적인 날짜인) 1789년까지 중국과 인도 지역은 유럽이 세계시장에서 결코 대적할 수 없는 (도자기, 비단 같은 중요한 상품을 생산하는) 생산과 경제의 중심이었다. 유럽은 먼 동쪽 시장에 팔 것이 아무것도 없었다. 유럽은 라틴아메리카(주로 페루와 멕시코)에서 유입된 은 덕분에 3세기 동안 중국 시장에서 물건을 살 수 있었을 뿐이다.

유럽이 세계시장의 '중심'이 되고 전 세계로 세계체제를 확장하기 시작한 것은 산업혁명 이후였다. 그리고 그 시기에 문화적으로 계몽주의가 출현했는데, 계몽주의의 기원을 발견하기 위해서는 (모로코 출신 철학자 알자브리를 계승한 것으로 추정되는) 코르도바 칼리프의 아베로에스 철학(filosofía averroísta)까지 거슬러 올라가야 한다. 유럽이 헤게모니를 잡은 것은 고작해야 두 세기(1789~1989)[37] 동안이다. 단지 두 세기! 중국, (일본, 한국, 베트남 같은) 극동의 나라들, 인도, 이슬람, 비잔틴 러시아, 반투, 라틴아메리카 같은 보편적이고 오랜 역사를 갖는 문화의 (폴 리쾨르의 표현을 빌리면) '윤리적-신화적 핵심'을 근본적으로 변화시키기에는 200년은 너무 짧은 시간이다. 이 문화들은 (다음 그림에서 볼 수 있는 것처럼 부정을 통해 총체성에 포함됨으로써incluidos en la totalidad como negadas) 부분적으로 식민지화되었지만, 많은 부분은 말살되는 대신에 폄하되고, 부정되고, 무시되는 방식으로 배제되었다. 경

---

37 프랑스혁명에서 소련 붕괴까지의 시기를 말한다. 소련의 붕괴는 미국의 일극체제를 의미한다.

제적, 정치적 체제는 엄청난 부의 축적을 위한 식민 권력에 지배당했지만 식민지 문화들은 가치가 없고, 보잘것없으며, 중요하지도 않고, 쓸모없는 것으로 여겨졌다. 그럼에도 불구하고 그런 경멸적 취급 덕분에 식민지 문화들은 침묵 속에서, 어둠 속에서, 근대화되고 서구화된 식민지 출신의 엘리트들에게 무시당하면서도 살아남을 수 있었다. 그 부정된 외부성이, 즉 끊임없이 잠재적으로 존재하는 타자성이 의심의 여지 없는 문화적 풍요로움이 존재하고 있음을 보여 준다. 그 문화적 풍요로움의 불꽃은 수백 년 동안의 식민주의를 겪으면서도 꺼지지 않고 서서히 다시 살아나고 있다. 그러한 문화적 외부성은 단지 오염되지 않은 영원한 본질적인 정체성이 아니다. 문화적 외부성은 근대성과 더불어 진화되어 왔다. 식민지 문화의 정체성은 언제나 외부성으로 근대성의 과정 속에서 성장해 왔다.

경제적, 정치적, 과학적, 기술적, 군사적 조건에서 비대칭적인 상황에 있는 보편적 문화들은 유럽의 근대성과의 관계에서 타자성을 유지하며 공존해 왔고, 유럽의 근대성의 도전에 자기 방식대로 응답해 왔다. 다시 말해, 보편적 문화들은 죽지 않고 살아 있으며, 부활하고 있고, (어쩔 수 없이 우여곡절을 경험하면서) 미래의 발전을 위한 새로운 길을 모색하고 있다. 그 문화들은 근대적이 아니기 때문에 '포스트-' 근대적도 아니다. (근대성보다 훨씬 오래되었다는 점에서) 전근대적이고, 근대성과 동시대적이면서, 트랜스모던에 가깝다. 포스트모더니즘은 유럽과 미국의 근대 문화의 마지막 단계이다. 중국 문화나 인도 문화는 결코 유럽적-포스트-모던적일 수 없으며, 자신의 뿌리를 갖는 전혀 다른 문화이다.

　엄밀한 의미에서 '트랜스모던'[38]은 단절을 의미하는 근본적인 혁신성을 가리킨다. 근본적인 혁신성은 마치 무(無)로부터 나오는 혁신성처럼, 끊임없이 다른 것의 타자적 외부성으로부터 나오는 혁신성이다. 또한 근대성의 과제, 더 나아가 '다른 장소, 다른 위치로부터'(desde otro lugar, otra localización) 유럽과 미국의 탈근대성의 과제를 해결하기 위해 고심하는 보편적 문화로부터 나오는 혁신성이다. 유럽과 미국의 경험과는 다른, 자기 자신의 문화적 경험의 장소로부터 나온 혁신성이며, 이 때문에 근대적 방식으로는 해결할 수 없는 근대적 문제에 대해 대답할 수 있는 혁신성이다. 근대성의 긍정적인 측면을 오래된 다른 문화의 시각으로 평가하고 수용하는 미래의 트랜스모던 문화는 다채로운 세계성(pluriversidad)의 문화가 될 것이며, 문화 간의 현실적인 비대칭적 관계를 확실히 인식하는 진정한 상호문화적 대화를 수행하는 문화가 될 것이다. 그러나 인도와 같은 포스트식민적인 주변부 세계는 식민지 시기의 중심-식민국과 비교해 극심한 비대칭적 상황이라고 하더라도 계속해서 수천 년 된 문화를 창조적으로 혁신하고 21세기 인류의 어려운 도전에 대해 새롭고도 필요한 대답을 제시할 수 있는 핵심이다.

　'트랜스-'모더니티('Trans-'modernidad)는 유럽과 미국의 문화적 가치 체계를 '넘어서는'(그리고 '그 이전의') 문화들로서, 위대한 비

---

38 이에 대해서는 「세계체제와 트랜스모더니티」(Dussel 2002)를 참조하라.

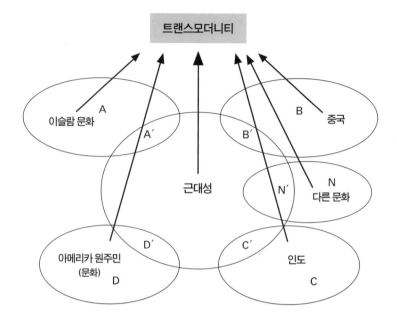

유럽적 보편 문화들에 여전히 유효하고, '많은 세계가 포함되는 하나의 세계'(a World where many worlds fit)를 지향하는 운동이다.[39] 상호문화적 대화는 횡단적이어야 한다.[40] 다시 말해, 상호문화적 대화는 학계나 영향력 있는 기관의 유식한 학자들 사이의 대화와는 출발점이 달라야 한다. 상호문화적 대화는 문화 간에 대칭성이 존재한다는

---

39 [옮긴이] 에스파냐어로는 'utopía pluriversa'로 되어 있다. 'pluriverso'는 'universo'를 대체하는 개념이다. 'universo'는 서구 근대과학이 제시하는 '저기 바깥의' 물질적이고 객관적 우주를 가리킨다. 근대과학은 보편문화들은 물질적이고 객관적 우주를 표상(represent)할 뿐이라고 생각한다. 그러나 근대과학도 현실에 대한 하나의 표상일 뿐이다. 필리프 데스콜라(Philippe Descola)는 근대과학도 현실에 대한 하나의 표상이며 이를 자연주의(naturalism)로 부른다.

환상을 버려야 한다. 트랜스모더니티를 지향하는 비판적인 상호문화적 대화의 측면들을 살펴볼 필요가 있다. 이를 위해서 이슬람 문화권의 철학서를 실마리로 잡아 보자. 모하메드 아베드 알자브리의 저작 『아랍 이성 비판』(*Crítica de la razón árabe*, 2001)과 『아랍 철학의 유산』(*El legado filosófico árabe*, 2001)은 상호문화적 대화를 보여 주는 훌륭한 예증이다. 고대 코르도바 칼리프의 사유에 영향을 받았던 마그레브 출신 철학자인 알자브리는 자신의 아랍 전통[41]을 해체하는 것으로부터 시작한다. 13세기 파리의 라틴-게르만 혁신의 직접적인 전례로, 진정한 철학적 계몽에 도달했던 아랍 전통은 18세기 유럽의 '계몽'(Aufklärung)의 직접적인 전례이다.

무시된 외부성의 긍정

모든 것은 '긍정'으로부터 시작된다. 그다음이 '부정의 부정'(negación de la negación)이다. 먼저 자신의 가치를 스스로 발견하지 않고 자기 자신에 대한 무시를 부정할 수 있는가? (자신의 가치를 스스로 발

---

40 '횡단적'(transversal)이라는 용어는 주변부에서 주변부로의 운동을 의미한다. 가령, 페미니즘 운동으로부터 반인종차별주의 운동과 반식민주의 운동으로 움직이는 것이다. (페미니즘 운동이나 반인종차별주의, 반식민주의 운동 같은) '차이들'은 헤게모니를 쥔 중심을 거칠 필요 없이 자신들의 '서로 다른' 부정성을 통해 대화한다. 변두리로부터 도심으로 가는 거대 도시의 지하철은 변두리와 변두리를 연결하지는 않는다. 비유하자면 상호문화적 대화도 마찬가지이다.

41 헬레니즘 철학 작품들을 그리스어로부터 해석한 이후에 아랍어는 매우 세련된 기술적-철학적 언어를 발명해야만 했다. 이 때문에 모로코에서 필리핀에 이르기까지 이슬람 세계의 철학은 고전어의 이름을 빌려 '아랍 철학'(filosofía árabe)이라고 불러야 한다.

견하는 것은) 근대성 자체에 대한 반동이며 과정적 정체성(identidad procesual)에 대한 긍정이다. 식민주의에서 벗어난 문화들은 실질적이고 진실하게 탈식민화되어야 하며, 이를 위해서 스스로의 가치를 인정하는 것으로부터 시작해야 한다.

그러나 스스로를 긍정하는 방법은 여러 가지가 있다. 여러 가지 방법 중에는 잘못된 방법들도 있다. 앞에서 언급한 예를 들면, 알자브리는 이슬람 세계에서 벌어지는 이슬람 전통에 대한 현대 아랍 철학의 해석 혹은 해석학적 독해(lecturas)를 비판한다. 첫 번째 잘못된 해석은 근본주의(salafism)이다.[42] 근본주의의 해석은, 나머지 해석들처럼 고대 아랍 전통을 현재에 되살리려고 한다는 점에서 긍정적 의도를 지닌다. 그러나 알자브리가 보기에 근본주의의 해석은 비역사적(ahistórico)이고, 순전히 호교론적(apologético)이며, 전통주의적(tradicionalista)이다. 또 다른 잘못된 해석은 자유주의적이고 유럽적인 해석으로, 막연히 근대적이 되려고 하지만, 결국에는 과거를 부정하거나 과거를 재건하는 방법을 모른다. 세 번째 잘못된 해석은 좌파의 해석(salafismo marxista)이다.[43] 과거에 대한 세 가지 잘못된 해석을

---

42 '이슬람 문명의 영광을 어떻게 회복할 것인가?', '이슬람 문명의 유산에 어떻게 새로운 생명을 불어넣을 것인가?'라는 질문에 대해 알자브리는 애매하고, 부분적이며, 유럽중심적인 답변에 대해 확실하게 대답한다. 살라피즘은 자말 알딘 알아프가니(Yamal al-Din al-Afgani, 1838~1897)의 사상으로 출발했다. 알아프가니는 아프가니스탄에서 영국에 맞서 투쟁했고, 이스탄불에 거주했으며, 카이로에 은신했다가 최종적으로 파리로 도피했다. 살라피즘은 이슬람 세계를 해방시키고 통합하려는 운동이다(Al-Yabri 2001b, 20ss.).

염두에 두고 다음과 같은 질문을 던져야 한다. '어떻게 우리의 유산을 재건할 수 있을까?'(Al-Yabri 2001b, 24)

첫 번째는 언급한 유산을 긍정적으로 연구하는 것이다. 모국어인 아랍어를 완벽하게 이해하고 어린 시절부터 이슬람 문화를 배운 알자브리는 아랍 세계를 과학적 '대상'과 '외국' 문화로 연구하는 유럽이나 미국의 전문가보다 훨씬 많은 이점을 가진다. 그는 고전을 읽고, 생소한 뉘앙스를 이해할 수 있는 단서를 찾아내며, 마그레브 출신으로 공부했던 현대 프랑스 해석철학을 이용한다. 그는 알파라비(Alfarabi), 아비세나(Avicena), 아벰파체(Avempace), 아베로에스(Averroes), 이븐 할둔(Ibn Khaldun)의 사유를 적극적으로 드러내지만, 단지 순진하고 호교론적인 순수한 긍정은 아니다.

다른 예를 들자면, 대중문화의 영역에서 리고베르타 멘추는 『내 이름은 리고베르타 멘추』(*Me llamo Rigoberta Menchú, y así me nació la conciencia*, 1985)에서 많은 분량을 과테말라의 마야 민족의 문화를 기술하는 데 할애한다. 멘추는 마야 문화의 가치를 스스로 긍정하는 것으로부터 시작한다. 자신의 문화적 가치에 대한 긍정은 근본적인 성찰이며, 모든 것은 이러한 근본적인 성찰 위에 세워져야 한다. 이미 만들어진 관습적인 판단에 맞서서 자신의 문화적 전통의 긍정적 기원으로부터 시작하는 것이 필요하다. 요컨대, 첫 번째 작업은 근대성 이전

---

43 위에서 언급했지만 1965년에 출간된 나의 첫 번째 논문은 '라틴아메리카 사태'에 대한 해석/해석학을 비판하는 것이었다. 모든 새로운 해석은 다른 부분적인 해석들을 인식하고 비판하는 것이다.

의, 근대성과 불가피하고 은밀하게 접촉하는 과정에서 모르는 사이에 진화해 온 자신의 정체성으로부터 과거를 되살려 내는 것이다.

고유한 문화의 자원으로부터 고유한 전통을 비판하기

그러나 고유의 전통으로부터 성장할 수 있는 유일한 방법은 고유의 문화의 전제들로부터 비판을 수행하는 것이다. 이러한 비판에서 고유의 문화에 포함된 비판적 요소를 발견하는 것이 필요하다.

알자브리는 고유의 전통에 포함된 비판적 요소와 근대성으로부터 받아들인 비판적 요소를 통해 고유의 전통을 해체한다. 비판적 지식인이 비판을 실행하도록 만드는 것은 근대성이 아니다. 고정된 실체가 아닌 고유의 전통을 비판적으로 재건하는 데 필요한 근대적 도구를 선택하고 통제하는 것은 비판적 지식인이다. 알자브리는 아랍 세계의 '동방 학파'들이 처음에는 자신들의 주적인 페르시아의 영지주의적 사유(pensamiento gnóstico)와 정면으로 맞서야 했다는 것을 보여 준다. 바그다드와 관련된 교파들은 본래 페르시아의 영지주의와 더 가까운 동방 학파이고, 알렉산드리아의 신플라톤 전통의 카이로와 관련된 교파들은 서방 학파이다. 코란의 독창적인 요소들을 포함해 이슬람의 이론적 사유를 맨 처음으로 제안한 무타질라파派(los mu'tazilíes)는 칼리프 국가의 정당성을 정당화할 정치적 목적으로 그리스-비잔틴 문화도 창조적으로 받아들였다.[44] 동방 학파의 전통은 이렇게 탄생되었다. 알파라비와 아비세나 같은 사상가들과 같은 카이로의 파티미의 전통을 받아들이는 바드다드와 그 인근의 수마르칸다나 부하라 같은 지역의 학파들은 '계시'(iluminación) 같은 목적론적이고 신비적인 색채를 띤 신플라톤 사상으로 경도되었다. 아랍 철학사에 대해 서술하는 많은 이론가와는 다르게 알자브리가 보여 주는 것처럼, 북쪽의 코르도바와 남쪽의 페스[45] 같은 광대한 문화적 수도를 둘러싼 안달루스-마그레브 서방 학파 철학은 근원적인 단절을 의미했다는 것이다. 정치적이고 경제적인 이유로 서방 학파의 코르도바 칼리프는 동방 학파의 사유의 목적론적 비전과 단절하고 과학적으로 관찰하고 새로운 방식으로 물리학과 수학을 발전시킨 자연적 이성과 신학적 이성을 명확히 구별했다. 이성과 신앙은 서로 혼동되지도 않고 서로 부정하지도 않으며 새로운 방식으로 구별되었다.

안달루스에 바그다드 학파의 합리주의적 지향성을 전파한 사람은 철학자 이븐 할둔이었다. 2세대에 해당하는 이슬람력 5세기(기독교력 11세기) 초에는 수학과 의학이 발달했다. 아벰파체로 대표되는 3세대는 물리학과 형이상학을 받아들였고 동방 학파의 영지주의적 신플라톤주의에서 벗어남으로써 아리스토텔레스의 합리주의적 주장을 받아들였다(Al-Yabri 2001b, 226ss.).

---

44 알자브리는 그리스의 철학적 학문이 네 가지 방향의 철학적 흐름을 따라 철학, 신학, 이슬람 법학으로 변화했다는 것을 대단히 독창적이고 권위 있는 방식으로 보여 준다. "첫 번째 흐름은 이란 출신의 번역가와 서기들로 대표되는 […] 신플라톤주의의 동방(페르시아) 모델이다. 두 번째 흐름은 준디샤푸르(Yundisapur) 출신의 페르시아 학파로부터 유래한 기독교 번역가로 대표되는 […] 서방 신플라톤주의 모델이다. (가장 중요한) 세 번째 흐름은 하란(Harran) 출신의 번역가, 교사, 현인들로 대표되는 동방 모델이다. 네 번째 흐름은 알렉산드리아 학파로부터 유래하는 서방 모델이다."(Al-Yabri 2001b, 177)

45 페스는 13세기에 인구가 30만 명에 달했다.

알모아데(Almohade)의 문화적 슬로건은 '권위적 주장을 버리고 기원으로 돌아가라'는 것이었다. 이 슬로건은 거대한 변화의 시기에 정치적 자유와 합리주의적이고 비판적 열정을 보였던 이븐 투마르트(Ibn Tumart)가 이끈 문화운동의 결과물이었다. 이븐 투마르트는 아는 것으로부터 모르는 것을 추론하는 방법인 아날로지를 비판했다.[46] 알파라비와 아비세나가 철학과 신학을 결합시키려고 했다면,[47] 아베로에스는 철학과 신학이 자율성과 보완성을 갖는다는 것을 보여 줌으로써 양자를 분리하려고 했다. 아베로에스의 저작 『확고한 교리 그리고 계시와 과학을 일치시키는 토대』(Doctrina decisiva y fundamento de la concordia entre la revelación y la ciencia)는 진정한 '방법적 담론'으로 (계시된) 진리는 (합리적) 진리와 모순될 수 없으며, 그 반대도 마찬가지라고 말했다. 특히 그의 또 다른 저작 『파괴의 파괴』(Destrucción de la destrucción)는 알가젤(Algazel; 알가잘리Al-Ghazali)이 철학의 비합리성을 보여 주려고 했던 주장은 필연적이지 않다는 것을 보여 준다. 이것은 아베로에스가 주장한 '두 개의 진리'를 보여 주는 것이다.[48] 동시에 아베로에스는 다른 문화들 간의 관계 맺는 방법을 보여 준다.

---

46 알자브리는 이븐 투마르트와 아베로에스의 근본적인 명제가 놀랍도록 유사하다는 것을 보여 준다(Al-Yabri 2001b, 323ss.).

47 다시 말해서, 아베로에스에게는 적절하지 않은 여러 가지 방식으로 '양자를 혼동하는 것'이다.

48 예술 분야의 '라틴 아베로에스주의'(averroísmo latino)가 유럽의 경험과학 기원에 결정적인 영향을 끼쳤다는 것은 확실하다.

실존적 존재로서의 우리의 합리적인 연구에 도움이 될 수 있도록 우리는 우리를 앞서간 모든 이의 탐구들을 이용해야 한다는 것은 확실하다. […] 그렇다고 하더라도, 과거의 철학자들이 실제적으로 조심스럽게 이성의 법칙을 공부해 왔던 것처럼, 우리가 그 철학자들의 책들을 가까이 두고 공부하면서 합리적이라고 생각되는 것들은 받아들이고, 비합리적이라고 생각되는 것들은 조심하고 경계하는 것이 좋다. (Al-Yabri 2001a, 157~158)

따라서 "아베로에스의 정신을 받아들이는 것은 영지주의적이고 신비주의적인 동방 학파의 아비세나의 정신과 단절하는 것이다"(Al-Yabri 2001a, 159). 아랍 철학은 지금 우리가 언급하고 있는 방법을 실천한 것이다. 아랍 철학은 자신의 전통을 충실히 지키면서도 논리학처럼 어떤 면에서 앞서 있다고 생각되는 다른 문화의 좋은 점들을 수용했다.

마찬가지로, 리고베르타 멘추는 형제 선주민 공동체들의 수동성, 운명론의 원인을 탐구함으로써 공동체에 대해 비판을 시도했고, 메스티소 정부와 군사적 억압에 맞서 저항했다. 요컨대, 비판적 지식인은 두 개의 문화, 즉 고유의 문화와 근대 문화 '사이에'(in betweeness) 있는 존재이다. 이것이 비판적 사유가 위치하는 장소로서의 경계(border)이다. 경계사유는 월터 미뇰로(Walter Mignolo)가 창조적인 이중 문화로 제시하는 멕시코-미국의 경계를 예로 들어 설명하는 주제이다.

저항 전략. 해석학의 시대

저항하기 위해서는 성숙해져야 한다. 스스로의 가치를 긍정하기 위해서는 헤게모니를 장악한 근대 문화의 텍스트들을 정복하기 전에, 혹은 적어도 그것과 동시에 고유의 문화를 구성하는 텍스트들, 상징들, 신화들에 대해 충분히 연구하고 성찰해야 한다.

알자브리는 일부 아랍 지식인들의 애매모호성을 드러낸다. "그들은 자신의 문화적 유산보다 유럽의 문화적 유산과 더 밀접한 관계를 유지하면서 현대 아랍의 사유의 문제점을 다음과 같이 표현한다. 아랍 세계가 자유주의 단계를 거치기 전에, 혹은 자유주의 단계를 거치지 않았다면 자유주의의 경험을 어떻게 받아들였을까?"(Al-Yabri 2001a, 159) 압달라 라루이(Abdalah Laroui), 자키 나집 마흐무드(Zaki Nayib Mahmud), 마집 파즈리(Mayib Fajri), 그리고 또 다른 많은 아랍 지식인도 같은 질문을 던졌다. 그럼에도 불구하고, 문제는 다른 곳에 있다.

> 봉건주의, 신비주의, 숙명주의와 투쟁하고 이성과 정의가 지배하는 도시, 자유롭고, 민주적이며, 사회주의적 도시를 세우려고 했던 선조들처럼, 현대 아랍의 사유가 아랍 문화의 합리주의적 경험을 동화하고 회복시켜 되살려 낼 수 있는 방법이 무엇일까? (Al-Yabri 2001a, 160)

지금까지 살펴본 것처럼, 이러한 기획을 실천하기 위해서는 집요함, 시간, 지성, 탐구심, 연대가 필요하다. 다시 말해, 지배 문화의 엘리트들과 주변부 식민지의 근본주의적 문화를 고수하는 자국의 엘리트들에 맞서는 문화적 저항을 통해 새로운 해답을 찾기 위해 오랫동안 성숙의 시간을 갖는 것이 중요하다. 가령, 리고베르타 멘추는 과테말라의 전투적인 백인 엘리트의 지배에 맞서 싸운 선주민 공동체의 투쟁을 정당화하기 위해 선주민 공동체가 기독교의 전통을 어떻게 재해석할 수 있는가를 보여 주었다. 중요한 것은 공동체의 문화적 삶을 이루는 텍스트를 새롭게 해석하는 것이다.

고유의 문화에 대한 비평가들의 상호문화적 대화

상호문화적 대화는 타인들에게 고유의 문화의 훌륭함과 가치를 보여주려는 자국 문화 옹호론자들의 대화가 아니다. 상호문화적 대화는 무엇보다도 고유의 문화에 대한 창조적 비판자들 ── 고유의 문화와 근대성 사이의 경계에 있는 지식인들 ── 간의 대화이다. 상호문화적 대화는 적들로부터 자기 것을 지키려는 사람들의 대화가 아니라, 무엇보다도 고유의 문화적 전통과 세계화된 근대성 사이의 위치에서 고유의 문화를 재창조하려는 사람들의 대화이다. 고유의 문화에 대해 비판적인 전문가의 손을 빌린다면, 근대성은 비판적 촉매제가 될 수 있다. 다시 말하지만, 상호문화적 대화는 무엇보다도 남-북 대화로 이행하기이전의 주변부 비판가들 사이의 대화, 상호문화적 남-남 대화이다.

상호문화적 대화는 본질적이다. 라틴아메리카 철학자로서 나는 다음과 같은 질문으로 알자브리와의 대화를 시작하는 것이 좋을 것이다. '어째서 이슬람의 철학적 사유가 14세기부터 그렇게 깊은 위기로 빠져들었는가?' 오스만 제국의 점진적인 성장이 이 질문에 대한 대답은 아니다. '어째서 이슬람의 철학적 사유는 근본주의 철학의 막다른 골목에 다다랐는가?' (비잔틴 제국에서 힌두스탄과 중국에 이르기까지) 고대 세계와 접촉의 열쇠를 쥐고 있던 이슬람 세계가 에스파냐와 포르투갈의 대서양의 지배를 통해 출현한 세계체제의 중심부에서 서서히 밀려나게 되었는지를 이해하기 위해서는 더 광범위한 역사적이고 세계적인 해석이 필요하다. 중심부로부터의 밀려남, 상대적인 빈곤, 그리고 단지 문화적이거나 철학적이 아닌 다른 요인들로 인해 이슬람 세계는 빈곤해졌고, 분할되었으며, 정치적으로 고립되었다. 그 결과, 법, 종교, 과학, 무역 그리고 아랍어로 통일되었던 과거의 지역에서 파괴적으로 분리되었다. 철학의 쇠락은 단지 중심에서 주변으로 밀려난 세계의 문명의 쇠락, 경제적·정치적·군사적 쇠락의 한 국면이었다. 요컨대, 이슬람 세계의 역사는 아메리카의 등장, 1800년에 이르러 중국-힌두스탄 문화와 어깨를 나란히 하게 된 유럽 근대성의 성장과 함께 출현한 신생 세계체제와 연관된다. 산업혁명을 거친 19세기 이후 아랍 세계는 세계체제의 식민지가 되었다. 문화적 식민성은 철학적 쇠락으로 표현된다. 살라사르 본디는 1969년 라틴아메리카에서 비슷한 질문을 던졌다. '식민지 사람이 철학적이고 창조적으로 생각하는 것이 가능한가?'(Salazar Bondy 1969)라고 말이다.

리고베르타 멘추의 경우에 가장 풍요로운 대화는 고유의 문화에 대한 비판적 의식을 가진 사람이 다른 공동체 사람들과 나누는 대화이다. 다시 말해, 선주민 공동체 사람이 헤게모니를 쥔 라틴아메리카 메스티소들과 나누는 대화이다. 리고베르타는 많은 목소리, 많은 요구,

페미니스트, 생태주의자, 반인종차별주의자들의 대화의 중간 역할자이다. 주변부의 비판적 사상가들, 그리고 상호문화적 대화를 나누는 경계 지역의 사상가들이 상호 간에 풍요로워질 수 있을 때, 자신들의 특정한 문제들을 토론할 수 있는 네트워크를 형성할 수 있을 때 자기확신의 과정은 해방의 무기가 된다. (주변부의 비판적 사상가인) 우리는 구미 문화의 세계화 과정에서 자신의 문화를 창조하려고 했던 사람들의 성공과 실패에 대해 정보를 교환하고 배워야 한다. 그리고 각 문화의 다양한 관점에서 구미 문화의 보편성 획득 시도를 해체해야 한다.

트랜스모던 해방 기획을 성숙시키기 위한 전략

전략을 실행하기 위해서는 기획이 우선되어야 한다. 우리는 지금까지 말해 온 것을 종합하는 해방의 기획을 '트랜스모던'이라고 부른다. 첫째, 트랜스모던은 근대성에 의해 부정되고, 근대성에 의해 근대성의 외부로 내쳐진 고유의 문화들을 스스로 인정하고 긍정하는 것이다. 둘째, 근대성이 무시한 전통적 가치들이 내재적 비판의 출발점이 되어야 한다. 셋째, 이렇게 하기 위해서 비평가들은 근대 문화와 고유의 문화의 경계에 거주하면서 비판적 사유를 할 수 있는 사람들이어야 한다. 넷째, 이러한 전략을 수행하기 위해서 끊임없이 저항하고, 성숙의 과정을 거치고, 힘을 모을 수 있는 시간이 필요하다. 이 시간은 고유의 문화적 전통을 꾸준히 창조적으로 발전시켜 트랜스모던 유토피아를 향해 나아가야 할 시간이다. 요컨대, 탈식민화되고 혁신된 고유의 문화를 성장시키고 창조하기 전략이다.

고유한 문화에 대한 창조적 비판가들 사이의 대화는 엄밀한 의미에서 근대적도 아니고 탈근대적도 아니며 트랜스모던적이다. 왜냐하면 트랜스모던적 노력은 근대성의 내부에 속하는 것이 아니라 외부에 속하며, 더 정확히 말하면 경계에 속하기 때문이다. 외부성은 순수한 부정성이 아니다. 근대성과 다른 전통에 대한 긍정성이다. 고유한 문화를 긍정하는 것은 근대성의 좋은 면을 받아들이고 수용하는 것이다. 가령, 라틴아메리카의 선주민 문화는 자연을 개발할 수 있고, 팔 수 있으며, 파괴할 수 있는 것으로 여기는 자본주의 근대성과는 전혀 다르게, 균형 잡히고 생태적인 존재로 인정한다. 자연의 죽음은 인류의 집단적 자살이다. 그럼에도 불구하고, 전지구화되는 근대 문화는 다른 문화들이 자연을 존중하는 방식을 배우지 않을 뿐만 아니라, 발전주의의 관점에서 다른 문화들을 원시적이고 후진적으로 인식한다. 다른 문화들의 생태적인 원리는 근대성 자체의 경험으로부터 과학적이고 기술적인 발전을 이루기 위해 근대성의 좋은 점을 받아들일 수 있다. 다시 말하자면, 다른 문화들은 고유한 문화의 본질적이고 순수한 정체성을 내세워 근대성 전체를 부정해서는 안 된다.

　　식민주의에서 벗어난 민족들이 근대성의 좋은 점을 받아들이면서 문화적 타자성을 긍정하고 발전시키기 위해서는 세계화되고, 무차별적이며, 공허한 단일성을 지향하는 문화적 스타일을 발전시키는 것이 아니라 트랜스모던적이고, 다문화적이며, 비판적이고 상호문화적인 대화를 통한 '여러 개의 세계가 포함되는 세계'(pluriverso)를 지향하는 것이다.

김은중 옮김

참고문헌[49]

Al-Yabri, Mohamed Abed(2001a), *Crítica de la razón árabe*, Barcelona: Icaria.

_____(2001b), *El legado filosófico árabe. Alfarabi, Avicena, Avempace, Averroes, Abenjaldún. Lecturas contemporáneas*, Madrid: Trotta.

Arce, Bayardo(1980), "El difícil terreno de la lucha: el ideológico", *Nicaráuac*, No. 1, pp. 152~157.

Ardiles, Osvaldo(1975), "Ethos, cultura y liberación", en VV. AA., *Cultura popular y filosofía de la liberación*, Buenos Aires: García Cambeiro, pp. 9~32.

Borge, Tomás(1981), "La cultura del pueblo", en VV. AA., *Habla la dirección de la vanguardia*, Managua: Departamento de Propaganda del FSLN.

Bosi, Ecléa(1977), *Cultura de massa e cultura popular*, Petrópolis: Vozes.

Cabral, Amílcar(1981), *Cultura y liberación nacional*, México: Cuicuilco.

Cardenal, Ernesto(1980), "Cultura revolucionaria, popular, nacional, anti-imperialista", *Nicaráuac*, No. 1, pp. 163~179.

Dussel, Enrique(1965), "Iberoamérica en la Historia Universal", *Revista de Occidente*, No. 25, pp. 85~95.

_____(1967), "Społeczności Chrześcijańskie Ameryki Łacińskiej", *Miesięcznik Znak*, Vol. XIX, pp. 1244~1260.

_____(1968a), "Cultura, cultura latinoamericana y cultura nacional", *Cuyo*, No. 4, pp. 7~40.

_____(1969a), *El humanismo semita*, Buenos Aires: Eudeba.

_____(1969b), "Cultura latinoamericana e historia de la Iglesia", en Lucio Gera, Enrique Dussel y Julio Arch, *Contexto de la Iglesia argentina: informe sobre diversos aspectos de la situación argentina*, Buenos Aires: Pontificia

---

49 [옮긴이] 두셀의 강연 원고에는 참고문헌 목록이 포함되어 있지 않았다. 그러나 각주 등을 보면, 애초에 목록이 존재했던 것으로 보인다. 이에 독자의 편의를 위해 각주에 언급된 문헌들의 서지정보를 모아 참고문헌 목록을 작성하여 책에 포함시켰다. 연도 표시의 경우, 발표용 원고라 정리가 되지 않은 부분이나 오류가 있다. 그러나 혼동을 피하기 위해 두셀의 표기를 그대로 쓰되, 잘못된 연도는 'WorldCat' 서지정보에서 확인한 연도를 함께 표기하였다.

Universidad Católica Argentina, pp. 32~155.

_____(1969~1971), *El episcopado hispanoamericano. Institución misionera en defensa del indio*, 9 tomos, Cuernavaca: Colección Sondeos, CIDOC.

_____(1970), *América latina y conciencia cristiana*, Quito: IPLA.

_____(1972a), *Caminos de liberación latinoamericana, vol. I: Interpretación histórico-teológica de nuestro continente latinoamericano*, Buenos Aires: Latinoamérica.

_____(1972b), *Historia de la iglesia en América Latina. Coloniaje y liberación, 1492-1972*, Barcelona: Nova Terra.

_____(1974a), "Cultura imperial, cultura ilustrada y liberación de la cultura popular", *Stromata*, No. 30, pp. 93~123.

_____(1974b), "Cultura imperial, cultura ilustrada y liberación de la cultura popular", en Juan José Llach(ed.), *Dependencia cultural y creación de cultura en América Latina*, Buenos Aires: Bonum, pp. 43~73.

_____(1974c), *El dualismo en la antropología de la cristiandad. Desde los orígenes hasta antes de la conquista de América*, Buenos Aires: Guadalupe.

_____(1975), *El humanismo helénico*, Buenos Aires: Eudeba.

_____(1978), *Desintegración de la cristiandad colonial y liberación. Perspectiva latinoamericana*, Salamanca: Sígueme.

_____(1980), *La pedagógica latinoamericana*, Bogotá: Nueva América.

_____(1983), *Historia General de la Iglesia en América Latina*, t. I/1, Salamanca: CEHILA-Sígueme.

_____(1984), "Cultura latinoamericana y Filosofía de la Liberación (Cultura popular revolucionaria: más allá del popularismo and dogmatismo)", *Cristianismo y Sociedad*, No. 80, pp. 9~45.

_____(1985), *La producción teórica de Marx*, México: Siglo XXI.

_____(1988), *Hacia un Marx desconocido*, México: Siglo XXI.

_____(1990), *El último Marx*, México: Siglo XXI.

_____(1993a), *Apel, Ricoeur, Rorty y la filosofía de la liberación*, Guadalajara: Universidad de Guadalajara.

_____(1993b), *Von der Erfindung Amerikas zur Entdeckung des Anderen. Ein*

Projekt der Transmoderne, Düsseldorf: Patmos Verlag.

_____(1995), *The Invention of the Americas: Eclipse of "the Other" and the Myth of Modernity*, New York: Continuum Publishing.

_____(1996), *The Underside of Modernity: Apel, Ricoeur, Rorty and the Philosophy of Liberation*, translated and edited by Eduardo Mendieta, New Jersey: Humanities Press.

_____(1997), *Oito ensaios sobre cultura latino-americana e libertação*, São Paulo: Paulinas.

_____(1998a), *Ética de la liberación*, Madrid: Trotta.

_____(1998b), "En búsqueda del sentido (Origen y desarrollo de una Filosofía de la Liberación)", *Anthropos*, No. 180, pp. 13~36.

_____(2001), "Europa, modernidad y eurocentrismo", in Enrique Dussel, *Hacia una filosofía política crítica*, Bilbao: Desclée de Brouwer, pp. 345~359.

_____(2002), "World-System and Transmodernity", *Nepantla: Views from South*, Vol. III, No. 2, pp. 221~244.

Gramsci, Antonio(1975), *Quaderni del Carcere*, Vol. I, Milán: Einaudi.

Gunder Frank, André(1998), *ReOrient: Global Economy in the Asian Age*, Berkeley: University of California Press.

Mao, Tse-tung(1965), "On New Democracy", in *Select Works of Mao Tse-Tung*, Vol. II, Peking: Foreign Languages Press, pp. 339~384.

Menchú, Rigoberta(1985), *Me llamo Rigoberta Menchú y así me nació la conciencia*, editado por Elisabeth Burgos, México: Siglo XXI.

Najenson, José L.(1979), *Cultura nacional y cultura subalterna*, Toluca: Universidad Autónoma del Estado de México.

Pomeranz, Kenneth(2000), *The Great Divergence: China, Europe and the Making of the Modern World Economy*, Princeton: Princeton University Press.

Ramírez, Sergio(1982), "La revolución: el hecho cultural más grande de nuestra historia", *Ventana* (suplemento cultural de Barricada), el 30 de enero, p. 8.

Ricoeur, Paul(1964), *Histoire et verité*, Paris: Seuil.

Salazar Bondy, Augusto(1969), *¿Existe una filosofía en nuestra América?*,

México: Siglo XXI.

Santos, Theotônio dos(2001), *Teoría de la Dependencia*, México: Plaza y Janés.

South, Vol. 3, Issue 2, pp. 221~244.

Vidales, Raúl(1982), "Filosofía y política de las etnias en la última década", en VV. AA., *Ponencias do II Congreso de Filosofía Latinoamericana*, Bogotá: USTA, pp. 385~401.

VV. AA.(1983), "Cultura(s) popular(es)", número especial de *Comunicación y Cultura*, No. 10.

Wallerstein, Immanuel(1974~1989), *The Modern World-System*, 3 vols, New York: Academic Press.

Warman, Arturo(1969), "Cultura popular y cultura nacional", in VV. AA., *Características de la cultura nacional*, México: IIS-UNAM.

4장
엔리케 두셀을 만나다

김창민(이하 김) 선생님은 유럽중심적인 철학에 대해서 비판적이라고 알고 있습니다. 그런 인식의 전환에 이르게 된 계기가 무엇인지요?

엔리케 두셀(이하 두셀) 사실 저의 철학은 반(反)유럽 철학이 아닙니다. 우리 라틴아메리카인들은 유럽중심적인 교육을 받아 왔습니다. 저는 유럽 철학을 공부하려고 라틴아메리카를 떠나 1957년에서 1967년까지 유럽에서 10여 년을 보냈습니다. 그 과정에서 라틴아메리카를 발견했지요.

제 문제의식은 라틴아메리카를 어떻게 바라볼 것인가 하는 문제였습니다. 그러기 위해서는 유럽중심적 사고와 거리를 둬야 했지요. 유럽 철학은 유럽에 대한 유럽인들의 고유한 철학이니까 말입니다. 대학의 교육 방법은 전적으로 유럽중심적이었죠. 아르헨티나, 멕시코, 브라질을 위시한 라틴아메리카 지역의 모든 동료가 같은 입장이었습니다. 따라서 유럽중심주의를 비판한다는 것은 제 자신을, 저를 형성한 모든 것을 비판하는 것과 다름없었고, 라틴아메리카를 생각하지 않고 유럽을 모방하게 하는 교육 방법을 비판하는 것이었습니다. 또한 새로운 세대라고 할 수 있는 학생들에게 자신만의 고유한 것을 생각하고, 그 고유한 것에서 철학을 시작하며, 유럽 철학을 도구로 삼되, 자신의 고유한 전통을 알고 현실을 인식하도록 요구하는 것입니다. 따라서 저는 반유럽주의자가 아니라 반유럽중심주의자(antieurocéntrico)입니다.

하지만 그 무엇보다 제 자신에 대한 비판이 우선되어야 합니다. 저 또한 유럽중심적이었으니까요. 제 라틴아메리카 동료들도 마찬가지로 유럽중심적이며, 아프리카나 아시아의 많은 학자들 또한 그렇지요.

유럽중심주의가 유럽에서는 문제되지 않습니다. 유럽인들은 유럽에 대해 생각하기 때문에 유럽중심적일 수 있는 권리가 있는 것이죠. 그런데 우리가 그 유럽중심주의를 흉내 내는 것은 이미 모순적인 행위를 저지르는 것이죠.

김 이스라엘에서 2년간 목수로 일하셨다고 하는데, 특별한 동기나 철학자로서의 삶에 끼친 영향이 있으면 말씀해 주시기 바랍니다.

두셀 제가 이스라엘을 선택한 이유는 유럽 철학을 해체하기 위해서였고, 또 유럽 사상의 유일한 근간이 되는 그리스 철학을 비판하기 위한 것이었습니다. 저는 그리스 철학을 헬레니즘중심주의(Helenocentrismo)라고 부릅니다. 헬레니즘중심주의는 유럽중심주의의 어머니죠. 그리스가 유일한 근원이라는 것은 사실이 아닙니다. 유럽의 기원이 아니라는 것은 말할 것도 없고요. 따라서 저는 그리스를 비판하기 위해 다른 문화에 대한 언급이 절실했는데, 셈족의 세계가 아주 적합했습니다.

예루살렘과 아테네에 대해 오늘날 회자되는 변증론을 보면 아테네가 예루살렘을 비판합니다. 제가 이스라엘에 관심을 갖게 된 것은 히브리어를 배우고 말하고 읽고, 또한 바빌로니아, 페니키아의 셈족 사상과 이집트에 남겨진 셈족 사상을 이해하기 위한 것이었으며, 헬레니즘 이외의 전통을 알고 싶었기 때문입니다. 저로선 정신적 경험과 사회적 경험을 쌓는 기회가 되었죠. 노동자들과 함께 맨손으로 일하면서 가난한 사람들과 노동자들을 잘 이해하게 되었습니다. 저는 노동자로서 매일 8시간을 일하면서 노동과 세상에 대해 많은 것을 이해하게 되었지요. 때때로 히브리어를 배우고 구사하게 되었고, 이것이 후에 제가 『셈족의 인문주의』(1969)라는 첫 저서를 쓰는 계기가 되었지요. 그것은 제 인생의 결정적 경험이었는데, 무엇보다 정신적 경험이자 사회적, 그리고 이론적 경험이 되었습니다.

김 선생님은 아르헨티나에서 태어나 1975년 멕시코로 망명하셨습니다. 선생님과 비슷한 시기에 아르헨티나를 떠난 지식인 가운데 네스토르 가르시아 칸클리니(Néstor García Canclini), 월터 미뇰로, 에르네스토 라클라우 같은 세계적인 학자들이 많은데, 망명 경험이 선생님을 비롯한 라틴아메리카 망명 지식인들의 지적인 궤적에 어떠한 영향을 끼쳤습니까?

두셀 1961년 이스라엘에서 아르헨티나로 귀국해 1975년 해외로 망명하게 되었는데, 망명 이전 이 14년 동안에 많은 일이 있었습니다. 독일과 프랑스로 갔다가 다시 아르헨티나에 돌아와서 군부독재에 맞서 민중운동에 참여하면서 해방철학에 이르게 되었고, 비판적 라틴아메리카 철학을 주창하기 시작했죠. 그로 인해 폭탄테러를 당했고 대학에서 쫓겨나 망명하게 되었습니다.

멕시코 망명 경험은 제겐 아주 중요한 일이었습니다. 아메리카 대륙의 최남단에서 최북단의 아주 다른 나라로 간 것이었으니까요. 멕시코 망명 생활이 쉽지만은 않았습니다. 라틴아메리카는 하나의 통일체처럼 보이지만 철학 담론에서는 차이가 심했죠. 철학적 전통이 다르니까요. 멕시코 사상을 관통하기까지 여러 해가 걸렸습니다. 멕시코에서의 경험은 대단한 것이었습니다. 미국은 물론 쿠바, 도미니카공화국과 같은 카리브해 지역을 비롯하여 산디니스타가 활동했던 중앙아메리카 또한 수차례 여행할 수 있었습니다. 그리고 아프리카와 아시아도 여행하게 되었습니다. 1980년대에 이처럼 아프리카, 아시아, 라틴아메리카를 두루 다니게 되면서 지적 풍요로움을 경험할 수 있었습니다.

게다가 앞서 언급하신 세 명의 아르헨티나 지식인을 알게 되었고, 우리는 아르헨티나의 군사독재에 맞서 민중운동을 하게 되었지요. 그들과 저는 민중을 존중하며, 그러기에 모두가 자신의 사상에 민중적 주제를 고민하였습니다. 그러나 미뇰로, 가르시아 칸클리니, 라클라우 제각기 다른 모습으로 말이지요.

김 한국에서 해방신학은 상당히 소개되었지만 해방철학은 낯섭니다. 해방철학과 해방신학의 관계에 대해서 이야기해 주십시오.

두셀 해방신학과 해방철학은 1968년부터 시작되었습니다. 모두 그 출발점은 종속이론이며, 독재에 대항한 민중의 참여에서 시작되었습니다. 그러나 해방신학은 교회라는 더 강력한 제도를 기반으로 하고 있습니다. 반면 해방철학은 대학의 산물입니다. 가령, 독재정권에서 국립대학은 영향을 받지 않을 수 없기 때문에 해방철학자는 보호받지 못합니다.

해방철학 담론은 하이데거와 레비나스의 영향을 받아 서서히 구축되었고, 오늘날에는 번성하고 있습니다. 반면 해방신학은 기본적으로 그리스도교 신자들의 담론입니다. 그리스도교 신자들은 아프리카에서도 인도에서도 한국에서도 고유의 담론을 만들어 냅니다. 해방철학은 기본적으로 철학운동이기 때문에 해방신학과는 다릅니다. 그리고 제 생각에 해방철학이 해방신학보다 더 지속적이라고 봅니다.

해방철학도 해방신학처럼 억압받는 자들의 입장에서, 가난한 자와 여성, 성의 문제도 여성의 입장에서 생각합니다. 또한 인종적 지배와 노동자 계층에 대한 억압, 선주민과 소외계층, 그리고 노인과 아동에 대한 억압에 대해 생각해야 하겠지요. 그럼으로써 해방철학은 모든 종류의 억압을 검토할 수 있습니다. 해방철학은 새로운 철학이자 라틴아메리카의 독창적 철학입니다. 그 외의 철학은 모두 모방에 지나지 않습니다. 라틴아메리카 고유 사상을 논한 레오폴도 세아(Leopoldo Zea) 같은 멕시코 철학자도 있었지만, 그는 철학사를 연구한 학자일 뿐입니다. 해방철학은 그야말로 라틴아메리카 고유의 철학입니다.

김 그렇다면 해방신학과 해방철학이 같은 노선으로 합쳐진다고 볼 수 있겠습니까?

두셀 동일한 방향을 지향하지만, 토대가 다릅니다. 해방신학은 그리스도교 신자들의 토대이고 해방철학은 철학자들의 토대이지요. 방법론 또한 다릅니다. 전자는 신앙과 신학적 전통에서 출발하고, 후자는 철학, 논리학, 현상학 등에서 출발하며 또한 맑스주의를 이용합니다. 해방철학은 철학입니다.

김 세계사에서는 콜럼버스의 항해를 신대륙 발견으로 서술하고 있는데 선생님은 '발견'(descubrimiento)이 아니라 '은폐'(encubrimiento)라고 규정하고 있습니다. 그 이유는 무엇입니까?

두셀 1992년은 콜럼버스의 아메리카 '발견'을 축하하는 해였죠. 그때 저는 독일 프랑크푸르트에서 강의를 하고 있었고, 그 내용이 나중에 『1492년, 타자의 은폐』라는 책으로 출판되었죠. 콜럼버스는 자신이 도착한 곳이 인도라고 생각했습니다. 신대륙을 발견했다는 사실을 전혀 모른 채, 아시아에 있다고 믿었지요. 현상론적으로나 정신적으로나 콜럼버스는 결코 아메리카를 발견하지 못했습니다. 아메리카를 발견하지 못하고 죽은 것이죠.

아메리고 베스푸치 역시 아메리카를 발견했다고 볼 수 없습니다. 발견한다는 것은 새로운 것을 볼 수 있다는 것인데, 유럽은 아메리카를 발견했다는 사실을 알게 됐을 때, 아메리카의 모든 정신세계(mentalidad)를 대상화함으로써 라틴아메리카의 현실을 덮어 버렸습니다. 그들은 라틴아메리카 선주민을 선주민으로 보지 않았죠. 유럽인이 그린 선주민을 보면 아프리카적이면서 동양적인 묘한 환상이 묻어나지요. 이것은 선주민을 '보는' 것이 아니라 타자의 상상력으로 선주민을 '은폐'하는 것입니다. 그들은 눈앞에 보이는 것이 무엇인지도 모르고 파괴해 버렸습니다. 그리고 그제서야 회복할 수 없다는 것을 알게 되죠. 현인과 사제를 비롯해 모두 죽었기 때문에 그 세계는 사라져 버린 겁니다. 그렇기에 아메리카 대륙을 발견한 것이 아니라 은폐한 것입니다.

사실 객관적으로 보자면, 아메리카인은 이미 아메리카에서 살고 있었고, 따라서 아메리카인이 아메리카를 발견한 것이겠죠. 유럽인이 아메리카 대륙에 도착했다는 것을 발견이라고 한다면 그것이야말로 유럽중심주의가 아니겠습니까? 자기들이 도착하면 발견이고, 이미 거기에 살고 있던 사람들은 아메리카를 발견한 것이 아니라는 겁니까? 그것은 발견이 아니라 침략입니다. 유럽 입장에서는 발견이겠지만, 선주민 입장에서는 유럽인의 침략이지요. 책의 요지는 유럽이 아메리카를 발견했다고 믿고 있지만 아메리카를 은폐했다는 점, 그리고 선주민들은 침략을 당해 자신들의 세계가 무너졌음을 인식하고 있었다는 점입니다. 결론적으로, 도덕적인 관점에서 봤을 때 1492년은 발견이 아니라 침략의 시작입니다. 우리 아메리카인에게는 더더욱 그렇지요. 유럽인들이 우리를 발견했다고 한다면 우리는 아무런 존재도 아닌 것입니다. 왜냐하면, 우리는 그들보다 먼저 아메리카 대륙을 발견할 능력이 없었다는 얘기니까요. 그렇다면 선주민들이 했던 건 대체 뭔가요?

김 '포스트모던'이라는 용어를 유럽 학자들보다 먼저 쓴 것으로 알고 있습니다. 선생님의 포스트모던 개념과 바티모나 리오타르의 포스트모던 개념은 어떤 차이가 있습니까?

두셀 그 용어를 처음 사용한 건 제가 아니라 그들이라고 봐야 맞을 것 같습니다. 보수적이고 존재론적인 태도를 지닌 근대성에 대한 첫 비판은 하이데거였습니다. 하이데거가 데카르트, 즉 '나'라는 근원과 근대성을 비판하였죠. 그는 '나' 이전에 세계가 선재한다고 주장함으로써 근대적 사고를 비판하는데, 저는 근대성을 비판하면서 그 점을 수용했습니다. 하지만 저는 하이데거처럼 유럽의 보수적 견지에서 탈피하여, 식민세계에서 바라보고자 했습니다. 제게 포스트모던은 모던 이후에 오는 것이고, 저는 그것이 라틴아메리카, 아시아, 아프리카에서 왔다고 생각했죠. 저는 항상 아시아와 아프리카를 포함한 모든 주변부를 사고합니다. 그런데 유럽 포스트모더니즘의 출현과 함께 포스트모던적 파노라마가 주변부가 아니라 유럽에 위치하게 됐죠. 따라서 포스트모던 개념은 이미 의미가 없어진 겁니다.

전에 제가 언급했던 포스트모던의 의미가 사라졌으니, 다른 의미를 부여하기 위해서는 용어를 바꿔야 할 필요가 있었습니다. 저는 포스트모던이라는 것을 근대성에 반하여 주변부에서 나온 담론으로 생각했지만, 오히려 유럽과 미국에서 출현하게 되었지요. 유럽에서 나온 근대성 비판은 제국주의와 자본주의를 비판할 능력이 없을 뿐만 아니라 큰 영향을 주지도 못한 채 회의주의에 빠져 버렸죠. 따라서 제겐 유럽의 포스트모더니티라는 개념은 아무 쓸모가 없었습니다. 그래서 '트랜스모던'이라는 개념으로, 주변부에서 생성된 '포스트모던'이라는 용어를 대체하게 되었습니다.

김 포스트모더니티와 트랜스모더니티는 어떻게 구별되는지요?

두셀 제 관점에서 포스트모더니티는 근대성의 지배적 이성을 비판하고 있다는 점에서는 주변부에서도 유효한 점이 있지만, 그래도 여전히 유럽중심성을 벗어나지 못하고 있습니다. 트랜스모더니티는 상대주의에 빠지지 않는 세계적인 이성, 다세계적(pluriversal) 이성에 입각한 근대성 비판입니다. 트랜스모더니티는 우선 고유한 것을 찾아내고, 그것의 역사를 만들고, 그 역사로부터 근대성을 비판하며 근대성과 대화할 수 있는 보편 이성입니다. 그리고 유럽의 외부에서 새로운 세계를 건설하는 것입니다. 월터 미뇰로는 그것을 미래적 다세계(un pluriverso futuro)라고 정의합니다. 따라서 다세계는 새로운 근대성이나 다중적(복수적) 근대성이 아니라 근대성 이후에 나타나는 뭔가 새로운 문명으로서 차별성을 보일 것입니다.

김 사파티스타, 차베스, 룰라, 모랄레스 등과 관계된 사회운동에 대해서 견해를 밝혀 주십시오.

두셀 라틴아메리카 사회운동은 1960년대부터 출현하였습니다. 해방철학도 때를 같이하여 군사독재에 저항하는 운동에 파고들었죠. 1984년 아르헨티나와 브라질의 군부독재가 종식되고, 형식적으로는 민주주의의 시대가 열리게 됩니다. 물론 신자유주의적 성격이었죠. 이때 사회운동은 약간의 혼란을 겪게 됩니다. 군부라는 적이 사라지고 민주주의가 시작됐으니까요. 하지만 민주주의는 형식에 지나지 않았고 사회적인 내용을 포함시키지 못했습니다. 더욱이 국가의 부를 자본에 넘겨주었습니다. 그래서 1990년대에 접어들면서 또다시 사회운동이 일어나게 됩니다. 이번엔 군부가 아니라 신자유주의적이고 형식적인 민주정부에 대항하게 됩니다. 이러한 사회운동으로 라틴아메리카에 좌파 정부들이 들어서게 된 것이죠. 최근의 좌파 정부는 그러한 환경에서 선택된 것입니다. 칠레의 바첼레트, 아르헨티나의 키르치네르, 우루과이의 타바레 바스케스, 브라질의 룰라, 볼리비아의 모랄레스, 파라과이의 루고 대통령이 그렇습니다. 알란 가르시아 페루 대통령은 보수적이지만 그렇다고 우파는 아니죠. 에콰도르의 라파엘 코레아, 베네수엘라의 우고 차베스, 니카라과의 산디니스타, 파나마의 마르틴 토리호스 에스피노 대통령도 마찬가지 경우입니다. 이러한 정부는 민중운동을 표방하고 있다고 할 수 있죠. 민중운동은 라틴아메리카 정치에서 가장 능동적으로 활동하고 있으며 정치철학을 건설해 가고 있습니다. 이것은 2001년 포르투알레그리에서 열린 세계사회포럼에서 표출되었고, 수많은 사회운동 속에서 자신들의 존재를 알렸으며, 이내 정치의 빛으로 출현하게 된 것입니다.

김 그렇다면 그러한 사회운동이 정치철학을 생산해 낼 수 있다고 보시는지요?

두셀 정치철학을 만들어 내는 것은 아닙니다. 그들은 이미 존재하고 있고 정치적 패러다임을 바꾸고 있으며 국회의원과 정당, 그리고 대통령에 이르기까지 그들이 민중적 지도자를 선택하고 있습니다. 하지만 거기에 철학 이론이 있는 것이 아닙니다. 군이 이 주제에 대해 이야기하자면, 맑스-레닌주의가 쇠락한 뒤에 남은 이론은 없었습니다. 라틴아메리카 사회운동에는 정립된 이론이 없고, 그래서 앞으로의 행보가 격정스럽기도 합니다. 이론을 신뢰하지 않는 반(反)이론적 태도도 있습니다. 이는 이론이 유럽중심적이라서 쓸모가 없기 때문입니다. 그러나 자신들만의 고유한 이론을 생산해야 한다는 사실을 모르고 있습니다. 하지만 우리는 앞으로 나아가고 있습니다. 쉽지 않은 일이지만 저도 그 행보를 뒷받침할 수 있는 정치철학을 만들었으면 하는 바람입니다.

김 사회운동에 지도자가 필요하다고 지난해 멕시코에서 언급하셨던 것으로 알고 있습니다. 대부분의 사람들이 지도자의 존재에 대해 상당한 두려움을 표하는 것 같습니다. 역사적으로 억압적 지도자들이 존재했기 때문일 텐데요. 어떻게 보십니까?

두셀 사람들은 지도자를 갖는 데 대한 두려움은 없습니다. 허나 사회운동을 이끄는 사람들은 지도자를 갖는 걸 두려워하기도 합니다. 자신들의 지도력을 빼앗기니까요. 그렇지만 모든 운동엔 지도력이 존재하기 마련입니다. 룰라도 지도자이며, 파라과이의 루고도 지도자입니다. 볼리비아의 모랄레스는 말할 것도 없고요. 그들 모두가 지도자입니다. 문제는 지도력의 실행에서 민주적 조건을 모색할 줄 아는가입니다. 히틀러나 페론, 바르가스 같은 파시스트적 조합주의 지도자는 되지 말아야겠죠. 지도자는 에보 모랄레스처럼 민주적 지도자여야 합니다. 우고 차베스도 민주적 지도자라 할 수 있겠죠. 그는 선거에서 패배한 바 있고, 이를 수용하였습니다. 저는 그 실패가 차베스에게 승리보다 큰 힘을 주었다고 생각합니다. 차베스는 민주적입니다. 일부 언론이 주장하는 그런 독재자가 아닙니다. 차베스는 좌파가 결코 이론화하지 못했던 지도자입니다. 레닌, 마오쩌둥, 호치민, 이들 모두가 지도자였습니다. 하지만 지도력의 이론이 생산된 것은 아니었죠. 그 이론 또한 생산되어야 한다고 생각합니다.

김 최근 10년 동안 선생님의 관심사였던 정치철학의 핵심은 무엇인지요?

두셀 모든 사회운동과 마찬가지로 민중에 대한 이해를 돕는 것이 정치철학입니다. 권력의 원천으로서 민중, 그것이 핵심입니다. 그람시가 언급하듯, 민중은 억압받는 사람들의 사회적 블록입니다. 그는 권력에서의 역사적 블록, 즉 지배계급의 블록에 대해서도 말하지요. 하지만 피억압자들은 역사적 블록이 아닌 사회적 블록을 형성하고 있습니다. 피억압자들의 블록은 결속력 강한 단위가 아니라 순간순간 결속하는 단위(unidad coyuntural)입니다. 그것이 민중입니다. 민중은 움직이기도 하지만 어느 순간엔 흩어져 버리기도 하지요. 민중은 물체가 아니라 전통 맑스주의의 프롤레타리아와 같은 역사적 주체입니다. 소산되는 연합체가 아니라는 거죠. 따라서 민중은 정치적 개념으로서 사회운동의 목적을 통합할 수 있습니다.

모든 사회적 요구를 충족시키는 헤게모니 기획을 만들어 나가고, 그 기획이 완성되었을 때 투쟁에 돌입할 수 있습니다. 라틴아메리카는 투쟁에 돌입하고 있습니다. 미국 제국주의와 가난이라는 공통의 적이 있기 때문이죠. 여성해방, 인종차별에 대한 저항, 생태보존 등의 문제를 자신의 것으로 받아들임으로써 조금씩 기획이 출현하게 되는 것입니다. 그것이 민중이고 민중이 권력의 근거지를 점하고 있는 것입니다. 그것이 곧 정치론이겠지요. 또한 민중은 제도가 있어야 함을 알고 있습니다. 그렇기에 모든 민중이 우선적으로 새로운 헌법을 만드는 것입니다. 볼리비아처럼 개헌안이 아직 통과되지 않은 곳도 있지만 그곳에선 여전히 투쟁하고 있습니다. 에콰도르에서는 곧 개헌 투표가 있을 것이고, 베네수엘라에선 이미 승인되었지요. 이 과정은 아주 오랜 시간을 요하며, 그 시간에 민중은 정치의식을 갖게 됩니다. 가난한 농민들이 정치의식을 갖는다면 라틴아메리카는 분명 바뀔 것입니다. 투쟁에 돌입하게 될 것이기 때문이죠. 라틴아메리카는 많은 어려움을 겪으며 그 길에 있습니다.

김 오늘날 세계적으로 신자유주의가 지배하는 현실 속에서 선생님의 정치철학은 어떤 의미가 있겠습니까?

두셀 저는 정치철학을 후대에 사람들이 추종하게끔 하기 위한 무언가를 생각해 내는 것으로 이해하지 않습니다. 철학은 사람들의 의식을 깨우기 위해 그들이 하고 있는 것을 명확하게 하는 것이라고 생각합니다. 따라서 저는 그 과정의 앞이 아니라 뒤에 있습니다. 저는 앞서 가는 예언자가 아니라 사람들이 더 잘 이해하도록 그것을 밝혀 가는 사람입니다. 그래서 지금 제가 하고 있는 작업이 매우 기능적이라고 봅니다. 사람들과 이야기를 나누다 보면 그들이 그것을 받아들이는 것이 제 눈엔 아주 명확히 보입니다. 이것이 이론의 기능입니다. 진정한 정치이론은 현재적 경험에서 나오며, 지금 하고 있는 일에 대해 사람들이 잘 이해하는 데 사용되어야 한다고 말합니다. 그렇기 때문에 우리 삶 속의 경험을 보다 명확하게 하는 것, 그것이 이론입니다.

김 이번 한국 방문이 두 번째라고 하는데 한국 철학에 대해서 관심이 있으신지요? 이번에 참가한 철학자대회에 대해서는 어떻게 생각하는지요?

두셀 유네스코에서 발간한 한국 컬렉션 6권을 읽고 있습니다. 제가 보기에 한국 철학의 최초 역사는 트랜스모더니티의 선상에 있는 것으로 보입니다. 그러니까 포스트식민적 변방의 모든 국가와 대륙은 자신들의 역사를 만들기 시작했습니다. 근본적인 일입니다. 저는 한국에서 유교와 불교 등 다양한 사상이 있다는 것에 관심을 가졌습니다. 선불교처럼 한국에서 발전된 종교도 마찬가지고요. 관련 도서도 가지고 있습니다. 그리고 이번 세계철학자대회는 매우 흥미로웠습니다. 왜냐하면, 처음으로 유럽 밖에서 개최되었기 때문이지요. 사람들이 아시아, 아프리카, 라틴아메리카의 철학을 긍정하려 했을 때, 유럽과 미국은 이를 인정해야 했습니다. 그것을 부정할 수 없는 일이지요. 우리는 강요당하는 위치에 있었잖습니까, 그렇죠? 따라서 이번 세계철학자대회는 21세기 철학사에 중요하게 기록될 것입니다. 우리는 이 길을 잇기 위해 투쟁할 것입니다.

김 한국의 라틴아메리카 연구자들이 라틴아메리카 사회나 사유에 대해 어떻게 접근하는 것이 좋을까요?

두셀 라틴아메리카와 아시아, 라틴아메리카와 한국 간의 대화는 반드시 있어야 한다고 생각합니다. 다만 포르투갈 철학자 소우자 산투스(Boaventura de Sousa Santos)가 지적하듯, 번역이 중요하리라 생각합니다. 서로를 알기 위해서는 라틴아메리카의 것을 한국어로 번역하고, 한국의 것을 라틴아메리카에서 번역해야 합니다. 라틴아메리카 연구자가 한국 사람이라면 그들은 한국인에게 활용될 수 있도록 라틴아메리카의 경험을 정확히 보여 주어야 합니다.

라틴아메리카에게 한국은 엄청난 과학기술적 근대화의 모범이며, 그러한 면에서 라틴아메리카보다 훨씬 진보해 있습니다. 라틴아메리카 곳곳에서, 예를 들어 볼리비아 같은 경우에, 자신들의 고유한 전통을 강하게 긍정하고 있습니다. 어쩌면 한국은 근대화를 빨리 이룩한 반면 역사나 정체성 회복에 있어서는 뒤처져 있다고 봅니다. 역사나 정체성이 없다는 것이 아니라, 서로 배워야 한다는 것입니다. 라틴아메리카 연구자는 번역가이어야 합니다. 하지만 단순히 번역만 하는 것에 그치지 않아야 하며, 민중의 단합이라는 큰 과제를 지고 있습니다.

김 개인 홈페이지를 운영하고 주요 저작의 원문을 무료 서비스하는 것으로 알고 있습니다. 특별한 동기나 계기가 있는지요?

두셀 4, 5년 전까지만 해도 저의 모든 전작들은 완전히 절판되었습니다. 라틴아메리카에서도 구할 수 없는 책이 되었지요. 아무도 읽을 수 없게 되었습니다. 저는 마치 고립되었다고나 할까요. 책을 구하고 싶어도 책이 없었습니다. 그래서 학생들과 함께 문서화 작업을 시작했습니다. 저의 모든 텍스트를 수정하면서 조금씩 완성해 나갔습니다. 아직 작업하지 못한 글도 있습니다. 제가 쓴 글이 400편 정도 되는데, 100편 정도를 편집하여 공개하고 있습니다. 작업을 좀 더 진행해야겠지요. 그리고 이것을 CD로 만들었는데 판매용이 아닙니다. 이를 6, 7개월 전에 웹 사이트에 올렸습니다만, 아직 제 저작들은 도서관에 있습니다. 제 웹 사이트는 복잡하지 않습니다. 클릭 한 번으로 텍스트를 볼 수 있습니다. 저는 영리를 목적으로 하지 않습니다. 제 책이 읽히는 게 중요하지요. 그렇기 때문에 사람들에게 무료로 제공하고 있습니다. 저는 돈에 관심이 없습니다. 저는 제 작품에 대한 토론으로 호흡하며 살아갑니다. 그래서 사람들이 웹 사이트에 접속하는 것이 즐겁습니다.

현재 모든 글이 공개되고 있어서 어떤 연구든지 할 수 있다는 사실이 흥미롭습니다. 왜냐하면, 네다섯 권의 책을 구하기 위해 5년이라는 시간을 낭비하지 않아도 되니까요. 모든 것이 제공되고 있기 때문에 연구가 용이하지요. 컴퓨터가 출판본보다 낫습니다. 제 글에서 니체가 몇 번 인용되는지, 그것까지 알 수 있으니까요. 엄청난 도움이 되죠. 인쇄본보다 훌륭합니다. 그 점에 있어서 다른 사람보다 앞서 있다고 할 수 있죠. 물론 자료는 무료로 제공됩니다. 최근의 책들은 아직 판권이 출판사에 예속되어 있지만, 차츰 인터넷을 통해 제공할 생각입니다. 그러면 저의 모든 저작을 보실 수 있을 것입니다.

김 장시간 동안 인터뷰에 응해 주셔서 감사드립니다.

김창민 인터뷰 | 이경민 옮김

5장
다른 세계는 가능하다
: 라틴아메리카 해방철학과 트랜스모더니티

김은중

1. 정치적 문제로서의 계몽의 태도

칸트는 「계몽이란 무엇인가에 대한 답변」(1784)에서 계몽이란 인간이 스스로 초래한 미성년 상태에서 벗어나는 것이라고 말했다. 칸트가 규정하는 미성년 상태란 이성이 요청되는 상황에서 다른 사람의 권위를 수용하려는 의지의 상태이다. 칸트는 "과감히 알려고 하라! 너 자신의 오성을 사용하려는 용기를 가져라!"는 표어를 계몽의 모토로 내세웠다. 푸코는 「계몽이란 무엇인가?」(1984)라는 글에서 칸트의 답변은 근대 철학이 결코 해결하지도 못했고 동시에 제거하지도 못했던 질문이 사상사의 전면에 부각되는 계기가 되었고, 헤겔로부터 니체와 베버를 거쳐 호르크하이머와 하버마스에 이르기까지 모든 철학은 직·간접적으로 이 문제와 대결하지 않을 수 없었음을 지적했다. 계몽이라는 사건은 오늘날까지 근대적 사유와 행위를 규정짓고 있으며, 근대 철학

이란 2세기 전에 제기된 '계몽이란 무엇인가?'라는 질문에 대답하고자
하는 철학이기 때문이다.

　푸코가 판단하기에 칸트의 글은 철학자가 지식과 역사에의 성찰,
그리고 자신이 글을 쓰고 있는 특정한 시점과 이유에 대한 분석을 스
스로의 저작이 갖는 의의와 밀접하게 결합시키고 있는 최초의 예이다.
여기서 최초라는 표현은 시기적으로 최초가 아니라 방식에서 최초를
뜻한다. 칸트가 계몽에 대해 문제를 제기하는 방식이 완전히 달랐다
는 것이다. 칸트에게 계몽은 세계사의 특정 시기도 아니었고, 미래의
사건에 대한 전조(前兆)도 아니었으며, 새로운 세계를 향한 전환점을
의미하지도 않았다. 칸트는 계몽을 부정적인 방식으로 정의해서 '출
구'(Ausgang)로 해석했다. 즉 계몽이라는 사건을 기원의 문제나 역사
과정의 내적 목적으로 보지 않고 '차이'로 보았다는 것이 푸코의 생각
이다. 칸트는 '오늘이 어제와 비교해 무엇이 다른가?'를 물었던 것이다.

　칸트는 어제와 오늘의 차이를 이성의 사용 방식에 두었다. 여기서
이성에 대한 칸트의 독특한 구분이 등장하는데 이성의 사적 사용과 공
적 사용이 그것이다. 칸트에 의하면, 인간이 '기계 속의 나사' 역할을
할 때 이성을 사적으로 사용하는 것이다. 그와는 반대로, 이성 자체의
목적을 위해서 사유할 때, 이성적 존재자로서 사유할 때, 그리고 이성
적 인류의 일원으로서 사유할 때, 이성의 사용은 공적이 된다. 개인적
인 사유의 자유가 보장되는 과정만이 계몽의 전부는 아닌 것이다. 계
몽은 이성을 공적으로 사용하는 것이며, 동시에 이성의 공적인 사용을
가능하게 하는 것이다. 요약하자면, 칸트가 제기한 계몽은 인식의 문

제가 아니라 정치적인 문제이다.

이성의 공적 사용이 어떻게 하면 적극적인 방식으로 확보될 수 있겠
는가? 계몽은 모든 인류에 영향을 미치는 일반 과정으로 단순히 간주
되어서는 안 된다. 마찬가지로 계몽을 개인들에게 부과된 의무로 이해
해서도 안 된다. 계몽은 **정치적인 문제**인 것이다. 이성의 사용이 어떻게
공적인 형태를 취할 수 있는가? 또 앎에의 용감한 의지가 어떻게 환한
대낮에 실천될 수 있겠는가? 하는 것이 관건이라는 말이다. (Foucault
1984, 37. 강조는 필자)

칸트가 정의하는 계몽이란 이성을 아무런 권위에도 종속시키지
않고 자유롭게 사용할 수 있는 상황을 의미한다. 환한 대낮에 이성을
공적으로 실천하는 것이 계몽인 것이다. 따라서 계몽의 목표는 이성의
내용이나 내재적 완결성이 아니라 이성을 비판적으로 사용하는 것이
다. 이런 맥락에서 계몽이란 비판을 의미한다. 즉 비판은 계몽이 낳은
이성의 사용 방법이다. 어제와 비교해 (칸트가 살았던) 오늘이 다른 것
은 비판의 시대이기 때문이다.[1]

---

1 근대성의 가장 뚜렷한 특징은 비판이다. 근대는 종교, 철학, 도덕, 법률, 역사, 경제, 그리고
정치에 대한 비판과 함께 시작되었다. 근대성은 비판을 통한 전통과의 단절이었다. 근대
를 형성하는 모든 것은 비판에 의해 이루어진 것이며, 비판은 탐구와 창조, 그리고 행동의
방법론으로 이해되었다. 근대의 핵심적 개념이자 이념인 진보, 진화, 혁명, 자유, 민주, 과
학, 기술 등은 모두 비판의 산물이다. 계몽적 이성은 세계와 자기 스스로를 비판함으로써
고대의 이성주의와 고전주의 기하학을 근본적으로 변화시켰다. 또한 비판은 역사 속에서

칸트의 글에 대한 푸코의 해석에서 주목해야 할 것은 푸코가 계몽에 대한 칸트의 문제제기 방식을 근대성에 적용하는 점이다. 칸트가 계몽을 역사의 한 시기로 보지 않고 철학함의 태도로 보았던 것처럼, 푸코는 근대성을 역사상의 시기가 아니라 태도로 이해한다. 여기서 태도란 에토스(ethos)와 비슷한 의미를 갖는 것으로, 지금의 현실에 관계되는 양식이며 자발적 선택이자 생각하고 느끼는 방식이다. 근대성은 흔히 전통과의 결별, 새로움의 감정, 현기증을 느끼게 하는 변화의 가속화로 인식된다. 이런 맥락에서, 근대성의 전통은 이전의 전통과는 다른 전통이다.[2] 즉 근대성의 전통은 분리이다. 분리는 어떤 것과 갈라지는 것이며 단일성이 깨지는 것이다. 근대성은 초시간적 원리를 긍정하지 않으며 다시 태어나기 위해 끊임없이 자문하고, 검증하고, 파괴하는 비판적 이성의 전개 과정이다. 여기서 근대성의 모순이 등장한다. 근대성의 모순은 초시간적 원리 대신에 변화의 원리 위에 과거

미국 독립전쟁, 프랑스혁명, 라틴아메리카 독립운동으로 구현되었다. 근대 역사의 토대가 된 위대한 혁명들이 18세기 사상에서 영감을 얻었다는 것은 결코 우연이 아니다.

2 근대성은 순간적이고, 유동적이며, 우연적인 것에 대한 인식이다. 보들레르는 『낭만주의 예술』(L'art romantique)에서 근대성의 전통을 단절이라고 말했다. 보들레르가 언급한 근대적 미학은 시간과 주체성, 경험을 이해하는 새로운 방식에 대한 것이다. 단절은 변화의 특권적 형태이다. 즉 근대성은 '과거의 부정'이면서 동시에 '무엇인가 다른 것의 추구'이다. 그래서 보들레르는 "아름답다는 것은 언제나 기이한(bizarre) 것이다"라고 말했다 (Baudelaire 1863). 근대성은 결코 자기 자신이 될 수 없다. 그것은 언제나 다르다. 근대성의 특징은 새로움이며 이질성이다. 근대성은 늘 다름을 표방해야 하는 운명에 처해 있다. 과거의 전통이 늘 동일함을 유지하는 것이었다면, 근대의 전통은 끊임없이 달라지는 것이다. 근대성이 '전통의 단절'(una ruptura de la tradición)이라면 근대성의 전통은 '단절의 전통'(una tradición de la ruptura)이다(파스 1999).

의 종교와 철학의 견고함에 못지않게 튼튼한 체계를 세우려는 모든 시도에서 나타난다. 근대 철학과 근대 예술은 이 지점에서 갈라진다. 보들레르는 근대성의 태도는 이 순간을 넘어서거나 다음에 있는 것을 찾는 것이 아니라, 이 순간에 내재하는 영원한 그 무엇을 포착하는 것이라고 말했다. 현재의 '영웅적'인 측면을 포착하는 태도가 근대성인 것이다. 푸코가 강조했듯이, 보들레르는 근대성의 태도를 규정하기 위해 "현재를 경멸할 권리가 우리에겐 없다"는 매우 의미심장한 수사법을 동원하고 있다. 그러나 근대 예술과 달리 근대 철학은 변증법을 통해 분리/분열을 치유하려고 했다. 헤겔이 자신의 철학을 분열에 대한 치유라고 불렀던 것도 이 때문이다.

변증법적 모순 해결 방식은 해결과 동시에 또 다른 모순을 낳을 수밖에 없다. 서구가 이룩한 최근의 위대한 철학적 체계는 단지 분열되기 위해 탄생한 체계로서 사변적 열광과 비판적 이성 사이에서 방황하고 있으며, 결국 분열에 의해 분열을 치유하려는 것에 지나지 않는다. 근대성의 한 극단에는 헤겔과 그를 계승한 유물론자들이 자리 잡고 있으며, 또 다른 극단에는 유물론자들에 대한 비판과 분석철학에 대한 흄의 비판이 자리 잡고 있다. 이러한 대립이 서구 역사이며 서구의 존재 이유이다. 또한 어느 날인가 서구의 사망 원인이 될 것이다. (파스 1999, 45~46)

칸트의 역사적 논술 대부분과 「계몽이란 무엇인가에 대한 답변」

의 차이점은, 그가 역사적 논술들에서 시간의 내적 목적론을 규정하면서 인간의 역사가 움직이는 방향을 포착하려고 노력했다면, 「계몽이란 무엇인가에 대한 답변」에서는 계몽을 부정적 방식의 '출구'로 해석함으로써 비판적 성찰과 역사에의 성찰 사이의 교차점에 위치하려고 시도했다는 점이다. 네그리와 하트는 칸트의 이러한 위치를 '다수자 칸트'와 '소수자 칸트'의 이중성으로 표현한다. '다수자 칸트'가 견고한 유럽 합리주의 전통에 참여하여 사회 질서를 보존하고 그것을 지탱하는 방향으로 '이성의 개선'을 이루려고 하는 반면에, '소수자 칸트'는 그 질서의 토대를 부수고 삶정치적인 내재성의 평면에서 변이와 자유로운 창조로 가는 길을 연다(네그리·하트 2014). 달리 말하자면, '다수자 칸트'가 사회적 규제로서의 지식(knowledge as social regulation)을 옹호한다면, '소수자 칸트'는 사회적 해방으로서의 지식(knowledge as social emancipation)을 지지한다. '다수자 칸트/사회적 규제로서의 지식'과 '소수자 칸트/사회적 해방으로서의 지식'의 이중성의 관점에서 볼 때, 계몽주의의 완성자임을 자처했던 칸트의 계몽의 태도는 유럽 계몽주의 내의 대안적 노선이었다. 계몽주의는 근대성을 끊임없는 진보, 도덕과 사회적 질서의 합리적 발전으로 규정함으로써 전통과 맞선 근대성의 손을 들어 주었다(Habermas 1997). 미학적 근대성 역시 전통의 단절을 통해 미래를 향한 문을 열었지만, 그것이 진보를 의미하는 것은 아니었다.[3] 근대 미학이 과거나 어떠한 확고부동한 원리에 의지하지 않고 오로지 변화 속에서 자신의 근거를 찾고 있는 서양 문명의 극적인 상황의 표현이라면, 근대 철학의 의미가 명확하게 드러나는 것은 근대인의 역사의식이다. 근대인의 역사의식은, 한편으로 과거와 전통에 대한 비판이면서, 다른 한편으로 비판의 대상이 되지 않는 유일한 원리 위에 전통을 세우는 것이다. 계몽의 태도가 현실을 파괴하지 않으면서 현실을 다르게 상상하는 것이라면, 계몽주의는 현실을 폐기하고 변증법적 모순 해결 방식을 통해 합리성의 본질적 핵심을 붙잡으려고 시도한다.

2. 미완의 기획, 근대성인가 탈식민성인가?

하버마스가 「근대성, 미완의 기획」(1997)에서 지적한 것처럼, 계몽주의는 계몽의 태도와의 결별이었다. 칸트의 「계몽이란 무엇인가에 대한 답변」 이후 계몽의 태도는 계몽주의에 자리를 내주었고, '다수자 칸트/사회적 규제로서의 지식'은 '소수자 칸트/사회적 해방으로서의 지식'을 억압하고 배제했다. '다수자 칸트'를 계승한 사회민주주의 이론가들은 초월적이고 형식적인 도식에 기반을 둔 사회 질서 유지를 목표로 한다. 달리 말하자면, 사회민주주의 이론가들은 합리성 위에 세워진 진보를 신뢰한다. 예를 들어, 베버는 사회적 진화를 본질적으로 지

---

3 근대성과 근대 예술의 관계는 동맹 관계이면서 동시에 적대적이다. 근대 예술은 비판적 이성에 대한 비판으로 직선적인 역사의 시간에 반대하여 역사 이전의 태초의 시간을, 유토피아가 기다리는 미래의 시간에 반대하여 열정과 사랑과 죽음의 순간적인 시간을 내세웠다. 근대 예술, 특히 낭만주의는 18세기에 비판적·유토피아적·혁명적 이성의 산물로 받아들여졌던 근대성에 대한 부정이었다. 그러나 그것은 '근대적인' 부정이었다. 즉 근대성을 벗어나지 않은 근대성 안에서의 부정이었다(Paz 1973).

적 진보로, 즉 지성과 윤리가 조화를 이룬 인간의 합리성이 발전되어 온 과정으로 이해했다. 베버는 진화의 단계에서 사람들이 점차 더 발전된 형태의 국가나 법률 체계, 관료제, 도시 같은 새로운 사회제도를 만들어 왔으며, 당시의 유럽 자본주의를 이러한 사회적 진화의 정점으로 확신했다(블로트 2008). '유럽의 기적'을 가능하게 한 것은 '오직 서구만이 가진' 합리성 때문이라는 베버의 주장은 유럽 문명을 합리성으로, 다른 문명들을 비합리성으로 설명하는 기본 모델이 되었다(베버 2010).[4] 그러나 19세기 후반부터 1930년대까지 부르주아 사회와 유럽 정치의 중심적 이데올로기를 구성했던 사회민주주의 개혁은 계몽의 자기 파괴이자 총체화된 이성의 도구화로 귀결되었다. 유럽의 비판이론 1세대 학자들은 자신들의 시대를 더 이상 인간 해방을 실현하는 진보의 과정이 아니라고 진단했다. 인간의 노동이나 개념적 사유는 이제 더 이상 자연과 인간의 자기실현 행위가 아니며, 이성이란 자기보존의 행위가 갖는 효율성을 판단하기 위한 도구에 불과하다고 생각되었다. 즉 근대적 합리성이란 타자에 대해서, 더 나아가 자기 자신에 대한 지배의 지침이 되는 도구적 이성일 뿐이다(김원식 2007). 죽음을 목전에 두고 있었던 푸코가 200여 년 전에 칸트가 던졌던 질문, '지금 무엇이 진행되고 있는가? 우리에게 무슨 일이 발생하고 있는가? 우리가 살고

---

4 오직 서구만이 가진 합리성이란 자연과 사회를 완전히 분리할 줄 아는 것이다. '자연과 사회의 대분할'(the Great Divide between Nature and Society)은 '우리(서구)와 그들(나머지 세계)의 대분할'(the Great Divide between Us and Them)로 이어졌다. 인간(사회)과 비(非)인간(자연)을 분할할 줄 아는 합리성은 근대인과 전(前)근대인을 분할하는 기준이 되는 것이다(라투르 2009).

있는 이 세계, 이 시기, 바로 이 순간은 무엇인가?'라는 질문을 다시 던 진 것은 이런 이유 때문이었다.

베버는 근대성에 대한 하버마스의 성찰에 좌표를 제시했다. 하버 마스가 보기에 근대성의 문제는 세계를 인식하는 독자적 영역들이 전 문화되고 절대화되기 때문이다.[5] 전문가의 등장으로 인식적-구조적, 도덕적-실천적, 미학적-표현적 합리성의 세 가지 차원으로 분할된 생 활세계는 각 영역의 내적 논리를 강화시키는 쪽으로 나아갔다는 것 이다. 베버는 합리화의 편벽성이 초래하는 이성의 도착현상을 근대성 의 거스를 수 없는 흐름으로 보았고, 그 결과 근대사회를 일종의 '쇠우 리'(iron cage)에 비유했다.[6] 각 분야의 자율적이고 내재적인 논리를 발 전시키고 구체화함으로써 근대성을 완수하려는 계몽주의의 과제가 위기에 처한 상황에서 하버마스는 두 가지 중 한 가지를 선택해야 했 다. 계몽의 과제가 실패했음을 선언해야 하는가? 아니면 계몽의 의도 가 아무리 허약하더라도 그것에 충실해야 하는가? 하버마스의 선택은 후자였다.

하버마스는 베버와 프랑크푸르트 1세대 학자들이 지나치게 경도

5 베버는 근대성을 점진적 합리화 과정으로 이해했는데, 합리화 과정을 통해 종교와 형이 상학에서 통전되어 있던 세계관이 붕괴되고 과학, 도덕, 예술의 세 자족적 영역으로 분화 된다. 근대인이 세계를 보는 합리적 관점은 진리성, 규범적 정당성, 성실성과 미(美)의 독 립적 영역으로 분화되는 것이다. 진리성은 지식의 문제이며, 규범적 정당성은 정의와 도 덕의 영역이고, 성실성과 미는 취향과 관련된다. 그리고 각각의 영역은 과학적 담론, 도덕 과 법률 이론, 예술의 생산과 비평으로 제도화된다.
6 막스 베버의 이러한 생각은 그가 말년에 했던 두 번의 강연('직업과 소명으로서의 학문'과 '직업과 소명으로서의 정치')에 잘 나타난다.

되어 있던 도구적 합리성에 대한 비판에서 벗어나기 위해 의사소통적 합리성을 제시했다. 하버마스에 따르면, 사회의 합리화는 도구적 합리성과 의사소통적 합리성의 보완적 관계 속에서 진행된다. 도구적 합리성이 국가 경제와 행정의 영역에서 주된 역할을 한다면, 의사소통적 합리성은 생활세계의 지배적 원리이다. 근대화의 역설인 '생활세계의 식민화'는 도구적 합리성이 생활세계의 의사소통적 합리성을 침범할 때 발생한다. 하버마스에 따르면 의사소통 행위에 참여하는 사람들은 언어를 매개로 상호이해와 합의를 도출할 수 있다.

하버마스의 의사소통적 합리성은 착취와 지배가 없는 해방된 삶의 정형이 의사소통 행위 안에 구조적으로 내재한다는 보편화용론으로 구체화되었다. 하버마스의 보편화용론은 자유로운 '이상적 담화 상황'을 전제하는 담론 윤리학(discourse ethics)이다. 하버마스의 담론 윤리학은 도구적 합리성이 가져온 수단과 목적의 도착(倒錯)을 벗어나 근대성이라는 미완의 기획을 완수하려는 시도이다. 이를 위해서 그는 의식을 토대로 하는 형이상학과 인식론에 대한 대안으로 이상적 담화 상황을 전제하는 담론 윤리를 제안한 것이다. 하버마스에 의하면 생활세계의 합리화는 상호주관적 합리성을 통해서만 수행될 수 있으며, 상호주관적 합리성은 처음부터 언어 구조 자체의 내재적 원리임을 전제한다.

여기서 푸코가 계몽이란 비판이며 정치적인 문제라고 규정했던 지점으로 돌아갈 필요가 있다. 푸코는 계몽의 태도란 계몽에 포함되는 '좋은' 요소와 '나쁜' 요소를 변증법적으로 분별하는 것이 아니며, 더 나아가 계몽의 목표가 '합리성의 본질적 핵심'(the essential kernel of rationality)을 추적하는 것이 아니라는 점을 강조했다. 바꿔 말하자면, 계몽의 태도란 역사적으로 계몽에 의해 스스로를 규정한 존재인 우리 자신에 대한 분석을 통해 '필연적인 것의 현재적 한계'(contemporary limits of the necessary)를 해명하는 것이다.

> 비판은 더 이상 보편적 가치를 갖는 형식적 구조의 탐구라는 형태로 진행되어서는 안 된다. 우리 자신을 형성하고 우리 스스로를 우리의 행위, 언술, 사유의 주체로 파악하게 만든 사건에 대한 역사적 탐구로서 비판이 실천되어야 한다. 그런 의미에서 비판은 더 이상 선험적이 아니며, 형이상학을 가능케 하는 것이 비판의 목표가 될 수도 없다. 비판은 계보학적으로 설계되며 고고학적으로 실천된다. 고고학적 비판은 모든 지식이나 도덕적 행위의 보편 구조를 밝히려 하는 대신에, 우리의 사유와 언술과 행동을 형성한 담론을 역사적 사건으로 취급하는 태도이다. 계보학적 비판이란 현재의 우리 모습으로부터 할 수 없고, 알 수 없는 것을 연역해 내는 대신, 우리의 현실을 만든 우연성과 우리의 존재와 행위와 사유를 넘어설 수 있는 가능성을 분리해 내는 작업이다. **비판은 과학에 기초를 둔 형이상학을 수립하는 대신에, 아직 규정되지 않는 자유의 영역을 최대한도로 확장시키는 것이다.** (Foucault 1984, 45~46. 강조는 필자)

푸코에 따르면, 계몽의 목표는 선험적이고 형이상학적인 비판을 통해 보편적 가치를 갖는 형식적 구조를 탐구하는 것이 아니다. 계몽적 비판의 대상은 인식의 보편적 구조나 궁극적으로 형이상학을 구축하려는 과학이 아니며 '지식' 또는 '담론'과 권력의 상관관계이다. 푸코가 고고학적-계보학적 접근 방식을 통해 밝히려고 한 것은 인간의 자유를 발명했다는 계몽주의 시대가 규율권력이라고 불리는 새로운 예속 메커니즘을 수반한 시기였다는 사실이다. 따라서 푸코의 계보학적 비판은, 한편으로는 담론이 어떤 경로를 따라 규제, 통제형식 및 권력관계에 예속되는지를 밝히는 것이며, 다른 한편으로는 지식과 담론 분석을 통해 근대성의 태도가 형성된 이래 반근대성(countermodernity)의 태도와 어떻게 싸워 왔는지를 밝히는 것이다. 다시 말해, 푸코의 계보학적 비판은 역사를 어떤 기획의 실현으로 해석하는 헤겔의 역사주의의 관점을 비판하면서 역사란 지식과 권력 간의 복합적인 연관관계임을 보여 준다. 반복하자면, 계몽은 정치적인 문제인 것이다.

> 근대성은 언제나 둘이다. 근대성은 이성, 계몽주의, 전통과의 단절, 세속주의 등의 관점에서 묘사되기 이전에 하나의 권력관계로, 다시 말해 지배와 저항, 주권과 해방을 위한 투쟁으로 이해되어야 한다. (네그리·하트 2014, 113)

'근대성은 언제나 둘이다'라는 명제에서 '둘'은 사회적 규제로서의 근대성과 사회적 해방으로서의 근대성을 가리킨다. 푸코의 계보학적 연구가 보여 주었고 네그리와 하트가 강조하듯이 "근대성을 권력

관계로 정의할 때 도출되는 한 가지 최종적인 귀결은 근대성을 끝나지 않은 기획으로 여기는 일체의 관념의 토대를 허무는 것"(네그리·하트 2014, 118)이며, 근대성을 지배와 저항, 주권과 해방을 위한 투쟁으로 보는 것이다. 근대성을 미완의 기획으로 여기는 사회민주주의 이론가들은 사회적 규제로서의 지식과 사회적 해방으로서의 지식을 동일한 사태의 양면으로 보지 않는다. 그리고 합리적 이성에 토대를 둔 근대성이 유럽에서 출현해서 '나머지 세계'로 확산되어 간다고 본다. 예컨대, 유럽과 아메리카 대륙 전체에서 18세기 내내 그리고 19세기에 이르기까지 공화주의적 국가의 핵심적 토대를 이루었던 흑인 노예제는 근대성의 '일탈'이나 '부작용' 정도로 취급된다. 공화주의자들은 노예제를 전근대적 세계의 잔여물로 여기고 미완의 기획인 근대성이 역사로부터 추방하게 될 역사의 오점으로 인식한다. 진정으로 근대적인 최초의 혁명인 아이티혁명이 근대 역사에서 그토록 무시되어 왔던 이유는 사회적 규제로서의 근대성과 사회적 해방으로서의 근대성을 동일한 사태의 양면으로 보지 않기 때문이다. "아이티혁명은 적어도 한 가지 핵심적인 측면에서, 즉 모든 인간이 평등하고 자유롭다면 분명 어느 누구도 노예가 될 수 없다는 측면에서 영국, 미국, 프랑스의 혁명들보다 훨씬 더 공화주의 이데올로기에 충실하다. 그럼에도 불구하고, 아이티는 저 '혁명의 시대'에 대한 역사적 서술에서 거의 등장하지 않는다."(네그리·하트 2014, 123) 역사에서 아이티혁명이 침묵당하고 삭제된 또 다른 이유는 근대 노예제의 본질을 이루고 있는 인종주의이다.

사실상, 노예화된 아프리카인들과 그들의 후손이 자유를 얻고 보장받을 수 있는 전략들을 구상하는 것은 고사하고 자유를 마음에 그릴 수조차 없었다고 하는 주장은 경험적인 증거에 기초하기보다는 세계와 세계에 살고 있는 주민들을 암묵적으로 조직하는 형이상학에 기초하고 있었다. 이러한 세계관은 결코 획일적으로 똑같지는 않지만 유럽과 미 대륙 백인들 간에, 그리고 백인이 아닌 많은 농장주들 간에 널리 공유되어 있었다. 이들이 가지고 있던 세계관에는 차이의 여지가 있기는 했지만 그 어떤 세계관도 노예 농장들에서 혁명적 봉기가 일어날 수 있으리라는 가능성은 포함하고 있지 않았고, 그 봉기가 성공적으로 독립국가의 탄생을 가져오리라는 가능성은 더더욱 포함하고 있지 않았다. (트루요 2011, 140~141. 강조는 필자)

하버마스가 생활세계의 식민화 테제를 통해 근대를 미완의 기획으로 규정하고 본래적인 근대의 기획을 완성하려고 노력한다면, 라틴아메리카의 탈식민적 전환(decolonial turn)은 식민성의 논리를 통해 근대성의 수사학을 비판함으로써 미완의 기획인 탈식민화를 완성하려고 시도한다. 미완의 기획은 근대성이 아니라 탈식민성이라는 것이다.[7] 탈식민적 전환은 19세기 초에 정치적 독립을 이루었음에도 불구하고, 경제적 측면뿐만 아니라 인식론적이고 문화 자본의 측면에서 신식민주의 상황에 놓여 있었던 라틴아메리카가 현실을 새롭게 인식하는 틀/관점이었다. 유럽중심주의는 추종해야 할 매혹의 대상이 아니라 환멸의 대상이 되었다. 즉 탈식민적 전환은 유럽중심주의적 근대성으로부터의 이탈(de-linking)이면서 동시에 라틴아메리카가 달성해야 할 역사적 기획은 근대화가 아니라 탈식민화라는 각성이었다. 막스 베버가 '전통' 혹은 종교의 미몽에서 깨어나는 것을 근대성으로 정의했다면, 탈식민적 전환은 두셀이 '근대성의 신화'라고 불렀던 유럽중심주의적 근대성의 미몽에서 깨어나는 것으로 정의될 수 있다.[8]

---

7 두 번의 세계대전 이후 근대성의 위기는 더 이상 숨길 수 없는 사실이 되었다. 세계대전이 가져온 파괴적 참상은 근대성의 발원지로 여겨졌던 유럽의 위기를 의미했고, 유럽의 위기는 적어도 세 가지 변화를 가져왔다. 첫째, 제2차 세계대전 이후 근대 세계체제의 권력 축이 서유럽에서 미국으로 이동했다. 이와 더불어 아메리카주의, 더 구체적으로 말하자면 19세기 말 미국이 에스파냐와의 전쟁에서 승리한 이후 세력을 키운 미국의 우월주의와 동화주의 이데올로기가 전지구적으로 확산되었다. 동화주의 이데올로기의 대상은 유럽 출신의 비기독교도 이민자들이었고, 이들 중에는 유색인종도 포함되었다. 둘째, 냉전과 더불어 소련 공산주의가 미국 헤게모니의 대항 세력으로 등장했다. 소련식 공산주의와 사회주의는 파시즘과 자유주의 이데올로기가 제시하는 미래와는 다른 미래를 위한 선택이었다. 사회주의의 등장으로 유럽은 두 개의 진영으로 갈라졌다. 세 번째 변화는 탈식민적 전환이다. 탈식민적 전환은 유럽 내부와 외부에서 발생한 역사적 사건이 결합된 결과였다. 유럽 내부의 역사적 사건이 나치즘의 발호였다면, 유럽 외부에서 발생한 역사적 사건은 아시아와 아프리카 식민지의 독립이었다. 유럽의 권력 구도가 남부 유럽에서 북부 유럽으로 이동하는 과정에서 발생했던 라틴아메리카의 독립 투쟁과는 대조적으로 아시아와 아프리카 식민지의 독립은 나치즘의 등장으로 유럽 전체가 도덕적으로 추락하는 역사적 사건 속에서 발생했다. 에메 세제르(Aimé Césaire)의 말을 빌리면, 유럽의 도덕적 추락은 변명의 여지가 없는 것이었다.

8 탈식민화는 두 번에 걸쳐 일어났다. 18세기 말부터 19세기 초의 미국의 독립혁명, 아이티혁명, 라틴아메리카의 독립혁명이 첫 번째 탈식민화였다면, 20세기 중반의 아프리카와 아시아의 독립, 쿠바혁명이 두 번째 탈식민화였다. 두 번째 탈식민화의 계기가 된 유럽의 위기/쇠퇴는 근대 세계체제의 위기를 반영하는 것이었고, 근대 세계체제의 위기는 첫 번째 탈식민화의 시기에 독립을 이루었던 라틴아메리카에 여전히 식민주의가 구조적으로 지속되고 있음을 드러냈다. 라틴아메리카의 탈식민적 전환을 통해, 한편으로는 라틴아메리카의 자생적 사유와 이론 ─ 종속이론, 해방신학, 해방철학 등 ─ 이 등장했고, 다른 한편으로는 식민의 역사를 공유하는 지역 간에 탈식민화를 위한 대화를 모색하는 계기가 되었다.

3. 유럽의 비판이론과 라틴아메리카 해방철학

탈식민적 전환은 라틴아메리카에 등장한 계몽의 태도이다. 1970년대에 시작된 라틴아메리카 해방철학은 유럽의 비판이론과 밀접한 관련이 있다. 유럽의 비판이론은 해방철학이 출현했던 시점부터 해방철학에 많은 영향을 미쳤고 라틴아메리카 해방철학은 유럽 비판이론과 지속적인 대화를 나누려고 시도했다.[9] 유럽의 비판이론가들과 라틴아메리카 해방철학자들 사이의 대화와 논쟁은 평등을 전제했지만 타자성(차이)에 대한 인정이 결핍되어 있었다는 점에서 비대칭적이었다. 이 때문에 대화 과정에서 해방철학자들에게 던져진 질문은 '우리는 누구인가?'라는 주체성의 문제였고, '우리가 말하는 곳은 어디인가?'라는 발화 위치(locus enuntiationis)의 문제였다. 예컨대, 주변부였던 라틴아메리카에서 발생한 '68혁명은 중심부인 유럽이나 미국의 경우와는 달랐다. 파리와 버클리와는 달리 멕시코시에서는 400명 이상의 학생과 노동자가 시위가 벌어졌던 틀라텔롤코(Tlatelolco) 광장에서 목숨을 잃었다. 아르헨티나에서는 옹가니아(Juan Carlos Onganía) 군부독

---

9 그 중심적인 위치에 있는 인물이 철학자 엔리케 두셀이다(송상기 2008). 아르헨티나에서 태어나 유럽에서 공부하고 돌아온 엔리케 두셀은 1970년대 아르헨티나 군부독재 시기에 멕시코로 이주했다. 유럽 비판이론의 산실인 프랑크푸르트학파의 1세대 학자들은 모두 유대인 출신이었다. 초기 프랑크푸르트학파에게 연구를 위한 재정지원을 한 사람은 호르크하이머의 친구였던 아르헨티나 출신의 유대인 펠릭스 와이스(Felix Weiss)였다. 와이스의 아버지는 아르헨티나의 대지주였고 밀 수출업자였다(Dussel 2011). 이 글에서는 두셀의 작업을 통해 해방철학을 서술하되 해방철학을 두셀의 개인적 성취로 한정하지 않는다.

재 정권에 저항하는 노동자와 학생들에 의해 코르도바시가 점거되는 사태가 발생했다. 이러한 상황에서 해방철학자들이 깨달은 것은 자신들이 전지구적 남부(global South)의 포스트식민 주변부(post-colonial periphery)에 살고 있다는 사실이었다.[10] 앞에서 언급한 것처럼, 유럽의 비판이론은 해방철학에 많은 영향을 미쳤고 해방철학의 전개 과정은 유럽의 비판이론의 전개 과정과 밀접한 상관관계를 이룬다. 군부독재 정권이 라틴아메리카 전역을 장악하고 있던 시점에서 해방철학자들이 유럽의 전체주의를 비판했던 마르쿠제의 『일차원적 인간』을 읽었다는 것은 이론적인 면에서 유럽의 비판이론에 의지하고 있었다는 사실을 보여 준다. 그러나 해방철학자들에게 영향력을 미친 또 다른 원천은 종속이론과 프란츠 파농이었다. 두셀은 『해방철학』 서문에 이렇게 썼다.

헤라클레이토스로부터 카를 폰 클라우제비츠와 키신저에 이르기까지 전쟁은 모든 것의 근원이다. 여기서 '모든 것'은 세계 지배자들이 그들의 권력과 군대로 통제하는 질서나 체제를 의미한다. 세계는 전쟁 중이다. 전쟁을 벌이는 사람들은 냉전이라고 말하지만 전쟁으로 고통받

---

10 전지구적 남부는 지리적 위치가 아니라 정치적 위치이다. 즉 남부는 자본주의 근대성이 초래하는 억압과 배제로 인해 고통받는 지역을 가리킨다. 냉전 종식 이후 세계는 전지구적 북부와 전지구적 남부로 재편되었다. 북부/남부가 전지구적이라는 것은 북부에도 남부가 존재(colonial North)하며 남부에도 북부가 존재(imperial South)한다는 것을 의미한다. 따라서 전지구적 북부/남부라는 개념은 자본주의 근대성의 문제가 어느 특정한 지역에 국한되는 문제가 아니라 전지구적 차원의 문제라는 것을 시사한다.

는 사람들에게는 열전이다. 무기를 제조하는 사람들은 평화로운 공존
이라고 말하지만 무기를 구매하고 사용해야만 하는 사람들에게는 피
투성이의 실존이다. 전쟁터가 되는 공간, 전략적이고 전술적으로 적에
게 승리하기 위해 연구되는 지리적 공간, 국경선으로 갈라지는 공간은
뉴턴 물리학의 추상적으로 관념화된 텅 빈 공간이나 현상학이 문제
삼는 실존적 공간과는 매우 다르다. [⋯] 따라서 문제는 지정학적 공간
이다. 북극이나 멕시코의 치아파스에서 태어나는 것은 뉴욕에서 태어
나는 것과 다르다. (Dussel 1996, 1~2)

해방철학이 유럽의 1세대 비판이론과 공유한 것은 살아 있는 신체
의 물질성이었다. 그 당시 세계 도처에서 일어나고 있는 퇴보의 씨앗이
계몽 개념 자체에 내장되어 있다고 믿은 호르크하이머와 아도르노는
맑스주의 사상의 목적론적 근대화 노선과 결별하고 맑스주의 전통에
서는 자주 언급되지 않았던 살아 있는 신체의 관점으로 전환했다. 정통
맑스주의는 초월적 형식의 관점에서 착취를 분석했다. 그러나 신체의
물질적 관점에서 보면 착취는 자본주의 사회의 생산과 재생산 과정의
신체의 물질적 조직화를 통해 이루어진다. 해방철학은 이러한 전환을
변증법적 유물론에서 인류학적 유물론으로의 이행이라고 부른다.[11] 살

---

11 네그리와 하트는 이를 '비판의 현상학화'(phenomenologization), 즉 '맑스주의적 소유
   비판에서 신체의 현상학으로의 이행'이라고 부른다. 이러한 이행은 "비판과 그 대상의
   관계를 신체들의 집단적 차원 내에 존재하는 물질적 장치(dispositif)로 간주하는 데로
   옮겨 가는 것을 의미한다"(네그리·하트 2014, 56).

아 있는 신체의 물질성이란 생명의 유지와 재생산을 위해 필요한 "빵, 자유, 그리고 일자리"[12]를 의미한다(Dussel 2001). 유럽의 비판이론과 해방철학의 관점에서 살아 있는 신체의 물질성은 착취받고 종속된 사람들의 '부정적'(negative) 물질성이다. 해방철학은 주체성과 발화 위치의 관점을 통해 여기서 한 걸음 더 나아간다. 해방철학이 포착하는 부정적 물질성은 중심부의 자본주의와 근대성, 유럽중심주의에 의해 착취받고 종속된 식민주의의 물질적 부정성이다.

> 우리에게 희생자는 더 이상 호르크하이머, 하버마스, 혹은 3세대 비판 이론이 주목하는 노동자, 아우슈비츠에서 희생된 유대인, 나치 치하의 시민, 여성, 혹은 복지국가의 위기에 직면한 노동계에 한정되지 않는 다. 우리는 이들과 더불어 1492년 이래 전지구화된 세계체제의 희생 자들도 생각한다. 라틴아메리카의 아시엔다[13] 체제에서 착취당한 선 주민들, 볼리비아의 포토시 광산에서 식민주의 자본주의의 첫 번째 세 계통화였던 은을 캐기 위해 노예노동을 했던 선주민과 흑인, 아열대 지역 플랜테이션 농장에서 혹사당한 아프리카 노예들, 정복자들의 첩 역할을 해야만 했던 선주민 여성들, 기독교의 세례를 받아야만 했던 어린아이들이 그들이다. (Dussel 2011, 17)

---

12 아르헨티나에서 벌어진 시위에서 시위 참가자들이 외쳤던 구호.
13 hacienda. 대농장.

두셀이 언급하는 희생자들은 호르크하이머로부터 마르쿠제, 아펠(Karl-Otto Apel), 하버마스에 이르기까지 비판이론의 총체성 개념에 포함되지 않는다. 비판이론의 존재론적 총체성에 대한 협소한 이해를 확장시킨 사람은 레비나스였다. 그는 『총체성과 무한』(『전체성과 무한』Totalité et infini, 1969)에서 타자성의 다면적 모습을 보여 주었다. 가난한 사람은 경제적 타자이고, 과부는 에로스적 타자이며, 고아는 교육적 측면의 타자이다. 또한 외지인은 정치적 타자이다. 더 나아가, 레비나스는 타자를 주체의 전체성을 넘어서 있는 것, 규정할 수 없는 것이란 점에서 '무한자', '절대적 외부성'으로 규정했다. 레비나스의 절대 타자는 하이데거의 현존재(Dasein)의 세계를 넘어서는 혁명적이고 "체제전복적인 일탈"(desorientación subversiva)(Mendieta 2001, 19)이었다. 두셀은 레비나스의 작업을 통해 헤겔의 변증법 대신에 초변증법(analéctica)을 제시했다. 타자의 절대적 초월성을 출발점으로 삼는 초변증법은 타자를 동일자의 그림자나 일그러지고 불완전한 이미지로 인식하지 않는다. 타자는 이미 경험되고 이해된 것 너머에 있다. 앞의 인용에서 옥타비오 파스가 강조한 것처럼, 동일자의 '자기 반영'(auto-reflejo)이자 '자기 투사'(autoproyección)라는 점에서 변증법은 동일자가 타자를 강탈하는 전쟁이다. 변증법이 타자를 배제하고 말살하는 전쟁이라면 초변증법은 타자를 향해 열리고 타자와의 연대를 희망한다(Dussel 1996; 송상기 2008). 그러나 레비나스의 성취에도 불구하고, 해방철학의 '발화 위치'에서 볼 때 레비나스의 존재론적 총체성은 크게 두 가지 점에서 유럽중심주의의 맹목성(blindness)에 갇혀 있다. 한 가지는 유럽중심주의적 존재론에는 위에서 인용한 전지구적 타자성(global alterity)이 누락되어 있다는 것이다. 다른 한 가지는 타자를 주체로 보지 않고 여전히 대상으로 보고 있다는 것이다. 유럽중심주의적 존재론은 타자가 갖는 '근본적인 외부성'을 이해하지 못하는 것이다. 이런 맥락에서 타자를 절대적 외부성으로 정의함으로써 동일자의 폭력을 비판한 레비나스도 '외부에 의한 사유'가 아니라 '외부에 대한 사유'에 머물러 있다고 말할 수 있다.[14]

이런 맥락에서 호르크하이머와 아도르노가 비판했던 도구적 합리성보다 더 심각한 계몽주의의 문제는 전제적이고 물신숭배적인 유럽중심주의적 존재론이었다.[15]

해방철학이 유럽의 1세대 비판이론으로부터 살아 있는 신체의 물질성과 부정성을 받아들였다면, 유럽의 2세대 비판이론으로부터 받아들인 것은 담론 윤리였다. 아펠과 하버마스가 제시한 의사소통 공동체 모델은 의식 철학의 유아론적 패러다임을 극복할 수 있는 단서를 제공했다는 점에서 해방철학에 커다란 영향을 미쳤다. 하버마스는

---

14 "심각한 문제는 레비나스 윤리학 역시 주체의 윤리학일 뿐이며, 주체만의 일방적 윤리학이 된다는 것이다. 즉 그는 주체에게 고통받는 얼굴의 타인들을 환대하라고, 그 고통을 통해 자기를 초월하라고 정언명령을 내리지만, 그런 주체와 대-면하고 마주선 타인들은 대체 무엇을 해야 하는지 말해 주지 못한다. 타인은 윤리학적 행동의 대상일 뿐이다. 따라서 레비나스 윤리학에 타인들의 윤리는, 타인들이 취해야 할 윤리적 행위는 없다. 다만 그들은 주체가 자신들에게 어떤 윤리적 행위를 해주기만을 기다릴 수 있을 뿐이다."(이진경 2009, 85)
15 계몽주의는 존재론적으로 위계화된 세 가지 발화 지점을 규정했다. 첫 번째가 사이드가 비판한 '오리엔탈리즘'이며, 두 번째는 '유럽중심주의' 혹은 '옥시덴탈리즘'이고, 마지막 세 번째는 '남부 유럽'(그리스, 이탈리아, 에스파냐, 포르투갈)이라는 개념이다.

유럽의 1세대 비판이론이 직면했던 근대성의 강압적 이성에 대해 회의하는 대신에 담론적 이성의 보편주의적 특성을 신뢰했다. '초근대성'(Hypermodernity), '두 번째 근대성'(Second Modernity) 혹은 '성찰적 근대성'(Reflexive Modernity)이라는 개념에서 드러나는 것처럼, 하버마스는 근대성을 근대화하려고 한다. 즉 그는 근대성의 원리를 근대의 제도들에 성찰적 방식으로 적용함으로써 근대를 완성하려고 한다. 하버마스의 담론 윤리에는 항상-이미 언어 공동체의 존재와 공동체 참여자들의 대칭적이고 평등한 참여가 선험적으로 전제되어 있다.

> 나와 너(우리와 너), 나와 그(우리와 그들) 사이의 균형 관계가 순수한 상호주관성을 가져온다. 대화가 무제한적으로 교환되기 위해서는 어느 언표자에게도 특권이 주어지면 안 된다. 의사소통 행위의 모든 참가자에게 모든 정보와 지침, 주장, 규약들이 공평하게 배분될 때 순수한 상호주관성이 성립된다. 이러한 균형 관계가 존재하는 한, 의사소통 자체의 구조로부터 파생되는 문제점이 의사소통을 굴절시키지는 못할 것이다. (Habermas 1970, 371)

해방철학은 세 가지 측면에서 하버마스의 선험적 담론/의사소통 공동체의 한계를 지적한다. 첫째, 해방철학은 모든 담론의 선험적 조건으로 작용하는 의사소통 공동체보다 '생명 공동체'(a community of life)를 우선시한다. 생명을 가진 개체는 스스로의 생존과 보존을 위한 최소한의 조건을 필요로 한다. 둘째, 하버마스가 생활세계라고 부르는 의사소통 공동체는 복합적이고 다층적인 배제(exclusion)와 외부성(exteriority)의 문제를 간과한다. 이 때문에 아펠과 하버마스는 담론의 정당화(justification)라는 문제와 적용(application)의 문제를 혼동했다. 셋째, 유럽의 1세대 비판이론에서 주목했던 살아 있는 신체의 물질성이 또다시 형식적인 차원으로 통합되었다는 점이다. 신체의 물질성을 배제함으로써 의사소통 공동체는 윤리의 근원을 왜곡했을 뿐만 아니라 윤리의 대상도 왜곡하는 결과를 가져왔다. 해방철학이 아펠과 하버마스의 담론 윤리를 넘어서서 해방 윤리로 나아가는 것은 이 때문이다. 요약하자면, 해방철학은 유럽의 1세대 비판이론으로부터 물질성과 부정성을 배웠다. 물질성은 생명 공동체를 토대로 한다. 따라서 물질성은 '신체적-정동적-생태적-경제적-문화적'(bodily-affective-ecological-economic-cultural)이다. 부정성이란 부정적 물질성으로부터 출발하는 비판이다. 해방철학이 유럽의 2세대 비판이론으로부터 받아들인 것은 공동체적 상호주체성에 바탕을 둔 담론성이다. 상호주체적으로 참여하는 담론 공동체는 복합적인 사회적 현실을 이해하는 데 적절한 개념이다. 그러나 해방철학은 유럽의 1세대와 2세대의 비판이론을 뛰어넘어 '외부성'과 '비판적 담론성'(critical discursivity)을 제시한다(Dussel 2011).

4. 트랜스모던 윤리학—외부에 의한 사유와 정치

해방철학이 유럽의 비판이론을 뛰어넘으려고 하는 것은 또 다른 보편적 이론을 제시하려는 것이 아니라, 자신들이 위치한 전지구적 남부의 포스트식민 주변부로부터 사유하고 실천하려는 것이다. 푸코가 지적한 계몽의 태도를 실천하는 것, 즉 자신들이 위치한 곳에서 사회적 해방으로서의 지식을 실천하는 것이다. 비판은 보편적 가치를 갖는 형식적 탐구가 아니라, 스스로가 사유와 언술, 행위의 주체가 되는 일리(一理, situated and contextualized knowledge)의 실천이다. 일리란 '신체적-정동적-생태적-경제적-문화적' 물질성으로부터 도출되는 세계에 대한 이해이다. 이런 맥락에서 일리의 실천은 총체성 대신에 외부성을 주목하고, 대칭적이고 평등한 참여를 선험적으로 전제하는 대신에 억압된 자들의 공동체의 합의에 토대를 둔 비판적 담론성을 주목한다.

해방철학이 유럽의 비판이론과 '더불어', 유럽의 비판이론을 '비판하는' 지점은 1970년대부터 본격화된 세계화(globalization)였다. 해방철학과 유럽의 비판이론의 세계화에 대한 인식은 크게 달랐다. 아펠이 담론 윤리를 구축하면서 주목한 것은 근대 과학과 기술이 지배하는 세계화의 현실이었다. 아펠은 근대 과학과 기술의 전지구적 확산으로 인해, 한편으로는 전지구적 규모의 도덕의 문제를 성찰할 수 있는 거시윤리학(macroethics)이 어느 때보다도 필요하며, 다른 한편으로는 합리성과 가치중립적 과학이 동일시됨으로써 보편타당성을 유지해야 할 윤리의 근본이 흔들리는 것을 우려했다. 아펠의 담론 윤리의 관점에서 보면, 종교가 사적 주체성의 영역으로 흡수되면서 과학적 이성에 맞서는 합리성을 가질 수가 없는 것처럼, 윤리도 동일한 위험에 처해 있다. 아펠과 달리, 두셀은 일리의 관점에서 세계화를 바라본다. 두셀이 주목하는 것은 식민주의에서 벗어난 이후에도 여전히 신식민주의에 종속되어 있는 라틴아메리카와 제3세계의 현실이었다. 세계는 점점 더 상호의존적으로 연결되고 있지만, 권력 관계는 여전히 비대칭적이라는 것이다. 두셀에게 비대칭적 권력 관계를 토대로 하는 세계화라는 현실은 정치적이고 경제적인 문제일 뿐만 아니라 철학적이고 역사적인 문제였다. 식민지배는 종족 살해(genocide)이며 인식 살해(epistemicide)였기 때문이다.

> 해방철학은 반담론(counter-discourse)이며, 주변부에서 (그리고 희생자들, 배제된 자들로부터) 탄생한, 지구성(mundialidad)을 지향하는 비판 철학이다. 해방철학은 자신의 주변성과 배제에 대해 확실한 의식을 가지고 있으며, 그와 동시에 지구성을 지향한다. 해방철학은 지난 5세기 동안 유럽 철학을 '중심-철학'과 동일시했던 (근대적이고 탈근대적인) 유럽 철학/미국 철학에 도전한다. (a) 구체적인 유럽 철학, (b) 유럽이 행사한 '중심'의 기능, (c) 엄격한 의미의 보편성을 구별하는 것은 근대가 시작되었던 시점부터 정확히 500년 동안 '중심주의'의 깊은 잠에 빠져 있었던 유럽 철학을 깨우는 것이다. (Dussel 1998, 71)

해방철학이 주변성과 배제를 뚜렷이 인식하고 있으면서도 지구성을 지향한다는 것은 주변-철학인 해방철학이 중심-철학이 되거나 중심-철학으로 편입되기를 바라는 것이 아니라, 중심-철학과 주변-철학의 관계를 초변증법적으로 변화시키는 것이다. 동일자가 타자들을 포섭하는 것이 변증법이라면, 초변증법은 동일자를 폐기하고 타자들 간의 관계를 통해 현실을 인식한다. 다시 말하자면, 중심-철학이 주변-철학(외부)에 대해 사유하는 것이 변증법이라면, 초변증법은 중심-철학을 폐기하고 '인식들'의 상호구성적(co-constitutive) 관계를 통해 현실을 이해하는 것이다. 중심-철학과 (세계체제에서 억압받거나 배제된) 주변-철학이라는 이분법적 구분은 근대성이 만든 거대한 분할선(abyssal line)이다. 해방철학의 관점에서 바라보면, 오늘날 우리가 경험하고 있는 변화는 '외부에 대한 세계화'(globalization)가 아니라 '외부에 의한 지구화'(mundialización)이다. '외부에 대한 세계화'가 비대칭적 권력 관계에 의한 패권적 세계화라면 '외부에 의한 지구화'는 대칭적 권력 관계에 의한 비패권적 지구화이다. 이런 맥락에서, 해방철학이 지향하는 해방(liberation)과 프랑스혁명이 지향한 해방(emancipation)은 역사적 맥락이 다르다.[16]

(아이티혁명 6년 후인) 1810년부터 남아메리카에서 스페인과 포르투

---

16 'emancipation'과 'liberation'은 똑같이 해방을 의미하지만 역사적 맥락은 다르다. 양자의 차이를 드러내기 위해서 'emancipation'은 '탈거'(脫去, 구속 벗기)로, 'liberation'은 해방으로 옮기기도 한다. 탈거가 정체성(identity)과 관련된다면 해방은 주체성(subjectivity)과 관련된다. "탈거가 정체성의 자유, 진정한 당신 자신(who you really are)일 수 있는 자유를 추구하는 데 반해, 해방은 자기 결정과 자기 변형의 자유, **당신이 앞으로 될 수 있는 바**(what you can become)를 결정할 수 있는 자유를 목표로 한다. 정체성에 고정된 정치는 주체성의 생산을 중단시킨다. 이와 달리 해방은 주체성 생산에 관여하여 그것을 장악해서 그것이 계속해서 앞으로 나아가도록 해야 한다."(네그리·하트 2014, 453~454. 강조는 필자)

갈로부터 독립하기 위한 전쟁이 확산되면서 […] 스페인과 포르투갈의 후손들이 독립의 권리를 어느 정도 '인정'받는 것은 훨씬 용이했다. 그러나 […] 흑인과 물라토, 노예와 해방된 노예의 자유는 백인에게 '승인받아야만' 했다. 따라서 칸트의 언명은 단지 선택적으로만 적용될 뿐이다. […] 해방(emancipation)은 새롭게 등장한 사회계급인 부르주아에게 해당되었다. 부르주아는 대부분 백인이었으며 기독교의 우주관과 르네상스 시기의 대학에서 가르친 교과목을 배웠고, 대학이 곧바로 계몽 시기 대학으로 바뀌면서 칸트와 훔볼트를 중심으로 한 계몽주의 사상을 교육받았다. (특히 영국이나 독일보다 정교 분리가 더 뚜렷했던 프랑스에서) 군주제와 교회라는 이중의 멍에에서 벗어나 경제적·정치적 자유를 얻은 세속적 부르주아지와 부르주아 지식인들이 이번에는 세계의 다른 지역에 거주하는 비유럽인들을 해방시킬 권리를 손아귀에 쥐게 된 것이 계몽의 '해방'이 가져온 결과들 중 하나였다. 일반적으로 부르주아 노선은, 직접적이거나 간접적으로, 식민주의와 제국주의라는 두 가지 형태를 취했다. (미뇰로 2010, 113~114. 강조는 필자)

라틴아메리카와 아프리카, 아시아의 지정학적 관점에서 볼 때, 해방철학의 해방(liberation)은 식민지 중상주의(16~17세기)와 식민지 자본주의(18세기 후반~20세기)의 역사와 떼어 놓고 생각될 수 없다. 프랑스혁명이 부르주아지의 해방(emancipation)을 목표로 했다면, 해방철학은 전지구적 남부의 하위주체의 해방(liberation)을 지향한다. 두셀은 철학을 유럽중심주의로부터 해방시키기 위해 역사적 관점에서 근대성과 세계화를 재해석한다. 근대성은 소위 '유럽의 기적'이나 '유럽의 흥기'로 명명되는 유럽 내재적 현상이 아니라, 유럽이 아메리카의 발견으로부터 시작된 근대/식민 자본주의 세계체제의 패권을 장악한 사건이다. 이런 맥락에서 라틴아메리카 근대성/식민성/탈식민성 연구그룹의 학자들은 "식민성은 근대성을 구성하기 때문에 식민성 없이는 근대성도 없다"고 주장한다.[17]

세계 지배 역사는 근대성으로부터 기원한다. 테일러(Charles Taylor), 툴민(Stephen Toulmin), 혹은 하버마스 같은 사람들은 근대성을 소위 제3세계와는 아무런 관련이 없는 유럽의 독자적인 사건으로 이해한다. 따라서 이런 이론가들은 근대성을 설명하기 위해 유럽 고대 사상가들과 미국의 저자들과 사건들만을 거론한다. 나는 이들과 달리 근대성은 의심할 바 없이 유럽에서 태동되기는 했지만 비유럽과의 변증법적 관계에서 기원한다고 주장한다. 근대성이 출현할 수 있었던 것은 유럽이 초기 세계-체제를 조직하고 동등하게 근대성을 구성한 주변부를 억압함으로써 스스로를 세계-체제의 중심에 놓았기 때문이다. 에스파냐와 포르투갈의 세기였던 15세기 말부터 17세기 초에 탄생한 주변부를 망각하는 것은 근대성을 이해하는 유럽중심주의적 오

---

17 근대성/식민성/탈식민성(Modernity/Coloniality/Decoloniality) 연구그룹은 라틴아메리카 학자들과 라틴아메리카 출신으로 미국에서 활동하는 학자들로 이루어진 연구그룹이다. 이에 대해서는 「라틴아메리카 '이후': 근대성의 패러다임에서 탈식민적 패러다임으로」(김은중 2013)를 참조하라.

류(Eurocentric fallacy)이다. 근대성에 대한 탈근대적 비판과 근대성에 대한 하버마스의 옹호가 똑같이 일방적이고 부분적으로 틀린 것은 근대성을 부분적이고, 국지적이며, 지방적인 관점에서 이해했기 때문이다. (Dussel 1995, 9~10)

근대성을 미완의 기획으로 주장하는 사회민주주의 이론가들이 근대성의 한계를 성찰적 근대성으로 돌파하려고 한다면, 탈근대 이론가들은 계몽주의의 파괴적 결말과 이성의 무능을 비판하면서도 근대성 안에서 근대성을 회의할 뿐이다. "'위기'의 철학자들은 계몽주의적 사유의 지배적 노선과 그 유럽중심주의의 확고한 몰락을 (아마도 어떤 경우에는 제대로 이해하지 못한 채로) 정확하게 포착하지만, 계몽주의 비판이라는 무덤을 관할하는 가운데 허약한 사고와 유미주의만을 제시할 뿐이다."(네그리·하트 2014, 175) 두셀은 근대성에 대한 비판이 차이를 비정치적으로 향유하고 비유럽적인 문제의식과 관심사, 변화를 위한 제안을 외면한다는 점에서 유럽의 비판이론이 제시하는 성찰적 근대성이나 탈근대성 대신에 트랜스모더니티(trans-modernity) 개념을 새롭게 제시한다.

트랜스모더니티는 두 가지를 전제한다. 첫 번째 전제는 '세계에 대한 이해'(the understanding of the world)가 '세계에 대한 서구의 이해'(the Western understanding of the world)보다 훨씬 더 광범위하다는 것이다. 이러한 전제는 세계의 변혁이 맑스주의를 포함한 서구의 비판적 사유가 예견한 방식과 다르게 진행되어야 한다는 것을 의미한다. 두 번째 전제는 세계가 무한히 다양하다는 것이다. 세계는 존재하고 사유하고 느끼는 방식, 시간을 인식하는 방식, 인간과 인간의 관계와 인간과 비인간(non-humans)의 관계를 인식하는 방식, 과거와 미래를 인식하는 방식, 집단적 삶을 조직하는 방식 등에 따라 달라지기 때문이다. 따라서 '세계'가 존재하는 것이 아니라 '세계들'이 존재한다. 트랜스모더니티의 관점에서 보면 근대 역사는 '세계에 대한 서구의 이해'가 '세계에 대한 광범위하고 다양한 이해들'을 억압하고 배제하고 은폐한 역사이다.[18]

근대성이 만든 거대한 분할은 '세계에 대한 광범위하고 다양한 이해들'을 미신이거나 문화적 믿음 정도로 취급했다. 이런 맥락에서 트랜스모더니티는 근대성을 하나의 권력 관계로 이해하며, 지배와 저항의 권력 관계에서 트랜스모더니티는 해방철학이자 해방윤리학이며 해방정치학이다.[19]

해방철학과 해방윤리학, 해방정치학이라는 학문적 영역의 경계 (discipline)와는 관계없이 해방의 기획의 중심에는 '희생자, 가난한

---

18 포르투갈 사회학자 소우자 산투스는 '세계에 대한 광범위하고 다양한 이해들'을 "남부의 인식론들"(epistemologies of the South)이라고 부른다(Sousa Santos 2016).

19 두셀은 1970년대 초반부터 윤리학 연구에 천착했다. 첫 번째 결과가 1973년에서 1980년까지 발간된 『라틴아메리카 해방윤리학을 위하여』(Para una ética de la liberación latinoamericana) 시리즈였다. 이 시리즈 집필 중간에 출간한 『해방철학』(1976)과 『윤리학과 공동체』(Ethics and Community, 1986), 『근대성의 이면』(The Underside of Modernity, 1996)에서 윤리학을 다시 다뤘다. 『세계화와 배제의 시대의 해방윤리학』 (Ética de la liberación en la edad de la globalización y de la exclusión, 1998)은 앞선 연구의 종합판이다.

사람, 노동자, 노예, 거리의 아이들, 억압받는 여성들, 인종, 계급'(이하 희생자로 표현)이 자리 잡고 있다(조영현 2012). 희생자의 생명과 삶은 취약하고 부서지기 쉬우며, 무방비이고 버려졌으며, 훼손되고 고통을 겪고 있다. 오늘날 자본주의와 근대문명이 '헤게모니 없는 지배'(Dominance without Hegemony)의 상황에 직면한 것은 많은 사람들을 희생자로 만들 뿐만 아니라, 그들의 존재를 은폐하고 망각하기 때문이다.[20] 이런 맥락에서 해방의 기획으로서 트랜스모더니티는 무엇보다 먼저 물질적인 차원에서 생명 공동체 안에서 인간 생명의 생산과 재생산을 추구한다. 이것이 해방철학과 유럽의 1세대 비판이론이 공유한 신체의 물질성이다. 여기서 한 걸음 더 나아가 해방의 기획은 비인간(non-human)의 생명의 생산과 재생산을 추구한다. 또한 해방의 기획은 형식적인 차원에서 의사소통 공동체의 모든 참여자의 상호인정으로부터 출발하며 대칭적 권력 관계를 위한 도덕적 필요조건을 수용한다. 더 나아가 해방의 기획은 억압받고 은폐되고 망각된 희생자의 공동체에 참여한다. 희생자는 유럽의 비판이론의 외부성으로 존재한다.

---

20 그람시는 헤게모니를 동의에 의한 지배로 규정하고 헤게모니를 지도(leadership)의 동의어로, 지배(dominance)의 반의어로 사용했다. 구하(Ranajit Guha)는 그람시의 헤게모니 개념을 지배와 종속의 관계로 일반화하고 지배를 강제(coercion)와 설득(persuasion)으로, 종속을 협력(collaboration)과 저항(resistance)으로 구성되는 것으로 설명했다. 구하에 따르면, 강제 없이 설득만 있는 지배는 없고, 협력 없이 저항만 있는 종속도 없으며, 그 역도 마찬가지이다. 구하는 식민주의와 식민 국가의 지배를 '헤게모니 없는 지배'로 규정하고 식민주의와 식민 국가에서는 항상 설득의 요소보다 강제의 요소가 우세했음을 강조했다(Guha 1997). 세계화 과정에서 강제의 요소는 더욱 강화되고 있다.

해방의 기획으로서 트랜스모더니티는 현 상태를 변화시켜 새로운 질서를 구축하는 실현 가능하고 수행 가능한 방법을 모색한다. 트랜스모더니티가 모색하는 실현 가능하고 수행 가능한 방법은 '외부에 대한 사유와 실천' 대신에 '외부에 의한 사유와 실천'이다. '외부에 대한 사유와 실천'이 추상적이고 단성(單聲)적인 유일보편성(uni-versality)을 내세운다면 '외부에 의한 사유와 실천'은 다보편성(pluri-versality)을 지향한다. 해방철학이 초기부터 그랬던 것처럼, 트랜스모더니티는 식민성의 권력에 저항하고 해방을 위해 분투하는 주체성들의 존재와 능력을 지지한다. 트랜스모더니티가 지지하는 주체성들은 근대성에 저항하는 반근대성의 힘이며 현실을 새롭게 창조하는 유연성과 가능성의 힘이다. 푸코의 말을 빌리자면, 아직 규정되지 않는 자유의 영역을 최대한도로 확장시키는 힘이다. '세계에 대한 서구의 이해'가 '오직 하나의 세계만이 존재하는 세계'(a World where only a world fits/uni-verse)라면, 트랜스모더니티가 이해하는 세계는 '많은 세계가 포함되는 하나의 세계'(a World where many worlds fit/pluri-verse)[21]이다. 많은 세계가 포함되는 하나의 세계란 새로운 세계가 아니라, 항상-이미 존재했지만 식민성에 의해 억압되고 은폐되어 있던 세계들을 포함하는 세계이다. 다시 말해, 많은 세계가 포함되는 하나의 세계란 인류가 기본적인 윤리적 원리를 분별할 수 있는 토대로 작용하는 공동

---

21 멕시코 사파티스타 민족해방군의 슬로건이다. http://www.ezln.org/documentos/ 1999/19991026.es.htm.

성(communality)의 세계이다. 공동성은 많은 세계를 포함하는 하나의 세계를 의미하고 공동성에 포함되는 많은 세계는 차이를 갖는 일리의 세계들이다. 해방(emancipation)을 통해 근대성이 도달하고자 하는 세계가 추상적 이성의 계단을 밟고 올라가는 하나의 세계(uni-verse)라면, 해방(liberation)을 통해 트랜스모더니티가 추구하는 세계는 일리의 세계들로 구성되는 복수의 세계(pluri-verse)이다.

신자유주의는 '대안은 없다'는 신탁(神託)을 선포했다. 냉전이 종식된 이후 '역사의 종언'이라는 또 다른 신탁이 선포되었다. 그러나 2001년 브라질 포르투알레그리에서 시작된 세계사회포럼은 '다른 세계는 가능하다'(Another world is possible)고 선언했다. 트랜스모더니티는 '다른 세계들은 이미 가능하다'(Other worlds are already possible)고 말한다. 이미 가능한 다른 세계들은 일리의 세계들이다.

참고문헌

김원식(2007), 「근대성의 역설과 프랑크푸르트학파 비판이론의 전개」, 『사회와철학』, No. 14, pp. 35~64.

김은중(2013), 「라틴아메리카 '이후': 근대성의 패러다임에서 탈식민적 패러다임으로」, 서울대학교 라틴아메리카연구소 편, 『트랜스라틴: 근대성을 넘어 탈식민성으로』, 이숲, pp. 35~57.

네그리, 안토니오·마이클 하트(2014), 『공통체』, 정남영·윤영광 옮김, 사월의책.

라투르, 브뤼노(2009), 『우리는 결코 근대인이었던 적이 없다』, 홍철기 옮김, 갈무리.

미뇰로, 월터(2010), 『라틴아메리카, 만들어진 대륙』, 김은중 옮김, 그린비.

베버, 막스(2010), 『프로테스탄트 윤리와 자본주의 정신』, 김덕영 옮김, 길.

블로트, 제임스 M.(2008), 『유럽중심주의를 비판한다』, 박광식 옮김, 푸른숲.

송상기(2008), 「엔리케 두셀의 해방철학과 전지구화 시대의 비판윤리」, 『이베로아메리카』, Vol. 10, No. 1, pp. 1~31.

신충식(2010), 「푸코의 계보학적 접근을 통한 통치성 연구」, 『정치사상연구』, Vol. 16, No. 2, pp. 131~167.

이진경(2009), 『외부, 사유의 정치학』, 그린비.

조영현(2012), 「엔리케 두셀의 해방정치철학에 대한 연구: 생명, 희생자, 그리고 민중 개념을 중심으로」, 서울대 라틴아메리카연구소 편, 『라틴아메리카의 전환: 변화와 갈등(하)』, 한울, pp. 84~116.

칸트, 임마누엘(2009), 『칸트의 역사철학』, 이한구 옮김, 서광사.

트루요, 미셸-롤프(2011), 『과거 침묵시키기: 권력과 역사의 생산』, 김명혜 옮김, 그린비.

파스, 옥타비오(1999), 『흙의 자식들 외: 낭만주의에서 전위주의까지』, 김은중 옮김, 솔.

Alcoff, Linda Martín and Eduardo Mendieta(eds.)(2000), *Thinking from the Underside of History: Enrique Dussel's Philosophy of Liberation*, Lanham: Rowman & Littlefield Publishers.

Dussel, Enrique(1973), *Hacia una filosofía de la liberación latinoamericana*, Buenos Aires: Bonum.

_____(1995), *The Invention of the Americas: Eclipse of "the Other" and the Myth of Modernity*, New York: Continuum.

_____(1996), *Filosofía de la liberación*, Bogotá: Nueva América.

_____(1998), *Ética de la Liberación en la edad de la globalización y de la exclusión*, Madrid: Editorial Trotta.

_____(2001), *Hacia una filosofía política crítica*, Bilbao: Editorial Desclée de Brouwer.

_____(2011), "From Critical Theory to the Philosophy of Liberation: Some Themes for Dialogue", *Transmodernity*, Vol. 1, No. 2, pp. 16~43.

Foucault, Michel(1984), *The Foucault Reader*, edited by Paul Rabinow, New York: Pantheon Books.

Guha, Ranajit(1997), *Dominance without Hegemony: History and Power in Colonial India*, Cambridge, MA: Harvard University Press.

Habermas, Jürgen(1997), "Modernity: An Unfinished Project", in Maurizio Passein (ed.), *Habermas and the Unfinished Project of Modernity*, Cambridge: MIT

Press, pp. 38~58.

Levinas, Emmanuel(1969), *Totality and Infinity: An Essay on Exteriority*, trans. by Alphonso Lingis, Pittsburgh: Duquesne University Press.

Maldonado-Torres, Nelson(2008), *Against War: Views from the Underside of Modernity*, Durham & London: Duke University Press.

_____(2011), "Enrique Dussel's Liberation Thought in the Decolonial Turn", *Transmodernity: Journal of Peripheral Cultural Production of the Luso-Hispanic World*, Vol. 1, No. 1, http://escholarship.org/uc/item/5hg8t7cj

Mendieta, Eduardo(1999), "Review essay: Ethics for an Age of Globalization and Exclusion", *Philosophy & Social Criticism*, 25(2), pp. 115~121.

_____(2000), "Beyond Universal History: Dussel's Critique of Globalization", in Linda Martín Alcoff and Eduardo Mendieta(eds.), *Thinking from the Underside of History: Enrique Dussel's Philosophy of Liberation*, Lanham: Rowman & Littlefield Publishers, pp. 117~133.

_____(2001), "Política en la era de la globalización: Crítica de la razón política de Enrique Dussel", in Enrique Dussel, *Hacia una filosofía política crítica*, Bilbao: Editorial Desclée de Brouwer, pp. 15~39.

Mignolo, Walter(2000), *Local Histories/Global Designs: Coloniality, Subaltern Knowledges and Border Thinking*, Princeton: Princeton University Press.

Paz, Octavio(1973), *El signo y el garabato*, México: Editorial Joaquín Mortiz.

Schelkshorn, Hans(2000), "Discourse and Liberation: Toward a Critical Coordination of Dicourse Ethics and Dussel's Ethics of Liberation", in Linda Martín Alcoff and Eduardo Mendieta(eds.), *Thinking from the Underside of History: Enrique Dussel's Philosophy of Liberation*, Lanham: Rowman & Littlefield Publishers, pp. 97~115.

Sousa Santos, Boaventura de(2016), *Epistemologies of the South: Justice against Epistemicide*, London and New York: Routledge.

6장

인식적 불복종과 탈식민적 선택
: 선언문[1]

월터 미뇰로

1. 간단한 역사

2003년 5월, 아르투로 에스코바르(Arturo Escobar)와 나는 듀크 대학과 노스캐롤라이나 대학 채플힐 캠퍼스의 근대성/식민성 기획 구성원들과 만났다. 모임 주제는 '비판이론과 탈식민화'였다. 참석자들은 다음 주제들에 대한 성찰을 요구받았다.

지난 500년 동안(지역에 따라서는 그 기간이 250년, 혹은 겨우 50년일 수도 있다) 서구와의 접촉, 갈등, 공모를 피할 수 없었던 수많은 지역 역

---

1 [옮긴이] 이 번역문은 미뇰로의 기존 에스파냐어 텍스트("El pensamiento decolonial: desprendimiento y apertura. Un manifiesto", in Santiago Castro-Gómez y Ramón Grosfoguel(eds.), *El giro decolonial: reflexiones para una diversidad epistémica más allá del capitalismo global*, Bogotá: Siglo del Hombre Editores, 2007, pp. 25~46)와 이에 기초해서 그가 작성한 영어 강연문을 적절히 참조하여 번역하였다.

사(local histories)에 의거한 전지구적이고 다보편적인(pluriversal) 일련의 '혁명'이 일어나고 있는 오늘날, 우리는 호르크하이머의 비판이론 기획을 어떻게 해석해야 할까? '대지의 저주받은 사람들'(파농)과 '다중'(하트와 네그리)이 호르크하이머가 언급하던 프롤레타리아의 자리를 차지한 지금 비판이론은 무엇을 지향해야 하는가? 비판이론 기획에 어떤 변화가 있어야 그 개념·정치적 틀에 젠더, 인종, 자연을 완전히 편입할 수 있을까? 마지막으로 근대성/식민성 기획과 탈식민화 기획에 비판이론을 어떻게 포섭할 수 있을까? 이 포섭 작업은 20세기 비판이론 기획의 폐기를 요구할 것인가, 아니면 근대성 기획의 고갈을 보여 줄 것인가?[2]

제기된 주제나 질문들은 새롭다기보다는 예전의 성찰, 대화, 발표 논문의 연장선상에 있는 것이었다. 엔리케 두셀과 산티아고 카스트로-고메스는 이미 비판이론에 대해, 넬슨 말도나도-토레스도 파농의

---

2 우리는 지식의 지정학적 속성에 대해 강조하고자 한다. 호르크하이머와 프랑크푸르트학파는 여러 가지 방식으로 읽을 수 있다. 각각의 독해가 해석학적 복수성을 지니고 있다는 말을 하려는 것이 아니다. 식민적 차이(colonial difference) 때문에, 그리고 제국적 차이(imperial difference) 때문에 지적 작업의 지정학적 분배(distribution)가 이루어진다는 의미에서이다. 지정학적인 측면에서 볼 때 프랑크푸르트학파가 유럽 사유의 계보에서 차지하는 장소에 대한 해석은 엔리케 두셀이 그의 저서 『해방철학』(1977) 제1장 「지정학과 철학」에서 이미 한 바 있다. 다른 독해들은 탈식민적 사유의 다보편적 계보에 의해 그리고 이 계보를 통해 가능할 것이다. 물론 다른 독해도 가능하리라. 예전 식민지들의 지역 인텔리겐치아가, 유럽이나 미국 공장의 최신 사상/상품보다 '뒤처져' 있다고 간주되는 계층과 자신들을 차별화시키는 요소로 프랑크푸르트학파(혹은 이에 준하는 것)를 택한 경우이다. 이에 대해서도 복잡한 경우들이 존재한다.

'대지의 저주받은 사람들'의 행위주체성(agency)에 대해 성찰한 바 있다. 이는 다른 역사적 경험들에 의해 주조된 범주들을 재위치화시키고 지역화시키는 범주이다(예를 들어, 한편으로는 그람시의 하위주체와 근대적 하위주체성이나 구하와 남아시아 기획의 하위주체와 식민적 하위주체성이 있고, 또 한편으로는 파올로 비르노Paolo Virno, 안토니오 네그리, 마이클 하트 등이 스피노자에게 영감을 얻어 재도입한 다중이라는 범주가 있다).

이 만남을 통해 우리가 추진하던 공동기획은 탈식민성 범주를 근대성/식민성 범주의 연장선상에 있는 것으로 더 깊숙이 끌어들였다. 그 후속 작업은 2005년 4월 버클리에서 행해졌다. 말도나도-토레스가 주최한 '탈식민적 이동의 지도 그리기'(Mapping the De-colonial Shift)라는 명칭의 대회였다. 근대성/식민성 기획 구성원들은 '이성 지리들의 이동'(Shifting the Geographies of Reason) 기획을 추진 중인 카리브철학학회 회원들, 일군의 철학자들, 라티노 문화비평가들과 토론했다. 이 두 번의 만남을 통해 다음과 같은 사실이 분명해졌다. 근대성/식민성이 식민적 권력 매트릭스(colonial matrix of power)의 분석적 범주라면, 탈식민성 범주는 우리 기획의 틀과 목적을 더욱 넓혀 주리라는 것이다. 그러나 근대성의 구성적 요소로서의 식민성을 개념화시키는 것 자체가 이미 탈식민적 사유(de-colonial thinking)라고 할 수 있다.

그러나 탈식민적 결별(de-colonial delinking)의 기본적 이론화는 아니발 키하노의 선구적인 논문 「식민성과 근대성/합리성」(1992)

에서 먼저 이루어졌다. 키하노는 (지식과 신념의 지배적 구조로서의) 유럽중심주의가 지닌 한계를 분석하는 것이 필요하다고 주장했다. 하지만 그 분석은 충분조건이라기보다 필요조건으로 간주되었다. "처음에는 식민성과 연계된 근대성/합리성으로부터, 궁극적으로는 인간의 자유로운 결정에 작동하는 모든 비구성적 권력과 결별할 필요가 있다"는 것이 키하노의 확고한 주장이다. 다시 말해 인식적 결별(epistemic de-linking), 즉 인식적 불복종(epistemic disobedience)이 필요하다는 뜻이다. 인식적 불복종은, 경제를 식민화시키는 전지구적 설계(global design), 군주·국가·교회 등의 권위, 경찰과 군의 강화, 언어·사유·신앙 등의 지식과 존재(주체성)의 식민화 등을 경험한 이들이 공유하는 일련의 기획인 탈식민적 선택으로 우리를 이끈다. 결별은 그래서 필요하다. 그리스라틴 사상을 비롯한 서구 사상 내에서는 권력의 식민성에서 벗어날 길이 없기 때문이다.

따라서 결별은 끊임없는 새로움의 탐색보다는 인식적 불복종을 요구한다. 예를 들어 유럽 사상의 역사나 고고학에서는 인종주의와 권력에 대한 푸코의 개념이 새롭기 때문에, 즉 포스트근대적(postmodern)이기 때문에 더 훌륭하다거나 적합하다고 말할 수 있을지 모르겠으나, 인식적 불복종은 우리를 다른 장소, 다른 시작(beginning), 다른 공간으로 이끈다. 가령 그리스를 출발점으로 삼지 않고, 아메리카 정복과 식민화 그리고 대규모 아프리카 노예무역으로 이끈다. 또한 그리스-로마-파리-런던-워싱턴이라는 동일 공간(서구 공간) 내에서 새로운 시간성을 찾지 않고, 투쟁과 건조(building)가 발생하는 공간으로 우리를 이끈다. 나는 와망 푸마 데 아얄라(Waman Puma de Ayala)[3]와 오토바 쿠고아노(Ottobah Cugoano)를 통해 이러한 공간들의 열림(opening)을 탐색하고자 한다.

내가 이 글에서 전개하고자 하는 기본 논지(거의 삼단 논법의 논지)는 다음과 같다. 근대성의 구원의 수사학에는 억압과 단죄의 식민성 논리가 내재되어 있으므로 식민성은 근대성의 구성적 요소이고, 이 억압적 논리는 제국주의적 폭력에 저항하는 이들 사이에서 불만, 불신, 해방의 힘을 산출한다. 이 힘은 탈식민적 기획으로 이동하고, 그렇기 때문에 탈식민적 기획도 궁극적으로는 근대성의 구성 요소이다. 근대성은 비록 구원과 진보의 수사학이라는 하나의 머리만 보여 주지만, 사실은 세 개의 머리를 지닌 히드라이다. 그러나 근대성의 수사학에서는 식민성이 필연적인 구성 요소가 아니라 근대성에서 비롯된 무엇인가로 제시될 뿐이다.

가령 코피 아난이 주도한 유엔의 새천년계획과 제프리 삭스가 주도하는 컬럼비아 대학 지구연구소는 빈곤 퇴치에 협력하고 있다. 그러

---

3 [옮긴이] 펠리페 와망 푸마 데 아얄라(1534?~1615?)의 『새로운 연대기와 선정』(Primer nueva corónica y buen gobierno, 1615?)은 안데스 선주민이 에스파냐어로 남긴 최초의 기록이다. 그의 이름은 보통은 'Guamán Poma de Ayala', 때로는 'Huamán Poma de Ayala'로 표기된다. 따라서 우리말로는 '과망 포마 데 아얄라', '와망 포마 데 아얄라' 등으로 표기하는 것이 온당할 것이다. 그러나 미뇰로가 'Waman Puma'라는 표기를 고집하는 것은 최근 안데스 선주민들의 식민유산과의 결별 의지를 존중하기 때문이다. 선주민들은 식민지배자들의 언어인 에스파냐어의 전통적 표기법을 답습하기보다 그들의 언어에 좀 더 가깝다고 생각하는 표기법을 도입함으로써 주체성을 회복하려는 노력을 하고 있다. 이를 존중하여 이 글에서는 '와망 푸마 데 아얄라'로 표기한다.

나 이들은 근대성의 이데올로기 자체를 문제 삼거나, 근대성의 수사학을 은폐하고 있는 어둠을 문제 삼는 법이 없다. 즉 16세기의 중상주의, 그 이후의 자유무역, 19세기의 산업혁명, 20세기의 정보혁명 등 다양한 얼굴을 지닌 자본주의 경제체제의 속성에서 비롯된 결과로 빈곤을 보는 것이 아니라, 단지 불행한 부산물로 볼 뿐이다. 또한 테러와의 전쟁에 대한 언론의 모든 논쟁과 모든 형태의 봉기와 항의와 사회운동에도 불구하고, 근대성의 수사학에 은폐된 식민성의 논리가 굴욕을 겪고, 비난받고, 잊히고, 소외된 사람들에게 필연적인 힘을 생성해 준다는 사실은 언급되지 않는다.[4]

반면 탈식민성은 식민성 논리의 작동도 허락하지 않고, 동화 같은 근대성의 수사학도 불신하게 만드는 힘이다. 탈식민성은 다양한 표현방식을 지니고 있고 ── 어떤 경우에는 워싱턴이 '테러리스트'로 묘사하는 원치 않는 일도 겪는다 ──, 그리스어·라틴어·6개의 제국적 근대 유럽어가 구축하고 옹호하는 근대적 합리성이 전통적, 야만적, 원시적, 신비주의적 등의 수사를 동원하여 감추고 식민화시키고 폄하한 여러 가지 가능성으로의 결별과 열림이 바로 탈식민적 사유이다.

---

4 제프리 삭스와 코피 아난의 자료를 보면 제국적/식민적 기획만 난무한다(Sachs 2005; Annan s.f.). 새천년계획은 우리더러 잠자코 앉아 제국주의 기획들을 입안한 위대한 사상가들이 제국적 불공정에 대해 얼마나 인식하고 있는지 바라보기만 하라는 꼴이다. 오늘날의 와망 푸마들은 제국적 비판이성이 발휘하는 뛰어난 솜씨를 따르라고 권유받고 있다.

2. 인식론적 전환과 탈식민적 사유의 출현

내 주장은 다음과 같다. 탈식민적 사유는 근대성/식민성이 형성된 바로 그 순간에 근대성/식민성의 대위법적(counterpoint) 선율로 출현했다. 그리고 탈식민적 사유는 아메리카에서 인디오와 아프로-카리브인의 사유에서 발현되었다. 탈식민적 사유는 이후 아시아와 아프리카에서 계속되었다. 그러나 아메리카의 탈식민적 사유와 직접적인 관계가 있다기보다는 영국과 프랑스 식민주의의 식민적 근대성의 재조직에 대한 대위법적 선율이다. 탈식민적 사유의 세 번째 표출은 냉전 및 미국의 부상과 함께 일어난 아시아와 아프리카의 각종 탈식민화 운동의 교차지점에서 발생했다. 미국과 소련의 냉전이 끝난 뒤, 탈식민적 사유는 독자적인 계보를 구축하기 시작했다. 이 글은 이 계보학에 기여하고자 하는 목적을 지니고 있다. 이런 의미에서 탈식민적 사유는 포스트식민주의 이론이나 연구와 차별화된다. 포스트식민주의는 전지구적인 탈식민적 사유의 농밀한 역사보다는 프랑스 후기구조주의에 위치해 있기 때문이다.

탈식민적인 인식 전환은 식민적 권력 매트릭스를 논하고 이론화시킨 덕분에 가능해졌다. 식민적 권력 매트릭스는 키하노가 근대성/식민성 기획의 토대를 요약한 논문에서 선구적으로 사용한 개념이다.

유럽적인 근대성/합리성 패러다임 비판은 필요하며, 심지어 매우 시급하다. 하지만 그 길이 모든 범주에 대한 단순한 부정, 현실의 담론적 해체, 지식 부문에서 총체성 관념과 관점의 전면적 부정에 기초하고 있는지는 의심스럽다. 처음에는 식민성과 연계된 근대성/합리성으로부터, 궁극적으로는 인간의 자유로운 결정에 작동하는 모든 비구성적 권력과 결별할 필요가 있다. 왜곡된 지식 패러다임을 야기하고, 근대성의 해방의 약속들을 망친 것은 권력, 무엇보다도 식민권력 장악을 위한 이성의 도구화이다. 대안은 명백하다. 세계권력의 식민성을 파괴하는 것이다. (Quijano 1999, 51. 강조는 미뇰로의 것)

비록 탈식민적 인식 전환에 대한 메타 성찰은 최근에 이루어졌지만, 1980년대 말에 키하노가 지배구조 문제 ─ 식민적 권력 매트릭스 혹은 권력의 식민성 ─ 를 처음 밝히고 계속 연구하면서 탈식민적 실천도 당연히 행해졌다. 탈식민적 사유, 즉 탈식민적 전환에서 비롯된 사유의 계보가 식민지나 식민지시대 아메리카의 역사 문헌에서 발견된다는 점은 놀라운 일이 아니다. 식민적 권력 매트릭스의 형성기인 16세기에는 북미나 카리브해에 아직 영국 식민지도 프랑스 식민지도 존재하지 않았다. 그러나 18세기 말에 시작되어 19세기 초까지 계속된 영국과 프랑스의 제국주의적 팽창이 야기한 일련의 변화와 새로운 근대성/식민성 양상의 출현으로 인해 아시아와 아프리카에서도 탈식민적 전환이 다시 등장한다.

아메리카의 에스파냐 부왕령 두 곳이 탈식민적 전환이 최초로 표출된 곳이다. 16세기의 아나왁과 17세기 초의 타완틴수유에서였다.[5] 18세기 영국의 식민지와 메트로폴리스에서도 탈식민적 전환의 사례를 볼 수 있다. 페루 부왕령에서는 와망 푸마 데 아얄라가 최초의 탈식민적 전환 사례이다. 1616년 펠리페 3세에게 보낸 그의 작품 『새로운 연대기와 선정』에 나타난다. 두 번째 사례는 해방 노예인 오토바 쿠고아노이다. 그는 (미국 독립선언과 애덤 스미스의 『국부론』 출간 10년 후인) 1787년 런던에서 『아프리카인 오토바 쿠고아노가 대영제국 국민에게 겸허하게 드리는 부도덕하고 사악한 노예매매와 인간의 상업화에 대한 사고와 감정들』(*Thoughts and Sentiments on the Evil and Wicked Traffic of the Slavery and Commerce of the Human Species, Humbly Submitted to the Inhabitants of Great Britain, by Ottobah Cugoano, A Native of Africa*) 발간에 성공했다. 이 두 저작 모두 탈식민적 정치론이지만, 지식의 식민성 때문에 마키아벨리, 홉스, 로크 등의 정치론과 토론 테이블을 공유할 수 없었다. 오늘날 이 두 이론을 탈식민적 사유의 계보에 재기입하는 일은 시급한 과제이다. 계보를 구축하지 못하면 탈식민적 사유는 제스처에 불과하다. 그렇게 되면 탈식민적 논리는 그리스와 로마를 기원으로 하는 계보들 중 일부 계보에 종속될 것이다. 그리고 나아가 르네상스 이래 유럽의 제국적 근대성, 즉 앞서 언급한 6개의 제국적 근대 유럽어(르네상스 시대의 이탈리아어와 에스파냐어와 포르투갈어, 계몽주의 시대의 프랑스어와 영어와 독일어)의 계보에 재기입될 것이다. 와망 푸마와 쿠고아노는 탈식민적 사유를 했고, 근대

5 [옮긴이] 아나왁(Anáhuac)은 멕시코를 중심으로 한 누에바에스파냐(Nueva España) 부왕령, 타완틴수유는 페루를 중심으로 한 페루 부왕령에 대체로 해당한다.

성의 제국적 계보(우파 계보이든 좌파 계보이든)에서는 생각할 수 없는 공간을 열었다. 즉 기독교적이고 자유주의적이고 사회주의적/맑스주의적인 근대성으로 이루어진 제국적 계보에서는 존재하지 않는 공간이었다.

와망 푸마는 타완틴수유, 쿠고아노는 대서양권의 잔혹한 노예제의 경험과 기억을 통해서 다른 사유, 즉 경계사유(border thinking)로 나아가는 문을 열었다. 16세기에 아메리카 인디오를 옹호한 이들이나 18세기에 노예제를 비판한 이들은 인디오와 흑인이 받은 식민적 상처의 공간과 경험에 의거한 사유 방식을 열지 못했다. 유럽의 정치 이론은 왕국과 공국(마키아벨리), 자유국(free state)의 형성(홉스, 로크), 자유주의 국가(liberal state)의 위기(칼 슈미트)의 경험과 기억에 의거하여 구축되었다.

앞에서 말한 "경계사유로 나아가는 문을 열었다"는 메타포를 어떻게 해석할 것인가? 결별[6]과 열림으로 해석해야 할 것이다. '알레테이아'(aletheia)라고 부르는 '진실'로 이끄는 문이 아닌, 다른 장소로 이끄는 문이다. 식민적 기억의 장소라든가 탈식민적 사유를 직조하는 식민적 상처[7]의 흔적 등으로 이끄는 문 말이다. 즉 존재의 식민성과 식민적 상처에 입각한 또 다른 진실로 이끄는 문인 셈이다. 탈식민적 사유는 항상 식민적 차이를 —이 글에서는 분석하지 않겠지만 때로는 제국

---

6 키하노의 '인식적 결별'(epistemic de-linking)을 말한다. 식민적 차이의 측면에서 볼 때 'epistemic de-linking'은, 마찬가지로 'de-linking'으로 번역된 사미르 아민(Samir Amin)의 용어 'déconnection'과는 다르다.

적 차이도 ─ 전제로 한다.

식민적 차이란 '문명적·제국적인 유럽 내부'가 구축한 '야만적·식민적 외부'의 진짜 외부성이다. '유럽 내부'는 카스트로-고메스가 말하는 '오만'(hybris)을 출발점으로 한다(Castro-Gómez 2005). 다시 상기시키는 바이지만 이 오만은 그리스어, 라틴어, 6개의 제국적 근대 유럽어가 구축한 서구 영지(靈知, gnosis)의 총체성을 말한다. 탈식민적 전환은 열림이고, 사유의 자유이고, 다른 삶·경제·정치 등을 선택할 수 있는 자유이다. 또한 존재의 식민성과 지식의 식민성을 정화시키는 일이며, 근대성의 수사학 및 이 수사학의 제국적 상상과의 결별이다.

제국적 비판이성과의 대화의 일환으로는 나는 다음과 같이 말하고자 한다. 하이데거는 알레테이아(진실)를 "존재 복원에 있어서의 열림과 자유"라고 번역했다. (진실이 아니라) 탈식민적 사유가 그런 힘을 지닌다면, "탈식민적 사유는 존재의 식민성에서의 열림과 자유이다". 제국주의나 제국을 수없이 비판한다고 능사가 아니다. 원을 따라 뱅글뱅글 돌기만 한다면 말이다. 제국의 언어로 하는 비판들은 탈식민적 사유를 지향하는 열림과 자유로 이끄는 문을 여전히 감추고 있다. "많은 세계가 포함되는 세계"나 "다른 세계는 가능하다" 같은 메타포야말로 이 문이 어디에 있는지 드러내는 메타포들이다.

---

7 '식민적 상처'(colonial wound)라는 개념은 글로리아 안살두아에게서 비롯되었다. "미국-멕시코 경계는 제3세계가 제1세계에 대해 비벼대고 피를 흘리는 열린 상처이다"(Anzaldúa 1987, 25)라는 안살두아의 유명한 말이 있다. 유럽과 미국이 문명화 사명, 발전주의, 근대화를 강요했거나 계속하고 있는 모든 상황에 적용할 수 있는 표현이다.

탈식민적 사유는 권력(즉 식민적 권력 매트릭스)의 탈식민성을 존재 이유와 목표로 삼고 있다. 앞서 인용한 논문에 나와 있듯이 키하노도 다음과 같이 이 프로그램을 설계했다.

인식론적 탈식민화는 합법적인 보편성을 희구할 만한 다른 합리성의 토대가 되어 새로운 상호문화적 의사소통, 경험과 의미화의 새로운 교환의 길을 열 것이다. 마지막으로 특정 종족의 우주관만이 보편적 합리성이라는 주장만큼 비합리적인 것도 없다는 점을 지적하고 싶다. 설사 그 종족이 서구 유럽이라 하더라도 말이다. 그래 봐야, 유럽적 지방주의에 보편성이라는 이름을 붙여 주기 위한 거짓 주장일 뿐이다. (Quijano 1999, 51. 강조는 미뇰로의 것)

시민사회/정치사회, 국가, 시장 어디에 근대성의 수사학이 출현하여, 제국적 근대성의 전체주의(혹은 특정 종족의 '보편적' 우주관 속에)를 내세워 식민성의 논리를 감추고 있는 것일까? 이 세 영역(시민사회/정치사회, 국가, 시장이라는 세 영역. 혹시 다른 표현을 원한다면 일상의 삶, 통치, 상품의 생산·유통·소비'라는 세 영역)은 물론 자율적이지 않다. 국가와 시장은 시민사회/정치사회를 형성하는 시민과 소비자에 종속되어 있다. 국가와 시장은 또한 비시민(불법 이주자를 비롯한 여러 가지 형태의 불법적인 시민)과 비소비자(전 세계적으로 각국에서, 특히 구舊 제3세계 국가 및 구 제2세계의 식민지였던 나라에서 늘어나고 있는 빈곤 계층)도 필요로 한다. 시민은 국가를, 시장은 소비자를 필요로 한다. 그러나 이것이 다가 아니다. 국가, 시민, 소비자, 시장은 국가의 층위에서 서로 연계되어 있으며, 국가와 시민과 소비자는 시장과 갈등을 빚기도 한다. 바로 이 지점에서 국민국가의 한계들이 초국가적 층위에 개방된다. 시민사회의 층위에서 초국가적 층위로의 개방은 오늘날 이주로 표출된다. 이주는 이주민을 내보내는 나라와 받아들이는 나라에 이중의 영향을 끼친다. 2005년 11월 프랑스에서 일어난 일련의 사건은 산업화된 나라(특히 경제 권력을 쥐고 있는 G7 국가)의 시민사회/정치사회 영역에 초국가적인 경제와 국가가 어떤 결과를 초래하는지 보여 주는 전형적인 사례이다. 시장의 층위에서(또한 내가 도시와 농촌 토지에 대한 경제적 통제, 노동 착취, 생산과 소비라고 부르는 것을 포함해서) 프랑스에서 발생한 집단적인 자동차 방화는 근대성의 거품 속에 있는 시민사회가 식민성의 비가시적인 결과들과 조우하는 지점이다.

그렇다면 근대성의 수사학과 식민성의 논리 간의 해결되지 않는 긴장은 일상의 삶에 어떤 징후로 모습을 드러내는가? 탈식민적 힘은 어디에서 출현하며 어떻게 표명되는가? 프랑스에서 발생한 이 봉기들은 스스로를 유일하게 가능한 세상으로 생각하는 서구의 환상(근대성의 논리)과 그 수사학이 야기한 결과들(식민성의 논리)의 연결 지점을 보여 준다. 그 세계에서, 또 그 세계로부터 유래하는 것은 야만이다. 비합리성, 젊은이, 이민은 경찰력과 군을 동원해 통제하고 가두어야 하며, 근대성의 수사학이라는 깃발의 게양을 위해서만 사용되어야 한다. 자유주의는 교육을, 보수주의는 추방을, 좌파는 포용을 제안할 것이다. 하지만 이런 해결책들 모두가 식민성의 논리에는 손도 대지 않는다. 산업화된 나라, 개발도상국, 구(舊) 제1세계, G7 국가 어디에서나 마찬가지이다.

16세기에 시작된 식민성의 논리는 결국에는 부메랑처럼 되돌아 올 것이다. 개발도상국과 구 제3세계에서는 식민성의 논리가 계속 기세 좋게 행군 중이다(오늘날 아마존 지역과 콜롬비아 서부에서 헬리콥터와 군 기지와 함께 배치되어 있는 노란색 불도저들은 근대성의 거칠 것 없는 행군의 명백한 증거이다). 부메랑은 G7의 외부에서 내부로 되돌아왔다(뉴욕의 트윈타워, 마드리드의 기차, 런던의 버스와 지하철). 그러나 부메랑은 외부로 다시 되돌아가기도 한다(모스크바, 날치크, 인도네시아, 레바논).

우리는 물론 이런 행위들의 ——이런 행위들의 경우 시민사회/정치사회, 국가, 시장의 경계는 결코 파악할 수 없다—— 폭력성을 비난한다. 하지만 그렇다고 해서 대중매체와 국가의 공식 담론들이 근대성의 수사학에 따라 이 행위들을 제시하는 방식에 눈을 감거나 이해심을 발휘해야 한다는 말인가! 일반적으로 미디어는 정보 제공이라는 미명하에 진실을 감춘다. 물론 견해를 달리하는 분석들이 미디어의 구석구석에서 자기 목소리를 들리게 만들고자 투쟁하기도 한다. 그러나 이런 분석들도 내용과 견해를 달리하는 것이지 대화 어법에 견해를 달리하는 것은 아니다.

탈식민적 사유는 가장 극단적인 좌파 간행물에서도 아직 출현하지 않았다. 그 이유는 탈식민적 사유가 좌파의 사유가 아니라 완전히 다른 종류의 사유이기 때문이다. 탈식민적 사유는 우파, 중도파, 좌파로 분절화된 근대적·정치적 에피스테메와의 결별이다. 또한 다른 것을 향한 열림이며, 차이 속에서 자기 자신을 찾고 있는 중이다.

사회주의/공산주의의 경우도 그렇지만 탈식민화 운동의 '실패' 이유 중 하나는 내용만 바꾸었을 뿐 대화 어법을 바꾸지 않은 채 전지구적 자본주의 경제체제 속에서 국가주의를 고수했다는 점이다. 아시아와 아프리카의 토착 엘리트들은 국가를 점유함으로써 전지구적인 제국적 정치와 경제에 여전히 접속하고 종속되어 있었다(이 글에서 다루지는 않겠지만 아메리카에서는 아이티가 그러한 사례이다. 이베리아반도 기원의 크리오요 엘리트와 영국인 후손들이 각각 남부와 북부에 자리하여 아이티라는 식민지 국가를 구축했다). 인도의 경우처럼 독립을 달성한 뒤에도 여전히 자유주의적 게임의 법칙을 따른 경우들이 있었다. 또한 맑스주의에 접근하려는 시도들도 있었다. 콩고민주주의공화국 총리였던 파트리스 루뭄바(Patrice Hemery Lumumba)의 경우이다. 1776~1830년 아메리카의 첫 번째 탈식민화(혹은 독립) 물결과 아시아와 아프리카의 두 번째 탈식민화 물결은 제국적 유일보편성(uni-versality)의 깃발과 전차에 대항하여 탈식민적 다보편성(pluri-versality)의 깃발을 꽂는 커다란 기여를 하였다.

이러한 운동들의 한계는 다른 사유를 향한 열림과 자유를 정립하지 못했다는 점이다. 사파티스타의 용어를 빌리자면, 많은 세계를 포괄할 수 있는 세계로 이끄는 탈식민화 사유를 정립하지 못했다는 말이다. 세계사회포럼의 '다른 세계는 가능하다'라는 확신을 재확인해 줄 그런 종류의 사유 말이다. 라몬 그로스포겔이 '제2의 탈식민화'라고 묘사하는 것으로의 열림은 냉전 종식 이후에 일어난 일이라는 점을 알아야 한다. 제2의 탈식민화에는 사파티스타와 세계사회포럼뿐만 아니라 우고 차베스도 포함되어 있다. 차베스의 인식적-정치적 플랫폼(메타포로는 '볼리바르 혁명')은 피델 카스트로의 플랫폼(메타포로는 '사회주의 혁명')과 다르다. 베네수엘라의 차베스와 볼리비아의 에보 모랄레스가 제안하는 게임의 법칙은 과거의 게임의 법칙과 다르다는 이야기이다. 룰라, 키르치네르, 타바레 바스케스는 카스트로의 인식적-정치적 플랫폼과 차베스와 모랄레스의 인식적-정치적 플랫폼 사이의 이행기에 해당할 것이다.

내가 말하고자 하는 것은 우리가 상상하기 시작한 '다른 세계'가 자유주의나 기독교나 맑스주의, 혹은 이 셋의 혼합에 그치면 안 된다는 것이다. 만일 그렇다면 자본주의적이고 제국주의적인 근대적/식민적 거품이 승리할 것이고, 이 승리는 프랜시스 후쿠야마가 '역사의 종말'이라고 찬양한 것을 확고하게 만들 것이다. 그렇게 된다면 후쿠야마가 어떻게 생각할지 뻔하다. 모든 중국인, 중동과 중앙아시아와 인도네시아의 무슬림 전체, 칠레에서 캐나다에 걸쳐 살고 있는 모든 아메리카 인디언, 호주와 뉴질랜드의 선주민, 사하라 이남 출신의 모든 아프리카인, 아메리카의 모든 이주민, 미국의 라티노와 기타 소수민족 등 대서양 연안의 유럽인과 미국인의 네다섯 배의 사람들이 서구 자본주의와 자유민주주의 국가의 삶의 방식 —TV와 음악 산업이 전폭적으로 즐거운 것으로 묘사하는 삶의 방식, 순간순간 매혹과 환희라는 새로운 '트릭'을 창출하는 테크놀로지가 영속화시키는 삶의 방식 —

을 따라야 한다고 생각할 것이다. 이런 파노라마 속에서 맑스주의는 이 체제를 유지하기 위해 필요한 반대 역할을 계속할 것이다. 이리하여 역사의 종말은 자유주의의 승리로 귀결될 것이며, 보수적인 기독교는 맑스주의적 좌파와 해방철학의 끊임없는 저항에 맞서 이 승리를 지원할 것이다. 종말이 올 때까지 계속 그럴지도 모른다. 원하든 원하지 않든 간에 '역사의 종말' 뒤에 아프가니스탄, 이라크, 허리케인 카트리나, 2005년 프랑스 사태 등이 일어났다. 문자 그대로 '다른(an-other) 역사'가 전면에 대두된 것이다. 16세기 태동 시점부터 성장해 온 전지구적이고 다보편적인 이 탈식민적 사유는 비자본주의이고 비제국적/비식민적 미래로 인도할 것이다.

우리가 막 이르게 된 지점에서, 탈식민 독립운동이 감소되었다는 해석에 대해 다시 한 번 생각해 보자. 탈식민 독립운동은 제국주의에서 해방되는 과정으로 해석되었다. 19세기에 영국과 프랑스는 에스파냐와 포르투갈 식민지들의 탈식민화를 지지했고, 20세기에 미국은 프랑스와 영국 식민지들의 탈식민화를 지지했다. 그러나 사실 이 해방들은 하나의 제국에서 벗어나 다른 제국의 손아귀에 들어간 것일 뿐이며, 자유의 이름으로 독립운동들의 지원을 받았다. 탈식민적 사유의 가능성은 공식적 해석에 의해 침묵당했다. 아밀카르 카브랄(Amílcar Cabral), 에메 세제르, 프란츠 파농의 고발은 폄하되기 위해 예찬받았다. 파트리스 루뭄바의 업적도 그의 몸뚱어리가 조각조각 찢어발겨진 후에야 예찬을 받았다. 탈식민 독립운동들을(아메리카의 독립운동과 아시아-아프리카의 독립운동이라는 두 차례 역사적 순간들을) 다시 사유하는 일은 이를 결별의 순간들로 사유하고, 탈식민화시키는 지식과 존재로의 열림을 의미한다. 근대성의 수사학의 해석 메커니즘과 식민성이 감춘 순간들에 대해서, 그리하여 탈식민적 사유의 씨앗이 비가시적으로 된 순간들을 사유하는 일이다. 하지만 탈식민 독립운동들은 영국의 명예혁명, 프랑스혁명, 러시아의 볼셰비키혁명 모델에 입각해, 혁명의 논리에 따라 해석되었을 뿐이다. 따라서 탈식민 독립운동들의 논리를 부르주아 혁명과 사회주의 혁명의 논리와 결별시키는 재사유가 필요하다.

3. 타완틴수유, 아나왁, 블랙 카리브: 탈식민적 사유의 '그리스'와 '로마'들

탈식민적 사유는 유럽의, 유럽을 위한, 유럽으로부터의, 유럽이 보기에 세계를 위한 정치 이론과 갈등의 대화를 하면서 출현하여 계속 발효되고 있다. 경계사유는 이러한 갈등의 대화에서, 와망 푸마와 쿠고아노를 읽은 뒤에야 탄생했다. 가끔은 혼동을 피하기 위해 필요하기도 하지만 경계사유를 '비판적'이라고 부르는 일은 사족을 다는 일이다. 어쨌든 경계사유를 비판적이라고 부른다면, 이는 근대적/포스트근대적 비판이론(프랑크푸르트학파와 이에 영향을 받은 부류인 후기구조주의)과 와망 푸마와 쿠고아노에서 시작된 비판적 탈식민 이론을 구분하기 위해서이다. 근대성의 절대적인 틀인 시간의 폭정과 결별한 탈식민적 사유는 포스트식민성의 덫에도 걸리지 않았다. 반면 포스트식민성은 (포스트)근대성의 덫에 걸려 탄생한 것이다. 푸코, 라캉, 데리다가 에드워드 사이드, 호미 바바, 가야트리 스피박 등 포스트식민주의 비판의 발판이 되었다.

　탈식민적 사유는 이와 반대로 다른 팔렝케[8]들 위에 구축된 것이다. 와망 푸마의 경우는 초기 근대성과 맞서야 했던 인디오들의 언어와 기억들 위에 구축되었다. 경제·정치 이론이 성숙된 근대성과 맞서야 했던 쿠고아노의 경우는 노예제의 기억과 경험들에 기초해 있다. 오늘날의 탈식민적 사유는 와망 푸마와 쿠고아노의 기억과 담론에 입각하여 포스트식민주의적 비판과 결별한다. 우리는 먼저 아메리카의 식민화와 노예무역에서 비롯된 이 두 개의 주요 탈식민적 사유의 구성요소가 무엇인지 살펴볼 것이다. 나아가 유럽의 정치 이론과 철학에서 이에 대한 침묵이 어떤 결과를 야기했는지 고찰하고자 한다. 다시 상기시킬 필요가 있다면, 나는 위치(location)를 강조하려다. 우리가 이미 오래전부터 알고 있는 것처럼 모든 사유는 특정 지점에 위치해 있다. 하지만 이 사실을 알면서도 유럽사가 구축한 사유를 받아들이는 경향, 또한 유럽의 경험이 탈위치화된 것으로 받아들이는 경향이 있다. 이는 심각한 결과를 초래할 수 있다. 18세기에 수많은 계몽주의 지식인들이 노예제를 비난했는데도 불구하고, 여전히 아프리카 흑인이 열등한 존재라고 생각하지 않았던가. 이런 편견과 맹목성들은 지식의 지정학에 계속되고 있다.

---

8 '팔렝케'(palenque)라는 용어의 사용은 아프리카계 흑인과 인디오들 중 도망자와 그들의 독립적인 생활과 공동체를 상기시켜 준다.
　[옮긴이] palenque. 원래는 흑인 도망노예들의 집단 거주지를 뜻한다.

탈식민적 사유는 완벽한 전환점이다. 서구와 미국의 자유주의에 반대한 소련 공산주의처럼 완전한 반대라기보다는 변위된 반대(displaced opposition)이다. 근대성/식민성의 역사에서 신학자 바르톨로메 데 라스 카사스(Bartolomé de las Casas)와 맑스의 정치경제학이 내부의 반대인 반면 탈식민적 사유는 다른 지점으로부터의 반대이기 때문에 변위되었다는 것이다. 서구와 미국을 제외한 전 지구는 한 가지 공통점을 지니는데, 모두 서구와 미국의 침략(외교적 침략이든 무력을 동원한 침략이든, 혜택을 받든 재앙이든)에 직면해 왔다는 점이다. 마찬가지로 서구와 미국도 서로 공통점이 있다. 타 지역에 대한 500년 침략사(외교적 침략이든 무력을 동원한 침략이든)이다.

와망 푸마와 쿠고아노는 서구의 침략으로 겪게 된 다양한 경험을 통해 다른 공간, 즉 탈식민적 사유의 공간을 열었다. 나는 이 두 사람의 성취를 탈식민적 사유의 토대로 보고자 한다(서구 사상에서 그리스가 토대가 되듯이). 이 역사적 토대야말로 마하트마 간디, W. E. B. 듀보이스, 호세 카를로스 마리아테기, 아밀카르 카브랄, 에메 세제르, 프란츠 파농, 파우스토 레이나가(Fausto Reinaga), 바인 들로리아 주니어(Vine Deloria Jr.), 리고베르타 멘추, 글로리아 안살두아, 브라질의 무토지운동, 치아파스의 사파티스타, 볼리비아와 에콰도르와 콜롬비아의 선주민 운동과 아프로 운동, 세계사회포럼, 미주사회포럼에 나타나는 전지구적 탈식민적 사유의 계보를 연결하는 인식적 서사를 위한 조건을 창출했다. 탈식민적 사유의 계보는 전지구적이다. 그리고 개인에 국한된 것이 아니라 각종 사회운동(타키 옹코이[9] 같은 인디오 사회운동이나 마룬[10] 같은 아프로 사회운동 등)과 앞서 언급한 포럼들 같은 기구 창설도 포함되어 있다.

3.1.

와망 푸마는 펠리페 3세에게 보낸 『새로운 연대기와 선정』이라는 저서의 제목에 전체적인 주장을 드러냈다. 그의 주장은 에스파냐인이 쓴 연대기들은 기본적으로 모두 한계가 있기 때문에 새로운 연대기가 필요하다는 것이었다. 에스파냐 연대기들의 한계는 그저 기독교 신학 패러다임의 한계가 아니다. 가령 예수회 인사, 도미니크회 인사, 병사 간에도 차이가 존재할 수 있다. 에스파냐인 연대기 작가가 현장 목격자인가 아닌가의 문제도 아니다(목격자라면 무엇의 목격자라는 말인가? 아이마라 혹은 나와인[11]의 수 세기에 걸친 역사의 목격자가 될 수라도 있다는 말인가?). "나는 보았노라"라고 말할 수 있는 특권을 견지한 이들과 카스티야에 앉아서 인디아스[12] 문제를 생각한 이들 사이의 내부 논쟁이 없었던 것은 아니다(가령 아메리카에 간 적이 있는 베르날 디아스 델 카스티요Bernal Díaz del Castillo와, 그런 경험 없이 그리스-라틴-기독교의 인식적

---

9 [옮긴이] Taqui Oncoy. 16세기 안데스에서 가톨릭을 배격하고 토착신을 되살리려 한 선주민 종교 운동.
10 [옮긴이] maroon. 도망친 흑인 노예를 말한다. 도망노예들이 때로는 대규모 공동체를 형성한 사례도 있다.
11 [옮긴이] 안데스 종족으로는 크게 케추아인(los quechuas)과 아이마라인(los aymaras)이 있고, 나와인(los nahuas)은 멕시코의 다수 종족이다.
12 [옮긴이] las Indias. '인도'에서 파생된 말로 식민지시대에 아메리카를 가리키는 말로 사용되었다.

장소에 머문 프란시스코 로페스 데 고마라Francisco López de Gómara의 논쟁). 문제는 에스파냐인들이 그러한 한계들을 아예 인정하지 않았다는 점이다. 어쩌면 지각조차 못했으리라.

그 한계들을 볼 수 있었던 인물이 와망 푸마였다. 에스파냐인들은 와망 푸마가 지각한 것을 지각하지 못했을 뿐만 아니라, 와망 푸마가 지각한 것과 그가 펠리페 3세에게 제안한 것을 이해할 수 있는 조건을 지니지도 못했다. 그 결과 와망 푸마는 '당연히' 4세기 동안 침묵당했다. 그리고 와망 푸마의 원고가 '발굴'되었을 때, 세 가지 부류의 해석이 대두되었다.

보수주의자들의 해석은 인디오들의 지적 능력 부족을 강조했다. 학계의 진보 진영은(페루의 프랭클린 피즈Franklin Pease, 미국의 롤레나 아도르노Rolena Adorno, 푸에르토리코의 메르세데스 로페스 바랄트Mercedes López Baralt, 페루계 미국인인 라켈 창-로드리게스Raquel Chang-Rodríguez)[13] 와망 푸마의 공헌은 물론, 에스파냐인과 라틴아메리카 크리오요들의 침묵도 이해했다. 세 번째 해석은 와망 푸마를 인디오 사상의 창시자로 편입시킨다(가령 와망 푸마가 유럽 사상에서 플라톤과 아리스토텔레스가 한 것과 같은 역할을 했다고 보는 것이다). 그 결과 오늘날 제헌의회를 둘러싼 볼리비아의 논란에서 선주민파는 볼리비아의 사회적·경제적 조직화에 타완틴수유 및 탈식민적 사유의 유산을 포함시키고 재기입하는 것을 선호한다. 반면 자유주의 국가는 유럽식 국가 모델의 지속

---

13 다음을 참조하라. http://www.ensayistas.org/filosofos/peru/guaman/introd.htm

을 원한다. '아마우타이 와시'(Amawtay Wasi)라고 부르는 에콰도르의 선주민 기원인·민족(los pueblos y naciones indígenas) 상호문화대학은 에스파냐어도 사용하지만, 타완틴수유와 케추아어와 연계된 커리큘럼과 고등교육 목표를 설계했다.[14]

반면 국립대학은 그리스어, 라틴어, 6개의 제국적 근대 유럽어에 갇혀 있는 나폴레옹식 대학 구조를 여전히 재생산하고 있다. 에콰도르 국립대학의 경우 케추아어는 완전히 뒷전이고 생략된 채 에스파냐어가 특권적 언어이다.

인식적이고 탈식민하는 힘은 이미 『새로운 연대기와 선정』에 담겨 있다. 와망 푸마는 식민적 주체 ── 타완틴수유와 케스와이마라(keswaymara, 안데스의 우주론)에서 탄생하여, 에스파냐인의 갑작스런 등장과 오르텔리우스의 세계지도와 조우하면서 형성된 주체 ── 의 관점에서 바라보고 이해했다. 르네상스 때부터 스스로를 주체로 생각하기 시작한 근대적 주체의 관점에서 바라보고 이해하지 않은 것이다. 와망 푸마는 카스티야인들이 접근할 수 없는 정보에도 접근했다. 아이마라어와 케추아어를 배운 에스파냐인은 지극히 소수였을 뿐만 아니라, 이들도 자신들이 학창시절에 배운 라틴어와 그리스어만큼 인디오어와 인디오 주체성을 이해하기에는 여전히 역부족이었다. 와망 푸마가 에스파냐에서 에스파냐 역사와 이 역사의 그리스라틴 기원에 대

14 정치적 동기, 교육철학, 커리큘럼에 담긴 개념들, 학습 단계의 구조(또한 지식의 식민성으로 인해 이미 습득한 지식에서 탈피하여 지식과 존재를 탈식민화시키기 위한 학습 단계의 구조)에 대해서는 VV. AA.(2004)를 참조하라.

해서 이야기한다고 한 번 생각해 보라. 에스파냐인들은 자존심이 상해 와망 푸마에게 말할 것이다. 당신은 자신이 무슨 이야기를 하는지조차 모르고 있다고, 그리스라틴과 기독교는 불과 몇 년 만에 깨칠 수 있는 것이 아니라고. 안데스인도 에스파냐인도 역사의 진실에 대한 독점적 특권은 없다 할지라도, (언어, 전통, 신화, 전설, 기억 등등의) 자신의 주체 성과 지역사적(geo-historical) 위치에 입각해 자기 자신, 타자, 세계를 이해하는 방식을 가질 수는 있다. 에스파냐인들은 자신들만 보편성이 있고, 다른 모든 비기독교도에게는 보편성이 없다고 생각했지만, 경험 의 그러한 개별성(singularity)을 부정해서는 안 된다.

　게다가 식민적 주체로서의 와망 푸마는 경계주체성(border subjectivity) ── 오늘날의 용어로는 이중의식(double consciousness) 이나 메스티소 의식 ── 이었다. 경계주체성은 그 어떠한 에스파냐인, 심지어 잉카 공주와 결혼한 후안 데 베탄소스(Juan de Betanzos)도 이 르지 못한 주체성이다. 경계사유는 주체성들의 형성 과정에서 권력의 제국적/식민적 차이에서 발생한다. 그래서 경계사유는 제국의 집에 거주하는 주체와 같을 수 없다. 그보다는 '식민적 상처'의 집에 거주하 는 주체들의 형성과 관계가 있다. 『새로운 연대기와 선정』이 바로 그렇 다. 이 책은 기독교 우주론과의 갈등의 대화(도미니크회, 예수회, 프란치 스코회 등의 모든 다양한 선교 집단과의 갈등의 대화), 또 펠리페 2세 통치 기의 관료주의와 갈등의 대화를 벌이면서 안데스 우주론이 복원되기 시작한 사례이다. 와망 푸마와 에스파냐 연대기 작가들 사이에는 인식 의 식민적 차이가 존재했다. 그 차이는 에스파냐인들에게는 보이지 않고, 와망 푸마에게는 장벽처럼 뚜렷하게 보였다. 와망 푸마는 바로 이 장벽에 맞서 글을 썼다. 에스파냐인들은 물론이고, 유럽의 각종 우주론에 입각해 사물을 보는 이들에게 그 벽(인식의 식민적 차이)이 보이지 않았기 때문에 와망 푸마의 제안은 이해받을 수 없었고, 따라서 침묵될 수밖에 없었다.

와망 푸마는 무엇을 제안했을까? '새로운 연대기'에 의거한 '선정'이었다. 당연한 일이었다. 카탈루냐의 역사학자 주제프 폰타나(Josep Fontana)가 말한 적이 있다. 역사도 정치 기획도 수없이 많이 존재한다고. 에스파냐의 정치 기획들은 그리스와 로마를 출처로 하는(헤로도토스, 리비우스, 타소 등) 역사 개념을 중심으로 하고 있다. 그러나 와망 푸마와 타키 옹코이의 정치 기획들은 이 개념과 연계되어 있지 않다. 그리스와 로마의 기억이 지지하는 기획들이 아닌 것이다(와망 푸마와 타키 옹코이는 그러한 지지를 추구할 이유가 없었다. 하지만 그렇게 하지 않았다는 사실이 인디오의 열등함을 보여 주는 또 다른 요소로 추가되었다. 성경도 그리스와 로마의 사상가들도 몰랐다는 이유로 말이다).

와망 푸마는 어떤 선정을 베풀어야 한다는 것일까? 우선 그는 지속적이고 논리적인 종족적-정치적 비판에 입각해 역사를 구성했다. 와망 푸마는 에스파냐인, 인디오, 흑인, 무어인, 유대인을 똑같이 비판했다. 16세기 하반기의 쿠스코 지역은 두말할 나위 없이 다문화 사회였다. 그러나 제국의 다문화 사회였다기보다는 식민지의 다문화 사회였다. 양자 사이에 차이가 있을까? 만일 우리가 비-편입되고 탈-위치화된 인식론의 관점에서 말한다면 다문화주의는 다문화주의일 뿐이다. 간단한 예를 들자면 이베리아반도를 다문화 사회라고 할 수 있으리라. 기독교도, 무어인, 유대인, 이 세 종교를 아우른 개종자들이 존재했기 때문이다. 반면 식민지의 주축은(특히 16세기 말부터) 인디오, 에스파냐인, 아프리카인이었고, 그 밖에도 혼혈인들이 있는데, 기본적으로 메스티소, 물라토, 삼보가 있었다.

와망 푸마의 정치 이론에는 두 가지 원칙이 있다. 첫째, 식민지의 모든 인간 집단을 비판한다. 그 누구도 와망 푸마의 비판에서 자유롭지 못했다. 그렇다면 그의 비판 기준은 무엇일까? 기독교였다. 한번은 와망 푸마에 대한 강의 세 번째 수업에서 어떤 학생이 내게 묻기도 했다. 와망 푸마가 기독교를 받아들였다면 그의 사유가 어떻게 탈식민적 사유가 될 수 있느냐고. 그러나 와망 푸마에게는 가능했다. 이런 점을 생각해 보자. 16세기 말과 17세기 초에는 디드로, 루소, 칸트, 스피노자, 맑스, 프로이트가 없었다. 즉 세속적 비판은 아직 존재하지 않았다. 와망 푸마는 역사적·윤리적으로 기독교를 받아들였다. 그는 안데스인은 에스파냐인이 오기 전부터 기독교도였다고 주장한다. 이 주장에는 두 가지 층위가 있다. 하나는 역사적 층위이다. 언뜻 보아서는 와망 푸마는 거짓말쟁이일 것이다. 에스파냐인들이 오기 전 안데스에는 기독교가 존재하지 않았기 때문이다. 다른 층위는 인식적-논리적 층위이다. 이 층위의 독법에서 기독교는 인간 행위에 영향을 주어 공존과 바람직한 삶의 기준을 수립하는 원칙일 뿐이다. 와망 푸마의 논지는 첫 번째 층위가 아닌 이 두 번째 층위에서 읽어야 한다. 첫 번째 층위의 독법은 유럽 중심적이고, 기독교의 이름 아래 (아메리카로 확장된) 서

유럽의 기독교에 보편성을 부여한다. 하지만 와망 푸마의 논지에서 기독교는 사파티스타의 글이나 말에서 이야기하는 민주주의 같은 것이다. 사파티스타들에게 민주주의는 서구 사상과 정치 이론의 사유물이 아니다. 공존과 바람직한 삶의 원칙들이 담겨 있는 것, 주인이 따로 없는 것이다. 멕시코 정부가 워싱턴과 공모하여 민주주의를 상업화시켰음에도 불구하고, 사파티스타가 그 멕시코 정부에 맞서 민주주의를 탈취했듯이, 와망 푸마도 사악한 기독교도들의 존재에도 불구하고, 그에 맞서 기도교의 원칙들을 탈취하였다. 이러한 유추에는 두 가지 기능이 있다. 교육적으로는, 4세기 반 전 와망 푸마의 상황과 친숙하게 해준다. 정치적·인식적으로는, 탈식민적 사유가 세월을 뛰어넘어 다양한 방식으로 표출되고 지속되었음을 환기시켜 준다.

둘째, 와망 푸마는 한편으로는 모든 인간 집단을 비판하고 또 다른 한편으로는 모든 인간 집단의 미덕들을 열거하였다. 그리고 인디오, 에스파냐인, 무어인, 흑인을 따질 것 없이 그저 훌륭한 사람들로 구성된 선정을 제안한다. 즉, 공존의 공간, 식민적 차이를 극복할 수 있는 공간으로 선정을 제안하는 것이다. 정치적으로나 인구 구성 면에서 가장 강력한 두 집단은 말할 나위 없이 에스파냐인과 인디오였다. 와망 푸마는 에스파냐인 정체성을 택할 수 있었는데도 불구하고 자신의 인디오 정체성을 감추지 않았다. 법적으로는 에스파냐인이 될 수 있을지라도, 에스파냐인의 주체성을 획득할 수 없다는 사실을 받아들인 것이다. 탈식민적 사유에서 발현된 지정학적이고 삶-정치적(bio-political)인 전환이 신-정치(theo-politics: 탈-편입되고 탈-위치화된 정치, 혹은 기껏해야 신과 지상의 신의 대리자들을 가르는 비-장소에 위치한 정치)에 맞서면서, 소위 말하는 '인식론의 시발점'[15]과 '탈식민적 사유'는 갈라 선다. 인식론의 시발점은 (신-정치적이고 지정학적인) 제국적 이성을 정립하고 지탱할 뿐이기 때문이다.[16]

와망 푸마는 타완틴수유의 내부에서 선정 개념을 구축했다. 그보 다 1세기 전 토머스 모어에서 시작된 근대 서구의 유토피아들과는 반 대로 와망 푸마의 유토피아는 시간의 비-장소에 위치해 있지 않다(근 대 서구 유토피아들은 세속적 미래의 비-공간에 둥지를 틀었다). 그의 유 토피아는 에스파냐인들이 축출한 공간인 타완틴수유를 재기입한다. 사실 와망 푸마가 제안하는 것은 경계이성과 탈식민적 사유의 토피아 (topía)이다.[17] 그의 토피아가 타완틴수유 내부에 구축되어 있기 때문 에 이를 경계이성이라 할 수 있다.

이미 알고들 있는 것처럼, 타완틴수유는 '세계의 네 개의 변(side) 혹은 네 개의 구석'을 의미한다. 이 도식이 낯설다면 광장을 상상하고, 거기에 두 개의 대각선을 그려 보라(네 개의 변은 그리지 말고 대각선만 그려 보라). 두 개의 대각선이 만든 네 개의 공간이 타완틴수유의 네 개 의 공간에 해당하며, '수유'(suyu)라고 부르는 이 공간들은 정복 이전

---

15 [옮긴이] 그리스와 로마를 기원으로 하는 서구중심주의적인 인식론을 말함.

16 서구의 자아의 정치학(ego-politics)은 신-정치를 밀어냈지만, 결코 제거하지는 않았 다. 이 둘은 다시 통합되고는 했다. 특히 칼 슈미트의 정치 사상, 그중에서도 『정치신학』 (Schmitt 1922)에서 그렇다.

17 [옮긴이] '유토피아'는 '이 세상 어디에도 없는 곳'이라는 뜻으로, '없는'(ou-)과 '장 소'(toppos)라는 그리스어의 합성어라는 점을 유념하기 바란다.

| 교황의 세계(Pontifical World)

의 사회 구조와 위계질서에서 의미심장한 것이었다. 잉카 시대에 중앙
은 쿠스코가 차지하고 있었고, 그 주위에 다른 지역과 지방이 위치해
있었다. 그런데 와망 푸마는 『새로운 연대기와 선정』의 「교황의 세계」
라는 삽화(위 그림)에서 펠리페 3세를 타완틴수유의 중앙에 위치시켰
다. 펠리페 3세가 카스티야와 타완틴수유의 옥좌를 차지하고 있었기
때문이다. 그리고 나서 와망 푸마는 앞서 언급한 네 개의 인간 집단에
네 개의 공간을 할당했다. 인디오, 에스파냐인, 무어인, 아프리카인이

각각 하나의 공간을 차지하고 있는 셈이다. 타완틴수유가 계서적 사회 구조였기 때문에, 와망 푸마는 네 개의 공간을 할당함으로써 그 위계질서를 유지한 것이다(상세한 이야기는 이 글에서는 삼가겠다. 우리의 목표가 탈식민적 사유의 출현을 파악하는 것이지, 잉카의 사회 조직에 대한 분석이 아니기 때문이다). 선정은 한편으로는 카스티야와 공존하는 공간으로, 또 한편으로는 타완틴수유 내부에 여러 공동체(혹은 여러 민족)가 공존하는 공간으로 제안되고 있다. 즉 와망 푸마는 초국가적 공존과 상호문화적 공존을 제안한 것이다. 그의 제안은 다문화적 공존이 아니라 상호문화적 공존이다. 펠리페 3세를 타완틴수유의 에스파냐 정치체의 군주가 아니라, 타완틴수유의 군주로 생각하기 때문이다. 이리하여 펠리페 3세를 에스파냐의 기억, 전통, 언어, 정치 사유에서 유리시킨다.

와망 푸마의 이러한 정치 이론은 비판적 경계사유의 산물, 따라서 탈식민적 사유의 산물이다.[18] 『새로운 연대기와 선정』의 마지막 파트이자 가장 긴 파트는 타완틴수유의 노동과 일상을 그리고 있다. 계절

---

18 2005년 7월 키토에 있는 시몬볼리바르안데스 대학(Universidad Andina Simón Bolívar)의 문화연구 박사과정 수업에서 나는 캐서린 월시(Catherine Walsh)와 공동 강의를 했다. 우리는 와망 푸마의 아프리카인 비판에 대해 토론했다. 에디슨 레온(Edison León)은 바로 이 비판 때문에 와망 푸마의 사유를 탈식민적이라고 정의하는 데 이의를 제기했다. 당시에는 와망 푸마에 대한 나의 독법은 다소 낯선 것이었다. 그래서 2005년 가을 듀크 대학에서 다시 와망 푸마 강의를 했다. 와망 푸마를 다시 읽으면서 그전까지 생각하지 못한 새로운 점들을 발견했다(와망 푸마의 복잡하고 풍요로운 텍스트를 다시 읽을 때마다 경험하는 일이다). 이 글의 내 논지에는 캐서린 월시와 에디슨 레온과의 대화, 그리고 그 후 와망 푸마를 다시 읽으면서 깨달은 것들이 포함되어 있다.

의 리듬, 자연계(해, 달, 지구, 풍요로움, 물, 루나[19]) 속에서 혹은 자연계와의 공존이 '바람직한 삶'과 조화를 이루고 있다. 이 조화는 17세기 초에는 의미 있는 것이다. 초기 자본주의가 이미 소모품 인간(disposable human)을 만든 시점, 특히 인디오와 흑인을 경멸하여 이들의 노동력을 착취하고, 삶의 터전을 빼앗고, 사유재산으로 만든 시점이기 때문이다. 또한 유럽인의 경제 기획이 생명과 계절의 추이를 조화시키지 않고, 누가 죽어 나가든지 간에 모든 노력을 생산 증대(금, 은, 커피, 설탕 등)에 집중시킨 시점이기도 했다. 와망 푸마의 정치 이론은 유럽 정치 이론과 달리 군주제와 자본주의적 시장의 대안이었다. 오늘날까지 계속된 제국적 모델의 승리는 타완틴수유 모델을 황당무계하고 무지한 인디오들의 상상의 산물로 격하시켰다. 이는 지식의 식민화가 야기한 존재의 식민화의 대표적인 사례인데, 와망 푸마는 탈식민적 사유라는 미증유의 기획으로 이에 맞섰다.

3.2.

와망 푸마가 르네상스의 어두운 이면의 관문에 있었다면, 쿠고아노는 계몽주의의 어두운 이면의 관문에 있었다. 쿠고아노는 18세기 하반기 영국에서 글을 발표하는 데 성공한 네 명의 노예 출신 집필가 중 덜 알려진 인물이다. 다른 세 사람은 이그나티우스 산초(Ignatius Sancho), 존 매런트(John Marrant), 올라우다 에퀴아노(Olaudah Equiano)이다.

---

19 runa. 살아 있는 존재(living beings)라는 뜻으로 인간을 뜻함.

쿠고아노는 1770년경에 영국에 온 것으로 추정된다. 그 이전에는 알렉산더 캠벨이라는 인물이 영국령 카리브 지역에 소유한 플랜테이션의 노예였다. 오늘날의 가나에서 1757년 출생하여, 13세 무렵 같은 아프리카인들에게 붙잡혀 유럽 상인들에게 노예로 팔렸다. 식민지의 도망노예들을 위한 1772년의 '맨스필드 결정'(Mansfield decision) 천명 직후에 영국으로 왔다. 영국에 거주하던 2만 명가량의 아프리카인이 열렬히 환영한 이 결정은 노예제 불법 선언을 이끌어 내는 과정에서 대단히 중요한 사건이었다.[20]

쿠고아노가 1787년 런던에서 앞서 언급한 탈식민적 정치론을 발간하기까지 카리브 플랜테이션 농장들에서는 2세기 동안 노예매매와 노동력 착취가 계속되고 있었다. 쿠고아노의 영어 실력은 잉카 가르실라소 데 라 베가의 에스파냐어 실력에 비견된다.[21] 그리고 이 두 사람은 인디오와 아프리카 노예 출신으로 각각 에스파냐와 영국에 거주했다. 반면 와망 푸마는 제국의 공간과 접촉해 본 적이 없다. 와망 푸마는 문법적으로 결함이 많은 에스파냐어를 구사했지만, 자신의 저서에 지도와 인물과 상황 등을 다량의 삽화로 처리함으로써 언어적 결함이 사

---

20 이에 대해서는 다음을 참조하라. http://research.history.org/Historical_Research/Research_Themes/ThemeEnslave/Somerset.cfm.

21 [옮긴이] Inca Garcilaso de la Vega(1539~1616). 이 글에서 인디오로 소개되었지만 사실은 에스파냐 정복자와 잉카 공주 사이에 태어난 메스티소이다. 잉카 가르실라소는 어렸을 때부터 정식 에스파냐식 교육을 받아 에스파냐어 구사 능력이 탁월했고, 1560년 페루를 떠나 에스파냐에 정착한 이후 당대의 지식인들과 대등하게 교류하면서 문필 활동을 하는 경지에 이르렀다.

유와 논지의 전개에 장애가 되지 않도록 했다. 내가 알기로는 쿠고아노와 와망 푸마 저술의 정치적 힘은 아메리카에서는 물론이고, 영국과 프랑스의 식민사업이 아직 시작되지 않은 지구상 다른 지역에서도 유례없는 것이다.

와망 푸마와 유사하게 쿠고아노도 기독교 외에는 다른 판단 기준이 없었다. 계몽주의는 막 모습을 드러내기 시작했을 뿐이다. 지식의 신-정치가 아직도 준거 틀이었으며, 계몽주의적 사유의 자아의 정치학은 이에 맞서 존재 권리를 주장하기 시작한 정도였다. 와망 푸마처럼 쿠고아노도 기독교의 윤리적 원칙을 곧이곧대로 받아들였고, 이에 의거하여 영국인 기독교도들의 가혹한 노예 착취를 비판했다. 가령 다음과 같이 말한다.

정착촌을 만들고, 부와 토지를 획득하는 끔찍한 방법들에 대한 이야기는 인간이라면 몸서리칠 이야기이다. 심지어 그것들을 얻은 뒤 기뻐했다니 펄쩍 뛸 일이고, 그렇게 정의롭지 못하고 잔혹한 처사에 격분하고 분노하게 될 것이다. 페루인들은 잉카 왕들이 모두 백성의 안위를 살폈으며, 문명의 축복과 자신들이 알고 있는 기술을 복속된 사람들에게 전파했다고 말한다. 그래서 12명의 군주가 대를 잇는 가운데, 단 한 사람의 왕도 이러한 선량함을 저버리지 않았다는 것이다. 페루 인디오들은 잉카 왕들의 이러한 고결함 때문에 그들의 나라를 휩쓸고 황폐화시킨 가증스러운 침략자들에 대해 더욱 통탄했다. (Cugoano 1999, 65)[22]

나는 이 문단에서 몇 가지 요소를 조명하고자 한다. 앞서 언급한 언어 사용법, 에스파냐 식민 치하에 있는 인디오에 대한 지식과 연대감(쿠고아노는 인디오와 흑인의 비인간화를 동일한 것으로 보고 있다), 백인 노예업자와 착취자를 향한 직접적이고 신랄한 비판이다(와망 푸마의 비판이 그러했듯이). 쿠고아노와 와망 푸마의 비판은 바르톨로메 데 라스 카사스가 동포에게 퍼부은 비판과는 다른 층위(가령 다른 패러다임)에 위치해 있다. 양자의 비판은 탈식민적 전환이라는 다른 공간에 위치해 있는 것이다. 이런 의미에서, 위에 인용된 문단은 에스파냐, 포르투갈, 프랑스, 영국의 통치 방식과 제국주의적 공동체에 직격탄을 날리는 사례 중 하나이다.

쿠고아노에게 제국들 간의 차이를 구분하는 일은 무의미하다. 식민적 차이는 제국들 간의 국경에 멈추지 않기 때문이다. 이와 대조적으로 제국적 차이에서는 국가 형성의 문제가 걸려 있다. 그래서 엘리자베스 1세(1533~1603)는 라스 카사스가 제공한 정보와 비판에 힘입어 1558년부터 아메리카에서의 에스파냐인들의 전횡을 고발하는 흑색 전설(leyenda negra)을 영국에서 만들었다. 쿠고아노에게서 인용한 구절은 흑색 전설의 메아리이다. 하지만 이와 동시에 쿠고아노는, 200년 전에 에스파냐인이 인디오에게 저지른 일들과 유사하거나 더 심각한 영국의 흑인 노예 잔혹사를 단죄한다. 반면 엘리사베스 1세는 에스

---

22 쿠고아노는 윌리엄 로버트슨(William Robertson)의 『아메리카 역사』(*History of America*, 1777)에서 잉카 관련 대목을 인용했다.

파냐인의 잔혹함은 비난하면서도 영국인이 저지른 잔혹함은 언급하지 않았다. 쿠고아노의 비판은 식민적 차이에 위치해 있고, 식민적 차이에서 비롯된 사유이다. 반면 흑색 전설은 제국적 차이에 위치해 있고, 그로부터 비롯된 사유이다. 쿠고아노는 제국적 논쟁들에 현혹되지도, 그 때문에 논지가 흐려지지도 않았다. 노예 출신인 쿠고아노에게 모든 고양이는 흑색이다.

> 인간을 납치하고 훔치는 그 거래는 포르투갈인들이 아프리카 해안에서 시작했다. […] 에스파냐인들이 그 수치스러운 사례를 따라 하고, 아프리카 노예무역의 이문이 최고라고 생각하게 되고, 타인을 잔인하게 종속시키고 노예로 만들면서 안락하고 풍족하게 살게 되었다. 프랑스와 영국을 비롯한 몇몇 유럽 국가가 서인도제도나 아메리카에 정착촌과 식민지를 건설하면서 같은 방식을 따랐다. 그리하여 포르투갈인, 에스파냐인과 손에 손을 잡고 아프리카를 노략질하고, 이 대륙 서부의 사람들을 망가뜨렸다. (Cugoano 1999, 72)

인간의 목숨을 소모품화한 일은 이탈리아의 철학자 조르조 아감벤(Giorgio Agamben)이 홀로코스트에서 발견한 '헐벗은 삶'(bare life)보다 더 심한 일이다. 쿠고아노는, 가령 카메룬의 현대 역사학자 아킬레 음벰베(Achille Mbembe)의 '죽음정치'(necropolitics)에서 복원된 비판을 선취했다. 음벰베는 푸코의 '삶정치'(bio-politics)에서 출발하여, 이를 탈식민적 사유의 거리두기와 열림을 갖춘 인식적 공간으로 변위시킨다. 아감벤의 성찰은 중요하기는 하지만 시대를 너무 뒤로 잡았고, 지역적이고, 한계가 있다. 2차 세계대전의 피난민과 홀로코스트에서 출발하는 것은 그 이전의 400년 역사를 도외시하고 있다는 뜻이다. 2차 세계대전으로 인한 난민과 홀로코스트는 인간의 목숨을 소모품화하고, 인권은 물론이고 인간의 존엄성까지 침탈한 기나긴 쇠사슬의 역사에서 그저 일부분이다.

앞으로 살펴보겠지만, 바로 이 점이 쿠고아노의 논지 중 강점이었다. 유럽 사유의 계보에서 탈식민적 사유의 계보는 잘 알려져 있지 않다. 그래서 아감벤은 처음에는 한나 아렌트로, 그다음에는 하이데거로 거슬러 올라간다. 하지만 탈식민적 사유 계보의 정전이라 할 에메 세제르의 사유는 무시하거나, 모르거나, 혹은 단지 와닿지 않아 한다. 1955년 세제르는 아마도 극소수의(만일 극소수라도 존재했다면) 유럽 사상가들만 볼 수 있었던 것을 보았다. 세제르는 『식민주의에 대한 담론』(Discourse sur le colonialism, 1955)에서 다음과 같이 말한다.

그렇다. 히틀러와 히틀러주의가 걸은 발자취를 병리학적으로 상세히 연구할 가치가 있다. 그리하여 20세기의 매우 고매하고, 인도주의적이고, 기독교적인 부르주아지를 깨우쳐 주어야 한다. 깨닫지 못하고 있지만, 그가 히틀러이고, 히틀러가 그의 내부에 살고 있고, 히틀러가 그의 악마이며, 그런 그가 히틀러를 비난하는 일은 앞뒤가 맞지 않는 일이라는 사실을. 또한 그가 히틀러를 용서하지 못하는 것도 인간에게 저지른 범죄 그 자체나 인간 자체를 모독했다는 점 때문이 아니라,

사실은 백인에 대한 범죄이고 모독이라는 점, 즉 그때까지만 해도 아랍인이나 알제리인, 쿨리와 아프리카 '깜둥이'들만 겪은 식민적 통치 방식을 히틀러가 유럽인에게 가했다는 점 때문이라는 사실을 말이다. (Césaire 2000, 36)

아감벤이 발견하고 서유럽과 미국의 백인을 열광시킨 헐벗은 삶은 인디오와 흑인이 이미 16세기부터 겪은 현실보다 한참 후에 발생하였다. 백인의 삶도 소모품일 수 있다는 사실이 유럽과 미국에는 새로움이었다. 이 새로움은 또한 백인의 무지의 한 단편을 보여 준다. 이제야 인간이 소모품이라는 사실을 발견했으면서, 고작 백인의 치욕만 언급하며 비판적 논지를 구축하고 있지 않은가. 반면 탈식민적 사유는 홀로코스트의 끔찍함을 도외시하지 않으면서도 소모품으로서의 인간이 탄생한 16세기의 역사적 시점으로 돌아간다. 그리하여 16세기부터 발생한 유럽, 아메리카, 아시아의 유사한 역사를 비판적 논지의 구축을 위해 활용한다.

여기서 우리는 지식 주체의 지리-역사적 위치뿐만 아니라 인식적 위치로 —— 그리고 양자의 상관관계로 —— 되돌아가는 것이 좋을 것 같다. 즉 지식과 이해의 지정학과 몸의 정치(body-politics)로 되돌아가자는 것이다. 유럽의 그리고 유럽으로부터의 사상, 철학, 과학의 역사에서 이 문제는 당연한 것으로 받아들여진다. 무엇을 생각하고 무엇에 대해 생각하는가가 중요하지, 어디서 생각하고 어디에서부터(from where and starting from where) 생각하는가는 별로 중요하게 여기지 않기 때문이다. 예를 하나 들어 보자. 바그너 음악에 대한 훌륭한 글을 통해 루소는 자신의 인식적·윤리적·정치적 위치에 대해 이렇게 알려 준다.

> 내 글이 전 인류에 대한 것이므로, 나는 모든 나라에 적합한 언어를 구사하고자 한다. 내가 이야기를 건넬 사람들만 생각하기 위해 시간과 장소를 초월할 것이다. 그래서 내가 아테네 학당에서 플라톤과 크세노크라테스를 심사자로 하여, 온 인류를 대상으로 스승들의 가르침을 되풀이하고 있다고 가정하련다. (Gay 1973, 188)

와망 푸마와 쿠고아노는 자신들이 말하는 무대가 아테네 학당이라고 상상하기는 정말 어려울 것이다. 또한 그들은 시간과 공간을 초월하지도 않을 것이다. 상상컨대, 와망 푸마와 쿠고아노는 자신들의 이야기 주제가 인간의 삶을 소모하기에 이른 문명에 대한 이야기라서 전 인류에게 흥미로우리라고 말할 것이다. 인용된 구절은, 루소가 전 인류를 대상으로 말하려는 소망과 의지에 매료되어 있었다는 점을 보여 준다. 하지만 그 시점은 인간의 삶이 소모품으로 대거 바뀐 지 이미 200년이 지난 시점이었다. 루소는 자신보다 약 20년 뒤에 글을 쓴 쿠고아노처럼, 또 약 200년 전에 글을 쓴 와망 푸마처럼 불평등을 우려했다. 유럽의 현재와 역사를 조망하면서(하지만 식민적 차이가 낳은 불평등과 상처에는 마음을 쓰지 않은 채), 다음과 같이 말했다.

인류에게 두 종류의 불평등이 있다는 것을 알겠다. 하나는 자연의 섭리에 따른 것이기에 천부적 혹은 물리적 불평등이라고 부르겠다. 이는 나이, 건강, 체력, 마음이나 영혼의 자질 등의 차이를 가리킨다. 또 하나는 일종의 습속에 따른 불평등이기에 도덕적 혹은 정치적 불평등이라 할 것이다. 이런 불평등은 사람들의 합의에 의해, 적어도 추인에 의해 발생했으며, 일부 사람들이 다른 사람들이 겪는 불이익 덕분에 누리는 여러 가지 특권에 기초한다. 더 부유하고, 더 영예를 누리고, 더 권세가 있거나 심지어 타인을 복종시키는 그런 종류의 불평등이다. (Gay 1973, 186)

루소에게는 천부적 불평등의 원천이 무엇인지 자문하는 것은 아무런 의미가 없다. 불평등은 천부적이기 때문에 더 이상 질문할 것이 없다는 간단한 정의로 이미 답을 하기 때문이다. 두 가지 불평등이 본질적인 관련이 있는 것인지 자문하는 것은 루소에게는 더욱 의미 없는 일이다. 권력을 쥐고 지배하는 위치에 있는 이들이 복종하는 위치에 있는 사람들보다 반드시 더 나은 사람인가라는 질문이 뒤따를 것이기 때문이다. 루소는 이런 종류의 질문은 노예와 주인끼리 나누는 대화에서나 적당한 논쟁이지, 진리를 탐구하는 자유인이나 이성적 인간이 하기에는 전적으로 부적절하고 부당한 일이라고 결론짓는다. 물론 루소도 노예제를 비난했다. 하지만 루소의 시대에 그러한 비난이 있었다고 해도(칸트를 비롯해 18세기의 많은 사람들이 루소와 비슷하게 노예제를 비난했다), 백인과 흑인의 평등을 인정하는 것은 생각조차 하지 못할 일이었다. 천부적 불평등이라는 관념은 노예제의 부당함과 아프리카 흑인의 열등함을 분리해서 논하기에 충분한 원칙이었다.

쿠고아노는 18세기에 백인이 독점하던, 권리와 자연법에 대한 논쟁을 180도 전환시켰다. 와망 푸마가 일군의 에스파냐인 사제와 문필가들의(『새로운 연대기와 선정』 말미에 언급되는 라스 카사스, 아코스타, 무루아) 제국적 논쟁에 대응했다면, 쿠고아노는 영국, 독일, 프랑스에서 지적인 발전이 이루어지던 계몽주의 시대의 대중적인 사상에 대응했다. 지적·철학적·정치적 영역을 지배하던 저술 목록 중에는 조지 버클리의 『인간지식의 원리에 관하여』(1710), 알렉산더 포프의 『인간론』(1734), 데이비드 흄의 『인간 이해력 탐구』(1748), 에프라임 레싱의 『인류의 교육』(1780)이 있다. 쿠고아노의 정치론은 경제론이기도 하다. 노예제와 시장의 상관성에 대한 쿠고아노의 경제적 분석은 그보다 10년쯤 전에 발간된 애덤 스미스의 『국부론』을 180도 전환시킨 것이다. 게다가 쿠고아노가 제목에 '사고와 감정'이라는 어휘를 사용했을 때는 스미스의 『도덕감정론』(*Theory of Moral Sentiments*, 1759)을 직접 겨냥한 것이다. 간단히 말해 쿠고아노의 저서는 제국주의적 육식동물과 약탈자(쿠고아노의 담론에 되풀이되는 표현이다)를 기독교 윤리의 이름으로 신랄하게 비판한 책이다. 또한 흑인 삶의 소모품성("우리 삶은 무가치한 것으로 간주된다")을 부단히 강조하면서 경제와 노예제를 분석한 책이기도 하다. 쿠고아노는 노예제 종식, 아프리카인에 대한 손실 배상, 노동 합법화 등의 구체적 방안을 제시하며 책을 마친다. 쿠고아노의 문제제기가 오늘날까지 열려 있다는 사실과는 별도로, 내 논지를 위해 중요한 사실은 쿠고아노의 탈식민적 전환이 무엇에 기초하는지 파악하는 일이다. 브라운 대학 아프리카과의 앤서니 보그스는 '탈식민적 전환'이라는 표현을 사용하지는 않는다. 하지만 정치 이론에서 쿠고아노의 결별과 열림을 주저 없이 지적한다. 영국, 독일, 프랑스의 철학자와 정치론자들끼리의 토론과 논쟁과 관련하여, 보그스는 이렇게 주장한다.

> 쿠고아노의 정치 담론은 천부적 자유와 권리에 대한 관념들을 절합시키는 또 다른 조류의 존재를 시사한다. 쿠고아노에게 천부적 권리는 국가와의 관계가 아닌 타인과의 관계에서 개개인이 자유와 평등을 누릴 수 있는 권리였다. (Bogues 2005, 45)

정치 이론과 인간 개념이 백인의 손아귀에 있는 세상에서 흑인의 평등권을 요구한 쿠고아노의 주장은 인간은 국가가 아니라 다른 인간과의 관계에서 평등하고 자유로워야 한다는 제안을 통해 탈식민적 전환을 보완한다. 이와는 대조적으로 루소의 주장은 국가에 대한 인간의 평등을 확언하지만 인간끼리의 천부적 불평등은 고수한다. 이러한 전환이 쿠고아노가 백인 노예제 폐지론자와 결별하는 지점이다. 백인 노예제 폐지론자들은 노예제를 비판하면서도 '흑인의 열등함'이라는 생각은 고수한 반면, "쿠고아노의 노예 서사에는 계몽주의의 정치적 지평과 다른 방향으로 움직이는 대항적 정치 서사가 담겨 있다는 결론을 내릴 수밖에 없다"(Bogues 2005, 45).

계몽주의의 정치적 지평에서 쿠고아노가 택한 다른 방향이 바로 내가 이 글에서 탈식민적 전환이라고 정의하고자 하는 것이며, 또한 근대/식민세계, 즉 우리가 오늘날 자본주의라고 부르는 체제가 형성되자마자 그와 함께 탈식민적 사유도 싹이 텄다는 내 주장을 뒷받침한다. 탈식민적 사유의 힘과 동력은 항상 '저기에', 즉 외부에 존재했고, 그 외부에서는 제국적/식민적 사유가 배격되었다.

4. 결론

탈식민적 사유의 계보를 계속 추적하자면, 간디도 언급할 수 있을 것이다. 이 글에서 간디의 언급은 중요하다. 쿠고아노와 간디는 서로 다른 지역에 살면서도 대영제국으로 연결되어 있다. 와망 푸마와 쿠고아노도 아메리카에서의 서구 제국주의를 통해 통합되어 있다. 우리는 파농으로 넘어가, 그를 쿠고아노와 연결시킬 수도 있으리라. 아프리카인의 식민적 상처와 에스파냐-영국-프랑스의(이 나라들끼리의 갈등에도 불구하고) 제국적 공모를 통해서 말이다. 이런 언급을 통해 나는 다음을 부각시키고 싶다. 탈식민적 사유의 계보는 식민적/제국적 팽창이 발생한 전지구적 공간에서 구축되는 데 반해, 유럽 근대성의 계보는 그리스-로마-서유럽-미국이라는 제한된 공간 속에서 시간적 추이에 의거하여 구축되었다. 와망 푸마, 쿠고아노, 간디, 파농의 공통적인 계보학적 요소는 식민적 차이가 야기한 식민적 상처이다.

와망 푸마와 쿠고아노의 탈식민적 이동, 즉 인식적 불복종은 근대

부르주아 국가와 세속적·제국적인 3대 이념(보수주의, 자유주의, 사회주의/맑스주의)이 출현하기 전의 군주제 지평에서 발생했다. 그래서 두 사람의 지평에서는 신학이 지식의 여왕이었다.

어쨌든 탈식민적 사유의 계보는 유일보편적이지 않고 다보편적이다. 이 계보의 망(web)에 존재하는 각각의 매듭은 결별과 열림의 지점으로, 다수의 언어, 기억, 경제, 사회 조직, 주체성을 재도입한다. 현재의 상황은 전 세계에 흩어져 있는 계보들을 엮어서 '다른' 경제적·정치적·사회적·주체적 방식을 요구하고 주장하고 있다.

우석균 옮김

참고문헌

Annan, Kofi(s.f.), "Plan of the Milenium", http://www.globalpolicy.org/msummit/millenni/undocindex.htm.

Anzaldúa, Gloria(1987). *Borderlands/La Frontera*, San Francisco: Aunt Lute Books.

Bogues, Anthony(2005), "The Political Thought of Quobna Cugoano: Radicalized Natural Liberty", in Anthony Bogues, *Black Heretics, Black Prophets: Radical Political Intellectuals*, New York: Routledge.

Boletin ICCI-Rimai(2001), http://icci.nativeweb.org/boletinj33/.

Castro-Gómez, Santiago(2005), *La hybris del punto cero. Ciencia, raza e ilustración en la Nueva Granada(1750-1816)*, Bogotá: Instituto Pensar, Pontificia Universidad Javeriana.

Césaire, Aimé(2000), *Discours sur le colonialism*, trans. Joan Pinkham, New York: Monthly Review.

Cugoano, Ottobah(1999), *Thoughts and Sentiments of the Evil and Wicked*

Traffic of the Slavery and Commerce of the Human Species, Humbly Submitted to the Inhabitants of Great Britain, by Ottobah Cugoano, a Native of Africa, New York: Penguin Classics.

Gay, Peter(ed.)(1973), *The Enlightenment. A Comprehensive Anthology*, New York: Simon and Schuster.

Quijano, Aníbal(1992), "Colonialidad y modernidad/racionalidad", en Heraclio Bonilla(comp.), *Los conquistados. 1492 y la población indígena de las Américas*, Quito: Tercer Mundo Editores, FLACSO sede Ecuador y Ediciones Libri Mundi.

_____(1999), "Coloniality and Modernity/Rationality", (trans. by Sonia Therborn), in Goran Therborn(ed.), *Globalizations and Modernities*, Stockholm: FRN.

Sachs, Jeffrey D.(2005), *The End of Poverty. Economic Possibilities for Our Time*, New York: Penguin Press.

Schmitt, Carl(1922), *Politische Theologie: Vier Kapitel, Zur Lehre von der Souveranitat*, Berlin: Duncker & Humblot.

VV. AA.(2004), *Sumak Yachaypi, Alli Kawsaypipash Yachakuna (Aprender en la sabiduría y el buen vivir)*. Quito: Universidad Intercultural Amawta Wasi- Unesco.

Wallerstein, Emmanuel(1995), *After Liberalism*, New York: New Press.

7장

마네킹들을 위한 (포스트)식민성
: 근대성, 식민성, 지식의 지정학에 대한 라틴아메리카의 관점

산티아고 카스트로-고메스

최근 존 베벌리는 지난 10년간의 문화연구 분야를 네 개의 범주로 구분했다. 첫째 범주는 네스토르 가르시아 칸클리니, 조지 유디세 (George Yúdice), 헤수스 마르틴 바르베로(Jesús Martín Barbero), 다니엘 마토(Daniel Mato)가 주도한 정치와 문화적 실천에 대한 연구이다. 둘째 범주는 알베르토 모레이라스(Alberto Moreiras), 넬리 리처드(Nelly Richard), 베아트리스 사를로(Beatriz Sarlo), 호베르투 슈와르츠(Roberto Schwarz), 루이스 브리토 가르시아(Luis Britto García)가 주도하는 (해체주의적 혹은 신프랑크푸르트학파적) 문화 비평이다. 셋째는 베벌리 자신과 일레아나 로드리게스(Ileana Rodríguez)를 비롯한 라틴아메리카 하위주체 연구그룹의 주목할 만한 이들이 이끄는 하위주체 연구이다. 그리고 마지막은 월터 미뇰로와 권력의 식민성 집단이 주도하는 포스트식민주의 연구[1]인데 여기에는 에드가르도 란데르(Edgardo Lander), 아니발 키하노, 엔리케 두셀, 캐서린 월시, 하비에르 산히네스(Javier Sanjinés), 페르난도 코로닐(Fernando Coronil), 오스카르 과르디올라(Oscar Guardiola), 라몬 그로스포겔, 프레야 쉬비(Freya Schiwy), 넬슨 말도나도-토레스, 그리고 내가 속해 있다(Beverley 2002, 49~50). 이 글의 의도는 이런 식의 분류가 타당한지 논의하려는 것이 아니다. 왜냐하면, 그 영역은 다소 자의적인 선택과 배제의 과정을 수반하기 때문이다. 그럼에도 불구하고, 나는 네 번째 범주에 대해 그런 시도를 하고자 한다. 라틴아메리카 식민성 그룹의 이론적 형성에 중요했던 논의들을 일종의 교육적인 차원에서 설명하기 위해서이다.[2] ('트랜스모더니티', '식민성', '식민적 차이', '경계 영지'border gnosis, '인식적 공동체' 등과 같은) 식민성 연구 그룹의 공용어처럼 사용되는 분석 범주로 이 글을 시작할 생각도 없거니와, 지난 4년(1999~2002) 동안 수행한 공동 작업의 결과물들을 열거하면서 이 글의 시작을 장식할 생각도 없다. 그보다는 학계에서 포스트식민주의 이론이라고 명명하는 광범위한 담론적 맥락 속에서 우리의 논의가 어떻게 형성되었는지를 설명하고자 한다.[3] 포스트식민주의 이론을 언급한다고 해서 우리의 논의를 에드워드 사이드, 호미 바바, 가야트리 스피

---

1 [옮긴이] 이 그룹은 자신들의 연구를 '포스트식민주의 연구'가 아니라 '탈식민주의 연구'(decolonial studies)라고 부른다.

2 이 글에는 내가 라틴아메리카 식민성 그룹에 속해 있다는 점과, 여기에 내 개인적 관점이 더해졌다는 점이 분명히 투영되어 있다.

3 다음을 참조하라. Castro-Gómez, Guardiola-Rivera y Millán de Benavides(1999); Lander(2000); Castro-Gómez(2000); Walsh(2001); Mignolo(2001a); Walsh, Schiwy y Castro-Gómez(2002); Grosfoguel(2002).

박 같은 '주류' 이론가들의 단순한 수용으로 자리매김하려는 것이 아니다. 오히려 나는 이 글에서 우리 논의의 특수성이 '포스트식민주의'라는 명칭하에서 논의된 담론들과의 대조 속에서 제대로 이해될 수 있다는 것을 보여 주고자 한다.

우선 나는 칼 맑스의 저작을 인용하면서 맑스주의 사회 이론이 식민주의를 설명해 온 방식을 검토할 것이다. 그 다음에는 사이드의 『오리엔탈리즘』이 맑스주의 이론의 몇 가지 맹점을 부각시키면서 식민성을 '문제'로 재구성하고 있다는 점을 살펴볼 것이다. 그리고 중심부의 포스트식민주의 이론이 라틴아메리카 식민주의의 특수성을 충분히 설명하지 못한다는 것을 입증하고, 나아가 라틴아메리카 사회이론이 식민성 문제와 식민성이 근대성과 맺고 있는 관계에 대해서 어떻게 다르게 접근했는지 검토할 것이다.

1. 맑스의 맹점

맑스는 『공산당선언』에서 부르주아지는 역사상 최초의 진정한 혁명 계급이라고 말했다. 지금까지 사회관계 전반을 재구성할 수 있는 능력을 지닌 사회 집단은 존재한 적이 없었다. 종교 권력과 관습의 힘에 의해 정당화되어 아주 오랫동안 변치 않던 삶의 방식은 부르주아지의 범람으로 그 자리를 내주어야 했다. 옛것은 새로운 것에 의해 뿌리 뽑혀 가장 공상적인 시인조차 상상하지 못한 세계 앞에 무너져 내렸다. "부르주아지는 생산도구를 끊임없이 혁신하지 않고서는, 따라서 생산관계와 더 나아가 사회관계 전체를 혁신하지 않고서는 존재할 수 없다. […] 고착되고 빠르게 응결된 모든 관계는 아주 오래전부터 존중되어 온 편견과 견해와 함께 사라져 버리고, 새롭게 형성된 모든 것들은 정착되기도 전에 낡은 것이 되어 버린다. 모든 견고한 것은 증발해 버리고, 모든 신성한 것은 모독당한다. 그리하여 사람들은 마침내 자신의 진정한 생활 조건을, 또 인간 간의 관계를 냉철한 눈으로 바라볼 수밖에 없게 된다."(Marx 1930, 32)

맑스에 따르면 두 가지 요소가 부르주아지의 상승을 용이하게 했다. 세계시장의 출현과 산업의 발전이다. 유럽 국가들은 아메리카의 발견과 이에 따른 식민지 무역을 통해 국제교역 체계를 관장했고, 이 체계는 봉건체제의 각종 구속을 갈기갈기 분쇄했다. 세계시장의 출현은 국내 생산품만으로는 더 이상 충족될 수 없는 소비를 창출함으로써, 대단히 다양하고 먼 지역으로부터의 상품 수입 수요를 발생시켰다. 다른 한편 이 새로운 시장들의 개방은 과학과 기술의 진보에 유례없는 추동력을 제공했다. 증기기관, 기관차, 전신, 산업기계의 사용은 인간이 자연의 힘 앞에 굴복했던 상황을 혁명적으로 뒤바꿔 놓았으며 새로운 부의 원천을 창출했다. 맑스는 세계시장과 산업이라는 이 두 가지 요소의 관계를 우연으로 보지 않고 변증법적 관계로 보았다. 즉 세계시장이 산업의 발전을 추동하고, 산업의 발전이 세계시장을 확대시키는 것으로 보았다.[4]

하지만 "부르주아지의 전 세계적 확산"이 세계시장의 출현 때문이라는 사실에도 불구하고, 맑스는 비유럽 사회에서 부르주아지가 발전할 수 있다는 생각에 회의적인 것으로 보인다. 맑스는 근대 유럽 사회의 시각에 입각해 있었고, 오늘날 우리가 대략 제3세계라고 부르는 경제적으로 종속적이며 식민화된 비자본주의 사회들이 완전한 자본주의적 발전을 성취하기 힘들다고 보았다. 그러므로 맑스가 『공산당선언』에서 "부르주아지는 모든 국가의 생산과 소비에 세계주의적 특징을 부여한다"(Marx 1930, 8~9)라고 말할 때, 유럽(특히 영국) 부르주아지를 지시하고 있는 것으로 보인다. 유럽 부르주아지들은 국제교역을 지배한 덕분에 그들의 식민지에 자본주의적 생산의 핵심적 토대를 확립할 수 있었다. 『동쪽 문제』(*The Eastern Question*)[5]라는 제목으로 사후 출판된 저작에서도, 맑스는 주변부적 유럽(러시아, 아일랜드, 에스파냐) 부르주아 계급의 상당한 "부상"(ascent)을 인정한다.[6] 맑스는 라틴아메리카의 자본주의 발전에 대해서는 굳이 연구하려 들지 않았다. 호세 아리코[7]와 레오폴도 세아에 따르면, 맑스의 저작에서 놀라울 정

---

4 "산업은 아메리카 발견이 이미 준비해 놓은 세계시장을 창조했다. 세계시장은 교역, 항해, 육로 여행의 발전을 엄청나게 가속화했다. 이 발전은 산업의 발전에 영향을 주었고, 산업, 교역, 항해, 여행이 팽창함에 따라 부르주아지도 발전하였다."(Marx 1930, 29)

5 [옮긴이] 19세기와 20세기 초에 '동쪽 문제'는 오스만 제국의 쇠락과 점진적인 해체에 따른 국제 정세를 지칭하는 용어였다. 이 책은 특히 오스만, 영국, 프랑스, 사르데냐 연합군과 러시아 사이에 크림반도와 흑해를 둘러싸고 일어난 크림전쟁(1853~1856)에 대한 내용을 담고 있다.

6 『동쪽 문제』는 1897년 런던에서 출판되었다. 후에 『맑스·엥겔스 전집(1852~1862)』(*Gesammelte Schriften von Karl Marx und Friedrich Engels, 1852 bis 1862*, Stuttgart, 1916)에 포함되었다. 에스파냐어판으로는 『식민주의에 대하여』(*Sobre el colonialismo*, Mexico City, 1978)로 처음 출판되었다.

7 [옮긴이] José Arico(1931~1991). 아르헨티나의 사회주의자이자 맑스주의 연구자.

도로 '라틴아메리카 문제'를 찾아볼 수 없는 이유는 헤겔이 라틴아메리카에 내린 판결 탓일 것이다(Aricó 1980, 97~99; Zea 1988, 235~236). 헤겔은『역사철학강의』에서 여전히 아메리카를 "역사의 외부"라고 생각한다. 아메리카가 정치 제도와 철학 사상이 아직 발달하지 않아서, 그가 생각하는 세계사의 핵심인 자유를 향한 진보적 운동에 라틴아메리카인을 동참시키지 못하기 때문이다. 헤겔의 관점에서 볼 때, 미국은 이미 번영하는 산업과 공화주의라는 사회제도를 발전시키기 시작한 반면, 라틴아메리카 신흥국들은 여전히 '엄격한 사회적 위계질서', 성직자들의 완강함, 그리고 공직, 신분, 학력 등의 특권을 통한 지배와 부가 주된 관심사인 지배계급의 '허영심'에 신음하고 있다.

맑스는 헤겔의 '역사 없는 민족들' 테제를 받아들이면서 라틴아메리카 대륙이 전 세계의 혁명적 변화에 성공적으로 동참하게 해줄 사회경제적 구조 발전에는 아직 무능하다고 본 것이다. 맑스가 보기에 라틴아메리카는 어떠한 조직된 구조도 겸비하지 못한 전제 권력을 휘두르는 대토지 소유주가 통치하는 반봉건 사회였다. 그리고 라틴아메리카의 독립은 대중적 지지 기반 없이 영국 부르주아지의 지원을 등에 업은 소수의 크리오요 분리주의자들의 반란일 뿐이었다.

맑스가 1857년『뉴욕 데일리 트리뷴』에 시몬 볼리바르에 대한 글을 쓰면서, 이 베네수엘라의 영웅을 라틴아메리카 대륙에 보나파르트적 군주제를 수립하려는 반동계급의 전형적인 대변자로 묘사한 것도 바로 이 때문이다.[8] 1848년 파리 노동자들의 패배, 멕시코 황제로 즉위한 막시밀리안뿐만 아니라 프랑스 군주제에 대한 전반적인 혐오는 맑스의 주장을 입증해 주는 것처럼 보였다. 반봉건적 사회관계와 (볼리바르가 대변하는) 귀족들의 지배로 인해 라틴아메리카 사회는 세계적 차원에서 볼 때 반혁명의 근거지로 생각되었다.

맑스의 분석에서 볼리바르는 혁명적 부르주아지라기보다는 대중의 이해관계가 전혀 대변되지 못하는 지정학적 체제를 구축하려는 권력욕에 사로잡힌 귀족일 뿐이었다. 대중에 대한 이 귀족적 혐오는 그가 앙고스투라 회의(Congress of Angostura)에 제출한 세습 상원과 대통령 종신제를 골자로 하는 헌법에서 분명하게 드러났다. 즉 맑스는 10년 전 자신이 『공산당선언』에서 묘사한 "모든 계층화되고 고인 것들"과 단절하려는 부르주아지의 혁명적 경향을 연상시키는 것을 볼리바르에게서 찾아볼 수 없었다. 반대로 볼리바르가 라틴아메리카 크리오요 귀족의 대변자로서 구체제를 옹호하고, 소수의 자유주의적 부르주아지의 이익뿐만 아니라 아직 자각하지 못한 인민 대중의 이익에도 반한다고 보았다.

맑스의 관점에서 식민주의는 본질적이고 독자적인 현상이 아니라, 봉건적 생산양식의 위기를 타파할 수 있는 유일한 계급인 부르주아지의 부차적인 문제였다. 맑스에게 식민주의란 유럽 팽창의 부수적 결과이며, 그런 의미에서 공산주의 도래를 향한 필수적인 경로였다.

---

8 "볼리바르는 나폴레옹 법전을 복원한 볼리바르 법령을 선포하면서 결코 자신의 전제정을 부정하지 않았다. 그는 볼리바르 법령을 볼리비아, 페루, 그리고 나중에는 콜롬비아에 적용하고자 했고, 콜롬비아 군대를 통해 이 법령을 유지하고자 했다. […] 볼리바르는 자신이 독재자로 군림하면서 라틴아메리카를 연방공화국으로 통합시키기를 원했다."(Marx 2001, 67~69)

이 점이 바로 맑스가 계급투쟁에만 관심을 보이고, '세계사의 궤적'에서 덜 중요하다고 간주하여 다른 투쟁들(예를 들면 종족 갈등)을 배제한 이유였다. 또한 바로 이 점 때문에 맑스가 종족 차별과 인종 차별을 부르주아지가 아직 출현하지 않았고 종교의 지배와 계층화된 지배가 만연된 사회에 국한된 전(前)자본주의적 현상으로, 구체제의 특징으로 이해했다. 보고타에서의 볼리바르 암살 기도를 묘사한 맑스의 텍스트는 그의 식민주의에 대한 입장의 잠재적 증거이다.

> 보고타의 볼리바르 침실에 암살자가 들어왔을 때, 그는 한밤중에 발코니를 뛰어넘어 다리 밑에서 웅크리고 있었던 덕분에 살아남을 수 있었다. 이 암살 기도 이후 볼리바르는 한동안 일종의 군사 테러를 감행했다. 하지만 볼리바르는 암살 기도에 참여한 산탄데르는 손보지 않고, 오히려 죄가 완전히 입증되지도 않은 파디야 장군을 처형했다. 유색인인 파디야는 어떠한 저항도 할 수 없었다. (Marx 2001, 71)

볼리바르가 정적이었던 크리오요 산탄데르를 "손보지" 않고, 대신 흑인 제독 파디야[9]를 처형하는 선택을 한 것은, 맑스에 따르면, 라틴아메리카 사회의 '근대성 부재'로 설명될 수 있다. 라틴아메리카에서 부르주아지 혁명은 아직 일어나지 않았고, 여전히 봉건적인 생산관계가 지배적이고, 정치 권력은 볼리바르와 같은 카우디요[10]들이 장악하

---

9 [옮긴이] 파디야는 실제로는 흑인이 아니라 물라토로 분류해야 함.

고 있었다. 정치 권력을 장악하고 있던 이들은 자신들의 의지를 보다 무지한 대중에게 강제할 수 있었다. 부르주아지와 프롤레타리아트라는 근대적 사회계급이 아직 출현하지 않았기 때문이다. 고귀한 혈통과 종족적 특권이 여전히 명예와 출세의 근본 척도였다. 하지만 자본주의적 생산력이 완전히 발전하면, 그래서 모든 견고한 것이 증발해 버리면 이런 전자본주의적 질서가 사라지고 마침내 부르주아지가 생산수단을 장악하게 된다. 맑스에게는 그때에야 식민주의가 과거의 문제가 될 것이다. 즉 맑스에게 식민주의는 근대성의 과거일 뿐이고, 공산주의를 태동시킬 전지구적인 위기와 함께 소멸될 현상이었다.

그러므로 세계시장은 "아메리카 발견으로 예비"된 것이고 유럽의 식민주의적 팽창으로 추동된 것이다. 확고하게 목적론적이고 유럽중심적인 역사관을 지니고 있는 맑스에게는 식민주의가 단지 근대성의 부속물일 뿐 근대성을 구성하는 요소가 아니다. 맑스에게 진정한 근대성의 구성 요소란 유럽에서 시작되어 나머지 세계로 확대되는 자본주의이다. 그래서 식민주의를 세계시장의 강화와 관련된 하나의 '결과'로 간주하는 것이다. 맑스는 식민주의가 한 사회의 이데올로기적 실천(예를 들면 과학적 실천)의 핵심적 토대가 될 가능성이 있다는 생각은 전혀 하지 않았다. 하물며 식민주의가 자본주의와 근대 주체의 출현에서 가장 중요한 역할을 했다는 생각은 더욱 하지 않았다. 따라서 맑스에게 식민주의에 대한 해명 가능성은 철학적 범주(허위의식), 경제적 범주

10 [옮긴이] caudillo. 지방 토호 혹은 군벌.

(생산양식), 사회과학적 범주(계급투쟁)의 사용 속에서 고찰되었다.

　　20세기 말 포스트식민주의 연구와 하위주체 연구가 등장하면서 변하기 시작한 것은 바로 이 부분이다. 사이드, 바바, 스피박, 프라카시(Gyan Prakash), 차테르지(Partha Chatterjee), 구하, 차크라바르티(Dipesh Chakrabarty) 등처럼 과거에 유럽 식민지였던 아시아와 중동 출신의 이론가들은 식민주의란 그저 단순히 경제적 혹은 정치적 현상이 아니라는 것을 증명하기 시작했다. 이들의 논의는 인식론적 차원의 것이고, 중심부는 물론 주변부에서도 인문학의 출현과 관련 있다. 이런 의미에서 우리는 우리가 언급하는 인지적(cognitive) 현상과 상징적 현상을 구분하기 위해 식민주의에 앞서 식민성을 논의해야 한다. 위에서 언급한 저자들 거의 대부분은 인문학과 근대 사회과학이 하위주체(동양East, 흑인, 인디언, 농민)의 사회세계에 대한 상상계를 만들어 냈다고 주장한다. 그리고 이 상상계가 정치적·경제적 층위에서 제국적 지배를 정당화했을 뿐만 아니라 인문학과 사회과학의 인식론적 패러다임 창조에 일조했으며, 식민지배자와 피식민자의 (개인적이고 집단적인) 정체성을 만들어 냈다는 것이다. 이런 시각으로 보면 식민성은 더 이상 맑스의 생각처럼 자본주의와 근대성의 발전에 따른 부수적 현상이 아니다.

2. 오리엔트의 오리엔트화

포스트식민주의 이론, 특히 북미에서 이 이론의 발전을 본고에서 상세하게 살펴볼 계제는 아니다. 그래서 식민주의의 문화적·인식론적 차원에 대한 내 견해를 예시하기 위해 사이드, 특히 그의 주저 『오리엔탈리즘』에 집중할 것이다.

『오리엔탈리즘』의 핵심 주장은 19세기와 20세기 유럽의 아시아와 중동에 대한 식민지배는 필연적으로 '오리엔트'와 '오리엔트적인 것'에 대한 특정 이미지나 표상(representation)의 제도화를 수반한다는 것이다. 사이드에 따르면, 식민권력의 특징 중 하나인 지배(Herrschaft)는 학살과 강제 예속을 통해서만 성취되는 것이 아니라 이데올로기적 요소나 표상적 요소를 필요로 한다는 것이다. 즉, 타자에 대한 담론 없이는, 그리고 이 담론을 지배자와 피지배자 모두의 아비투스(habitus)에 주입시키지 않고서는 식민지에 대한 유럽의 정치적·경제적 권력은 불가능하다는 것이다. 이런 식으로 사이드는 여전히 맑스의 맹점을 구성하고 있는 것을 보여 주기 시작한다. 즉 유럽의 제국적 지배의 공고화를 위한 지식과 주체성이라는 두 가지 상부구조 요소들이 중요한 자리를 차지하고 있음을 보여 주는 것이다. 유럽 지배자는 지배 권력을 행사하는 과정에서 타자(오리엔트)를 지식의 대상으로 구축했고, 또한 자신의 발화지점에 대한 특정 이미지(옥시덴트)도 구축했다.

오리엔트는 단지 유럽에 인접해 있기만 한 것이 아니다. 가장 크고 부유하고 오래된 유럽의 식민지이고, 유럽 문명들과 언어들의 원천이고, 문화적 경쟁자이고, 유럽에게 있어 가장 뿌리 깊고 되풀이되는 타자

이미지이다. 게다가 오리엔트는 유럽(혹은 서양West)과 대비되는 이미지, 생각, 특성, 경험을 통해 유럽(혹은 서양)을 규정하는 데 도움을 주었다. 그러나 오리엔트의 이 모든 것이 단지 상상 속에서만 존재하는 것은 아니다. 오리엔트는 유럽의 '물질' 문명과 문화에 통합된 부분이다. 오리엔탈리즘이란 제도, 어휘, 학문, 이미지, 신조, 그리고 심지어는 식민관료와 식민지의 생활양식마저 뒷받침하는 담론 양식으로, 그 통합된 부분을 문화적으로, 심지어 이데올로기적으로 표현하고 대변한다. […] 오리엔탈리즘은 오리엔트와 (대부분의 세월 동안) 옥시덴트 사이에서 만들어진 인식론적·존재론적 차이에 기반을 둔 하나의 사고방식일 뿐이다. 그리하여 시인, 소설가, 철학자, 정치 이론가, 경제학자, 제국주의 행정가를 포괄하는 거의 모든 글쓰기 종사자들이 동양과 서양 사이의 기본적인 차이를 자신의 이론, 서사시, 사회 묘사의 출발점으로 받아들이고, 또한 오리엔트와 오리엔트 사람들, 습관, 사고방식(mind), 운명 등에 관한 정치적 설명의 근거로 삼는다. (Said 1994, 1~3)

그래서 '세계 개념'(conceptions of the world)과 주체성의 형성과 같은 표상들은 서양의 식민지배 확립에 있어 근본 요소이다. '동'과 '서'를 구분하는(지리적 위치의 동서 구분이 아니라, 서로 다른 주체성들을 만들어 낼 수 있는 삶의 방식과 사유 방식의 구분) 상상계의 구축 없이는 식민주의에 대한 어떠한 설명도(경제적 설명이든 사회학적 설명이든) 완전할 수 없다. 사이드에 따르면, 분명 그러한 삶의 방식과 사유

방식은 사회 행위자들의 아비투스에서 발견될 뿐만 아니라 국가의 법, 상업 규약, 교과과정, 제도화된 문화소비 형태 등과 같은 객관적인 구조에도 고착되어 있다. 사이드에게 오리엔탈리즘은 그것이 옳은지 그른지에 대한 의식(conscience) 여부의 문제가 아니라 객관적인 물질성의 경험이다.

그중에서도 특히 흥미로운 것은 사이드가 이러한 식민적 상상계의 구축에서 학문의 역할에 주목한다는 것이다. 19세기 초반부터 오리엔탈리즘은 중심부 학계에서 자신의 자리를 찾았다. '고대 문명'이 학계에서 기반을 잡고, 동양어 연구가 새로운 관심을 촉발하면서부터였다. 사이드는 학자들이 그때까지 유럽이 몰랐던 아시아 세계의 문헌, 언어, 종교에 무제한적으로 접근할 수 있었던 것은 영국의 인도 지배 덕분이라고 주장한다(Said 1994, 77). 동인도회사 직원이자 영국 식민 관료였던 판사 윌리엄 존스(William Jones)는 아랍어, 히브리어, 산스크리트어에 대한 해박한 지식을 바탕으로 최초로 오리엔탈리즘 이론을 만든 사람 중 한 명이었다. 1786년 존스는 벵골아시아협회 강연에서 고대 유럽어(라틴어와 그리스어)는 산스크리트어까지 거슬러 올라가는 공통의 언어 계보에서 진화했다고 주장했다. 이 주장에 유럽 학계는 전에 없이 열광했고 새로운 인문학 분과학문인 문헌학의 발전을 자극했다.[11]

---

11 다른 분과학문들, 가령 고고학의 발전에 대해서도 동일한 이야기를 할 수 있다. 고고학은 고대 이집트 문명 연구에 의해 촉발되었고, 나폴레옹의 이집트 침략으로 가능했다(Said 1994, 87).

이 주장의 핵심은 아시아 고대문명 연구가 유럽이 지배하는 식민적 현재의 구축 전략에 복무했다는 것이다. 아시아 세계의 과거에 대한 연구에는 당시 승리를 구가하던 유럽 문명의 기원('뿌리') 찾기가 포함되어 있었다. 문헌학은 헤겔 같은 철학자들이 18세기 말부터 주장한 것, 즉 아시아는 유럽의 웅장한 과거일 뿐이라는 점을 어느 정도 '과학적으로 입증'한 것처럼 보였다. 문명이 아시아에서 '시작'되었을 수는 있어도, 그 과실은 근대 유럽의 최신 문화적 지시대상을 구성하게 된 그리스와 로마가 수확했다는 것이었다. 헤겔은 문명이 태양과 동일한 경로를 따라 움직인다고 말했다. 즉 동쪽에서 출현하지만 서쪽에 도달하여 목적인(目的因, telos), 즉 종착점에 도달한다. 유럽의 세계 지배는 학문적 정당화를 요했고, 계몽주의 시기에 태동한 문헌학, 고고학, 역사학, 민족지학, 인류학, 고생물학과 같은 신흥 인문학이 중요한 역할을 하기 시작했다. 이 분과학문들은 고대 동양문명이라는 과거를 탐구하지만, 사실은 유럽이 지배하는 식민적 현재를 구축하기 시작한 셈이다.

인문학에 대한 사이드의 성찰은 라틴아메리카 식민성 논의의 핵심인 인식론적 유럽중심주의 비판과 관계있다. 『오리엔탈리즘』은 아시아의 현재가 유럽의 현재와 아무런 관련이 없음을 보여 주었다. 아시아의 과거는 '오래된' 것이고, 근대 문명에 의해 '대체되었기' 때문이다. 학자들은 단지 아시아 문화의 과거에 대해서만 관심을 가졌고, 그것도 근대 유럽의 합리성 출현을 위한 '준비' 단계로서 의미가 있을 때에만 그랬다. 계몽주의의 관점에서 볼 때 다른 모든 문화적 목소리들은 '전통적', '원시적', 혹은 '전근대적'이며, 따라서 '세계사'의 외부에 위치해 있다. 그래서 오리엔탈리즘적인 상상계, 즉 동양 세계(이집트가 가장 좋은 예일 것이다)는 이국적, 신비적, 주술적, 비교(秘教)적, 기원적, 다시 말해 '전(前)합리적' 문화와 직접적으로 결부되어 있다. 이런 식으로 '많은 형태의 지식들'은 하나의 역사 구상하에 놓이게 된다. 동양 문화들의 서구 문화들과의 공간적 공존 가능성을 배척하고, 시간의 전진이라는 목적론적 도식에 따라 그들을 배치한다. 인류가 역사적 과정을 통해 발전시킨 다양한 지식 형태들은 점차 세계를 이해하는 유일하게 정당한 방식, 즉 근대 유럽의 기술과학적 합리성이 만든 방식으로 수렴되어 버린다.

인문학의 탄생과 근대 식민주의의 출현 사이의 발생론적 관계를 밝히면서 사이드는 푸코 같은 저자들이 지적하는 권력과 지식의 불가분한 관계를 논한다. 학자들의 지배적인 믿음, 즉 자신들은 사회적·정치적 조건을 초월하여 연구대상의 '진실'을 포착할 수 있다는 믿음에 대해 사이드는 다음과 같이 말한다.

내가 지금 주장하고자 하는 바는, '진정한' 지식이란 근본적으로 비정치적이라는 일반적인 자유주의적 합의(역으로 말하면 명백히 정치적인 지식은 '진정한' 지식이 아니라는 합의)가 지식이 생산될 때 존재하는 (비록 모호하지만) 고도로 조직화된 정치적 환경을 제대로 보지 못하게 한다는 점이다. […] 그러므로 오리엔탈리즘은 단순히 문화, 학문, 혹은 제도가 수동적으로 반영된 단순한 정치적 주제나 분야가 아니다.

또한 오리엔탈리즘이 오리엔트에 대한 방대하고 산만한 텍스트들의 집합도 아니고, 오리엔트 세계를 억압하려는 서구 제국주의의 비도덕적 음모를 표현하거나 대변하지도 않는다. 그보다 오리엔탈리즘은 지정학적 인식을 미학적, 학문적, 경제적, 사회학적, 역사학적, 문헌학적 텍스트에 '분배'하는 것이다. 즉 오리엔탈리즘은 (세계는 오리엔트와 옥시덴트라는 대등하지 않은 두 지역으로 구성되어 있다는) 기본적인 지정학적 구분의 완성일 뿐만 아니라 학문적 발견, 문헌학적 재구축, 심리학적 분석, 풍경화, 사회학적 묘사 같은 수단에 의해 창조될 뿐만 아니라 유지되는 일련의 모든 '관심'이다. 또한 오리엔탈리즘은 다른(혹은 대안적이고 새로운) 세계를 분명하게 표현하는 것이라기보다는, 이를 이해하고, 경우에 따라서는 통제하고, 조종하고, 심지어는 통합시키려는 의지 혹은 의도이다. […] 사실 나의 진정한 주장은 오리엔탈리즘이란 근대의 정치적·지적 문화의 상당 부분을 단순히 표상한다기보다 그 자체이며, 오리엔트보다는 '우리[서양]의' 세계와 더 관련 있다는 것이다. (Said 1994, 10~12)

다른 말로 하면, 동양을 창조한 지식과 권력 사이의 지정학적 연계는 계몽주의 이래 계속된 비유럽 세계에 대한 서양의 문화적·경제적·정치적 헤게모니와 동일한 것이다. 사실 사이드의 가장 흥미로운 주장 가운데 하나는 식민성은 근대성의 구성 요소라는 것이다. 이데올로기적 시각에서 보면 식민성은 세계의 지정학적 분리(중심과 주변)가 정당하다는 믿음을 표현하는데, 이는 식민성이 존재론적 분리

(ontological division)에 토대를 두고 있기 때문이다. 이러한 존재론적 분리의 한쪽에는 서양 문화가 있다. 이는 지식의 능동적인 생산자이며 분배자로 표상되고, 전 세계에 근대성을 전파할 사명이 있다고 자처한다. 또 한쪽에는 다른 문화(나머지 문화)가 있다. 이 문화는 지식의 수동적인 요소, 수용자로 표상되며, 유럽발 진보와 문명을 기꺼이 받아들일 사명을 지니고 있다고 간주된다. 서양의 특징은 합리성, 추상적 사유, 규율, 창조성, 과학인 반면, 다른 문화들의 특징은 신화와 미신의 지배를 받는 전이성적, 경험적, 즉흥적, 모방적인 것으로 간주된다.

따라서 사이드의 가장 큰 기여는 '역사의 진보'라는 승리의 이미지를 구축한 인문학적 담론이 인류의 다른 목소리들을 인식론적으로 하위주체화시키는 지식/권력의 지정학적 기계에 의해 유지된다는 것을 통찰했다는 점이다. 즉, 인문학 담론은 동시대 다른 문화의 목소리와 지식 생산 형태의 불법화를 선언했다. 18세기와 19세기의 인문학 탄생과 더불어 우리는 세계의 인식적 동시대성이 점점 보이지 않게 되는 현상을 목도한다. 유럽은 식민지를 경제적·영토적으로 착취했고(식민주의), 이는 식민지에서 생산된 지식을 단지 '근대 과학의 과거'로 치부해 버린 인식론적 착취(식민성)에 상응한다. 하지만 『오리엔탈리즘』이 계몽주의, 식민주의, 인문학 사이의 지정학적 연계를 설득력 있게 보여 주는 것은 사실이지만, 사이드의 포스트식민주의를 보완하고 새로운 요소들을 추가한 것은 라틴아메리카 연구 분야의 식민성 이론이다.

3. 근대성 신화의 파괴

라틴아메리카의 사회이론에서 식민주의 비판은 이미 위대한 전통을 자랑한다. 호세 카를로스 마리아테기, 빅토르 라울 아야 데 라 토레, 호세 마르티, 호세 엔리케 로도 등의 고전적 라틴아메리카 사상가들은 말할 것도 없고, 멕시코의 에드문도 오고르만, 로돌포 스타벤아겐, 파블로 곤살레스 카사노바의 작업에서부터 에콰도르의 아구스틴 쿠에바스, 콜롬비아의 오를란도 팔스-보르다, 브라질의 다르시 히베이루의 기여와 아니발 핀토, 후이 마우루 마리니, 페르난두 엔히키 카르도주와 기타 이론가들의 수많은 작업에 이르기까지 말이다. 그럼에도 불구하고 오고르만(Edmundo O'Gorman)의 『아메리카의 발명』(*Invention of America*, 1958)과 팔스-보르다(Orlando Fals Borda)의 『과학과 식민주의』(*Science and Colonialism*, 1970)를 제외하면 식민주의의 인식적 영역에 초점을 맞춘 작업은 극히 드물다. 위에서 언급한 이론들의 대다수는 식민주의의 경제적, 역사적, 정치적, 사회적 측면에 집중하고 있다. 기본적으로, 우리가 식민성이라고 부르는 것을 다루지 않는 인문학 분과학문들의 패러다임에서 식민주의에 접근한 것이다.

라틴아메리카에서 식민주의의 인식적 핵심을 강조하는 작업이 등장하기 시작한 것은 철학에서이다. 구체적으로는 철학자 엔리케 두셀의 작업, 특히 유럽중심주의 비판을 들 수 있다. 포스트식민주의 이론의 핵심인 인식론적 유럽중심주의 비판은 사실 두셀의 해방철학에서는 늘 주요 문제였다. 1970년대에 두셀은 근대 주체 철학이 정복의 실천(praxis of conquest) 과정에서 발생했다는 것을 증명하는 작업에 착수했다. 마르틴 하이데거의 서구 형이상학 비판을 출발점으로 삼아, 두셀은 맑스의 사상을 비롯해 근대 유럽의 그 어떤 사상도 사상이 일상의 삶("생활세계")과 밀접하게 연결된다는 것을, 사람들 사이의 관계를 이성적 주체와 지식의 대상 관계로만 볼 수 없다는 사실을 인정하지 않았다고 주장한다(Dussel 1995a, 92, 107). 두셀에 따르면, 근대 사상이 창조한 바로 이런 주체-대상의 관계가 유럽의 총체화(totalization)를 설명해 준다. 그 관계가 시작에서부터 지식의 교환 가능성, 또한 다른 문화들의 지식 생산 형식을 부정하기 때문이다. 지식의 주체와 대상 사이에는 오직 외부성과 비대칭에 입각한 관계만이 존재할 수 있다. 이런 이유로 유럽 문명의 핵심적인 특징인 "총체성의 존재론"(ontology of totality)은 유럽 문명에 속하지 않는 모든 것(외부성)을 '존재의 부재'와 '야만성'으로, 다시 말해 문명화될 필요가 있는 자연 상태로 본다. 이리하여 타자성(인식론적 타자성을 포함하여)의 제거는 "총체화 어록"(totalizing logia)을 구성하고, 16세기부터 에스파냐 정복자들뿐만 아니라 그들의 크리오요 후손들까지 이 어록을 아메리카 선주민과 아프리카인에게 강요했다(Dussel 1995a, 200~204).

포스트식민주의적 사유를 비판적으로 해방시키는(liberating) 두셀의 첫 번째 중요한 과업은 유럽의 비유럽 식민지배를 가능하게 만든 존재론의 파괴(하이데거적 의미에서)이다. 두셀은 오직 "총체성의 폐허에서 라틴아메리카 철학의 가능성이 출현할 수 있었다"(Dussel 1995a,

111)고 말한다. 1970년대 후반, 이 아르헨티나 철학자는 자신의 기획을 다음과 같이 정식화했다.

> 새로운 것을 창조하기 위해서는 우선 파괴해야 한다. 라틴아메리카 철학은 한동안 유럽중심주의의 벽을 파괴해야만 했다. 그리하여 새로운 역사적 과정이 파괴로 생긴 구멍을 통해 자신의 길을 갈 수 있었다. […] 우리 자신에 대한 사유를 가능하게 할 새로운 범주들을 발견하기 위해 우리는 반드시 유럽인처럼 말하는 것부터 시작해야 하고, 유럽의 한계를 드러내고 유럽중심적 사상을 극복하여 새로운 것을 위한 여지를 만들어야 한다. 따라서 앞으로 긴 시간 동안 우리는 유럽과 대화하고 그들의 사상을 아주 깊이 숙지해야 할 것이다. 그렇지 않으면 우리는 유럽이라는 벽을 무너뜨리지 못한 채, 그 벽을 그냥 지나쳐 버릴 것이다. (Dussel 1995a, 138~139)

하지만 최근 두셀은 그의 이론을 창조적으로 재정식화하기 시작했다. 파괴할 필요가 있는 벽은 더 이상 하이데거에게 빌려 온 (그리스 시대부터 현재까지 이어진) 존재론적 총체성이 아니라, '유럽중심적인 근대성 신화'라는 이름의 패러다임이다. 두셀의 견해에 따르면, 이 신화는 아메리카의 발견과 더불어 출현해서, 그 이후 근대성에 대한 우리의 이론적·실천적 이해를 다양한 방식으로 지배했다. 흥미롭게도 이 부분은 사이드의 생각과 유사하다. 사이드와 마찬가지로 두셀은 근대 식민주의가 그리스에서 유래하여 서구 역사 내내 이어진 사유의 구조에서 출발한 것이라고 설명하고자 한다. 이후 두셀은 이런 메타역사를 포기하고, 근대 식민주의를 윤리적·인식론적 관점에서 역사적으로 분석하고자 한다.

두셀은 18세기부터 근대성이 자신의 기원에 대한 유럽중심적 신화를 발전시켰다는 새로운 테제를 제시한다(Dussel 1999, 147). 이 신화에 따르면, 근대성은 전적으로 유럽적인 현상이고, 중세에 발현되어 이탈리아 르네상스, 종교개혁, 프랑스혁명 등의 유럽적 경험들을 거쳐 필연적으로 전 세계로 퍼졌다. 이 패러다임에 따르면, 유럽은 기술과학적 합리성의 발전을 가능케 한 고유한 내적 특성을 지니고 있고, 이는 타 지역에 대한 유럽의 문화적 우월성을 말해 준다. 유럽중심적인 근대성 신화는 이렇게 유럽의 특수주의(particularism)를 보편성과 동일시하고자 하는 열망이었다. 이 점이 근대성 신화가 사회적, 정치적, 도덕적, 기술적 해방(emancipation)의 성취라는 목표와 함께, 두셀이 "발전주의의 오류"(developmental fallacy) ― 이에 따르면 세계의 모든 도시는 유럽이 만든 발전 단계를 따라야 한다 ― 라고 부르는 것을 수반하는 이유이다. 즉, 유럽 문명은 세계사의 목적인이 된다(Dussel 1992, 21~34).

이러한 헤게모니적 해석에 대응하기 위해 두셀은 '행성적 패러다임'(planetary paradigm)이라는 대안적 모델을 제안한다. 이에 따르면 근대성은 세계체제의 중심적 문화에 불과하며, 16~19세기에 여러 유럽 국가가 그 중심성을 경영(administration)한 결과로서 나타나는 것이다. 이는 근대성이 유럽적인 현상이라기보다는 전지구적 현상임을 의미하며, 그 정확한 출현 시기는 1492년 10월 12일[12]이다. 두셀은 설명한다.

근대성은 유럽을 독립적인 체제로 자처하는 현상이 아니라, 중심으로 인식하는 현상일 뿐이다. 이 단순한 가설은 근대성의 개념, 기원, 발전, 현재의 위기를 완전히 바꿔 놓는다. 그리고 그 결과 후기 근대성(late modernity)과 포스트근대성(post-modernity)까지 바꾸어 놓는다. 이에 덧붙여 나는 다른 생각도 도입하고 싶다. 세계체제에서 유럽의 중심성은 중세에 축적된, 다른 문화에 대한 내적 우월성의 결과가 아니다. 유럽의 중심성은 오히려 아메리카의 발견, 정복, 식민화, 편입(복속)의 결과이다. 이 단순한 사실이 오스만, 인도, 중국에 대한 상대적 이점, 결정적 이점을 유럽에 제공했다. 근대성은 이러한 사건들의 결과이지 원인이 아니다. 그러므로 세계체제 내의 중심성의 경영이야말로 유럽이 세계사의 '성찰적 의식'(근대 철학) 같은 것을 할 수 있도록 해주었다. [⋯] 심지어 자본주의조차도 유럽의 전 세계적 팽창과 세계체제의 중앙집중화 간의 결합의 결과이지 원인이 아니다. (Dussel 1995b, 148~149)

이 대안적 패러다임은 지배적인 시각에 대한 분명한 도전이다. 지배적인 시각에 따르면, 아메리카 정복은 근대성의 구성적 요소가 아니

12 [옮긴이] 콜럼버스가 아메리카에 도달한 날짜.

다. 종교개혁, 새로운 과학의 출현 혹은 프랑스혁명과 같은 순수하게 유럽 내부의 현상만이 근대성의 구성적 요소로 간주되었다. 이러한 현상들 중 어떤 것도 에스파냐와 에스파냐의 해외 식민지에서 일어나지 않았기 때문에 이 지역들은 근대성의 외부라는 것이다. 반면 월러스틴을 차용한 두셀은 유럽의 근대성은 명백히 16세기 에스파냐의 영토 팽창으로 창출된 물질성 위에 세워진 것임을 보여 준다. 이 팽창은 새로운 시장의 개방, 새로운 원자재와 노동력의 편입을 야기했고, 이는 맑스가 '자본의 본원적 축적'이라고 부른 것을 가능하게 해주었다. 근대 세계체제는 중심부로서의 에스파냐와 에스파냐의 주변부로서의 히스패닉 아메리카가 동시적 합(simultaneous synthesis)을 이루면서 시작된다. 따라서 근대성과 식민주의는 상호의존적 현상이다. 식민주의 없이 근대성이 있을 수 없고, 근대성 없는 식민주의도 존재하지 않는다. 결국, 대서양 너머의 식민지들이 주변부가 된 바로 그 순간에 유럽도 세계체제의 중심부가 되는 것이다.

　여기까지는 두셀이 월러스틴의 세계체제 분석을 엄밀하게 따르는 것처럼 보인다. 그러나 더 상세히 살펴보면 두셀이 단순히 월러스틴의 세계체제론의 틀 내에서 식민주의 비판을 전개하는 것이 아님을 알 수 있다. 반대로 두셀은 자신의 해방철학 관점에서 월러스틴을 읽고 있고, 이는 라틴아메리카의 식민성 논의에서 중요한 결과를 가져온다. 아마도 두셀이 월러스틴에서 가장 명확하게 벗어난 지점은 세계체제 최초의 주변부로서의 아메리카 편입이 중심부 국가들의 본원적 축적 가능성을 의미할 뿐만 아니라, 전지구적 질서 최초의 문화적 징후를 창출한다는 테제일 것이다. 월러스틴의 용어로 표현하자면 '지문화'(geo-culture)가 출현한 것이다. 이는 세계근대성(world-modernity) 최초의 지문화, 즉 팽창하는 세계체제에 속하는 의식적(儀式的), 인지적, 사법적, 정치적, 윤리적 상징들의 체계로 확대된 지문화의 진원지가 에스파냐임을 의미한다.[13] 16-17세기의 히스패닉 아메리카의 세계체제에 대한 기여는 월러스틴의 믿음처럼 노동력과 원자재에 국한되어 있었던 것이 아니라, 근대성의 인식적, 도덕적, 정치적 토대 구축까지도 포함하고 있다.

사실, 두셀은 두 개의 근대성을 언급한다(Dussel 1992, 156). 첫 번째 근대성은 16-17세기에 출현했고, 이탈리아, 포르투갈, 에스파냐와 이 마지막 두 나라의 아메리카 식민지에서 꽃을 피운 인문주의-르네상스-기독교 에토스이다. 이 근대성은 세계체제 최초의 헤게모니 권력이었던 에스파냐에 의해서 전지구적으로 경영되었고, 근대성에 대한 최초의 비판 이론은 물론 최초의 근대적-식민적 주체성을 발생시켰다.[14] 두셀은 (에마뉘엘 레비나스에게 차용한) 매우 철학적인 용어로 이 주체성을 개념화하여 "정복자 자아"(conqueror self)를 묘사한다.

---

13 이는 문화적 근대화 과정이 1492년 이전에 유럽 일부 지역에서 잘 진척되지 않고 있었다는 뜻이 아니다. 두셀은 이 점에 대해 명확히 말한다. "내 핵심 테제는 1492년이 근대성의 탄생 시점이라는 것이다. 비록 근대성의 발아가 그 이전의 자궁 내 성장 기간을 포함하고 있지만 말이다. 근대성의 가능성은 엄청난 창조성의 중심지인 중세 유럽의 자유 도시들에 기원을 두고 있지만, 본격적인 근대성은 유럽이 자신을 타자와 비교할 수 있는 위치에 있게 되었을 때 탄생했다. 다시 말해 유럽이 타자성을 탐색하고 정복하고 식민화 시킴으로써, 타자의 상(像)을 스스로에게 반영하는 통일된 에고로서 자신을 구성할 수 있었을 때 탄생한 것이다."(Dussel 2001, 58)

타자(토착민, 흑인, 메스티소)에 대한 배타적 지배 관계를 수립한 전사와 귀족을 이르는 용어이다.[15] 두셀은 첫 번째 근대성의 정복하는 자아(ego conquiro)가 두 번째 근대성의 생각하는 자아(ego cogito)의 원역사(protohistory)를 구성한다고 말한다(Dussel 1992, 67). 스스로를 유일한 근대성이라고 주장하는 두 번째 근대성은, 지정학적인 측면에서 에스파냐가 붕괴하고 새로운 헤게모니 권력(네덜란드, 잉글랜드, 프랑스)이 출현하는 17세기 말에야 등장했을 뿐이다. 세계체제 중심성의 경영은 이제 어디에서나 일어나고, 막스 베버와 푸코가 경탄스럽게 묘사한 것처럼 효율성, 삶정치(bio-politics), 합리화라는 지상명령에 응답한다. 그때 진화한 주체성이 부르주아지의 출현과 자본주의적 생산 양식의 형성에 상응한다(Dussel 1992, 158).

---

14 두셀은 이 주제에 대해 주의를 많이 기울였다. 두셀의 중심 논지는 16세기 중반 바르톨로메 데 라스 카사스가 후안 히네스 데 세풀베다(Juan Ginés de Sepúlveda)와 논쟁을 벌였을 때, 이전 시대의 패러다임에 입각한 철학적 도구들을 이용했음에도 불구하고 근대성 신화의 비합리성을 처음으로 발견했다는 것이다. 라스 카사스는 타자성의 파괴 없는 타자의 '근대화' 개념(두셀은 이를 자신의 개념으로 취한다)을 제안한다. 또한 근대성 신화의 정당화 없는 근대성, 즉 체제의 '동일함'이 아니라 타자성에서 발현된 근대성 수용도 제안한다(Dussel 1992, 110~117).

15 "정복자는 타인에게 자신의 폭력적 개성을 들이댄 최초의 실천적이고 적극적이고 근대적인 인간이다. […] 정복자의 주체성은 스스로 구성되었고 실천 속에서 천천히 진화했다. […] 에스트레마두라 출신의 가난한 하급귀족(hidalgo) 코르테스는 이제 장군이다. 근대적 에고는 자기 자신을 구성하고 있는 중이었다."(Dussel 1992, 56, 59)

4. 인종적 순수성 담론

엔리케 두셀의 해방철학은 전지구적 관점의 식민주의 비판이라는 점에서 월러스틴의 세계체제 분석과 비판적 대화를 시작했다. 그러나 두 사람의 기획에서 가장 큰 차이, 즉 프랑스혁명 이전에 근대적 히스패닉-가톨릭 지문화가 출현했다는 두셀의 사유는 더 심층적인 작업이 필요했다. 이 작업을 주로 수행한 이가 아르헨티나의 기호학자 월터 미뇰로였다.

미뇰로는 월러스틴의 기념비적 저작인 『근대세계체제』가 1970년대 사회과학 이론 분야에서 일어난 인식론적 이동이라는 점에서 그 중요성을 인정한다. 월러스틴은 종속이론의 기여와 브로델의 지중해 연구를 연결시키면서, 16세기 근대세계체제 형성에서 대서양권의 중심적 역할을 분석할 수 있었다(Mignolo 2001b, 11). 그 결과, 지중해는 이제 헤겔의 주장처럼 세계사의 축이 될 수 없었고, 사회과학 이론에서 유럽은 지방화되었다. 중요한 것은 유럽 그 자체에 대한 연구가 아니라 세계체제와 그 구조적 다양성(중심, 주변, 반주변)이 되었다. 그러나 월러스틴의 기획은 주변부를 지역사적(geohistorical) 혹은 지경제적(geoeconomic) 단위로 보았을 뿐 지문화적 단위로는 보지 않았다(Mignolo 2001b, 12). 비록 월러스틴이 근대세계체제가 1500년경에 출현한다고 말하고는 있지만, 그는 아직도 유럽중심적 시각을 고수한다. 월러스틴은 이 자유주의 체제 최초의 지문화는 프랑스혁명의 전지구화 결과로 18세기에야 나타난다고 믿는다. 그래서 미뇰로는 월러스틴이 여전히 계몽주의 철학자들이 구축한 신화의 포로라고 믿는다. 두 번째 근대성(18세기와 19세기의 근대성)은 계몽주의 철학자들에게는 유일한 근대성이었다(Mignolo 2000a, 56~57). 따라서 이 관점에서 볼 때 첫 번째 근대성의 지문화는 묵살된다.

미뇰로는 자신의 책 『로컬 히스토리/글로벌 디자인』(Local Histories/Global Designs)에서 아메리카 정복은 (지중해와 대서양을 통합시키는 상권의 출현으로) 새로운 세계경제의 창설만 의미한 것이 아니라, 근대세계 최초의 거대 담론(사이드와 푸코의 어법에서의 담론)을 형성했다고 말한다. 또 자본의 전지구적 팽창을 정당화시킨 보편적 담론은 유럽의 부르주아 혁명들의 토대 위에 18-19세기에 출현한 것이 아니라, 그 훨씬 전에 근대/식민 세계체제의 발전과 함께 출현했다고 주장한다(Mignolo 2000b, 23). 그렇다면 근대 최초의 보편적 담론은 자유주의적 부르주아 사고방식과 관련 있는 것이 아니라 귀족적·기독교적 사고방식과 관계가 있다. 미뇰로에 따르면, 이 사고방식은 인종적 순수성에 대한 담론이다. 인종적 순수성 담론은 세계인을 대상으로 한 최초의 분류 도식이었다. 이 담론은 비록 16세기까지는 모습을 드러내지 않았지만, 기독교 중세 시대에 이미 형성되고 있었다. 그리고 대서양을 넘은 에스파냐의 상업적 팽창과 유럽의 식민지 만들기 초기에 전지구적 담론이 되었다. 이리하여 지역의 역사(중세 유럽의 기독교 문화)에 속하던 분류 매트릭스가, 에스파냐가 16-17세기에 획득한 전지구적 헤게모니 덕분에 전지구적 구상이 되었고, 국제노동분업하에서 특정 인종의 지위에 입각해 세계인을 분류하는 데 기여했다.

인식론적·사회적 분류도식으로서의 인종적 순수성 담론은 16세기의 산물은 아니다. 그 뿌리는 헤로도토스가 주장하고 에라토스테네스, 히파르코스, 에스트라본, 플리니우스, 마리노, 프톨레마이오스 등 고대 최고의 사상가들이 받아들인 세계 3분론에 뿌리를 두고 있다. 세계는 유럽, 아시아, 아프리카라는 거대한 세 지역으로 나뉜 오르비스 테라룸(orbis terrarum, 세상)으로 인식되었다.[16] 대척점, 즉 세계의 남쪽에 다른 종류의 인간이 사는 또 다른 섬들이 존재하리라고 추정한 이들도 있었지만, 고대 역사가들과 지리학자들의 관심은 그들이 아는 세계와 3대 지역에 살고 있는 인간들의 형태에 집중됐다. 이리하여 세계의 영토적 분할이 계서적·질적인 사회적 분할로 이어졌다. 이 위계질서에서 유럽은 가장 우월한 자리를 차지한다. 그리스와 로마인이 야만인이라고 여긴 아시아와 아프리카인보다 유럽인은 교육을 더 많이 받고 문명화되었다고 간주했기 때문이다(O'Gorman 1991, 147).

중세의 기독교 지식인들은 이 사회적 분류 도식을 전용하면서 몇 가지 변화를 주었다. 가령 (모든 인간은 아담의 자식이라는) 단일 인류 도그마는 성 아우구스티누스로 하여금, 오르비스 테라룸에 다른 섬들이 존재하고 그곳에 거주민이 있다면 이들을 인간으로 분류할 수 없다고 생각하게 만들었다. 유럽, 아시아, 아프리카인들만 신국(City of God)의 주민이 될 자격이 있다는 것이었다(O'Gorman 1991, 148). 기

---

16 내가 여기서 말하는 오르비스 테라룸은 멕시코의 철학자이자 역사학자 에드문도 오고르만이 자신의 책『아메리카의 발명』에서 규정한 사회적 세계 구분을 따른 것이다. 미뇰로도 이 책에 입각해 자신의 논지를 전개했다(Mignolo 1995, 17).

독교는 이와 같은 방식으로 고대의 위계적 세계(world) 분할을 재해석했다. 유럽은 이제는 신학적 이유로 아시아와 아프리카보다 상위의 특권적 자리를 여전히 차지했다.[17] 이 세 지역은 대홍수 이후 노아의 세 아들이 정착한 곳으로 여겨졌고, 이런 이유로 완전히 다른 세 종류의 주민이 살게 됐다. 노아의 세 아들인 셈, 함, 야벳의 자손들이 각각 아시아, 아프리카, 유럽에 거주하게 되었다고 믿었다. 이는 유럽인에게 알려진 세계의 세 지역이 종족에 따라 계서적으로 분류됐음을 의미한다. 아시아와 아프리카인(성경에 따르면, 노아의 눈 밖에 난 두 아들의 자손들)은 노아가 총애하는 아들 야벳의 직계 자손보다 인종적·문화적으로 열등하다고 보았다.

미뇰로는 기독교가 고대의 사회적 분할 도식을 재정의하여 인간의 종족·종교적 분류 체계로 변모시켰고, 16세기에 이 체계가 확연히 작동하게 되었다고 지적한다(Mignolo 1995, 230).[18] 콜럼버스의 항해

---

17 비록 유럽이 가장 완벽한 형태의 문명을 표상하지는 않았지만(기술적, 경제적, 과학적, 군사적 관점에서 볼 때, 유럽은 아시아와 북부 아프리카와 비교해서 빈곤한 주변부였다), 많은 사람에게 이 세계에서 진정한 신앙에 기초한 유일한 사회로 간주되었다. 이 점에서 유럽이 인류의 임박한 운명과 초월성을 표상하게 되었다. 서구 기독교 문명이 지구상의 모든 다른 문화적 형식을 재단할 기준을 설정한 것이다(O'Gorman 1991, 148).

18 미뇰로는 세비야의 이시도로(Isidoro de Sevilla, 560~636)의 유명한 T/O지도를 명쾌하게 언급한다. 대주교이자 학자였던 성 이시도로의 저서 『어원학』(*Etimologiae*)의 삽화였던 이 지도는 O자 형태의 원이고, 그 내부는 T자 형태의 두 줄에 의해 세 영역으로 나누어져 있다. 원의 절반을 차지하는 윗부분은 셈의 후손들이 살고 있는 아시아 대륙(동쪽)을 표상한다. 또 두 영역으로 나누어진 아랫부분에서 왼편은 야벳의 후손들이 살고 있는 유럽 대륙을, 오른편은 함의 자손들이 살고 있는 아프리카 대륙을 표상한다(Mignolo 1995, 231).

로 아메리카가 지리적 실체이며 오르비스 테라룸과 다른 지역임이 입증되자, 아메리카 주민과 영토를 둘러싼 대논쟁이 즉시 촉발되었다. 신이 인간을 에덴동산에서 추방한 후에, 인간이 살아야 할 영토로 '지구의 섬'(isle of earth, 유럽, 아시아, 아프리카를 포함하는 지역)만을 지정했다면 새로 발견된 땅은 어떤 법적 지위를 갖는다는 말인가? 새로 발견된 땅이 교황의 보편적 통치권하에 있고, 따라서 기독교 왕이 점령해도 정당한 것인가? 노아의 아들들만이 아담의 직계 후손이고 인류의 아버지라면, 새로운 땅의 주민들은 어떤 인류학적 지위를 가지는가? 새로운 영토의 주민들이 이성이 결여되어 있어서, 유럽인이 노예로 삼아도 정당한가? 에드문도 오고르만이 이미 주장했듯이, 미뇰로는 새로운 영토와 주민은 존재적으로 유럽과 다른 것이 아니라 유럽 자연의 연장(natural extension), 즉 '신대륙'으로 여겨졌다고 말한다.

> 16세기에 아메리카가 에스파냐 왕실이 아닌 북(이탈리아와 프랑스)의 지식인에 의해 개념화되었을 때, 아메리카는 셈의 땅(오리엔트)도 함의 땅(아프리카)도 아니라, 야벳의 땅이 확대된 것이라는 뜻이 내포되어 있었다. 기독교도의 T/O지도를 넘어 세계를 지정학적으로 4개의 대륙으로 구분할 세계관이 존재하지 않았기 때문에 아메리카를 야벳의 영역, 즉 서쪽(옥시덴트)에 포함시킨 것이다. 옥시덴탈리즘은 말하자면 근대/식민 세계체제를 지배한 지정학적 상상계이다. (Mignolo 2000a, 58~59)

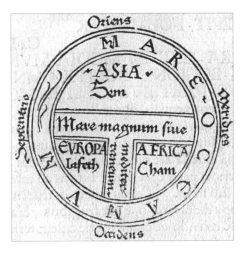

| T/O 지도

    피식민자에 대한 유럽의 종족적 우월성에 대한 믿음은 인종을 셋으로 나누는 인식론적 도식과 기독교의 보편적 세계관에 입각한 상상력에 내재되어 있었다는 것이 미뇰로의 핵심 지적이다. 아메리카 영토를 야벳의 땅의 연장(延長)으로 간주한 이런 시각은 아메리카의 자연자원 약탈과 아메리카인 복속을 "정의롭고 정당한" 것으로 간주하게 만들었다. 오직 유럽만이 신의 은총을 줄 수 있다고 믿었기 때문이다. 복음 전파는 구기독교도, 즉 (함과 셈의 후손인) 유대인, 무어인, 아프리카인과 섞이지 않은 사람들이 정당하게 아메리카로 건너가 정착할 수 있는 지상과제였다. 신세계는 유럽 백인과 기독교 문화의 자연적 연장 무대가 되었다. 종족적 순수성 담론(미뇰로의 해석에 따르면 유럽인 이주자의 아비투스에 각인된, 세계체제 최초의 지문화적 상상계)은 이내 전 지구적 차원에서의 종족적 노동분업, 인적 자원과 자본의 교환을 정

당화시켰다. 미뇰로의 해석은 사이드의 포스트식민주의 이론과 연속성도 있고 차이도 있다. 사이드와 마찬가지로 그리고 맑스와 달리, 미뇰로는 지배자는 물론 피지배자의 아비투스에도 각인된 담론 구축물(constructs of a discourse)이 없었다면 유럽 식민주의는 불가능했으리라는 점을 인지하고 있다. 그러나 사이드와 대조적으로 미뇰로는 이 담론을 오리엔탈리즘이 아닌 옥시덴탈리즘으로 보았다. 특정 식민유산(이 경우에는 히스패닉 식민유산)을 고려한 포스트식민주의 이론의 필요성을 강조한 것이다.[19]

오리엔탈리즘을 전형적인 식민담론이라고 주장할 때, 사이드는 프랑스와 대영제국이 생산한 타자 담론이 두 번째 근대성에 해당한다는 사실을 깨닫지 못하는 셈이다. 그래서 사이드는 16-17세기 에스파냐의 지문화적·지정학적 헤게모니를 간과했을 뿐만 아니라, 두셀이 비난한 18세기의 (유럽 중심적) 근대성을 결과적으로 정당화시킨다.

나는 사이드 저술의 엄청난 영향과, 이로 인해 가능해진 엄청난 학문적 변화를 무시할 의도는 없다. 또한 아이자즈 아마드(Aijaz Ahmad)에 동조할 의도도 없고, 사이드의 저술이 정확히 내가 원하는 대로 써지지 않았다 해서 그를 신랄하게 비난하려는 것도 아니다. 그러나 나

---

19 "나는 포스트식민주의 이론을 특수한(particular) 식민유산과 접목시킬 문화적·정치적 개입의 필요성을 강조하련다. 다른 말로 말해, '르네상스의 어두운 이면'을 부각시켜 침묵당한 에스파냐와 라틴아메리카라는 공간과 아메리카 선주민들이 기여한 바를 포스트식민주의 이론에 새기고자 한다."(Mignolo 1995, xi)

는 사이드의 저술이 강화한 엄청난 침묵을 재생산할 의도도 없다. 옥시덴탈리즘이 없었으면 오리엔탈리즘도 없고, 유럽의 "위대하고 풍요롭고 오랜 식민지"는 오리엔트가 아니고 옥시덴트이다. 즉 서인도(Indias Occidentales)와 아메리카인 것이다. 오리엔탈리즘은 "유럽의 심장"(영국, 프랑스, 독일)이 15~17세기 중반의 기독교 유럽(이탈리아, 에스파냐, 포르투갈)을 대체한 두 번째 근대성 시대의 근대세계체제의 지배적 문화적 상상계일 뿐이다. […] 사이드의 주장처럼 오리엔트는 18세기 이후 빈번하게 반복되는 유럽 타자의 이미지가 되었다는 점은 사실이다. 그러나 옥시덴트는 결코 유럽의 타자가 아니라, 동일성 내의 차이(difference within sameness)였다. (이름 자체에서 볼 수 있듯이) 서인도였고, 그리고 이후 (뷔퐁, 헤겔 속의) 아메리카는 서쪽의 극단(extreme West)이지 유럽의 타자가 아니었던 것이다. 아시아와 아프리카와 달리 아메리카는 유럽의 연장으로 편입되었지, 유럽과 다른 지역으로 간주되지 않았다. 그래서 옥시덴탈리즘이 없었다면 오리엔탈리즘도 없었다는 이야기를 다시 한 번 할 수 있는 것이다. (Mignolo 2000a, 57~58)

양자의 차이에도 불구하고 사이드와 미뇰로의 이론은 식민주의 현상을 설명하면서 식민성에 중요성을 부과한다는 점에서 공통점이 있다. 무엇보다도 사이드의 오리엔탈리즘과 미뇰로의 옥시덴탈리즘 모두, '규율 장치'(법, 제도, 식민지 관료제도)로 기능할 뿐만 아니라 구체적인 형태의 주체성에 투영되는 문화적 상상계이자 문화적 담론을 주목한다. 오리엔탈리즘과 옥시덴탈리즘은 그저 (엄격한 맑스적 의미에서의) 이데올로기가 아니라 삶의 양식이고, 사유와 행동의 구조이다. 이러한 상징적인 인식 환경 속에서 식민성 범주는 행위자들의 종족적 정체성을 지시한다.

이리하여 미뇰로는 '첫 번째 근대성의 주체성은 부르주아지의 출현과는 전혀 관계가 없고, 귀족적 백인의 상상계와 관계 있다'는 두셀의 논지를 강화시킨다. 타자와의 종족적 차이에 입각한 정체성이야말로 근대/식민 세계체제 최초의 지문화이다. 이 지문화는 특정 인종의 타자에 대한 우월성뿐만 아니라, 특정 지식의 다른 지식에 대한 우월성을 진실로 상정한다. 사실 미뇰로는 18세기 과학적 인식론의 출현을 이해하기 위한 열쇠는 유럽 지리학자들이 먼저 종족적 중심과 기하학적 중심을 분리한 것이라고 확언한다(Mignolo 1995, 233~236). 우리가 알고 있는 16세기까지의 대부분의 지도에서 기하학적 중심과 종족적 중심은 동일했다. 가령 중국 지도 제작자들은 황제의 궁이 중심을 차지하고, 그 주위에 영토를 배치하는 공간적 재현을 보여 주었다. 중세 기독교도의 지도도 마찬가지여서, 세계가 예루살렘 주위에 배치되어 있다. 13세기 아랍 지도에서는 이슬람 세계가 세계의 중심이다. 이런 단계의 지도에서는 '중심이 유동적이었다'. 관찰자는 자신의 관찰 지점(point of observation)을 고수하지도 않고 재현에서도 배제되어 있었기 때문이다. 기하학적 중심은 관찰자의 지시 지점(중국 문화, 유대 문화, 아랍 문화, 기독교 문화, 아스테카 문화 등)에 해당하는 종족적·종교적 중심과 일치해야만 했다. 그러나 아메리카 정복과 함께, 또 이 새로운 영토를 통제하고 구획하려는 식민지배자들의 지상과제가 요구하는 정확한 재현 필요성과 함께 뭔가 다른 양상이 발생했다. 이리하여 당시 지중해 가톨릭 국가들(특히 이탈리아)의 회화 기법에 혁명을 일으킨 바 있는 '시각의 수학'(mathematics of perspective, 원근법)이 지도 제작에도 도입된다. 시각은 재현 대상의 외부에 하나의 고정된 관점(point of view)을 채택할 것을 요구한다. 다시 말해 절대 시선(sovereign gaze)의 채택을 요구한다. 시각은 스스로는 대상을 볼 수 있지만, 누구의 눈에도 보이지 않는 도구인 셈이다. 이리하여 시각은 하나의 관점을 가지되, 이 관점에 대한 어떠한 관점도 존재하지 않을 가능성을 제공한다.

이는 지도 제작에 근본적인 혁명을 야기한다. 비가시적인 관찰 지점을 만들어 내면서, 기하학적 중심은 더 이상 종족적 중심과 일치하지 않게 된다. 대신, 이제 정확한 측량 도구를 소유하게 된 지도 제작자와 유럽인 항해자들은 종족적 중심에서 유래한 재현은 특정 문화적 특수성과 관련된 것이기 때문에 전(前)과학적이라고 믿기 시작했다.

진정으로 과학적이고 '객관적'인 재현은 자기 자신을 관찰 지점에서 제거하고 '보편적 관점'을 생성할 수 있는 재현이다. 자신의 종족적·문화적 관찰 중심에서 독립하려는 바로 이 시선을 나는 '0도의 오만'(hubris of zero degrees)이라고 부르련다.

두셀과 미뇰로의 논지를 밀착해서 좇자면, 객관성과 과학성의 외피를 쓴 이 0도의 오만은 두 번째 근대성과 함께 출현한 것이 아니라 첫 번째 근대성의 지문화에 뿌리를 두고 있다. 코페르니쿠스 혁명이나 부르주아적 개인주의의 효과가 아니라, 유럽의 경쟁자와 맞서 대서양 지역을 통제하고, 우상숭배로 간주된 오랜 신앙 체계를 주변부에서 근절시키려 한 에스파냐의 국가적 필요성에서 0도의 오만이 비롯된 것이다. 다른 세계관들은 더 이상 공존할 수 없고, 공간과 시간의 위계질서에 따라 분류돼야만 했다. 16-17세기의 세계지도들은 관찰되지 않는 관찰자의 절대 관점에 따라 공간을 조직했다. 커다란 단위는 '대륙', 더 작은 단위는 '제국'이라 불렸는데, 이는 실제 지리와는 완전히 무관했다. 이 지도들은 과학적이지 않은 지상과제에 따라 제작된 지정학적 구축물일 뿐이다. 유럽은——이미 세비야의 성 이시도로의 T/O지도와 함께 벌어진 일이지만——계속해서 문화의 중심적 생산자이자 배급자이고, 아시아와 아프리카와 아메리카는 문화를 수용하는 곳일 뿐이다. 세계의 이러한 대륙적·지정학적 차별은 계몽주의 시대의 인류학 이론, 사회학적 이론, 진화론을 탄생시킨 인식론적 토대가 되었다. 미뇰로는 "공간(그리고 언어와 기억)의 식민화는 차이는 가치로 측정되어야 하고, 가치는 연대의 진화(chronological evolution)로 측정되어야 한다는 믿음에서 비롯되었다. 알파벳에 입각한 문자 체계, 서구식 역사 기술 방식, 지도 제작법은 지역적인 것이 보편화될 수 있고 타 인종의 발전 정도를 평가할 척도가 될 수 있다는 더 커다란 생각의 틀의 일부가 되었다"(Mignolo 1995, 256~257)라고 말한다.

　미뇰로가 광범위하게 사용하는 지식의 지정학은 바로 이 지점과 관련된 범주이다. 0도의 오만의 결과 중 하나가 특정 언술 장소(place of enunciation)의 비가시화이다. 이 장소는 장소 없는 장소로, 보편적인 장소로 화한다. 지역의 역사(local history)를 전지구적 설계(global design)로 변신시키는 일은 그 특정 장소를 지정학적 권력의 중심으로 정립시키는 과정과 병행되는 법이다. 세계체제의 중심을 차례로 차지한 에스파냐, 프랑스와 네덜란드와 영국, 미국은 저마다 자신의 지역의 역사를 독보적이고 보편적인 지식의 언술·생산 지점으로 변신시키려는 의도를 지니고 있었다. 권력의 중심 혹은 이 중심이 통제하는 회로에서 생산되지 않은 지식은 부적절하고 전(前)과학적인 것으로 선언된다. 0도로부터 재현된 지식의 역사는 지도에 위치가 있고, 나름대로 지리학을 지니고 있다. 하지만 이시도로의 T/O지도에서와 마찬가지로, 아시아, 아프리카, 라틴아메리카는 여전히 이 지도의 외곽에 위치해 있고, 지식의 생산자가 아니라 중심이 창출한 지식의 소비자로 간주된다.

5. 권력의 식민성

비판적 식민성 이론의 구축에서 두셀과 미뇰로와 함께 사회학자 아니발 키하노의 공헌을 연구할 필요가 있다. 1970년대에 페루에서의 촐로[20] 정체성의 출현 연구를 시작으로, 1980년대 문화적 정체성과 근대성 간의 관계 연구를 통해 키하노는 라틴아메리카의 문화적 긴장을 연구하려면 아메리카에 대한 유럽의 식민지배를 출발점으로 삼아야 한

20 [옮긴이] cholo. 라틴아메리카 몇몇 나라에서 '메스티소' 대신 쓰는 용어.

다는 입장을 정립했다. 1990년대에 키하노는 자신의 관점을 더 넓혀서, 식민권력은 전 세계에 대한 유럽의 경제적, 정치적, 군사적 지배에 국한되지 않고, 유럽의 근대적 지식생산 모델의 헤게모니를 뒷받침하는 인식적 토대를 포함하고 있다고 단언했다. 바로 이 지점에서 이 페루 사회학자는 사이드, 두셀, 미뇰로와 유사하게, 스스로를 '인간과학'(Science of Man)으로 간주하는 계몽주의 기획에 비판적인 태도를 취한다. 키하노에게 식민권력에 대한 비판은 필연적으로 인식적 핵심(유럽중심주의)에 대한 비판, 즉 유럽의 식민지배와 이에 대한 보편적 비준 열망을 정당화시키는 지식에 대한 비판을 수반해야 한다.

키하노는 미뇰로처럼 식민권력은 이미 16세기부터 정립된 인류의 계서적 분류에 인식적 뿌리를 두고 있으며, 18세기와 19세기에 각각 중농주의 모델과 생물학 모델의 사용과 더불어 확고한 정당성을 획득했다고 단언한다. 이 분류 체계들은 인류를 다양한 인종으로 구분하고, 사회적 계서제의 틀 속에서 각 인종에게 고착되고 고정된 자리를 부여한다. 비록 인종이라는 개념은 이베리아반도의 국토회복 전쟁 시기에 이미 형성 중이었지만, 16세기 세계체제의 형성과 함께 비로소 식민권력의 인식적 기반이 되었다(Quijano 1999, 197). 자연이 정한 우월한 인종과 열등한 인종이 있다는 관념은 에스파냐가 16-17세기에 아메리카 지배를 공고히 하는 동안 기둥 역할을 했다. 그리고 그 개념은 이어지는 세기들 동안에 유럽 식민권력의 '과학적' 정당성 역할을 했다. 키하노는 이 현상을 설명하고자 권력의 식민성 개념을 발전시켰다.

사실 권력의 식민성은 1492년부터 아메리카의 식민지에 강요된 특정 지배구조를 지시하는 분석 범주이다. 키하노에 따르면 에스파냐 식민지배자들은 종족적·인식적 우월함에 의거하여 피식민자와의 권력 관계를 확립했다. 이 권력 매트릭스는 군사적으로 선주민을 복속시키고 힘으로 지배하는 것(식민주의)에 그치지 않는다. 선주민들의 전통적 지식을 급진적으로 변화시키고 이들이 지배자의 인식 지평을 순순히 수용하게 하려는 시도(식민성)를 한다. 키하노에 따르면 권력의 식민성은 "무엇보다 피지배자의 상상계의 식민화 문제이다. 즉, 유럽 문화와 비유럽 문화 사이의 식민적 관계가 피지배자의 상상계 내부에서 작동하고 있다. […] 억압은 무엇보다 앎의 방식, 지식과 관점의 생산방식, 이미지와 이미지 체계, 상징, 의미화 방식에 가해졌다. 뿐만 아니라 지적인 것이든 시각적인 것이든 간에, 형식화되고 객관화된 모든 표현의 원천, 양식, 도구에도 가해졌다. […] 또한 식민주의자들은 자신들의 지식과 의미화 생산방식에 포장된 이미지를 덧씌웠다"(Quijano 1992, 438).

이에 따르면, 권력의 식민성의 첫 번째 특징이자 가장 전반적인 특징은 아주 강압적이지만은 않은 수단들을 통한 지배이다. 피지배자들에 대한 신체적 억압뿐만 아니라 유럽의 문화적 상상계를 자연, 사회, 주체성을 연계시키는 유일한 방식으로 받아들이게 만드는 것이다. 우리는 피지배자들의 자유의지는 물론 인식적·정서적 구조까지 급진적으로 변화시키려는 독특한 기획, 다시 말해 피지배자를 서구 백인의 상(像)에 의거한 '새로운 인간'으로 변모시키려는 기획에 직면하고 있는 것이다. 에스파냐는 이 문명화 목표를 달성하기 위해, 인디오를 지배 민족의 문화적 모델에 통합시키는 기능을 담당할 엔코미엔다를 만들었다. 엔코멘데로의 역할은 체계적인 복음화와 혹독한 육체노동을 통한 인디오의 완전한 개종을 성실히 관리하는 것이었다. 복음화와 육체노동 이 두 가지 도구는 내면의 변화를 직접 겨냥하여, 인디오를 소수자 조건에서 풀어놓아 문명화된 삶의 특징에 상응하는 생각과 행동에 궁극적으로 접근시키려는 시도이다.

권력의 식민성은 에스파냐 지배가 선주민의 수많은 지식 형식을 제거하고, 이들을 식민체제의 문명화 목표에 더 적합한 새로운 지식으로 대체하려고 시도한 방식을 언급한다. 그리하여 첫 번째 근대성이 다른 형식의 지식 생산, 이미지, 상징, 의미화 형식들에게 가한 인식론적 폭력을 가리킨다. 그렇지만 권력의 식민성이라는 범주는 또 다른 보완적 의미도 지닌다. 다른 지식 형식들은 이념적 정당성을 상실하고 하위주체화되었지만, 그렇다고 완전히 제거되지는 않았다. 그러나 유럽의 식민적 상상계가 하위주체들의 욕망, 염원, 의지에게 부단한 매혹으로 작용했다. 그래서 권력의 식민성의 두 번째 특징으로 키하노는 다음과 같이 말한다. "유럽 문화는 권력에 접근하게 해주는 매혹적인 것이 되었다. 모든 권력의 주된 도구는 억압보다는 이러한 매혹이다. 이런 과정을 통해 문화적 유럽화는 하나의 열망으로 바뀌게 된다. 문화적 유럽화는 식민권력에 참여하는 방식이었다."(Quijano 1992, 439)

이 문화적 유럽화 염원은 지배자와 피지배자 양자가 공유하는 권력 구조의 일부였고, 이 구조는 18세기 말 누에바그라나다 부왕령[21]에서 시도된 계몽주의의 코스모폴리스[22] 기획의 토대를 구성했다. 키하노와 미뇰로의 테제를 합치면, 인종적 순수성 담론이 생산한 백인성이라는 상상계는 식민사회의 모든 계층이 내면화시킨 염원이고, 이 염원을 주 기둥으로 하여 모든 사회적 행위자의 주체성이 정립되었다고 할 수 있다. 백인이 되는 것은 피부색보다는 종교적 믿음, 의상 스타일, 풍습, (우리에게는 더 중요한 대목이지만) 지식의 생산과 확산 형태에 의해 구성된 문화적 상상계의 개인적 미장센과 관련이 있다. 백인성 상상계와 결부된 그러한 차별화된 문화적 표식이 사회적 지위의 표식, 즉 상징적 자본을 획득하고 축적하고 전파하는 방식이었다.

권력의 식민성은 백인성이라는 헤게모니적 주체성 유형을 언급하는 것 외에도, 내가 0도의 오만이라고 부른 바 있는 새로운 유형의 지식 생산에 대해 언급한다. 0도의 오만이란 객관성과 과학성의 과시가 수반된 지식 형식, 관찰자가 관찰 대상과 무관하다고 너무나 당연하게 생각하는 지식 형식을 말한다. 이러한 과시는 오만이라는 죄악, 즉 스스로를 신의 지위로 격상시키고자 하는 인간들의 오만을 그리스인들이 일컫는 말로 사용된 오만에 비견될 수 있다. 스스로를 0도로 자리매김하는 것은 보이지 않으면서 볼 수 있고, 세계를 관찰할 수 있되 누구에게도, 심지어 자기 자신에게도 그 관찰의 정당성을 입증하지 않아도 되는 숨은 신(Deus absconditus)의 권능을 지니는 것과 맞먹는다.

---

21 [옮긴이] 오늘날의 보고타를 중심으로 한 에스파냐의 식민행정 단위.
22 [옮긴이] '세계도시'(world-city)를 뜻하는 '코스모폴리스'는 모든 개인이 국가, 인종, 종교 등에 상관없이 서로 관계를 맺고 사는 공동체를 상상한 그리스 철학자들에게서 비롯된 개념이다. 18세기 계몽주의자들이 세계가 하나가 되기 시작한 징후를 포착했을 때, 전 인류 공동체 상상을 위한 기본 개념이 되었다.

또한 유효하고 보편적이고 합법적이라고 인정되는 세계관, 국가가 지지하는 세계관을 행사하는 것과 맞먹는다. 그리고 경제적 인간(homo oeconomicus)이라는 자본주의적 비전에 비우호적인 모든 믿음 체계를 근절하고자 하는 에스파냐의 필요성에 우선 부응한다(이후에는 세계체제의 다른 모든 헤게모니적 열강에 부응한다). 상이한 세계관들은 더 이상 공존할 수 없다. 이들은 시간과 공간의 계서제에 따라 분류되어야만 한다. 다른 모든 지식 형식은 분별력을 기만한 '억견'(doxa)으로, '성년'에 이르는 길에 걸림돌이 된 '미신'으로 간주되어 근대 과학의 '과거'에 속하는 것으로 선포되었다. 0도의 시각에서 볼 때, 인류의 모든 지식은 전통에서 근대, 야만에서 문명, 공동체에서 개인, 압제에서 민주주의, 개인에서 보편, 동양에서 서양으로 가는 인식론적 척도 위에 배열된다. 우리가 직면하고 있는 것은 인식적 지배 전략이고, 이는 우리가 잘 알고 있듯이 계속 번영을 누리고 있다. 식민성은 근대성의 과거가 아니라 근대성의 다른 얼굴인 것이다.[23]

김종규·우석균 옮김

참고문헌

Aricó, José(1980), *Marx y América Latina*, Lima: Centro de Estudios para el Desarrollo y la Participación.

---

[23] 이 글은 로살리아 베르무데스(Rosalia Bermúdez)에 의해 에스파냐어에서 영어로 번역되었다.

Beverley, John(2002), "La persistencia del subalterno", *Nómadas*, No. 17, pp. 48~57.

Castro-Gómez, Santiago(ed.)(2000), *La reestructuración de las ciencias sociales en América Latina*, Bogotá: Pensar, Instituto Pensar/Editorial Pontificia Universidad Javeriana.

Castro-Gómez, Oscar Guardiola-Rivera y Carmen Millán de Benavides(1999), *Pensar (en) los intersticios: Teoría y práctica de la crítica poscolonial*, Bogotá: Centro Editorial Javierano.

Dussel, Enrique(1992), *1492: El encubrimiento del otro: El origen del mito de la modernidad (Conferencias de Frankfurt 1992)*, Bogotá: Ediciones Antropos.

_____(1995a), *Introducción a la filosofía de la liberación*, Bogotá: Editorial Nueva América.

_____(1995b), *The Invention of the Americas: Eclipse of "the Other" and the Myth of Modernity*, Trans. Michael Barber, New York: Continuum.

_____(1999), "Más allá del eurocentrismo: El sistema mundo y los límites de la modernidad", In Santiago Castro-Gómez, Oscar Guardiola-Rivera y Carmen Millán de Benavides(eds.), *Pensar (en) los intersticios: Teoría y práctica de la crítica poscolonial*, Bogotá: Centro Editorial Javierano, pp. 147~162.

_____(2001), "Eurocentrismo y modernidad: Introducción a las lecturas de Frankfurt", In Walter Mignolo(ed.), *Capitalismo y geopolítica del conocimiento: El eurocentrismo y la filosofía de la liberación en el debate intelectual contemporáneo*, Buenos Aires: Ediciones del Signo/Duke University, pp. 57~70.

Grosfoguel, Ramón(ed.)(2002), "Eurocentrism, Border Thinking and Coloniality of Power in the Modern/Colonial World-System", Dossier published by *Review*, Vol. 25, No. 3.

Lander, Edgardo(ed.)(2000), *La colonialidad del saber: Eurocentrismo y ciencias sociales. Perspectivas latinoamericanas*, Buenos Aires: Consejo Latinoamericano de Ciencias Sociales/UNESCO.

Marx, Karl(1930), *The Communist Manifesto*, London: New York International.

_____(2001), *Simón Bolívar*, Madrid: Ediciones Sequitur.

Mignolo, Walter(1995), *The Darker Side of the Renaissance: Literacy, Territoriality, and Colonization*, Ann Arbor: University of Michigan Press.

_____(2000a), "La colonialidad a lo largo y a lo ancho: El hemisferio occidental en el horizonte colonial de la modernidad", In Edgardo Lander(ed.), *La colonialidad del saber: Eurocentrismo y ciencias sociales. Perspectivas latinoamericanas*, Buenos Aires: Consejo Latinoamericano de Ciencias Sociales, pp. 55~86.

_____(2000b), *Local Histories/Global Designs: Coloniality, Subaltern Knowledges, and Border Thinking*, Princeton: Princeton University Press.

_____(ed.)(2001a), *Capitalismo y geopolítica del conocimiento: El eurocentrismo y la filosofía de la liberación en el debate intelectual contemporáneo*, Buenos Aires: Ediciones del Signo/Duke University.

_____(2001b), "Local Histories and Global Designs: An Interview with Walter Mignolo", *Discourse*, Vol. 22, No. 3, pp. 7~33.

O'Gorman, Edmundo(1991), *La invención de América: Investigación acerca de la estructura histórica del Nuevo Mundo y del sentido de su devenir*, México: Fondo de Cultura Económica.

Quijano, Aníbal(1992), "Colonialidad y Modernidad/Racionalidad", In Robin Blackburn y Heraclio Bonilla(eds.), *Los Conquistados: 1492 y la población indígena de las Américas*, Bogotá: Tercer Mundo Editores, pp. 437~447.

_____(1999), "Colonialidad del poder, cultura y conocimiento en América Latina", In Santiago Castro-Gómez, Oscar Guardiola-Rivera y Carmen Millán de Benavides(eds.), *Pensar (en) los intersticios: Teoría y práctica de la crítica poscolonial*, Bogotá: Centro Editorial Javeriano, pp. 99~109.

Said, Edward(1994), *Orientalism*, New York: Vintage.

Walsh, Catherine(2001), "Geopolíticas del conocimiento", Dossier published by *Comentario Internacional*, No. 2, Quito: Universidad Andina Simón Bolívar.

Walsh, Catherine, Freya Schiwy, Santiago Castro-Goméz(eds.)(2002), *Indisciplinar las ciencias sociales: Geopolíticas del conocimiento y colonialidad del poder. Perspectivas desde lo andino*, Quito: Editorial Abya Yala.

Zea, Leopoldo(1988), *Discurso desde la marginación y la barbarie*, Barcelona: Anthropos.

8장
탈식민적 전환

넬슨 말도나도-토레스

'탈식민적 전환'은 여러 지역과 연구분야에 걸쳐 있는 다양한 입장의 이론, 예술, 정치에 적용할 수 있는 개념이다.[1] '탈식민적'이란 용어는 전반적으로는 '탈식민화 활동'을, 더 구체적으로는 '탈식민성'을 지칭한다.[2] '포스트식민적'(postcolonial)이란 용어와는 달리 탈식민성

---

1 가령, 다음을 보라. Atallah 2016; Ballestrin 2013; Blanco 2009; Carmona Báez and Soto-Lafontaine 2015; Castro-Gómez and Grosfoguel 2007; Grosfoguel 2007; Maldonado-Torres 2006, 2006~2007, 2008, 2011a, 2011b, 2011c, 2011d, 2012; Ndlovu 2014; Ndlovu-Gatsheni 2013, 2016; Rodríguez Reyes 2017; Sithole 2016; Tlostanova 2010; Uperesa 2016; Vorster and Quinn 2017. 학술지 『장애와 전지구적 남』(*Disability and the Global South*) 6권 1호(2019)의 로베르토 시르벤(Roberto Sirvent)과 에이미 리드 산도발(Amy Reed-Sandoval)의 특별 기획 '장애와 탈식민적 전환: 아메리카의 관점'(Disability and the Decolonial Turn: Perspectives from the Americas)도 참조하라. 비록 '탈식민적 전환'이라는 표현을 사용하거나 라틴아메리카에만 초점을 두진 않지만, 아르투로 에스코바르가 '라틴아메리카 근대성/식민성 연구 프로그램'(Latin American Modernity/Coloniality Research Program)이라고 부르는 것에 대한 분석(Escobar 2007)도 언급할 의의가 있다.

(decoloniality)은 20세기에 독립한 식민지들의 역경만을 혹은 이를 중점적으로 지칭하는 용어가 아니다. 정확히 말하자면, 주체들의 반란적 위치성(insurgent positionality)과 장기(long-durée) 근대/식민 문화와 구조들의 탈식민화 가능성을 지칭한다. 이 근대/식민 구조와 문화는 적어도 근대의 국가간 체제와 식민체제가 형성되었을 때부터, 지구적 자본주의 경제의 시초부터, 대서양과 신세계(New World)가 열리면서 근대/식민 문화가 출현되었을 때부터 자리했다.

이렇게 정의된 탈식민성은 식민성과 본질적으로 연결되어 있는데, 식민성은 식민주의와는 달리 특정한 식민적인 권력·존재·지식 매트릭스(colonial matrix of power, being, and knowledge)를 일컫는다. 식민적 매트릭스는 서구 근대성과 그 헤게모니적 문명 기획의 구성적 차원까지는 아닐지라도 중심적 차원을 이루게 되었다(Quijano 2007[1991]; Quijano and Wallerstein 1992; Wynter 2003; Mignolo 2000). 식민성의 가장 치명적인 부분은 특정 주체와 사람들, 또 이들과 연관된 대다수 측면이 정상적이라 여겨지는 것에 비해 열등하고 문제적이라고 간주된다는 점이다(Du Bois 1999; Gordon 2000). 근대

---

2 [에스파냐어 옮긴이] 나는 이 글에서 'decolonial'과 'decolonialidad'를 각각 'decolonial' 과 'decoloniality'로 번역했다. 그러나 말도나도-토레스는 종종 'des-colonial'과 'des-colonialidad'도 사용하고 있어서, 이들은 'de-colonial'과 'de-coloniality'로 번역했다. 'des'로 시작하는 용어들은 'de'로 시작하는 용어들과 강조점이 다르다. 에스파냐어 원문에서 'des-'라는 접두어는 더 적극적인 과정을 표현하고 주로 동사와 결합할 때 사용된다. 영어 번역에서 'de'와 'de-'를 구분한 것이 이 미묘한 차이점을 전달하는 데에 도움이 되었기를 바란다.

주체는 그런 차별선들(lines of differentiation)로 조직화된 세계 속에서 사회화되고 훈육되며, 또한 그 선들을 재생산한다. 그들의 바람, 염원, 인간 개념은 여러 저주(damnation)의 표식들 중에서도 선주민성(indigeneity)과 흑인성(blackness)을 비하하는 구조, 문화, 상징에 의해 비참함(wretchedness)과 동물성(animality)의 표식으로 사전 정의된 것이다.

식민성에 반(反)해, 탈식민적 전환은 근대적/식민적 주체의 다양한 자리 재매김 ─ 인식적(epistemic), 실천적, 미학적, 감정적, 그리고 또 종종 정신적(spiritual) 자리 재매김 ─ 을 통해 식민화된 주체가 아니라 근대성이 문제라는 사실을 드러낸다. 또 다른 한편으로 탈식민적 전환은 탈식민화와 탈식민성을 근대성/식민성을 넘어서는 상징, 권력 관계, 존재 형식, 앎의 방식을 갖춘 세계를 구축하려는 기획을 가리킨다. 즉, 탈식민적 전환은 탈식민성을 근본적으로 생존을 위한 명령이자 필수 요소로서뿐만 아니라, 가능성 또는 선택(option)으로 이어질 하나의 기획으로 도입한다(선택으로서의 탈식민성에 대한 상세 설명은 Mignolo 2011 참조). 탈식민적 전환은 다양한 철학적 전환들 ─ 가령 언어학적 전환 또는 실용주의적 전환 ─ 과의 관계를 통해서도 이해할 수 있지만, 이들과 대조적으로 서구 근대성 자체에 대한 비판적 응답과 교정으로 접근할 수 있다. 특히 서구 근대성의 평등 및 개인의 자유에 대한 사상들과 자연스러운 것으로 여겨지는 비평등과 식민적 행위들 간의 치명적인 조합과 표피적인 화해를 비판할 수 있다.

탈식민적 전환은 근대성과는 다른 비전, 행동 지평, 지향을 제안한다. 이 전환은 식민성에 의해 부정적으로 표식된 공동체들이 접한 모순과 체계적 폭력, 또한 이 공동체들과 그 주체들이 그에 대해 일관되게 보여 주는 응답에서 출발한다. 근대성은 스스로를 이성적, 민주적, 세속적이라고 표상한다. 반면, 탈식민적 전환은 근대성이 사실은 근대성/식민성이라는 사실을 폭로한다. 나아가 근대성이 인간의 위계화, 인종차별적 노예제도, 땅의 약탈, 지식의 독점화, 식민성에 의해 부정적으로 표식된 신체들에 가하는 학살과 강간 같은 전쟁의 비윤리성에 대한 당연시 같은 근대의 식민주의 요소들과 불가분의 관계를 지니고 있다고 폭로한다.

이론과 철학적 담론의 견지에서 볼 때, 탈식민적 전환은 단순히 근대의 철학적 사유의 틀 안에서 우선순위나 철학적 원칙들의 변화를 주장하는 것이 아니다. 가령 언어와 관련되어 언어학적 전환을 요구하거나, 행동과 실천과 관련하여 실용주의적 전환을 요구하거나, 현상이나 존재와 관련하여 현상학적 혹은 존재적 전환을 요구하는 것이 아니다. 탈식민적 전환은 오히려 서구 근대성을 이루어야 할 과제가 아닌 뛰어넘어야 할 문제로 간주하고 폭로하는 새로운 태도의 출현을 제안한다. 이런 탈식민적 지향은 식민성이 근대성의 내면적이고, 구성적이고, 분리될 수 없는 요소라는 점을 명확히 하기 위해 종종 여러 종류의 이론적 전환들을 재전유하고, 재정의하고, 비판한다. 근대성을 문제시하고, 피식민자를 문제가 아니라 오히려 근대성이 야기한 문제들과 이 문제들에 적절하게 대응할 수 있는 형태를 탐구할 수 있는 원천으로 접근하고자 하는 180도 전환이 탈식민적 전환이다. 보다 구체적으로 말하자면, 탈식민적 전환은 어떤 전통이나 전통이라는 관념에 대한 환멸이 아니다. 근대성/식민성의 출현과 확장, 근대성/식민성이 죽음의 기술과 지배를 정당화하고 당연시하는(Maldonado-Torres 2010) 다양한 방식에 대해 근본적으로 의심하고 질문을 던지는 모습으로 표출된다. 이런 외침, 의심, 질문은 지적, 예술적, 정신적, 사회적, 정치적 행동주의 등의 다양한 영역에서, 또 이 영역들을 가로지르는 개인적·집단적 표현들에서 찾을 수 있다. 또 주체와 운동의 지적, 예술적, 사회적 도발에서 비롯된 방법론적 제안과 철학적 원칙의 구상으로도 표현된다.

근대성을 대할 때, 또 근대성의 상식, 기대, 정의(定義)를 대할 때 탈식민적 전환이 제안하는 태도의 변화는 근대성의 모든 차원이 탈식민화된 세계의 창조에서 선험적으로 배제되는 것을 의미하지는 않는다. 탈식민적 전환이 주장하는 것은 탈식민화가 독립이나 주권 쟁취뿐만 아니라 하나의 기획으로 간주되어야 한다는 사실이다. 탈식민적 사유와 행동의 실천 및 형식을 확장함으로써 "많은 세계가 포함되는"(Marcos 2001, 88) 새로운 세계를 추구하고 형성하려는 목표를 지닌 기획으로서 말이다. 그러한 세계는 다양한 방식으로 주체성, 공동체, 제도들을 이해할 것이고, 상호관계성과 인간의 공존에 대한 가장 예리한 표현들을 유럽의 근대성과 피식민자의 사유를 모두 포괄한 다양한 인식적 세계들로부터 일관적으로 찾으려고 노력할 것이다. 그런 의미에서 탈식민적 전환은 근대성이 아니라 탈식민성이야말로 미완의 기획이라고 주장한다(Grosfoguel, Maldonado-Torres and Saldívar 2005; Maldonado-Torres 2008; 2011b).

'탈식민적 전환'이라는 개념의 구상에는 라틴아메리카 사유들이 중요하게 작용했다. 그러나 라틴아메리카뿐만 아니라 훨씬 많은 지역의 다양한 지적·이론적 기획이 그 기원에 스며들었다. '탈식민적 전환'은 탈식민적 성찰의 출현을 지칭하는 용어이자 근대성에 대해 비슷한 태도를 가진 여러 이론적 표현들의 다리 혹은 개념적 접점이기도 하다. 탈식민적 전환은 지향점의 변화(shift), 이 변화에서 발생된 이론과 비판 형식, 그리고 그 변화에서 영감을 얻거나 그를 토대로 삼는 지적·예술적·사회적 활동 간의 관계들을 일컫는다. 탈식민적 전환이란 개념과 그 복수적인 실천들은 근대성과 피식민 공동체들에 대한 근본적인 태도의 변화를 제안하는 지적, 예술적, 그리고/혹은 사회적 운동들이 발생하는 상이한 공간들과 역사적 순간들을 지칭한다. 이들 맥락에서 식민성은 지구적이고 구조적이며 문화적인 문제이자 내면과 주체에 관계된 문제로 사유, 존재, 활동에 대한 자신의 타당성을 강요한다. 탈식민적 전환은 그런 점에서 식민화가 근본적 문제라는 의식의 출현에, 전지구적인 사유의 탈식민화에 연계되어 있다.

아래에서 나는 우선 '탈식민적 전환'이란 개념의 기원에 대해 말할 것이다. 2004/2005년에 이 용어를 사용하면서 서술한 바와 같이, 나는 이 글에서 '탈식민적 전환'을 포스트적이고 초대륙적(post-and trans-continental) 전환으로 제안한다. 주로 아메리카와 카리브 지역에 대해 언급하겠지만, 이들 지역에 한정되어 있는 개념은 아니다.[3] 내가 말하는 '포스트적이고 초대륙적 전환'은 두 가지를 뜻한다. 첫째, 공간과 지정학은 사유의 위계 형성에 중요하게 작용한다. 둘째, 지배적인 유럽의 사유에 대한 비판적 응답은 인정 투쟁이나 비유럽 대륙의 사유들도 중요하다는 옹호에만 그쳐서는 안 된다. 즉 탈식민적 전환은 지정학의 중요성을 숙지하고 있지만, 대륙과 국가를 당연시하거나 규범적으로 여기는 공간 비전과 지식생산 비전을 거부한다. 간단히 말해, 나는 탈식민적 전환을 철학적 민족주의나 유럽보다 우위에 있고 유럽을 거부하는(over and against Europe) 비유럽 대륙적 공간의 표현 혹은 그저 인종철학(ethno-philosophy)으로 제안하는 것이 아니다. 탈식민적 사유는 사이 공간(interstitial space), 가장자리, 국경, 디아스포라, 이주, 군도, 조상의 영토와의 관계, 그리고 지역연구와 유럽 철학(혹은 세계 철학)처럼 명백히 서로 동떨어진 분야들에 영감을 주는, 유럽 대륙의 지정학적 상상계에 편입되는 것을 저항하는 공간과 시간을 통한 사람들(peoples) 간의 접속 등의 중요성을 입증하는 경향을 지닌다.

두 번째 섹션은 식민화와 탈식민화의 개념, 그리고 이와 연관된 해방(emancipation)과 **해방**(liberation)[4] 같은 개념들을 선명하게 밝힐 것이다. 마지막 섹션에서 나는 탈식민적 전환의 계보학을 개괄하고 카리

---

3 '탈식민적 전환'에 대한 다양한 설명들은 라틴아메리카적 뿌리를 강조하는 경향이 있지만(Ballestrin 2013; Blanco 2009), 이 개념의 초기 형성은 개별 대륙에 묶여 있지 않았다. 나는 이 용어를 처음 제안하고 발전시켜 오면서 이 점을 분명히 했고(Maldonado-Torres 2006, 2006~2007; 2008, 2011a, 2011b, 2011c, 2011d; Maldonado-Torres and Rodríguez Reyes 2017), 최근 더 인정받게 되었다(Rodríguez Reyes 2017).

4 [옮긴이] 이 글에서 'liberation'(해방)은 구분을 위해 고딕체로 표기했다.

브와 라틴엑스[5] 아메리카인들의 글을 통해 탈식민적 전환의 몇 가지 예를 소개할 것이다.

1. '탈식민적 전환' 개념의 출현

'탈식민적 전환'이란 개념은 2005년 캘리포니아 주립대학 버클리 캠퍼스 학술대회에서 처음 언급되었다. 내가 주요 개최자 중 한 사람이었던 그 학술대회에서 나는 일종의 경첩같이 작용하는 개념으로, 또 어떤 면에서는 프란츠 파농, 엔리케 두셀, 아니발 키하노, 실비아 윈터(Sylvia Winter)를 비롯한 제3세계인들의 방대한 이론적·인식론적 돌파구를 포괄적으로 지칭하기 위해 이 개념을 제안했다. 그 돌파구는 이들 못지않게 저명한 린다 마틴 알코프(Linda Martin Alcoff), 루이스 고든(Lewis Gordon), 마리아 루고네스(María Lugones), 월터 미뇰로, 첼라 산도발(Chela Sandobal), 캐서린 월시와 같은 더 젊은 세대의 학자들의 연구, 근대성/식민성/탈식민성 네트워크, 카리브철학학회, 다양한 라티노 철학자와 비평가 그룹 등에서도 찾을 수 있다.

'탈식민적 전환'이란 개념은 식민화 문제의 명백한 성격과 광범위한 차원의 개방적·생성적·창의적인 기획으로서의 탈식민화, 미완의 기획으로서의 탈식민화를 전달하려는 의도를 지니고 있다. 이 개념은

---

5 [옮긴이] Latinx. 미국의 라틴아메리카 이주민을 뜻하는 단어는 남성은 라티노(Latino), 여성은 라티나(Latina)인데, 이 이분법적 젠더 구분을 극복하기 위해서 사용되는 용어가 'Latinx'이다.

급진적으로 열려 있다. 탈식민적 전환은, 오랜 시간 동안 이루어져 왔지만 탈식민적 과업의 규모를 생각하면 아직도 새롭다고 볼 수 있는 전지구적 기획들의 다양성에 대해 말한다. 버클리 학술대회는 많은 학자들이 참여했다. 특히 카리브, 라틴아메리카, 미국 내의 제3세계(U.S. Third World)[6] 학자들이 많이 참가했는데, 그들의 연구는 유럽의 여러 철학적 전환들의 영향을 받았고 아직도 받고 있지만, 동시에 이들과는 다른 경향을 드러내었다. 탈식민적 전환은 또 현재 세대들이 있게 해준 여러 다른 학자들의 업적 및 세계를 가로지르는 여러 주체, 공동체, 운동들에서도 볼 수 있다.

요약하자면, 코페르니쿠스적 전환, 언어학적 전환 혹은 포스트모던적 전환 등과 마찬가지로 탈식민적 전환도 거론할 수 있는 것이다. 철학적 전환들에 대한 내 관심은 철학 교육을 받을 때에 기인한다. 이에는 루이스 고든과 나눈 실존주의, 현상학, 포스트구조주의에 관한 대화, 엔리케 두셀과 나눈 레비나스, 맑스주의, 프랑크푸르트학파의 실용적 전환, 특히 두셀의 칼 오토 아펠과의 대화에 관한 토론 등이 포함된다. 고든의 저서 『파농과 유럽인의 위기』(*Fanon and the Crisis of European Man*, 1995)와 『아프리카의 실존』(*Existentia Africana*, 2000), 두셀의 『전지구화와 배제의 시대의 해방윤리학』(*Ethics of Liberation in the Age of Globalization and Exclusion*, 1998)은 유럽의

---

6 [옮긴이] 'U.S. Third World'란 미국 내 유색인종의 입장에서의 제3세계적 관점과 연대를 말한다.

여러 철학적 전환들과 독창적인 관계를 맺음으로써 새로운 지평을 열었고 단순히 이전 전환들의 연장(延長)이라고 여길 수 없다고 본다.

1990년대 말과 2000년대 초의 여러 다른 출판물과 학술대회들은 이와 비슷한 돌파구를 보여 주었다. 월터 미뇰로의 『로컬 히스토리/글로벌 디자인』(2000), 첼라 산도발의 『억압당한 자의 방법론』(*Methodology of the Oppressed*, 2000), 엠마 페레스(Emma Pérez)의 『탈식민적 상상계』(*Decolonial Imaginary*, 1999) 같은 저서들을 예로 들 수 있다. 또한 여러 만남과 학술대회들이 있었는데 그중 일부는 버클리 학술대회가 있기 바로 전 해에 성사되었다. 바베이도스에서의 카리브철학 학술대회 첫 개최와 듀크 대학과 노스캐롤라이나 대학 채플힐 캠퍼스에서 월터 미뇰로와 아르투로 에스코바르가 조직한 근대성/식민성 네트워크 사례를 들 수 있다. 그 시기에 식민성과 탈식민성에 대한 숙고가 활기를 띠었고, 다수가 글로리아 안살두아의 『경계지대』, 아니발 키하노, 실비아 윈터의 연구처럼 1980년대 말에서 1990년대 초기에 출판된 중요한 저서들과 대화를 나누었다. 이 모두를 비롯해 더 많은 작업들이 탈식민적 전환이라는 개념의 탄생에 기여했다.

버클리 학술대회 제목에 들어간 '지도 그리기'(mapping)라는 개념은 뚜렷한 비판적 목소리와 이론적 표현들이 출현한 복수의 지정학적 공간을 시사했다. 이 목소리들과 입장들은 이들이 근대성, 근대성 담론들, 발전과 민족국가와 같은 근대성의 규범적인 제도들에 대항하여 보여 준 탈식민적 지향성을 통해 서로 연관되어 있다. 철학적 전환들과 사유 패러다임들에 대한 '지도 그리기' 개념은 그 시기에 활발하게 통용되었는데, 이는 『윤리적 전환의 지도 그리기: 윤리, 문화, 문학 이론 독본』(*Mapping the Ethical Turn: A Reader in Ethics, Culture, and Literary Theory*, Davis and Womack 2001)이란 선집 등에서 피력되었다. '탈식민적 전환의 지도 그리기'는 버클리 학술대회에서 발표한 여러 학자들 사이에 이미 진행 중이던 대화를 확장하고 심화시키자는 도발, 또 탈식민적 전환의 주요 차원들과 현재와 과거의 여러 현장들의 파악을 시작해 보자는 도발이었다. 탈식민적 전환의 지도 그리기는 카리브철학학회의 모토였던 "이성의 지리를 이동하기"(Shifting the geography of reason)(Gordon 2011)이고, 또 이 전환이 이루어지는 공간들을 염두에 둔 탈식민적 전환의 여러 계보학과 유형론을 창출하는 것에 대한 일종의 초대이다.

내가 학술대회를 개최한 교수단(라몬 그로스포겔, 호세 다비드 살디바르, 필자)에 포함된 일과 주립대학 버클리 캠퍼스의 인종연구학과(Department of Ethnic Studies)[7]에 임용되어 있었던 일, 이 과가 학술대회의 주 후원자였다는 점의 중요성도 빼놓을 수 없다. 이 과는 1960년대 후반의 탈식민적 활동의 산물이었고, 여러 탈식민적 기획의 중심

---

7 [옮긴이] 이 글에서 인종연구라 번역한 'Ethnic Studies'는 1960년대 미국의 민권운동에서 자라난 학문으로 '인종학'(Ethnology)과 다르다. 인종연구는 인종을 식민자의 관점에서 관찰하는 학문이 아니라 미국 내 유색인종의 관점에서 다양한 차이를 공부하는 학문이다. 그렇기 때문에 민권운동 중에 학생들의 대학 커리큘럼에 관한 시위에서 시작된 학문이고, 인종적 차이가 사회적 지표로 작용하는 것을 주로 다룬다. 인종 이외에도 이에 연관된 젠더, 계급, 성적 지향성, 종교, 시민권 여부에 따른 차별 등 다양한 차이와 차별에 대해 연구한다.

지가 되어 왔다. 제3세계 반란의 정신을 이어받은 인종연구는, 이 학술대회와 탈식민적 전환 개념에서 볼 수 있었던 공간성과 시간성에 대한 국제적이고 강력한 비전들을 공유하는 지적·예술적·공동체적 기획들의 추구 가능성을 제시했다.

인종연구 외부의 많은 학자들은 아직도 인종연구가 하위의 학문적 공간이고 정체성에 얽매인 학문 분야들의 조합이고, 따라서 실체와 엄격한 방법론이 결여된 학문이라고 여겼다. 이 견해는 놀랍지도 새롭지도 않은데, 이는 유색인종 전반에 대한 편견과 유색인종 학자가 매일 겪는 일이 인식론 차원에 투영된 것이기 때문이다. 그러나 인종연구 내부에서 인종연구는 방법론들의 물신화에 의도적으로 도전하고 근대성/식민성의 구조와 한계들을 넘어선 지식생산의 가능성을 여는 탈식민적인 학문적·이론적·예술적·창조적 생산이 일어나는 장소이다. 인종연구 자체가 바로 1960년대 후반의 공식적 인종 격리 폐지 후의 환경에서 유색인종 청년들의 탈식민적 전환의 직접적인 결과물이다. 버클리 학술대회가 개최되고 탈식민적 전환이라는 범주가 도입된 시간과 공간은 그래서 의미 있는 것이다.

2. 근본적 개념[8]

탈식민적 사유는 이제는 500년이 더 된 아메리카 정복과 식민화의 첫

---

8 이 부분은 Maldonado-Torres(2011c, 683~686)의 일부를 수정한 것이다.

순간부터 시작되었다. 이는 그때까지 인류 역사에 기록된 적 없는 집단학살(genocide)에 위협당하고, 자신들이 모든 면에서 우월하다고 여기는 이들의 지배에 굴복한 선주민들이 겪은 공포를 지칭한다. 아메리카 정복과 식민화, 선주민 집단학살, 15-16세기의 아프리카인과 소위 '인디언' 주민들에 가해진 인종적 노예제도는 제국주의 역사의 일개 일화가 아니다. 탈식민화 사상가들이 보기엔 소위 '아메리카의 발견'을 통해 출현한 것은 새로운 형태의 존재와 권력이다. 이 새로운 질서와 그 식민적/근대적 성질에 반(反)해, 비인간화된 주체와 사람들의 인간성을 재구축하려는 개념과 실천들의 물결이 일어났다. 복구할 수 없는 과거로의 회귀가 아니라, 식민자들의 관점과 철학들과 단순하게 화해하지는 않겠다는 거부를 뜻한다. 그 개념들과 실천들은 근대 유럽 문명의 가장 섬뜩한 의도적 혹은 비의도적 결과물에 노출된 파편화된 주체의 표식을 지니면서 또한 인간 세계를 재구축하려는 억누를 수 없는 욕망을 표현한다. 이 공포와 욕망, 부정과 긍정이 철학적 탈식민적 사유의 이중적 토대이다.

필자는 이 지점에서 한편으로는 식민주의와 식민성, 또 다른 한편으로는 해방, **해방**, 독립, 탈식민화, 탈식민성 같은 근본적 개념에 대한 설명을 시작하고자 한다. 철학적 사유의 탈식민화는 식민주의를 넘어 식민성에 비판적이다. 또한 해방, **해방**, 혹은 단순한 독립을 넘어선 탈식민화라는 미완의 기획을 단언하고 지지하고자 한다. 이미 언급한 바와 같이, 철학적 사유의 탈식민화는 근대 식민주의만큼이나 오랫동안 존재했다. 의심의 여지 없이, 이는 19세기와 20세기 중반의 독립 운동들을 통해 강력한 국제적 흐름을 띠게 되었고 포스트식민 세계를 구축하려 한 여러 기획과 관련되어 있다. 이 운동들은 유럽문명 기획이 겪는 정당성의 위기란 맥락에서 포스트유럽중심적 세계의 가능성을 여러 차별화된 방식과 급으로 단언했다. 현존하는 질서의 위기와 포스트유럽중심적 세계의 가능성의 단언이라는 이 조합은 또한 20세기 말의 소련 제국의 붕괴와 신사파타주의의 출현을 비롯한 여러 운동에서도 볼 수 있다.

아래에서 나는 탈식민적 전환의 개념들과 탈식민적 전환 사례들을 이용하여 한편으로는 사유의 위기와 유럽문명 기획의 위기로부터 동시에 영감을 얻고, 또 한편으로는 유럽중심적 근대성의 구성적 한계들을 뛰어넘는 존재, 권력, 지식의 긍정의 가능성들로부터 영감을 얻은 사유의 방식들의 중요성과 국제적 성격에 대해 설명할 것이다. 철학적 사유의 탈식민화는 이 전환들의 주요한 부분이지만, 이에 깊은 의미를 부여하는 역사적 사건들과 함께 고려되어야 한다. 그러므로 필자는 아래에서 몇몇 사상가들의 중요성뿐만 아니라, 헤게모니적 형태에 도전하고 식민화와 근대 세계에 남은 그 유산들을 극복할 수 있을 지평들을 연 사건들의 중요성을 함께 고려할 것이다.

1) 식민주의에서 식민성으로

철학적 사유의 탈식민화를 이해하기 위한 첫 주요 주제는 근대의 식민화와 식민성이다. 이들은 소위 아메리카 대륙의 '발견'과 이어진 집단 학살, 살인, 인종적 노예제, 자연과 인간 자원의 착취와 관련해 출현한

'사회적 조직' 개념과 형태에 뿌리를 두고 있다. 중세 때는 구원은 죽음 후의 영혼의 운명과 관계있었다. 그러나 '발견'은 이와 대조적으로 착취와 상업적 사용을 통해 소위 발견된 자원들의 세속적 향유와 혜택이 구원이라는 개념을 수립했다(Wynter 1995). 세계관의 변화는 축적을 구원의 지표로 여기게 했고, 이는 자본주의가 일부 지역에만 존재하는 생산방식에서 출현 중인 유럽중심적 세계체제에서의 지배적 생산방식으로 변하는 것을 가능케 하였다. 그러므로 '발견'은, 예언과 계시 대신에 인간의 감각과 능력으로 발견한 '새로운 것'이 가치가 있다고 본다는 점에서 르네상스 시대의 관점과 자본주의를 옹호한다. 그리고 감각에 의해 발견된 모든 것은 인간의 향유와 안녕을 위한 것이다(그러나 모든 인간이 아니라 주로 유럽인 남성 '발견자들'과 기독교 왕국들의 '발견자들'이 이를 누렸다). 근대성과 자본주의와 함께 부상한 이 개념들과 실천들은 한편으로는 부르주아지와 착취당하는 이의 차이를, 다른 한편으로는 피식민 주체와 선천적으로 노예화된 주체들의 차이를 인정한다(피식민 주체도 착취당하는 것은 마찬가지이지만 후자처럼 소모품이 아니라 주로 상품 생산자 성격을 지닌다).

유럽의 르네상스와 함께 시작된 식민주의는 중세의 존재, 권력, 지식 개념들과의 연속성과 비연속성을 동시에 지닌다. 발견자와 비발견자의 차이는 중세 시대의 기독교도와 비기독교도의 차이와 전반적으로 동일한 구분선을 따라 확장된다. 다만 전적으로 종교적 차이에 입각해 있지는 않고 '발견' 자체에서 현현한 인간의 덕목들과 연계된다. 그리하여 발견자들과 발견된 자들, 식민자와 피식민자 간에는 더 새로운 관계가 출현한다. 크리스토퍼 콜럼버스가 첫 대서양 여정에서 마주한 거주민들을 "신앙 없는" 혹은 종교 없는 주체들이라고 언급했다는 점은 의미심장하다. 이는 기독교 주체와, 중세 시대에 거주민이 없다고 혹은 아예 존재하지 않는다고 여겨지던 영토들에 살고 있는 주체 간의 새로운 유형의 차별화를 보여 준다.[9] 이로 인해 새로운 종류의 서열 혹은 인간질서가 출현한다. 참된 종교의 귀의자인 기독교도와 거짓된 종교를 가진 다른 사람들의 차이는 종교 없는 사람들의 등장으로 더욱 복합적으로 변한다. 종교 없는 주체들은 진실된 종교를 알 수 있는 능력 여부뿐만 아니라 신과 관계를 맺을 수 있는 능력 여부도 의심받는다. 한마디로, 인지 능력이 없을 뿐만 아니라, 파라셀수스[10]가 주장했듯이, 영혼도 없고 아담과 이브의 후손도 아니라고 여겨졌다(Pagden 1982, 22; Wood 1995, 33). 이는 발견된 자들에 대한 근본적인 문제가 인식론적인 차원의 것일 뿐만 아니라 존재론적인 차원의 것으로 만든다. 그래서 탈식민적 혹은 탈-식민적 철학적 사유는 인간, 사유, 세계의 서열을 정하는 권력관계의 의미를 재규정하는 것을 목표로 한다.

근대적/식민적 세계는 그러므로 구 서열(가령 기독교 신과 인간의 차이, 기독교와 다른 신앙들의 차이, 왕과 백성의 차이, 남자와 여자의 차이)의 폭력적 전파와 창의적 변화뿐만 아니라, 더 인간적인 인간과 덜 인

---

9 '종교 없는 존재'라는 개념과 그 용법 및 함축적 의미에 대한 추가 논의는 Maldonado-Torres(2006, 2014)를 보라.

10 [옮긴이] Philippus Aureolus Paracelsus(1493~1541). 스위스의 의학자이자 화학자.

간적인 인간이라는 새로운 개념 위에 구축되었다. 한쪽에는 유럽 남성을, 또 다른 한쪽에는 과잉 성욕을 지니고 젠더가 불분명한 피식민적 주체를 상정하는 것이다. 미뇰로에 의하면 이 새로운 질서를 근대적/식민적 세계라고 볼 수 있다(Mignolo 2003). 또 키하노와 월러스틴에 의하면, 여기에서 작용하는 권력관계를 식민성이라고 볼 수 있다(Quijano and Wallerstein 1992; Quijano 2000; 2007). 식민주의는 문자 그대로는 특정한 정치적 관계를 지칭한다. 그에 비해 식민성은 권력관계와 지식 및 존재에 대한 개념을 지칭한다. 그리하여 한편으로는 정당성을 갖추었다고 여겨지는 인간 주체와 또 한편으로는 필수 불가결하지만 착취 가능하고 의존적이어서 가치 없고 여러 사회적 질서에서 부정적 혹은 이국적 함의를 지닌 이들 사이를 구분하는 세계를 만든다.

2) 해방, **해방**, 탈식민화에 관해

사유의 탈식민화를 이해하기 위한 두 번째 주요 주제는 탈식민화와 탈-식민성이다. 탈식민화는 존재, 사회관계, 상징, 사유의 모든 차원에서 인간성을 회복하기 위한 상징적, 인식론적, 그리고/혹은 물적 폭력 혹은 분출 과정들을 지칭한다. 탈식민화는 분명히 식민화의 시초부터 욕망, 개념, 그리고 심지어 하나의 기획으로 존재해 왔다. 하지만 전지구적 공동체에서 상이한 공동체와 사람들에 의해 실질적으로 명백한 기획이 된 것은 19세기와 20세기에 이르러서이다.

여기에서 분명히 해야 할 것은 첫째 탈식민화와 해방의 차이이다.

둘은 용어는 다르지만 상반되는 것은 아니다. 해방에는 세 개의 주요 역사적 사건들이 있다. 첫째는 유럽의 군주제에 대한 도전과 폭정의 종식 과정이다. 이 과정은 군주제가 자유를 부당하고 가부장적으로 제한한다고 보는 발생기의 부르주아지와 대중 부문들에 의해 이루어졌다. 이는 해방을 통제적이거나 가부장적인 폭정에 대항하는 성숙 과정으로 생각한 계몽주의 시대에 일어났다.

해방의 두 번째 의미는 노예제 폐지이다. 여기에서 해방은 더 이상 부르주아지나 유럽 인민(people)이 아니라 노예제에 처한 주체들의 해방을 말한다. 자유의 한계뿐만 아니라 노예제도가 극단적·체계적으로 행한 폭력적 비인간화와 관계있는 것이다. 이 과정은 피식민 사회, 특히 노예 노동에 의존하는 플랜테이션에서 발생했고, 일부 피식민 사회는 폭정을 극복하려 했던 유럽의 해방적 담론의 직접적 영향을 받았다. 그럼에도 불구하고 노예제도 폐지를 원하는 노예와 자유 흑인들에게 해방은 왕정에만 이의를 제기한 것이 아니라 플랜테이션에서 존재했던 노예를 부리는 권력 체제와 식민적 권력 전반에 이의를 제기하는 것이었다.

해방은 또한 유럽의 아메리카 식민지의 크리오요 엘리트가 독립을 얻는 과정과 **해방**이라는 세 번째 의미를 가진다. 이는 미국의 독립에서 라틴아메리카 영토에 19세기에 공화국이 들어서던 시기를 아우른다. 미국과 라틴아메리카에서는 이 해방을 지칭하는 가장 흔한 용어가 독립이었다. 이에 반해 **해방**은 20세기에 아프리카와 아시아에 위치한 유럽 식민지들에서 벌어진 각종 독립 투쟁들과 라틴아메리카에서 종속과 근대화 담론에 대항하기 위해 사용된 용어이다. 그러므로 해방에는 국가적 해방뿐만 아니라 해방사회학, 해방신학, 해방철학이 있다.

탈식민화 개념은 해방, 해방, 독립과 연관은 있지만 고유의 의미가 있다. 프란츠 파농의 업적(Fanon 2004; 2008)을 하나의 시발점으로 여긴다면, 탈식민화는 단순히 식민주의(혹은 절대주의)뿐 아니라, 미래의 해방된 혹은 해방된 주체는 오로지 탈식민화 투쟁 속에서 자신을 만들고, 자신을 지각하고, 자신을 구성할 수 있다고 주장한다. 그러나 탈식민화 개념은 그동안 식민성을 무력화시키고 의미 및 행동의 세계를 재구성하려는 실천과 개념들의 집합이 아닌, 주로 특정 정치적 투쟁들과 연계되어 왔다. 그렇기 때문에 우리는 '탈식민화'라는 개념뿐만 아니라 첼라 산도발과 캐서린 월시의 작업을 좇아(Sandoval 2000; Walsh 2005) 탈-식민성이라는 개념을 사용하게 되었다. 탈식민성으로서의 탈식민화는 식민적 현실과 이 현실의 여러 권력 서열을 무력화시키는 과정을 일컫는다. 이 과정은 주체적·구조적 차원에서의 즉각적 작업이 필요하다는 것을 시사한다. 또한 이 과정은 폭정, 식민주의 혹은 노예제도에 반하는 저항만으로는 식민성을 무력화시킬 수 없다는 것을 명백하게 드러낸다. 식민성은 독립이나 해방의 달성 이후에도 이어질 수 있고, 따라서 탈식민화의 목적은 독립된 혹은 해방된 존재의 달성을 넘어서는 것이다. 오히려 탈식민화는 개인과 인민들의 자유에 더해 진정한 상호의존적인(interdependence) 관계를 재정립하는 것을 목표로 하고 있다. 마지막으로 탈식민화 개념이 독립이나 해방의 개념과 다른 점은 탈식민화는 남들이 줄 수 있는 것이 아니라는 점이다. 그러한 연유로 탈식민화 개념은 다른 개념들보다 해방의 개념과 더 직접적으로 연관되어 있다.

3. 탈식민적 전환의 계보학을 향하여: 포스트적 표현 및 초대륙적 표현들과 아메리카의 탈식민적 전환

위에서 검토한 식민화, 탈식민화, 그리고 이와 연관된 용어들의 여러 의미는 특정한 맥락들에서 출현했다. 이 개념들의 의미를 명료히 하는 것에 더불어 탈식민적 전환의 여러 순간들에 대해 대략적인 이해도 중요하다. 여기서 나는 그중 가장 영향력 있는 것들에 대해 설명하겠다. 탈식민적 전환의 매우 중요한 최초의 순간은 18세기 말에서 19세기 중반까지 일어났던 독립혁명들의 첫 물결이다. 특히 양가성을 지닌 아이티혁명이 매우 중요하다. 이 혁명은 아프리카인과 그 디아스포라 주체들의 가치의 긍정을 모색했을 뿐 아니라 사회적 평등을 위한 물적 조건을 구축하려 했다. 아이티혁명에 비하면 미국 독립혁명은 유럽과 대등하게 식민성의 질서에 합류하려는 노력이었다. 라틴아메리카의 독립혁명들은 에스파냐와 포르투갈의 영향을 배격하는 성향을 띠었지만, 프랑스와 영국과 같은 유럽 다른 지역의 계몽의 근대성에 참여하기 위함이었다. 이 첫 탈식민적 전환의 시기의 다른 의미 있는 혁명과 기획들 중에는 18세기 말 볼리비아의 투팍 카타리(Túpac Katari) 혁명과 1900~1945년의 범아프리카 회의(Pan-African conferences)가 있다.

탈식민적 전환의 두 번째 순간은 2차 세계대전의 종료와 아시아, 아프리카, 카리브에서 일어난 탈식민화의 새로운 물결이다. 서구 열강들은 예전의 우생학과 생물학적 인종차별주의를 공식적으로 단념하기 시작했다. 미국과 라틴아메리카 대부분의 국가와 달리 20세기에 독립을 추구한 곳들은 토착민이 압도적으로 다수였다. 물론 생물학적 인종차별주의는 식민성의 낮은 층위의 합리화 형식에 불과해서, 이 혁명적 운동들은 이를 넘어 서구의 인종적 자유주의와 자본주의 혹은 소비에트주의 등을 재생산하지 않는 방식의 독립을 찾아야 했다. 탈식민적 전환의 이 두 번째 시기에는 1955년의 반둥 회의, 미국의 민권 운동, 첼라 산도발이 언급한 1970년대에서 1980년대의 미국 내 제3세계 페미니즘의 형성 등도 주요 순간들이었다. 이 시기에는 또한 포스트식민주의 이론도 출현했다.

냉전 종식과 아메리카 대륙 '발견' 500주년의 역사적 일치는 탈식민적 전환의 세 번째 주요 시기를 열게 된다. 좌파 지식인들 사이에선 사적 유물론의 비판적 가능성에 대한 회의주의가 늘었는데, 이는 신세계 '발견' 기념 계획에 대해 아메리카 대륙 전반과 전 세계 선주민들이 시위를 하는 때이기도 했다. 이 맥락에서 이미 존재하고 있었고 새로움이 가미된 선주민들의 시각이 새로운 청자(聽者)들을 얻게 된다. 또한 식민주의 전문가들은 당대의 사건들을 이해하기 위해 이런 흐름이 의미 있다고 보았다. 바로 이런 맥락에서 키하노는 「식민성과 근대성/합리성」(2007[1991])을, 키하노와 월러스틴은 「개념으로서의 아메리카성 혹은 근대세계체제 속의 아메리카」(1992)라는 소론을 발표하면서 식민성이라는 개념을 처음 도입했다.

탈식민적 전환의 이 중대한 세 시기는 식민주의가 근본적인 문제이고 탈식민화가 하나의 기획이라는 점을 여러 방법으로 제시한다. 식민주의를 근본적인 문제로 본다는 것은 식민주의가 하나의 연구 대상이기 이전에 이미 문제와 연구 대상을 어떻게 보는지에 영향을 준다는 것을 암시한다. 식민주의를 연구 대상으로 보는 것에서 근대 세계의 생성적인 인식론적 토대 혹은 식민성으로 보는 것으로의 사고 변화는 탈식민적 전환을 내포한다. 나는 이제 간단히 두 번째와 세 번째 시기의 몇몇 지식인의 탈식민적 전환에 관한 구체적 표현들을 검토함으로써 이 글을 마무리 지을 것이다. 이들은 각자 식민주의에 대한 이론을 제시할 뿐만 아니라 탈식민화의 중요성과 의미에 대해 성찰하고 있다. 또한 이들의 각각의 제안은 유럽중심적 세계사와 지역학과는 다른 방식으로 공간과 시간을 인식하고 있다.

역사적으로 근대 서구 식민주의를 가장 오래 겪고 이에 가장 오래 저항해 온 카리브 지역에서(토착민과 노예에서 아이티를 거쳐 마르티니크와 푸에르토리코 같은 곳에서의 탈식민화 요구가 지속되었다) 파농과 같이 가장 중요하고 영향력 있는 탈식민적 전환의 목소리들이 출현한 것은 놀라운 일이 아니다. 카리브의 정치 운동가, 시인, 사상가 에메 세제르의 『식민주의에 대한 담론』은 20세기의 탈식민적 전환을 특별히 명백하고 강력하게 제시했다. 1950년에 처음 출판된 이 책은 두 번의 세계대전 이후에 나타난, 유럽 문명의 우월성에 대한 회의, 나치 기획의 인간 말살, 20세기의 수많은 탈식민화 투쟁 등을 포착했다. 『식민주의에 대한 담론』은 그 시점에서의 유럽 문명과 전쟁, 비인간화, 멸살 등의 명백한 연관뿐 아니라 그 이전의 스캔들 ─ 유럽인이 자신의 우월성과 유럽 문명, 식민주의를 계속 정당화하기 위해 노력하는 것 ─ 을 밝혔다. 세제르는 식민화에 수반된 소위 문명이란 것으로 식민화를 정당화하는 이들은 "그들에게 주어진 가증스러운 해법을 정당화하는 것이 낫다고 생각하는, 문제를 교묘하게 왜곡하는 집단적 위선을 맹신하는 얼간이"(Césaire 2000, 32)의 '저주'에 걸렸다고 말했다. 이 저주에 맞서 세제르는 이렇게 제안한다. "중요한 것은 명료하게(즉 위험하게) 보고 명료하게 생각하는 것이고, "도대체 근본적으로 식민화란 무엇인가?"(Césaire 2000, 32)라는 순진한 첫 번째 질문에 명료하게 대답하는 것이다.

나는 이미 다른 곳에서 "명료하게 보고 명료하게 생각하는 것"이라는 세제르의 논지와 『방법의 담론』(Discourse on Method)에서 데카르트의 실험의 관계에 대해 논한 적이 있다. 『식민주의에 대한 담론』은 근대의 집단적 위선으로서의 '저주'를 문제로 여기는 담론을 방법론 혹은 철학에 근접시켰고, 식민화의 근원에 대한 질문이 저주를 벗어나는 방법이라고 주장하였다. 바로 여기에서 탈식민적 전환의 가장 기본적인 형태를 찾을 수 있다. 즉 근대성을 문제로 사유하고, 식민화의 의미에 귀 기울이는 것이 문제를 해결하는 실마리로 보는 것이다.

"순진한 첫 질문"에서 시작하여 세제르는 또다시 문명과 식민화 문제를 논했다. 세제르의 심도 있는 사유와 열정적·시적·문체적 능력을 포착하기 위해 아래에 조금 길게 인용하도록 하겠다.

우선 우리는 식민화가 어떻게 식민자를 비문명화시키고, 문자 그대로 짐승같이 만들고, 타락시키고, 숨겨진 본능을 깨우는지 연구해야 한다. [⋯] 그리고 우리는 증명해 내야 한다. 그들이 그 사실을 [⋯] 받아들일 때마다 문명은 죽음의 무게를 더하고, 보편적 퇴행이 발생하고, 괴저가 시작되고, 감염의 중심이 퍼지기 시작한다는 것을. 또 증명해 내야 한다. 그동안 침해된 이 모든 조약, 전파된 이 모든 거짓, [⋯] 모든 허풍을 내비친 끝에 결국은 독극물이 유럽의 혈관에 스며들었고 전 대륙이 느리지만 확실히 야만성으로 나아갔다는 것을. (Césaire 2000, 35~36)

탈식민적 전환은 세제르를 기점으로 서구 근대성이 이상이나 약속이 아니라 문제라고 보는 시각을 정립하게 되었다. 서구 근대성을 이상이나 약속으로 보는 시각이 식민주의를 정당화시키고는 했기 때문이다. 이런 새로운 시각을 기초로 하여 탈식민적 전환은 식민주의의 의미와 근대성과의 관계를 재조명한다.

세제르의 탈식민적 전환은 유럽 제국들에 대한 속박, 미국과의 근접성, 라틴아메리카·아시아·아프리카와의 관계, 세제르가 참여한 아프리카 디아스포라와 관련된 지적·예술적 운동이라는 복합적인 카리브의 공간성과 시간성에 의거하고 있다. 그러므로 세제르의 연구대상은 지역학이나 유럽 학문의 전형적인 연구대상으로 축소될 수 없다. 오히려 그 반대로, 세제르의 『식민주의에 대한 담론』은, 데카르트의 저작과 마찬가지로, 새로운 지식들의 정당화와 지향점을 위한 기반을 설립하려는 노력이다. 이 지식들은 탈식민적 전환의 복수적이고 다양한 표현들이다. '인종연구'라고 불리게 된 학문에서 그 사례들을 찾을 수 있는데, 이는 전통적인 지역학이나 유럽의 인문학과 과학 등의 학문들에 반(反)해 탈식민적 전환과 그 기획의 인식론적 공간 간의 관계를 보여 준다.

라틴엑스 아메리카(Latinx Americas)에서도 공간과 시간의 탈식민화에 대한 진지한 고민을 볼 수 있다. 세제르의 『식민주의에 대한 담론』처럼, 라틴아메리카의 해방철학도 유럽의 근대성과 식민화를 통해 생산된 제3세계(식민화를 통해 생산된 제3세계의 구조, 권력·존재·지식의 형식) 사이의 관계에 대한 의구심에서 시작되었다. 이는 엔리케 두셀의 1950년대 말 초기 저작에서, 특히 아메리카 대륙 '발견' 500주년의 의미에 대한 성찰에서 뚜렷하게 나타난다. 세제르가 '저주'(curse: 주노 디아즈의 소설 『오스카 와오의 짧고 놀라운 삶』*The Brief Wondrous Life of Oscar Wao*, 2007에 따르면 푸쿠fukú)라고 부르는 것은 두셀의 『아메리카의 발명』(1992)에서는 '희생제의 신화'에 해당한다. 이 저주/신화에서 탈출하기 위해서는, 역사 없는 주체로 여겨진 이들의 관점에서 세계사를 재고하고, 기본적 철학 분야와 개념(윤리학, 정치학, 경제학, 합리성, 합의, 비판critique 등)들의 배치 전체를 비판적으로 검토하고, 모든 지역의 피식민적 주체, 특히 식민성에 저항하고 탈식민화를 위해 투쟁한 이들과의 대화 관계를 정립할 필요가 있다.

탈식민적 전환과 관련된 또 다른 강렬한 사상가들로는 무엇보다도 카리브 작가 겸 이론가 실비아 윈터와 치카나[11] 페미니스트 철학자

겸 작가 글로리아 안살두아가 있다. 윈터는 적어도 1980년대 초반부터 세제르의 관점과 1960년대에서 1970년대에 나타난 인종연구 사이의 분명한 관계에 대해 말해 왔다(Wynter 1984). 윈터는 두 가지 다 근대 유럽중심주의적 관점에서 **해방된** 초문화 연구(trans-cultural studies)와 인간 연구를 가능케 한다고 보았다. 글로리아 안살두아는 『경계지대』 같은 저서에서 주체성의 식민화와 언어의 식민성에 대한 창의적 해석과 분석을 제시했다(Anzaldúa 1987). 그녀의 경계사유와 경계존재(border thinking and being) 모색은 탈식민화를 권력의 서열화에 맞서는 동력, 금지되거나 드물게 방문되는 존재지대(zones of being)의 의미를 창출하는 활동으로 제시한다. 이런 관점은 치카나 페미니스트 엠마 페레스와 첼라 산도발도 공유한다(Pérez 1999; Sandoval 2000). 이들은 한편으로는 역사와 창작, 또 한편으로는 비판이론의 영역에서 상상계와 지식을 탈식민화하는 형태에 대해 논한다.

탈식민적 치카나 관점은 월터 미뇰로 같은 라티노 저자에게 중요한 의의를 가진다. 미뇰로는 식민적 맥락에서 의미가 생산되는 형태를 연구했고, 치카나 관점에 힘입어 식민자와 피식민자의 관계 모델에 따라 계서적으로 분할된 의미, 권력, 지식의 영역에서 "식민적 차이"(colonial difference)라는 개념을 상정하였다(Mignolo 2000). 미뇰로는 또한 안살두아에게 근대성에 대해 더 비판적인 견해와 그를 초월

---

11 [옮긴이] Chicana. 멕시코계 미국인 여성을 일컫는 말이지만, 때로는 정체성을 넘어선 정치적 위치를 지시하기도 한다.

하는 개념을 창출하는 과제에 피식민자의 관점이 중요하다는 사실을 배웠다. 안살두아와 미뇰로를 통해 탈식민적 전환의 양면을 볼 수 있다. 바로 식민성을 '상처'로, 탈식민성을 '재인간화 기획'으로 보는 것이다. 그러나 안살두아의 작업은 대부분의 탈식민적 전환들에 부재하는 영성(spirituality)을 지속적으로 다룬다는 차이점이 있다.

세제르, 윈터, 안살두아, 산도발, 페레스, 미뇰로 등의 다양한 인물들에서 식민주의를 근본적인 문제로 여기고 탈식민성을 미완의 기획으로 보는 두 가지 움직임을 우리는 확인할 수 있다. 그들의 이론적·창의적인 근대성 비판은 산 경험으로서의 식민성을 바탕으로 한 것임을 보여 준다. 또한 피식민자의 주체성과 창조물에서 탈식민적 가능성을 보는 개념도 바탕이 되고 있다. 이 과정에서 근대적/식민적 공간과 시간과는 다른 탈식민적 개념들과 시공간 관계가 대두된다. 또한 주체의 위치도 급진적으로 바뀐다. 근대성에 매료되어 피식민자에게는 무관심과 혐오를 표하는 근대적/식민적 태도로부터 탈식민적 전환은 일개 방법(method)을 넘어서는 탈식민적 태도를 만들어 내고, 이는 주체들이 근본적 문제를 밝혀내고 다른 이들과 함께 문제를 고민할 수 있게 해준다.[12]

위정은 옮김

---

12 이 소고는 로버트 카부리스(Robert Cavooris)가 에스파냐어에서 영어로 번역하였고, 이에 대한 필자의 수정과 첨삭도 거쳤다. 최소한으로 수정된 텍스트는 후안 포블레테가 엮은 『라틴아메리카 연구의 새로운 접근법: 문화와 권력』(*New Approaches to Latin American Studies: Culture and Power*, London: Routledge, 2017)에 실렸다. 이 글의 한국어 번역과 수록을 허락해 준 루틀리지 출판사에 감사드린다.

참고문헌

Anzaldúa, Gloria E.(1987), *Borderlands/La Frontera: The New Mestiza*, San Francisco: Aunt Lute Books.

Atallah, Devin G.(2016), "Toward a Decolonial Turn in Resilience Thinking in Disasters: Example of the Mapuche from Southern Chile on the Frontlines and Faultlines", *International Journal of Disaster Risk Reduction*, No. 19, pp. 92~100.

Ballestrin, Luciana(2013), "América Latina e o giro decolonial", *Revista Brasileira de Ciência Política*, No. 11, pp. 89~117.

Blanco, Juan(2009), *Cartografía del pensamiento latinoamericano contemporáneo: una introducción*, Ciudad de Guatemala: Universidad Rafael Landívar.

Carmona Báez, Antonio and Melisa Soto-Lafontaine(2015), "Sexual Self-Determination in Cuba: The Epistemic Decolonial Turn", *Sexualities*, Vol. 18, No. 7, pp. 775~797.

Castro-Gómez, Santiago, y Ramón Grosfoguel(eds.)(2007), *El giro decolonial: Reflexiones para una diversidad epistémica más allá del capitalismo global*, Bogotá: Universidad Javeriana/Siglo del Hombre Editores.

Césaire, Aimé(2000), *Discourse on Colonialism*, Trans. Joan Pinkham, New York: Monthly Review Press.

Davis, Todd F. and Kenneth Womack(eds.)(2001), *Mapping the Ethical Turn: A Reader in Ethics, Culture, and Literary Theory*, Charlottesville: University Press of Virginia.

Díaz, Junot(2007), *The Brief Wondrous Life of Oscar Wao*, New York: Riverhead Books.

Du Bois, W. E. B.(1999), *The Souls of Black Folk. Authoritative Text. Contexts. Criticisms*, Ed. Henry Louis Gates Jr. and Terri Hume Oliver, New York: W. W. Norton & Co.

Dussel, Enrique(1995[1992]), *The Invention of the Americas: Eclipse of "the Other" and the Myth of Modernity*, Trans. Michael D. Barber, New York: Continuum.

_____(2013[1998]), *Ethics of Liberation: In the Age of Globalization and Exclusion*, Ed. Alejandro A. Vallega, Trans. Eduardo Mendieta et al., Durham: Duke University Press.

Escobar, Arturo(2007), "Worlds and Knowledges Otherwise: The Latin American Modernity/Coloniality Research Program", *Cultural Studies*, Vol. 21, No. 2, pp. 179~210.

Fanon, Frantz(2004), *The Wretched of the Earth*, Trans. Richard Philcox, New York: Grove Press.

_____(2008), *Black Skin, White Masks*, Trans. Richard Philcox, New York: Grove Press.

Gordon, Lewis R.(1995), *Fanon and the Crisis of European Man: An Essay on Philosophy and the Human Sciences*, New York: Routledge.

_____(2000), *Existentia Africana: Understanding Africana Existential Thought*, New York: Routledge.

_____(2011), "Shifting the Geography of Reason in an Age of Disciplinary Decadence", *Transmodernity: Journal of Peripheral Cultural Production of the Luso-Hispanic World*, Vol. 1, No. 2, pp. 95~103.

Grosfoguel, Ramón(2007), "The Epistemic Decolonial Turn: Beyond Political-Economy Paradigms", *Cultural Studies*, Vol. 21, No. 2-3, pp. 211~223.

Grosfoguel, Ramón, Nelson Maldonado-Torres and José David Saldívar(2005), "Latin@s and the "Euro-American Menace": The Decolonization of the US Empire in the 21st Century", In Ramón Grosfoguel, Nelson Maldonado-Torres and José David Saldívar(eds.), *Latin@s in the World-System*, Boulder: Paradigm Press, pp. 3~27.

Maldonado-Torres, Nelson(2006), "Césaire's Gift and the Decolonial Turn", *Radical Philosophy Review*, Vol. 9, No. 2, pp. 111~137.

_____(2006~2007), "La descolonización y el giro des-colonial", *Comentario internacional: Revista del Centro Andino de Estudios Internacionales*, No. 7, pp. 66~78.

_____(2008), *Against War: Views from the Underside of Modernity*, Durham: Duke University Press.

_____(2011a), *La descolonización y el giro des-colonial*, San Cristóbal de Las Casas: Editorial de la Universidad de la Tierra.

_____(2011b), "Enrique Dussel's Liberation Thought in the Decolonial Turn", *Transmodernity: Journal of Peripheral Cultural Production of the Luso-Hispanic World*, Vol. 1, No. 1, pp. 1~30.

_____(2011c), "El pensamiento filosófico del 'giro descolonizador'", In *El pensamiento filosófico latinoamericano, del Caribe, y "Latino" (1300-2000)*, Eds. Enrique Dussel, Eduardo Mendieta and Carmen Bohórquez, México D. F.: Siglo Veintiuno Editores, pp. 683~697.

_____(2011d), "Thinking through the Decolonial Turn: Post-continental Interventions in Theory, Philosophy, and Critique — An Introduction", *Transmodernity: Journal of Peripheral Cultural Production of the Luso-Hispanic World*, Vol. 1, No. 2, pp. 1~15.

_____(2012), "Decoloniality at Large: Towards a Trans-Americas and Global Transmodern Paradigm", *Transmodernity: Journal of Peripheral Cultural Production of the Luso-Hispanic World*, Vol. 1, No. 3, pp. 1~10.

_____(2014), "Religion, Conquest, and Race in the Foundations of the Modern/Colonial World", *Journal of the American Academy of Religion*, Vol. 82, No. 3, pp. 636~665.

Maldonado-Torres, Nelson y Abdiel Rodríguez Reyes(2017), "Entrevista a Nelson Maldonado-Torres. Las humanidades y el giro decolonial en el siglo XXI", *Filosofía de la liberación y giro decolonial*, 87-96, Panamá City: Analéctica.

Marcos, Subcomandante(2001), *Our Word is Our Weapon: Selected Writings*, Ed. Juana Ponce de León, New York: Seven Stories Press.

Mignolo, Walter(2000), *Local Histories/Global Designs: Coloniality, Subaltern Knowledges, and Border Thinking*, Princeton: Princeton University Press.

_____(2011), *The Darker Side of Western Modernity: Global Futures, Decolonial Options*, Durham: Duke University Press.

Muñiz Reed, Ivan(2016), "Thoughts on Curatorial Practices in the Decolonial Turn", *Broadsheet Journal*, Vol. 45, No. 2, pp. 14~18.

Ndlovu, Morgan(2014), "Why Indigenous Knowledges in the 21st Century? A

Decolonial Turn", *Yesterday & Today*, No. 11, pp. 84~98.

Ndlovu-Gatsheni, Sabelo(2013), *Empire, Global Coloniality, and African Subjectivity*, Oxford: Berghahn Books.

_____(2016), *The Decolonial Mandela: Peace, Justice and the Politics of Life*, New York: Berghahn Books.

Pagden, Anthony(1982), *The Fall of Natural Man: The American Indian and the Origins of Comparative Ethnology*, Cambridge: Cambridge University Press.

Pérez, Emma(1999), *Decolonial Imaginary: Writing Chicanas into History*, Bloomington: Indiana University Press.

Quijano, Aníbal(2000), "Colonialidad del poder y clasificación social", *Journal of World-Systems Research*, Vol. 11, No. 2, pp. 342~386.

_____(2007[1991]), "Coloniality and Modernity/Rationality", *Cultural Studies*, Vol. 21, No. 2-3, pp. 168~178.

Quijano, Aníbal and Immanuel Wallerstein(1992), "Americanity as a Concept, or the Americas in the Modern World-System", *International Social Science Journal*, No. 44, pp. 549~557.

Rodríguez Reyes, Abdiel(2017), *Filosofía de la liberación y giro decolonial*, Ciudad de Panamá: auto-edición.

Sandoval, Chela(2000), *Methodology of the Oppressed*, Minneapolis: University of Minnesota Press.

Sithole, Tendayi(2016), *Steve Biko: Decolonial Meditations of Black Consciousness*, Lanham: Lexington Books.

Tlostanova, Madina(2010), "Decolonial Feminism and the Decolonial Turn", In Madina Tlostanova(ed.), *Gender Epistemologies and Eurasian Borderlands*, New York: Palgrave Macmillan, pp. 19~60.

Uperesa, Lisa(2016), "A Decolonial Turn in Anthropology? A View from the Pacific", *Savage Minds: Notes and Queries in Anthropology*, http://savageminds.org/2016/06/07/a-decolonial-turn-in-anthropology-a-view-from-the-pacific/.

Vorster, Jo-Anne and Lynn Quinn(2017), "The "Decolonial Turn": What Does it Mean for Academic Staff Development", *Education as Change*, Vol. 21, No. 1, pp. 31~49.

Walsh, Catherine(ed.)(2005), *Pensamiento crítico y matriz (de)colonial: reflexiones latinoamericanas*, Quito: Editorial Universidad Andina Simón Bolivar.

Wood, Peter H.(1995), ""If Toads Could Speak": How the Myth of Race Took Hold and Flourished in the Minds of Europe's Renaissance Colonizers", In Benjamin P. Bowser(ed.), *Racism and Anti-Racism in World Perspective*, Thousand Oaks: Sage, pp. 27~45.

Wynter, Sylvia(1984), "The Ceremony Must be Found: After Humanism", *Boundary 2*, Vol. 12, No. 3, pp. 19~65.

_____(1995), "1492: A New World View", In Vera Lawrence Hyatt y Rex Nettleford(eds.), *Race, Discourse, and the Origin of the Americas: A New World View*, Washington: Smithsonian Institution Press, pp. 5~57.

_____(2003), "Unsettling the Coloniality of Being/Power/Truth/Freedom: Towards the Human, After Man, Its Overrepresentation — An Argument", *The New Centennial Review*, Vol. 3, No. 3, pp. 257~337.

9장
언어, 문학, 탈식민성
: 파농의 성찰

넬슨 말도나도-토레스

언어는 식민화에서 두말할 나위 없이 중추적 역할을 수행한다. 프란츠 파농이 모리스 메를로-퐁티의 연구에 영향을 받아『검은 피부, 하얀 가면』에서 적고 있듯이, "말을 한다는 것은 한 언어의 구문을 사용하고 형태를 소유한다는 것을 의미한다. 그러나 무엇보다도 한 문화를 취하는 일이고, 한 문명의 무게를 견디는 일이다"(Fanon 2008, 1). 파농의 연구에서 언어는 문화와 문명, 지식과 질문, 주체성과 상호주체적 관계들과 결합되어 있다. 그래서 파농은 "한 언어를 소유한다는 것은 놀라운 힘을 지니는 일이다"(Fanon 2008, 2)라고 주장한다. 그렇기 때문에 언어는 식민화를 위한 도구, 또 통제나 배제의 표적이 된다. 나는 이 글에서 파농의 언어관의 여러 측면, 특히 글쓰기와 문학과 관련된 것들에 대해 설명하고자 한다.

　내 주요 논지는 파농에게는 언어가 지식·존재·권력의 식민성과 탈식민성에서 핵심 역할을 수행한다는 것이다. 언어는 의미 산출에 일정한 역할을 하고, 세계를 알게 해주고, 방향감각을 제공한다. 그래서 존재, 지식, 권력에 동시에 연결되어 있다. 언어는 여러 가지 상이한 방식으로 세계를 포착하게 할 뿐만 아니라 세계에 대한 지식을 생산하고 공유한다. 언어는 또한 자기 이해를 가능하게 해준다. 파농이 왜 언어는 "존재와 대면하는 인간의 태도"이고, "언어를 소유하는 사람은 이 언어가 표현하고 함축하는 세계를 간접적으로 소유한다"(Fanon 2008, 2)고 단언했는지 알 수 있을 것이다. 언어는 기본적으로 의미를 생산하고 전달한다. 그리고 언어 덕분에 알게 되고 거주할 수 있는 세계에 우리를 시간적·공간적으로 위치시키는 지도 역할을 한다.

존재의 경제(economy of being)에서 그토록 핵심 역할을 하고 있기 때문에, 언어는 인간질서의 형성과 식민화에서 가장 중요한 측면이다. 이 글에서 내 논지의 일부는 주로 언어를 통해 생산되고 옹호되는 식민적 존재·권력·지식 매트릭스가 형성되면서 식민주의에서 식민성에 이르는 길이 열렸다는 것이다. 나는 일찍이, 이 매트릭스들의 형성을 '형이상학적 재앙' 혹은 '하향 전환'(down-turn)이라고 부른 바 있다(Maldonado-Torres 2016). 파농은 근대 서구 문명이 이러한 하향 전환 혹은 재앙이라는 점을 이해하게 해준다. 나는 언어, 식민성, 탈식민성에 대한 탈식민적 접근, 파농식의 접근과 관련된 몇 가지 요소를 제공하고자 한다.

1. 파농의 『검은 피부, 하얀 가면』에서 언어의 식민성

파농에게 언어가 중차대한 문제라는 점은 그의 책 『검은 피부, 하얀 가면』의 1장에 명백히 드러난다. 1장은 언어의 중추적 역할에 대한 웅변적인 단언으로 시작한다.

> 우리는 언어 현상에 근본적인 중요성을 부여한다. 따라서 흑인의 타자되기(being-for-others)의 이해를 위해 언어 연구를 본질적으로 중요한 요소의 하나로 간주하고자 한다. 언어는 절대적으로 타자를 위해서 존재하는 것이다. (Fanon 2008, 1)

이 장에서 파농은 근대/식민 서구문명에서 언어가 작동하는 방식을 기술하고 비판적으로 분석한다. 그는 식민주의가 어떻게 언어의 의미와 사용을 왜곡시켜, 인간 경제에서 언어의 역할을 철저히 바꾸는지 보여 준다. 언어는 원래 타인들과의 접촉 수단인데, 그 과정에서 누군가에게는 자기삭제 수단이 되고 또 누군가에게는 우월성 천명 수단이 된다. 즉, 언어가 인간성 발현을 위한 긍정적 역할 대신 핵심적인 비인간화 역할을 수행한다.

비인간화는 언어를 통한 소외뿐만 아니라 언어적 위계질서들을 받아들일 때, 또 이 위계질서에 의식적 혹은 무의식적으로 의거하고 있는 언어적 선호를 받아들일 때 발생한다. 이 언어적 위계질서들은 종종 생물학 이론에서 발견되는데, 이를 격하시키고 반박한다 해서 언어적 위계질서를 일소하지는 못한다. 어쨌든, 존재와 언어에 대한 개념이 인간의 우월성과 열등성에 대한 생물학 이론들보다 선행된다. 유럽의 장기 16세기 때에 알파벳을 사용한 쓰기(alphabetic writing)가 문명화된 문화의 주된 표식이었다는 점을 생각해 보라(Mignolo 2013). 아메리카 선주민들은 주로 알파벳을 사용한 쓰기가 없다는 이유로 '야만인'으로 인식되었다. 선주민들은 두 번이나 구원받지 못한 셈이다. 첫째, 기독교와 성스러운 경전들이 없다는 이유로, 둘째, 쓰기가 존재하지 않는다는 이유로 말이다.

문명을 정의할 때 알파벳을 사용한 쓰기를 가장 중요하게 여기게 된 것이 기독교 전통에서 쓰기의 역할 때문이었다고는 하나, 유럽 국가들이 세속화된 다음에도 쓰기의 중요성은 감소되지 않았다. 대단히 신 중심적인 기독교 유럽에서 어느 정도 세속적인 유럽으로 이행되면서 라틴어가 평가절하되고 공적 업무에서도 성스러운 글쓰기의 권위에 대한 문제제기가 이루어진 반면, 소위 세속적인 민족문학과 민족어들의 가치는 증대했다(Anderson 2016; Eagleton 1996). 부상하는 민족어에서 과학과 철학은 문학과 함께 커다란 역할을 담당했다. 아마 새로운 언어적 위계질서이자 사회적·지정학적 위계질서하에서 권위와 위신을 다투던 유럽 내부의 경쟁에서 문학, 철학, 과학이야말로 3대 주요 영역이었을 것이다. 가장 정교한 문학, 철학, 과학을 천명할 수 있었던 이가 문명의 횃불을 차지할 수 있었고, 따라서 새로운 질서 속에서 필수불가결한 존재가 되었다.

알파벳에 입각한 언어, 쓰기, 지식은 새로운 의미화 사슬의 기본

구성물이 되었고, 인간성의 적절한 범주는 이 의미화 사슬에 의해 정의되었다. 알파벳을 사용한 쓰기의 결여, 문학과 철학과 과학의 결여는 그 반대편에 놓이게 된다. 그래서 비인간화 이전에, 이들 중에서 하나 혹은 그 이상 결여된 인간 집단과 지역에 대한 낙인찍기가 선행되었다. 피식민자들은 졸지에 비문명화된 세계 혹은 아예 인간 세계 너머에 살고 있다고 체념하거나, 자신들도 알파벳을 사용한 쓰기를 하고, 문학과 철학과 과학을 생산하는 문명화된 인간 세계에 사는 사람들이라고 애써 입증해야 했다. 너무 비정상적인 드라마가 전개되어, 승리할 방법은 피식민자들에게는 당최 존재하지 않는다. 예를 들어, 피식민자들이 서구의 권위에 맞서 자신들도 문학이 있다고 마침내 납득시키면, 낮은 수준의 문학일 뿐이라는 말을 듣는다. 그리하여 게임이 시작된다. 위대한 문학이 있다고 입증하고자 노력하고, 오랜 다툼 끝에 자신들의 언어로 된 위대한 문학 사례들이 있다는 것을 어느 정도 인정받는다. 그러나 또다시 이러한 말들을 듣는다. 당신들의 현대 문학에는 위대한 문학이 없다느니, 특정 지역에 국한된 위대한 문학이라느니, 서구의 수많은 위대한 문학 사례들과의 관계 속에서만 그 가치를 정립시켜 줄 수 있다느니(이는 서구 문학이 계속 모델이 되어야만 한다는 뜻이다) 따위의 말들을 말이다. 게다가 함축적으로 혹은 노골적으로, 식민화된 주체들은 알파벳을 사용한 쓰기와 문학은 있어도 아직 과학이나 철학은 없지 않느냐는 생각이 담겨 있을 것이다. 기껏해야 종족 과학(ethno-science)과 종족 철학은 있다고 인정해 줄지 몰라도, 이들은 보편적 범위나 의미는 결여되어 있는 것으로 간주될 뿐이다.

『검은 피부, 하얀 가면』에서 파농은 프랑스 식민지 마르티니크 출신 혹인 주체들이 어떻게 프랑스어와 관계를 맺는지에 대해 여러 가지 기술을 하고 있다. 카리브 혹인 주체는 중간 항로[1]에 존재를 빚지고 있다. 이 항로는 무엇보다도 언어와 문화의 탈색 혹은 탈색 노력을 의미하였다. 사람(딱히 더 나은 용어가 없어서 이 단어를 사용한다)이었다가 중간 항로를 거치면서 무엇인가가 되는 것이다. 서구 사람들이 정복한 땅에 계속 사는 선주민에 비해, 카리브 혹인 주체는 보통 조상의 역사, 지식, 언어를 더 많이 상실한다. '혹인'은 그만두기(undoing)와 새로하기(redoing)의 과정을 통해 창조된다. 즉, 한편으로는 언어, 기억, 지식을 박탈당하고, 또 다른 한편으로는 새로운 언어가 (일상적인 대화 수준, 특히 명령을 이해하는 수준으로) 이식되어, 이를 통해 인간이 아니라 일하는 짐승의 거울에 불과한 새로운 주체성이 이식된다.

파농은 피식민 혹인 주체들의 다양한 언어 사용 방식을 포착한다. 이들에게 언어는 타인들과의 소통 수단이 아니라, 혹인성 탈피와 약간의 백인성 천명을 가능하게 해주는 비준 및 인정 투쟁의 도구이다. 백인성에는 식민 모국의 프랑스어 악센트, 프랑스 문화와 문명에 대한 지식이 포함된다. 또한 서구 대학 입학 및 수학(修學), 그리고 가능하면 프랑스 여행도 이에 포함된다. 변화를 위한 항해에서 중요한 점은 새로 획득한 것을 사용하여 다른 혹인 주체들과, 나아가 전반적인 혹인

---

1 [옮긴이] Middle Passage. 원래는 소위 신대륙을 대상으로 한 아프리카 노예무역이 이루어지던 시대에 노예들이 거쳐야 했던 전체 행로의 중간 부분인 대서양 횡단 항로를 가리킨다.

성과 거리를 유지하는 일이다.

파농은 가브리엘라 베로넬리(Gabriela Veronelli) 및 여러 사람이 언어의 식민성이라고 부르는 것의 윤곽을 보여 준다. 파농은 이 식민성이 일상의 상호작용, 교육, 전문 지식의 생산에서 이들의 반영에 이르기까지의 모든 것에 어떻게 영향을 끼치는지 입증하고 있다. 언어의 식민성이란 현실의 기본적인 좌표, 인간성 정의의 기본적인 좌표를 대거 변화시키는 영역이다. 언어의 식민성에는 서구 언어들의 위계질서, 서구 언어와 비서구 언어들의 구분, 쓰기와 구술성의 분할 및 차별화된 가치 등이 포함되어 있다. 언어의 식민성은 또한 피식민자들에 대한 존재론적·인식론적 박탈 시도이기도 하다. 피식민자들이 자신의 언어로 세계에 의미를 부여하고 지식을 생산할 가능성을 없애는 행위이기 때문이다. 언어의 식민성은 또한 자아-타자 관계의 핵심이기도 하다. 한 언어가 또 다른 언어보다 우월하다고 간주하는 것은 어떤 사람들이 다른 사람들보다 더 가치 있는 대화 상대자라고 간주하는 것이기 때문이다. 언어의 식민성을 통해, 어떤 사람들, 그리고 이들의 문화와 지식(즉, 담론적으로 생산되고 언어적 창조에 의지하는 모든 것)은 필요불가결할 뿐만 아니라 식민성이라는 지옥에서 구원해 줄 수단처럼 대두된다.

근대성/식민성에서 구원은 문명, 발전, 야만성의 효과적 근절이라는 형태로 약속된다. 그런데 결코 이행될 수 없는 약속들이다. 피식민자들은 존재론적으로 야만인, 원시인 등으로 인식되었기 때문이다. 이는 구원이란 오로지 존재론적 근절에 의해 얻을 수 있는 것이라는 점을 의미한다. 즉, 인간보다 못하다고 낙인찍혀 온 이들의 구원 조건은 멸절뿐이다. 따라서 집단학살(문화적 집단학살, 인식적 집단학살, 인간의 집단학살)은 그 구조의 의도된 결과이다. 지식, 존재, 권력에 확고하게 닻을 내리고 있는 집단학살은 예외적인 상황에서 발생하는 비극적 현상이라기보다 "저주받은 사람들"(Fanon 2002)의 일상의 경험이다. 집단학살은 근대적 주체의 형성에 너무나 깊숙이 파고들어, '저주받은 사람들'은 스스로에게 집단학살을 가하는 가해자로 구성된다(constituted). 언어의 식민성은 이 일이 매일같이 일어나는 방식 중 하나이다.

2. 언어의 식민성에서 언어의 탈식민성으로

"하위주체는 말할 수 없다"는 가야타리 스피박의 금언은 언어의 식민성에 대한 파농의 분석을 통해 바라볼 때 특별해진다. 물론, 파농이라면 흑인 주체를 굳이 '하위주체'라고 규정하지는 않았을 것이다. 지금까지 살펴본 것처럼, 파농은 피식민자들을 지칭하기 위해 '저주'라는 개념을 사용한다. 나는 '저주받은 사람들'이라는 개념이 주권적 주체, 인민, 프롤레타리아, 대중, 다중, 하위주체 같은 주체 혹은 집단성 개념에는 없는 특징을 지칭한다고 주장하였다(Maldonado-Torres 2004). '저주받은 사람들'은 줄 수 없는 사람들이다. 스스로에게서 유리된 사람들이기 때문이다(Maldonado-Torres 2008). 이는 '저주'의 주된 표식이 주는 것의 불가능성, 즉 주고받기의 상호주체적 교환에 참여하는 것의 불가능성을 의미한다.

언어는 근본적인 주고받기 방식이다. 우리는 언어를 통해 타자와 관계를 맺고, 누군가의 타자성을 설명한다. 무엇인가에 대해 말하는 사람은 다른 사람에게 말을 거는 사람이다. 언어는 우리에게 세계를 포착할 가능성, 즉 개념과 생각을 축적할 가능성을 제공하기 전에 우리를 누군가와 접촉하게 만든다. 근대성/식민성은 이 인간적이고 상호주체적인 경험의 기본 영역을 방해한다. 토착민의 언어들을 제거하거나 피식민자들의 언어와 발음을 평가절하하여, 그들 특유의 말과 여기에 담긴 세계 인식이라는 선물을 더 이상 제공할 수 없게 만든다.

'저주받은 사람들'은 단어, 문장, 표현의 주고받기에 온전히 참여할 수 없다는 의미에서 말할 수 없는 사람들이다. 그들은 자신들의 언어가 제거되었거나, 다른 언어들을 위해 자신의 언어를 포기하거나, 의사소통을 위해 주고받기를 하기보다 근대성/식민성과 한판 싸움을 벌이는 형태로 자신의 언어를 사용하는 경향이 있다. 그러나 그들의 언어는 주체들 간의 연계(link)의 복원과 새로운 형식의 공동체와 집단 창출에 중요한 역할을 하게 되기도 한다. 이 새로운 공동체들의 형성은 근대적/식민적 인정 질서(order of recognition)의 포기 여부 혹은 이 질서와의 (월터 미뇰로가 사미르 아민을 좇아 말하듯이) 결별(delinking) 여부에 달려 있다(Mignolo 2007). 이 새로운 공동체는 노예가 주인에게 인정받고자 하는 욕망에 더 이상 좌지우지되지 않고, 관심을 다른 노예들에게 돌릴 때 시작된다(Maldonado-Torres 2008). 이는 근본적인 태도 변화를 요한다. 즉, 근대화와 문명화를 추구하는 근대적/식민적 태도에서 근대성/식민성이 왜곡한 인간적 유대의 복원을 열망하는 탈식민적 태도로의 변화가 필요하다(Maldonado-Torres 2008).

대화 상대자로 다른 노예에게 접근하기는 피식민자들에게 엄청난 변화를 요구한다. 그러나 이 변화는 피식민자들이 인간이라는 가장 한결같은 표현이다. 인간성을 억제되지 않는 상호주체적 접촉 욕망이라고 규정한다면 말이다. 앞서 보았듯이, 언어는 이 현실의 창출에 근본적인 역할을 수행한다. 파농의 『검은 피부, 하얀 가면』이 근대성/식민성에서 비인간화의 조건들을 이해할 수 있는 핵심 텍스트인 이유 중 하나는, 철저히 비인간적인 세계에서 인간을 추구한 이의 시각에서 쓴 책이기 때문이다. 이 책에서 저자/화자/분석자는 그 자신도 저주받은 사람으로서 그 일에 골몰하고 있다. 그래서 이 책이 집필되었다는 사실 자체가 언어적 저주의 현실에서 새로운 방식의 입 열기(saying), 말하기(speaking), 의사소통으로 이행되었다는 증언이다. 글쓰기에는 화법, 말하기, 의사소통이 포함되어 있기 때문이다.

『검은 피부, 하얀 가면』의 서문은 그 드라마를 드러낸다.

오늘 당장 대폭발을 기대하지 말라. 너무 이르다. […] 아니 너무 늦었다.

나는 절대적 진실로 무장한 사람이 아니다.

나의 의식이 기막힌 영감으로 번뜩이는 것도 아니다.

그럼에도 불구하고 진짜로 나는 생각한다, 무엇인가를 말해야 할 때라고.

나는 말을 하려고 하지, 외치려고 하는 것이 아니다. 내 인생에서 외침
(shouting)이란 단어는 사라진 지 오래다.

아주 오래다. […]

이 책을 왜 쓰냐고? 책을 쓰라고 요구한 사람은 아무도 없다.

특히 내가 다루고 있는 사람들은 요구한 바 없다. (Fanon 2008, xi)

저자/화자/분석자는 자신이 외침의 시기를 겪은 후에 반드시 말
해져야 되었던 일들을 언급한다. 그리고 저자/화자/분석자가 말해야
하는 것들은 아무도 그에게 요구한 바 없는 글쓰기 형식을 통해 말해
진다. 글쓰기 형식을 취한다는 사실은 대화 상대자들이 실종된다는 것
을 의미하고, 저자/화자/분석자는 그럼에도 불구하고 말을 하고 글을
쓰는 이유가 무엇인지 고심해야 한다. 대화 상대자들의 부재는 저자/
화자/분석자로 하여금 예전에 자신이 외쳐야만 했던 이유들에 대해
잠시 생각하게 만든다. 적절한 대화 상대자가 없는 세계에서 살아야
하는 삶의 조건은 그 누구라도 외치게 만들 것이다. 자신을 철저히 배
제하는 담론과 대화의 질서 속에서 기존 질서에 도전하고 그리고/혹
은 자신의 존재를 부각시키는 형식이 외침이기 때문이다.

지면 제약으로 나는 파농의 『검은 피부, 하얀 가면』에서 외침에
서 글쓰기로 가는 길에 대한 상세한 분석을 제공할 수는 없다. 그러나
그 길에는 흐느낌(weeping)과 기도(praying)라는 또 다른 두 가지 방
식의 주체적 표현이 포함되어 있다는 것을 지적하고 싶다. 『검은 피부,

하얀 가면』은 외침, 흐느낌, 기도, 질문, 말하기, 글쓰기로 이어지는 길을 보여 주고 있다. 그 시작은 대화 상대자/독자가 없는 세계에서 주체적 글쓰기를 시도하는 드라마가 전개된다. 그리고 마지막에는 근대성/식민성하에서 '저주받은 사람들'의 주체적 조건들을 개념화하고 있으며, 그 일환에서 자신을 질문하는 사람으로 만들기 위해 저자/화자/분석자가 자신의 육체에게 드리는 기도로 책을 끝맺는다.[2] 타자, 심지어 지존의 타자에게 드리는 기도가 아니라 육체에 드리는 기도는 '저주받은 사람들'이 근대성/식민성 세계에서 직면하고 있는 고립의 현실을 가리킨다. 파농의 기도는 질문을 던지는 사람을 만들기 위한 것이다. 왜냐하면 일상의 삶이 식민화된 맥락에서 질문은 말을 하고 쓰기 위한 선결조건이기 때문이다. 기도와 질문은 주체적 표현의 양식으로, 대화 상대자가 없어도 말하고 쓸 수 있는 주체를 예비한다. 이는 '저주받은 사람들'도 말을 할 수 있다는 것을 의미한다. 그러나 단지 언어 사용 사실을 두고 하는 말이 아니다. 말하기와 글쓰기는 탈식민적 전환을 요한다. 그리고 탈식민적 전환은, 주인 언어의 권위를 정지시키고 다른 노예와의 소통 정립을 모색하는 탈식민적 태도가 형성될 때 비로소 가능하다. 따라서 글쓰기, 나아가 문학은 근대성/식민성의 조건들하에서의 인간의 경제에서 특별한 의미와 기능을 획득한다. 글쓰기와 문학은 진정으로 말하는 길을 모색하는 잠재력 있는 노예에게 주

---

2 [옮긴이] 『검은 피부, 하얀 가면』은 이러한 기도로 끝을 맺는다. "마지막으로 나는 기도한다./오, 나의 육체여, 나로 하여 항상 질문을 던지는 인간이 되게 하소서!"

어진 선물, 가면으로서의 언어를 사용한 후 혹은 외치고 난 후 억제되지 않는 상호주체적 의사소통 관계를 모색하게 된 이들에게 주어진 선물이다. 그런 의미에서, 『검은 피부, 하얀 가면』 자체는 극적인 문학 작품이자 철학 논문이자 사회적·심리학적 연구서이고, 탈식민화가 요구하는 대화, 읽기, 이해의 역학을 다시 작동시킨다는 의미에서 하나의 커다란 선물이다.

우석균 옮김

참고문헌

Anderson, Benedict(2016), *Imagined Communities: Reflections on the Origins and Spread of Nationalism*, Revised edition, London: Verso.

Eagleton, Terry(1996), *Literary Theory: An Introduction*, 2nd ed., Minneapolis: The University of Minnesota Press.

Fanon, Frantz(2002), *Les damnés de la terre*, Paris: La Découverte.

_____(2008), *Black Skin, White Masks*, Trans. Richard Wilcox, New York: Grove Press.

Maldonado-Torres, Nelson(2004), "The Topology of Being and the Geopolitics of Knowledge: Modernity, Empire, Coloniality", *City*, Vol. 8, No. 1, pp. 29~56.

_____(2008), *Against War: Views from the Underside of Modernity*, Durham: Duke University Press.

_____(2016), "Outline of Ten Theses on Coloniality and Decoloniality", https://fondation-frantzfanon.com/wp-content/uploads/2018/10/maldonado-torres_outline_of_ten_theses-10.23.16.pdf.

Mignolo, Walter(2003), *The Darker Side of the Renaissance: Literacy, Territoriality, and Colonization*, 2nd ed., Ann Arbor: The University of Michigan Press.

_____(2007), "Delinking: The Rhetoric of Modernity, the Logic of Coloniality and the Grammar of De-Coloniality", *Cultural Studies*, Vol. 21, No. 2-3, pp. 449~ 514.

Veronelli, Gabriela(2015), "The Coloniality of Language: Race, Expressivity, Power, and the Darker Side of Modernity", *Wagadu: A Journal of Transnational Women's and Gender Studies*, No. 13, pp. 108~134.

10장

시각적 질서, 식민주의, 근대성
: 서구 상상력 속의 아메리카 기입

마벨 모라냐

우리가 잘 알고 있는 것처럼 '명명'(giving a name)은 단지 대상을 구분하는 시도가 아니다. 대상을 소유하고, 대상의 타자성(otherness)을 언어로 환원시키고, 대상의 본질을 어휘로 번역해 그 의미와 내연(connotation)이 상이한 언어적·문화적 코드에 맞게 통용될 수 있도록 해주는 일이다. 소통에 사용되는 코드가 시각적 담론 코드일 때, 의미의 번역은 해석과 논쟁의 도전을 받을 여지가 더 크다. 이미지는 종종 공적인 생명력을 지니고 있어서 집단적인 호소도 하고 질문을 던지기도 한다.

"이미지는 언어, 특히 문어(written language)의 억압된 **타자이다**"(Anderman and Rowe 2005, 1, 필자 강조)라고들 말한다. 또한 이러한 소통 체제들(언어적 체제와 시각적 체제)은 타자의 "영향을 받고", 타자에 의해 "오염된다". "모든 매체가 혼합된 매체(mixed media)이고", 모든 형식의 지식에 언어의 지원이, 그리고 언어적 소통을 보완하고 풍요롭게 해주는 시각적 지원이 수반된다.

우리가 잘 알고 있는 것처럼 근대성은 '지식, 권력, 가시성'이 상호 교직된 인식론적 영역으로 볼 수 있다.

시각적 재현은 일종의 번역이다. 타자성을 친밀함으로 바꾸어 놓기 때문이다. 이 행위는 개념 영역과 감각 영역의 교환을 유발한다. 이미지를 생산한다는 것은 재현 대상의 '특이함 혹은 비정상성'을 감소시키고 변화시키는 일이며, 또한 시선을 통해 전달되고 전유될 수 있는 미학적 특징을 지닌 새로운 것을 구축하는 일이다.

그러나 이 재-현(re-presentation) 행위는 대상을 우리의 경험 영역에 재-도입하는 것에 그치지 않는다. 대상의 재-창조와 재-인지(re-cognition)를 함축하기도 한다. 즉 사물은 재현과 무관하게, 즉 재현된 현실과 재현의 역사와 무관하게 '현실'이나 '역사'를 지니고 있는 것이 아니다. 또한 사물을 지시(reference)하는 시각적·언어적 담론과 무관한 것도 아니다.

세르주 그뤼쟁스키는 16-17세기의 '이미지들의 세계'(the world of images) 연구를 통해 에스파냐어권 아메리카에서 유럽 식민자들과 피지배 문화 양자의 시각적 요소 생산과 조작 과정을 주로 강조했다. 그뤼쟁스키는 신세계에서 시각적 재현의 변이형들이 문화의 변화에 상응하는 방식, 또 제국의 지배와 대중적 저항의 여러 단계를 재현하는 방식에 특별히 주목했다. 부왕령 사회, 자연환경, 선주민들에 대한 종교화(畵), 건축물, 장식물, 예술적 묘사들은 부와 모험을 찾아 신대륙에 온 사람들의 욕망의 우주, 전통적 배경, 역사적 상상을 드러냈다. 그뤼쟁스키는 식민적 주체들로 하여금 저항과 기대를 표현 가능하게 해주고, 그들만의 시각적 담론 생산을 통해 자신들 스스로를 인정하게 해주었을 뿐만 아니라 타자에게도 인정받게 해준 재현 전략과 미학적 모델들을 분석했다. 물론 식민적 주체의 시각적 담론은 식민지시대에 종종 감춰지고 항상 소외되었지만 말이다.

　그뤼쟁스키는 초기 근대성의 맥락에서 개별성(singularity)과 보편성의 재정의가 진행 중인 세계에서 자신이 "이미지들의 유동적인 윤곽"(the moving contours of images)이라고 부른 것(Gruzinski 1991, 14)을 연구했다. '서구의 중심으로서 유럽'은 사실 1492년 아메리카 발견과 이 놀라운 사건이 촉발한 문화적·경제적 변화들의 시작과 함께 역사적으로 재정의되었다. 서구의 근대세계는 자본주의의 발전은 물론 세계의 지정학적 관계들을 재구조화시킨 예기치 않은 사건인 아메리카 '발견'으로(역설적이게도 아메리카는 근대세계에서 주변부적 위치를 점하고 있다) 출현했다. 엔리케 두셀이 월러스틴의 분석을 좇아 설명하듯이, "세계사는 (세계체제의 시작이자 진열 연도인) 1492년까지 결코 존재하지 않았다"(Dussel 1993, 46). 아메리카는 서구의 상상력에 출현했을 때부터 근대성의 외부로 작동했다. 즉 구세계 문명의 진보 및 문명과 대조적으로 원시적이고 케케묵은 요소들이 그들만의 시공간 차원에 존재하는 듯한 공간으로 간주된 것이다. 이런 의미에서 아메리카는 유럽적 자아의 전도(inversion)이기도 하다. 예기치 않은 일이었지만 처음부터 세계의 결정적인 부분이 된 아메리카의 출현은 유럽의 상상력에 '침입'했을 뿐만 아니라, 이를 '중단'시켰다. 이리하여 대서양 반대편에서의 새로운 땅의 출현은 서구의 문화 정체성 개념을 급진적으로 바꾸어, 오늘날 우리가 '근대 옥시덴탈리즘'으로 파악하고 있는 것을 낳았다. 이 맥락 속에서 에스파냐는 발견의 최초 수혜자이자 주요 수혜자였다.

> (이베리아 반도의 통일, 위에서 아래로의 국가적 합의를 창출한 종교재판소, 그라나다를 정복한 국가 차원의 군사력, 1492년 네브리하Antonio de Nebrija의 『문법』 간행, 시스네로스Francisco Jiménez de Cisneros 추기경 덕분에 국가가 지배한 교회 등으로) 에스파냐는 세계적인 중상주의를 특징으로 하는 근대 제1기를 열었다. (Dussel 1993, 46)

발견에서 파생된 사회 변동은 물론이고 세계에 대한 지각과 해석의 급진적 변화는 이 과정을 삽화로 보여 주고 알레고리화한 시각적 질서도 구축했다. 식민주의의 맥락 속에서 수렴된 적대적 세계관들의 대립을 특징으로 하는 이미지들은 다원적이고 혁신적인 기능을 얻게 되었다. 우선 이미지는 유럽의 전통, 가치, 지식을 유지시키는 핵심 요소가 되었다. 또한 수백 개의 언어가 기독교의 언어인 라틴어를 비롯한 유럽 식민자들의 언어들과 함께 공존한 아메리카에서 이미지는 가장 중요한 표현 형식이자 소통 형식이 되었다. 또한 유럽 문명들의 시각 체제가 히스패닉 이전 문화들의 이미지들과 병치되는 제설혼합주의(syncretism) 장치로서의 핵심 역할도 수행했다. 그리하여 시각적 요소들은 차이와 정체성, 굴복과 자아 확인이라는 식민적 만남의 양

측면의 표현 도구가 되었다.

많은 연구자가 지적하듯이, 신세계를 재현할 때 주된 어려움은 우리의 경험의 한계 속에서는 차이를 이해하기 힘들다는 점이고, 또한 우리의 현실을 구성하는 요소들인 동일함(혹은 닮음)과 상이함을 동시에 지각하는 일이다. 가령 호세 데 아코스타(José de Acosta)는 1590년에 신세계 아메리카를 유럽 사회들과 "같으면서 같지 않은" 무엇인가로 묘사했다. 메이슨에 따르면, 이 관념은 16세기의 인식론으로는 일대 스캔들이었다. 16세기 인식론은 '유사성' 관념에 의거하여 현실을 생각했기 때문에 차이가 정체성의 일부분이 될 수도 있다는 사실(유럽 패러다임과 달리 인간이 인류, 동물, 자연요소들을 모두 포함할 수도 있다는 사실)을 이해하는 데 어려움을 느꼈다.[1]

이런 이유로 해서 유럽인들이 신대륙을 재현하기 위해 즐겨 사용한 아메리카에 대한 수사법과 시각적 이미지들은 기존 관습을 따라 창조되었다. 신화, 문학적 허구, 서사적 서술, 여행 보고서 등에서 다른 문화를 묘사하면서 이미 적용한 재현 모델들을 사용한 것이다. 이미지는 식민지시대의 철학적·종교적 산물에 물질성과 알레고리적 차원을 제공했다. 뿐만 아니라 유럽인들의 의식구조에서 대서양 너머 영토에 존재하는 특이한 요소들을 흡수하고 자연적인 것으로 느끼게 하는 현

---

1 이 점에 관해서는 그린블랫(Stephen Greenblatt)의 유사성/차이 개념을 언급한 메이슨을 참조하라(Mason 1990, 21). 메이슨에 따르면, "아메리카에 관한 담론들은 궁극적으로는 아메리카가 자기 자신을 지시하기(refer) 위한 것이었다고 말할 수 있다"(Mason 1986, 45).

실효과(effects of reality) 산출에도 결정적인 역할을 했다. 이 현실효과는 정복으로 난무하게 된 집단적 상상력의 통로가 되기도 했다. 이처럼 이미지를 사용한 재현은, 시각적·수사학적·이념적 층위가 상호 작용하는 다층적 담론(multilayered discourse) 구축을 고무시키는 의미 있는 영역으로서의 아메리카 생산에서 필수적이었다.

다양한 기능들 중에서도 이미지는 미학적, 장식적, 소통적 가치를 명백하게 지닌다. 동시에 모호한 특징도 지니고 있다. 권력, 통제, 지배, 처벌과 결부될 때는 억압적이고, 위협적이고, 섬뜩할 수도 있는 것이다. 특히 식민시대 초기에 이미지는 창건, 아우라, 증식의 특성을 지닌다. 비가시적인 종교적, 정치적, 사회적 힘들의 위협을 받는 식민지 세계에서 이미지는 현세적이면서도 초월적인 형식을 취했다. 눈에 보이는 것과 보이지 않는 것, 세속적인 것과 신적인 것을 동시에 환기시켰다. 이미지들은 지적, 감각적, 감동적 언어를 구사함으로써 문화적 경계 사이를 잇는 다리를 창조했다.

정복 이래 문화횡단(transculturation)은 아메리카에서 가장 두드러진 문화 현상이었다. 이 경우에 문화횡단은 특히 식민자와 피식민자 사이의 상호문화적 접촉과 이 접촉이 대양을 넘어 야기한 상징적 교환을 이르는 말이다. 이 교환은 식민모국 문화와 식민지 문화가 상대방 문화 요소들을 자신의 문화에 받아들임으로써 서로 인정하고 승인하는 쌍방향 과정이었다. 아메리카에서 문화횡단의 강도와 범위에 대해 숙고할 때는, 식민적 맥락에서 문화횡단 과정을 특징지은 권력의 비대칭성을 고려하는 것이 반드시 필요하다. 이 비대칭성은 공적 영역에서 이미지들의 유통에 영향을 끼쳤다. 그뤼쟁스키가 지적하듯이, 식민지배 초기에 "기독교는 어디에서나 자신의 이미지들을 드러내는 반면, 선주민 신들은 사람들과 격리되어 어두운 신전에 보통 감춰져 있었다. 그저 특정한 때에 대단히 엄격한 규칙에 따라 모습을 드러낼 뿐이었다. 그 규칙을 위반하는 일은 신성모독으로 간주될 수 있었다"(Gruzinski 1991, 47).

에스파냐어로의 알파벳화 과정은 구술문화에 강요된 일종의 '문명화 폭력'으로, 정복 이전의 표의문자에 입각한 소통 형식과 토착어를 소외시키고 절멸시켰다. 이와 동시에, 아메리카에 명백히 낯선 인식론적 관점에서 창조된 유럽의 이미지들이 피식민자들에게 강요된 기호망을 도입했다. 피식민자들의 세계관은 유럽인에게 사악하고 불경스러운 것으로 간주되었다. 그렇지만 양측의 재현 체제(헤게모니 체제와 예속된 체제) 사이의 점증하는 혼성 과정이야말로 크리오요 사회의 출현과 공고화의 한 부분이었다. 많은 비평가가 일종의 야누스 문화, 두 얼굴의 문화로 정의하는 크리오요 사회는 재현 투쟁의 주요 전쟁터였다. 식민적 주체는 유럽문화 예찬과 자기 문화 옹호 사이에서, 또 모방(mimesis) 성향과 (패러디나 조롱을 통해 지배문화를 고치는 전략인) 의태(mimic) 성향 사이에서 분열되었다. 이런 이유 때문에 식민지 시대에 이미지의 가장 큰 미덕 중 하나는 문화 간, 언어 간, 신앙 간 가교 역할을 하고, 또 식민지 세계에 공존하는 문화들의 다원성을 환기시키고 재현하는 다의미(polysemy)의 혼종적 구성물들을 통합시키는 능력이었다. 수많은 기획과 적대적 이해(利害)들이 각축을 벌이는 이질적이고 다문화적인 공간에서 이미지들은 합의의 장까지는 아니더라도 수렴의 장을 구축했다. 그러나 이미지들은 신의 문제와 인간의 문제를 언급하고, 유럽, 아메리카, 선주민, 아프리카, 크리오요 문화를 언급하고, 종교적·정치적·궁정적 주제들을 언급하는 등 상이한 사회적·문화적 영역들과 다양한 세속의 일에 속하는 요소들을 조합시킨 혼종적 내용의 담지자이기도 했다.

그리하여 이미지는 종교 영역에서는 물론이고, 크리오요 사회가 사치와 세련을 숭상하고 권력 이미지들을 예찬하는 궁정 공간에서도 찬미 대상이었다. 시각적 재현물들은 종교 교리나 의례를 위한 것이었지만 기념행사나 축제의 일부분이 되기도 했다. 성스러운 의미를 띨 수도 있고 또 경박한 함의를 띨 수도 있었던 것이다. 식민지 사회에서 이미지의 교육적 역할도 대단히 중요했다. 에스파냐령 아메리카 정체성 형성을 위한 기초를 제공할 사상과 가치를 전파하는 데 사용되곤 했기 때문이다. 아메리카의 풍경, 토착민, 정복 이전의 문화들, 역사적 영웅, 고위 종교인과 정치인 이미지들의 재현은 새 시대의 개막을 축성(祝聖)하는 시각적 질서의 창조에 기여했다. 이런 이유로 해서 이미지는 식민지 사회에서 창건과 정당화 역할을 수행했다. 파편화되고 극단적으로 다양한 문화적 환경에서 이미지는 문자문화(lettered culture)의 보완이자 독립적이고 자율적인 소통의 매체로서 문사(文士) 엘리트의 한계와 권위를 초월하여 광범위한 종족성, 문화, 사회계층들에게 직접 향하고 있었다. 문자문화가 식민지배자들의 언어와 문화에 친숙한 소규모의 선별된 식자층의 것인 반면, "이미지는 무궁

무진했고" 사회적·문화적 경계들을 거역하고 가로지르려고 애썼다 (Gruzinski 1991).[2]

테오도르 드 브리(Theodor de Bry, 1528~1598)의 『대항해』(*Les Grand Voyages*) 복제본 서문에서 J. J. 엘리엇이 적고 있는 것처럼, 17-18세기 유럽의 의식(consciousness)은 이 벨기에 판화업자의 이미지들에 강력한 영향을 받았다. 드 브리는 항해자와 정복자들의 대서양 횡단 항해와 탐험을 재현한 수많은 인쇄용 판(plate)과 이를 이용해 찍은 삽화들이 포함된 일련의 책을 제작했다. 증언, 연대기, 이야기에 의거하여, 또 여타 화가들의 작업들이나 지리학자와 과학적 목적의 여행가들이 제공한 자료에 의거하여 드 브리는 당시 유럽에 유포된 가장 대중적인 신세계 이미지들을 만들어 낸 장본인이었다. 그 자신은 한 번도 아메리카에 간 적이 없는데도 말이다. 사실 주로 드 브리의 삽화들 덕분에 아메리카라는 존재, 아메리카의 특징들이 유럽인의 상상력에 침투했다. 아메리카에 대한 수많은 정형화된 이미지가 유럽에 출현하여 감탄, 공포, 탐욕의 감정들을 일깨웠다. 드 브리의 삽화들은 발견이라는 뜻밖의 사건 때문에 이국적인 땅에서 서로 충돌한 대립적 세계들의 이미지를 만들어 냄으로써 항해자와 정복자들의 꿈과 환상을 재현했다. 유럽 문명들은 오랜 세월에 걸쳐 머나먼 땅에 대해 상상의 나

---

2 구텐베르크가 아메리카 정복 이전에 인쇄술을 이용하기 시작했다는 점을 상기하면 흥미롭다. 인쇄술은 신세계에 일찍 도입되었다. 코르테스가 아스테카 영토에 도착한 지 20년 뒤인 1539년, 테노치티틀란에서 최초의 책이 인쇄되었다. 표의문자 그림들이 포함된 필사본 책은 이미 나오고 있었지만 말이다(Johnson 1988, xix).

이미지 1. 이탈리아의 예술 애호가인 체사레 리파(Cesare Ripa)의 『도상 해석학』(*Iconología*, 1593) 속의 아메리카.

이미지 2. 테오도르 드 브리, 『대항해』, 4권. 원 출전은 '콜럼버스의 달걀' 이야기로 유명한, 이탈리아 상인 이자 여행자인 지롤라모 벤조니(Girolamo Benzoni)의 『신세계의 역사』(*Novae novi orbis historiæ, libri tres*, 1565).

이미지 3. 테오도르 드 브리, 『대항해』, 4권. 원 출전은 지롤라모 벤조니의 『신세계의 역사』.
이미지 4. 테오도르 드 브리, 『대항해』, 4권. 원 출전은 지롤라모 벤조니의 『신세계의 역사』.

이미지 5. '신대륙'에 도착하는 콜럼버스. 테오도르 드 브리, 『대항해』, 4권.
이미지 6. 테오도르 드 브리, 『대항해』, 10권. 아메리고 베스푸치가 남긴 기록들에 의거한 삽화.

래를 펼쳤다. 그들이 상상하던 땅에는 부가 넘치고, 인간의 속성을 지닌 이들이 다양한 인간형으로 등장했고, 결코 화해할 수 없는 세계관들이 존재했다. 아메리카는 유럽 문명들의 이러한 꿈과 악몽들의 대부분이 결집된 곳이었다. 드 브리의 삽화에서는 신화적 이미지의 경우와 마찬가지로 초자연적인 존재와 인간이 수렴하고 있다(이미지 1, 2, 3).

　유럽의 상상력에 친숙한 공예품, 풍습, 인간의 이미지들을 아메리카 현실 묘사들과 조합시키면서, 드 브리는 정복자들을 고귀함과 위엄을 갖춘 영웅으로 재현했다(이미지 4, 5, 6). 그 삽화들에서 토착 문화들은 지중해 문화의 요소를 띠면서도 아메리카 특유의 모습을 제공했다. 이는 정복자들과 과학적 목적의 여행가들이 경험한 현실과는 종종 딴판이었다. 고고학자들과 역사학자들은 삽화들의 부정확성을 지적했다. 이는 드 브리의 삽화를 원래 출처와 비교하면 명백하다. 신세계의 사람과 땅을 묘사한 항해자와 관리들이 작성했으며, 믿을 만한 것으로 간주되는 여행보고서, 연대기, 삽화를 곁들인 서사물들과 비교하면 말이다. 그러나 그 오류들이 드 브리와 그의 아들들이 16세기 말의 수십년과 17세기 상반기에 걸쳐 생산한 수많은 삽화가 끼친 비상한 충격과 이례적인 확산 효과를 경감시키지는 못했다. 신화와 역사를 결합시킨 드 브리의 재능, (인류학적 혹은 지리학적 성격의) 실증적 관찰을 집단적 기대와 욕망에 맞춰 재구성한 재능, 나아가 자신이 얻은 아메리카 관련 정보를 생동감 넘치는 빼어난 삽화로 만든 재능 등은 발견과 신세계를 서구 문명 속에 삽입시키는 일에 매진한 드 브리의 시각적, 개념적, 이념적 문서고(archive)의 오랜 지속을 보장했다. 그리하여 아

이미지 7. 아메리고 베스푸치의 『신세계』(*Mundus Novus*, 1503)의 독일판(1505)에 포함된 식인풍습 삽화.
이미지 8. 테오도르 드 브리, 『대항해』, 10권.
이미지 9. 테오도르 드 브리, 『대항해』, 4권. 원 출전은 지롤라모 벤조니의 『신세계의 역사』.

메리카는 기독교 가치에 입각해, 또한 르네상스 시대의 유토피아 사상과 패러다임에 부합하는 고전문화의 미학적 코드에 입각해 해석되었다. 알려진 세계와 아메리카 사이의 수렴과 유사성, 뿐만 아니라 양자의 어찌할 수 없는 차이들은 즉각 명백해졌다. 풍요로운 땅에 널려 있는 믿기 힘든 부, 아메리카 토착 문화들의 처음 보는 사회화 형식, 이교도적인 숭배와 희생제의와 식인 관습들, 중세의 동물 우화집에서나 등장하는 피조물들을 닮았으며 새로운 땅과 그 둘레의 바다에 살고 있다고 추정되는 거인과 괴물, 동물들 같은 신세계의 비정상성은 유럽에서 곧 유명해졌다(이미지 7, 8, 9).

드 브리의 삽화들은 벌거벗은 육체와 고통을 당하는 육체로 점철되어 있다. 많은 사람들은 이를 아메리카 선주민의 음탕하고 외설적인 속성으로 간주한다. 공격자와 피공격자, 처형자와 희생자의 육체가 서로 바뀔 수도 있는 투쟁하는 육체들이었다. 가끔 드 브리의 이미지들은 식민주의 때문에 영원히 바뀐 자연에서 휴식을 취하고 있는 듯한 군상들을 재현했을 뿐이다. 이 당혹스러운 나신들에 대해서 인상적일 정도로 많은 해석과 담론이 구축되었다. 이 나신들은 한편으로는 놀라운 전근대적 세계가 존재한다는 것을 보여 주었다. 그리고 또한 인간의 속성이지만 사탄의 속성이라고 할 수도 있을 특징들을 도전적으로 드러냄으로써 타자성을 유감없이 분출했다. 이 타자성의 공간은 폭력과 부가 공존했고, 르네상스의 합리성과 상상에 도전한 공간이었다. 그리하여 종교적 권력과 정치적 권력의 속성과 역할이 논쟁거리가 되었다. 서구 문명이 자신에 대해 지니고 있던 이미지(서구 문명의 은폐된 측면, 내재된 야만주의, 비밀스럽고 창피스러운 죄악)들 역시 논쟁의 대상이 되었다. 벌거벗은 육체, 노출된 육체는 필요성, 욕망, 순수성, 괴물적 특징, 풍부함, 비정상성, 방탕, 결백, 성욕, 유사성 등에 대한 개념들을 상기시켰는데, 이 속성들이야말로 식민지시대의 주체성 형성에 역설적 요소들이 기묘하게 결합되었다는 것을 보여 준다. 벌거벗음은 서구 사회에서 의상이 지닌 장식성, 호화로움, 도도함, 부속물 등의 개념과 배치되었다. 이는 토착민들이 수치를 모르고 외설적인 성향을 지니고 있다는 관념을 강화했고, 종교적 교화와 세속적 훈육을 통해 뿌리 뽑아야 할 악습으로 치부되었다.[3] 따라서 많은 이에게 벌거벗음은 웅변적인 기호학적 표식, 간과할 수 없는 문화적 기표였다. 다른 이들은 이를 삽입을 권하는 일종의 '상징 자본'으로 해석했다. 벌거벗은 육체를 언어와 합리성의 부재를 가리키는 백지상태(tabula rasa), 의미의 공백, 텅 빈 문화적 공간으로 여긴 것이다. 벌거벗음은 정치적 관점과 종교적 관점에서 모두 식민화를 정당화시키는 요소 중 하나가 되었다. 그것은 서구 합리성의 외부라는 신호였고, 기독교가 열정적으로 보듬고 있던 사명, 특히 1492년 1월 2일 이베리아반도에서 8세기 동안의 성전이 끝났을 무렵 지닌 사명이었던 복음화의 긴급한 필요성을 가리켰다. 선주민과 모로인(무어인) 사이의 근본적인 차이에도 불구하고, 선주민은 신세계의 모로인으로 간주되었다. 선주민들은 이상하고 잠재적

---

3 피터 메이슨은 성욕과 식인풍습의 관계에 대해 연구한 바 있다(Mason 1991). 『아메리카 해체하기: 타자의 재현』(Deconstructing America, Representations of the Other)에서도 식인풍습, 우상숭배, 성적 과잉 사이의 관련성을 언급했다(Mason 1990, 63).

으로 위험하고 사악한 이들이기 때문에, 설사 그들의 의지에 반하더라도, 식민주의의 맥락 속에서 복음화될 필요가 있었다.

1. 아메리카와 그 궁핍한 풍요로움

그뤼쟁스키는 아메리카에 대한 크리스토퍼 콜럼버스의 첫 번째 언급 중 하나가 도시, 무기, 의복과 상품의 결여 같은 물질적 부의 결여 혹은 불충분함과 관계있다는 사실을 환기시켰다. 콜럼버스에 따르면 그와 그의 휘하들은 "모든 것이 결여된 사람들"(Gruzinski 1991, 19)과 조우했다. 문명의 존재를 나타낼 물질적 요소들의 부재는 오직 서구 상상력의 투사로만 채워질 수 있는 개념의 진공상태, 인식론적 심연으로 해석되었다.[4]

그뤼쟁스키에 따르면, "마치 콰트로첸토[5]의 시선이 아메리카를 본 최초의 시선인 양했다". 어떤 점에서 이는 사실이었다. 유럽 중심적/유럽의 자민족중심주의적인 시선이야말로 아메리카를 타자성으로 구축한 최초의 시선, 욕망의 차원에서 아메리카를 관음증적으로 구성한 최초의 시선이었다. 이것이야말로 바로 '발견'이라는 단어에 내포된 관

---

4 메이슨도 아메리카는 무엇보다도 "모든 것의 결여"라는 인상을 주면서 출현했다는 점을 인정한다. 그의 논지를 풀어쓰자면, 메이슨은 아메리카가 유럽의 지평에 출현할 때의 이름 그 자체가 구체적인 지시대상이 없는 이상한 이름이었다고 지적한다. 여성 이름[옮긴이: '아메리카'는 여성 명사임]과 관련된 성적 은유에서 이 "모든 것의 결여"는 식민주의적 충동의 형이상학적 욕망으로의 초대이자 정당화이다(Mason 1990, 34).
5 [옮긴이] Quattrocento. 15세기 이탈리아의 문예 부흥기를 지칭함.

념이었다. 유럽의 의식이 대상의 존재를 인정하고 정당화시킨다는 관념, 아메리카의 현실은 유럽 이성의 인정을 받기 전에는 존재하지 않았다는 관념 말이다. 근대성(르네상스 근대성)이라는 역사적 주체에서 발현한 그 시선이 아메리카를 개막하고, 어느 면에서는 발명한다(에드문도 오고르만이 지적하듯이 담론적, 철학적 시각에서 말이다). 아메리카의 존재를 서술하고 묘사하는 담론들이 있기 이전에 아메리카는 존재하지 않는 대상이다.

정복자의 시선은 다른 작업들도 수행한다. 만일 보는 것이 상징적 소유의 한 형식이라면, 정복자의 시선은 더 엄청난 소유 형식의 직접적인 전례이다. 식민주의의 맥락에서 토착 문화들을 파괴하고 해체하게 될 작업인 물질적 전유 말이다. 그래서 식민주의는 대상을 인지하는 눈과 함께 시작된다. 모든 층위에서 제국의 경제를 이끄는 개념인 이윤(획득)의 개념에 따라(기독교에 신실한 신민의 획득, 메트로폴리스를 위한 생산물의 획득, 정복자와 아델란타도[6]들에 대한 공식적 인정의 획득, 제국을 위한 토지의 획득, 군주를 위한 신민의 획득) 현실을 기록하고 평가하고 해석하는 시선과 함께 시작되는 것이다.

이윤 욕망이 숨어 있는 또 다른 형태의 이미지 형상화도 있었다. 가령 풍경화의 경우를 들 수 있다. 풍경화는 신세계 여러 지역에서 토지 전유 가능성, 그리고 생산성 평가와 결부되어 있었다. 식민주의의 맥락에서는 다른 층위의 의미를 지닌 예술적 생산으로, 실용적 목적과

---

6 [옮긴이] adelantado. 미지의 땅이나 경계지대에 투입되는 선발대의 수장.

관계가 있었던 것이다.

자연 관련 이미지들은 자연의 아름다움, 풍요로움, 대지와 여성의 전통적인 연상 작용 덕분에 종종 여성의 누드가 가미되었다. 여성의 노출된 육체가 상징적 소유로의 미묘한 초대로서 시선을 사로잡는 것이다. 바로 이 두 요소의 조합, 즉 풍경화와 (관능적 시각과 결합된) 여성 누드의 조합이 16세기에 아메리카가 유럽의 상상력 속으로 도입되는 과정에서 대단히 대중적인 트렌드가 되었다.[7] 신세계는 이렇게 남성의 삽입 욕망으로 점철된 벌거벗은 공간, 처녀지, 약속의 공간으로서의 여성적 자연의 재현을 통해 출현했다.[8]

2. 얀 판 데르 스트라에트 스트라다누스: 정복극장

우리가 익히 알고 있듯이 아메리카의 재현은 고전주의 전통, 신화, 유럽의 미학적 모델 등 광범위한 스펙트럼의 요소들을 이용하여 창조되었다. 16세기에서 19세기까지의 식민적 이미지에서 여성들의 이미지는 가장 많이 재현된 토픽이었다. 아메리카는 머리를 사냥하는 아마존 여전사(이미지 10)나 정복자들에게 겁탈당하는 무방비의 선주민으로 재현되었다. 또 어떤 경우에 아메리카는 거대한 아르마딜로 등에

---

7 "시각에 대한 이러한 강조는 세계를 전유되기 기다리는 땅으로 여기는 의식을 내비친다. 이는 16세기 이래 풍경화의 부상에 투영될 것이다. 회화에서 여성 누드의 부상도 시각 강조의 또 다른 양상으로, 여성의 육체는 주시와 삽입의 대상이 되었다."(Mason 1990, 26)
8 메이슨은 플로리다, 가이아나, 버지니아 같은 지명들을 언급한다. 이 여성 이름의 지명들은 남성의 욕망과 관련된 강력한 에로틱한 함의를 지닌다(Mason 1990, 26).

이미지 10. 아메리카에 대한 알레고리. 필립 갈(Philipp Gale)의 1580년경 작.
이미지 11. 아메리카에 대한 알레고리. 마르텐 데 보스(Marten de Vos)의 1594년경 작.

탄 여신의 모습(이미지 11)을 하고 있다. 신세계의 이국주의와 야성의 힘을 상징하는 이미지이다. 식민주의의 약탈적 행위의 희생자였던 연약한 여인으로 묘사되던 바로 그 아메리카는 해방과 관련된 시각적 담론에서는 에스파냐 사자의 발톱에서 해방자들(독립의 영웅들)에게 구출된 여인으로 그려질 것이다. 혹은 안데스 비쿠냐의 안락한 등을 타고 가는 여인으로 그려져, 크리오요 공화국의 도래와 조우하는 선주민들의 온순함을 상징하게 될 것이다. 아메리카는 종종 동정녀 마리아로 묘사되었다. 과달루페 성모처럼 혼혈인 얼굴을 하고 있기도 하고, 안데스의 파차마마(대지모신)의 속성을 전유한 자연의 속성을 보여 주기도 했다.

앞서 보았듯이, 아메리카에 대한 최초의 유럽 이미지들 중에서 신세계를 여성의 벌거벗은 육체로 묘사하는 것이 아마 가장 두드러지고 지속적인 재현 양상일 것이며, 다양한 층위의 문화적·이념적 의미를 선보였다. 그중에서도 요하네스 스트라다누스로도 알려져 있는 얀 판 데르 스트라에트 스트라다누스(Jan van der Straet Stradanus)의 1575년경 소묘에 의거한 테오도르 갈(Theodor Galle)의 1580년경 판화만큼 많은 관심을 받고 16세기의 상상력을 잘 포착한 이미지도 없을 것이다. 전원 풍경화, 역사화, 고전적 초상화, 신화적 재현의 요소들을 두루 보여 주는 이 삽화는 이내 알레고리적 의미를 획득했고, 발견의 전형적인 묘사로, 또 유럽적 시각에서 식민주의 관례를 활성화시킨 시대정신의 전형적인 묘사로 여겨졌다(이미지 12).

스트라다누스의 소묘는 해먹에 누워 자다가 범선에서 내려 접근

| 이미지 12. 아메리고 베스푸치가 아메리카에 하선하는 장면을 담은 스트라다누스의 작품.

하는 아메리고 베스푸치 때문에 잠에서 깨어난 아메리카라는 유명한
이미지를 보여 준다. 베스푸치는 각각 종교, 제국, 과학을 지시하는 십
자가 휘장, 칼, 아스트롤라베[9]를 지니고 있다(이미지 13). 근대 자본주
의에 내재되어 있으며, 제국주의가 극단까지 몰고 간 물신 숭배가 삽
화에 담겨 있는 것이다. 이 삽화에서 베스푸치는 대상의 물질적·상징
적 가치에 의거하는 상품화된 세계의 운반자, 대상의 장소가 타자성
으로 가득 찬 영토(본능이 합리성을 대체하는 불가사의한 자연이 여인을
둘러싸고 있다)인 아메리카와 조우하는 교역의 세계의 담지자이다. 따

---

9 [옮긴이] 별의 위치, 시각, 경위도 등을 관측하기 위한 천문 관측 도구.

라서 이 현장은 식민성과 근대성이 만나는 무대, 제국적 전유(imperial appropriation)의 개막식이 거행되는 무대이다. 페루 사회학자 아니발 키하노가 '권력의 식민성'이라고 부른 것이 이 삽화에서 전개되고 있다. 유럽중심주의적 권위가 지역적(토착적) 기표와 대면하는 서사가 담겨 있고, 역사·종족성·권력이 수렴되어 주변부 근대성/하위주체 근대성을 형성하기 시작하는 서사가 담겨 있는 것이다. 아메리카는 제국의 변두리가 되어, 유럽의 아메리카 '발견'이라는 단순한 사실이 만들어 낸 유럽 체제의 외부 경계(outside border)가 될 것이다. 엔리케 두셀이 명쾌하게 지적했듯이, 이는 아메리카의 식민적(주변부적) 자리매김과 근대 자본주의의 '중심으로서의 유럽'의 공고화라는 역설적 특징이다.

테오도르 갈의 판화는 "아메리코[10]가 아메리카를 재발견하다. 그가 그녀를 부르자, 이후 줄곧 깨어 있었다"라는 글이 새겨져 있다. 이 문장은 일련의 암시이다. 두 이름의 대칭(아메리코/아메리카),[11] 타자를 구축하고 나아가 자아도 구축하는 행위로서의 이름(신세계의 명명에 사용되기 이전에 아메리코라는 이름에 무슨 의미가 있었겠는가?), 세례받기 이전, 즉 인식론적 우월성을 지닌 이들이 정한 이름을 받기 전에

---

10 [옮긴이] 아메리고 베스푸치(Amerigo Vespucci)의 에스파냐어식 이름은 아메리코 베스푸시오(Américo Vespucio)이다.

11 [옮긴이] 에스파냐어에서 '-o'로 끝나는 것은 대체로 남성 명사, '-a'로 끝나는 것은 대체로 여성 명사이다. 따라서 아메리코의 이름을 따서 새로 '발견'된 대륙에 '아메리카'라는 이름을 붙였다는 것은, 정복자와 신대륙의 관계를 남성/여성의 이분법적이고 계서적인 관계로 규정했다는 것을 뜻한다.

이미지 13. 스트라다누스 작품의 일부.
이미지 14. 스트라다누스 작품의 일부.

는 사물이 존재하지 않는다는 생각, 마치 명명이 문명화를 위한 성교(civilizing copulation)라도 되는 듯이 남성의 이름과 여성의 이름에서 뭔가 새로운 것이 탄생한다는 관념, 시초(inception)의 바로 그 순간(이름을 받는 순간) 작동한 시간성이 영원하리라는 관념 등이다. 이리하여 식민주의는 무한을 정복한다.[12]

연안에 정박한 채 베스푸치가 되돌아오기를 기다리고 있는 배들도 이 그림에서 중요한 의미를 지닌다. 만남이 대서양 횡단 사업의 결과임을 지시하고 있고, 따라서 이 장면의 울림을 그림 속에서 재현되고 있는 것들의 한계 이상으로 팽창시키고 있기 때문이다. 선박들은, 영토 팽창 기획을 후원함으로써 항해자의 대표성에 힘을 실어 주는 유럽 문명이 존재한다는 점을 강조하고 있다(이미지 13).

아메리카(그림 속 여인)의 이미지는 미지의 인간이라는 신호를 보낸다. 그녀는 맥과 나무늘보처럼 유럽에서는 정체를 알 수 없는 이국적인 동물들에게 둘러싸여 있다. 또한 그림 배경에는 그녀가 베스푸치와 만나는 와중에 식인 행위가 벌어지고 있고, 그녀는 그 근처에 누워 있다. 머리에 깃털 장식을 한 벌거벗은 여인을 둘러싼 동물과 식물이 이 장면의 관능성을 증대시킨다. 아메리카는 아메리고 베스푸치를 향하고 있다. 그는 자신의 이름을 그녀에게 선물로 줌으로써 서구인에게 한편으로는 그녀를 '은폐'하고 한편으로는 '발견'하게 해주었다. 아

---

12 이 점에 대해서는 『역사의 글쓰기』(De Certeau 1988)와 「발견 담론에서의 젠더 연구」(Montrose 1983)를 보라.

메리카라는 이름은 정복 이전의 그녀의 존재를 은폐했다. 그리고 근대 역사의 상징적인 창건 순간을 구성하였다(이미지 14).[13]

스트라다누스가 생산한 벌거벗은 아메리카의 이미지는 정복자와 그가 대변하는 문화의 관음증만 드러낸 것이 아니라 아메리카의 (포르노)그래픽적 재현 수순을 보여 준다. 제국적 욕망의 도발, 즉 실제 전유와 상징적 전유 양자를 다 제안하는 아메리카의 특징을 보여 준 것이다.

또 다른 측면에서 볼 때, 이 장면은 자연과 문화의 만남도 보여 준다. 정복자라는 역사적 현실과, 신세계를 발견하는 시선에 의해 여성화된 신세계의 상징적·상상적 이미지 간의 알레고리적인 무언의 대화를 통해서이다. 호세 라바사가 「벌거숭이 아메리카?」(¿The nakedness of America?)라는 연구에서 지적한 것처럼 말이다. 미셸 드 세르토와 피터 메이슨을 비롯해 여러 사람이 분석하고 있듯이, 스트라다누스의 삽화는 수직축과 수평축을 둘러싼 역할 배분으로 조직되어 있다. 성직자나 조각상을 연상시키는 위엄 있는 자세를 한 서 있는 남자의 수직축과 수동적이고 정적인 자세에서 베스푸치의 출현에 놀라 몸을 일으키는 누워 있던 여인의 수평축이 그것이다. 그녀의 수평적 팔과 까딱 든 손가락은 베스푸치는 물론 배경에서 벌어지는 식인풍습 장면을 가리킨다. 그녀의 제스처를 그저 식인풍습을 가리키는 단순

---

13 '아메리카'라는 이름은 1507년 마틴 발트제뮐러(Martin Waldseemüller)의 「세계전도」에 처음으로 등장한다. 이 지도에서 발트제뮐러는 유럽과 아시아도 여성 이름을 부여받았다는 점을 언급한다(Mason 1991, 151). '아메리카'라는 이름과 이 이름의 명명 행위에 대해서는 「이름 부여하기: 적절한 이름들과 비적절성」(Naming: Proper Names and Impropriety, Mason 1990, 32~35)을 참조하라.

한 민족지학적 정보로 볼 수도 있고, 존재 자체로 서구의 인식론에 도전하는 신세계의 기묘하고 환원 불가능한 속성을 지시하는 협박 내지 경고 혹은 요소로 볼 수도 있다. 스트라다누스의 삽화는 이념적이고 문화적인 자리매김(positioning)으로서의 자세(pose)와 관계있는 제스처의 기호학이다. 그리고 그 자리매김에는 성, 권력, 문화, 지식 모델, 신앙, 욕망 사이의 관계가 포함되어 있으며, (공유되지 못하는 코드화 형식으로 그런 상황에서는 결코 어떤 번역도 용인하지 않는) 언어는 자아의 전도(inversion)로서의 다른 이(an-Other)를 타자(Other)로 명명하는 일방적인 기능을 제외하면 아무런 역할도 할 수 없다. 아메리고 베스푸치는 서 있는 자세에서 그 전도를 알레고리화한다. 누워 있고, 여성적이고, 야만스러운 아메리카 이미지 앞에서 남성적이고 문명화된 자아를 과시하고 있는 것이다. 이는 남자와 여자 두 이미지가 마치 서로 대칭적으로 전도된 형국이고, 이제 타자성에 의해 조명되는 자신의 문화라는 거울에 비친 자기 자신을 바라보는 남자의 모습이다. 이리하여 아메리카의 다름(alterity)은 유럽이 상상하고 이해할 수 있는 타자성의 형식이 되었다. 그것이 자신에게 내재된 타자성의 인정, 내면에 있는 고유의 야만스러운 속성의 인정, 그녀를 거주시키고 초기 형태의 근대적 의식에 이미 편입되어 있던 또 다른 자아(alter-egos)의 인정에 의거하고 있기 때문이었다.

두 개의 상이한 의미 우주(universe of meaning)의 대립을 극화시킨 이미지에 탐욕, 원시주의, 과학적 호기심과 접근 가능성은 물론 관능성까지도 모두 포함되어 있다. 한편으로는 베스푸치가 그를 기다리는 범선을 타고 대양을 넘어 고향으로 돌아올 것을 기대하는 구세계의 교묘함(sophistication)과 확신이 있다. 또 한편으로는 아메리카의 잠재력과 풍요로움, 아메리카라는 가상존재(virtual being)가 과학, 기술, 자본주의적 탐욕으로 잠에서 깨워야 할 예기치 않은 현실이라는 가능성을 구성하고 있다.

그녀를 둘러싼 동물과 식인풍습 묘사로 재현된 아메리카의 비정상성은 식민자들에게는 잠재적 위협으로 제시되었다. 아메리카의 비정상성은 또한, 이해하기 힘든 데에다가 온갖 종류의 모순적 감정과 반응을 촉발시키는 미분류 요소들과 분류 불가능한 요소들을 제국주의적 방정식에 편입시켰다. 그러나 스트라다누스의 삽화를 부유하는 요소는 위험도 공격성도 아닌 욕망이다. 아메리카와 그녀의 벌거벗은 육체, 식인종들의 모닥불에서 굽고 있는 다른 이(an-Other)들의 인육에 대한 욕망, 해먹 주위를 본능적으로 어슬렁거리는 동물들 등 남성의 시선이 포착하는 그 모든 것이 화면 중앙에 자리한 채 기대와 관음증을 제어하면서 그 장면을 구성하고 있다.

W. J. T. 미첼은 이미지와 욕망 사이의 관련성을 연구했는데, 소묘의 이중성을 강조했다. 소묘는 이미지를 창조하는 예술기법인 동시에 우리를 대상으로 이끄는 충동이라는 것이다.

따라서 욕망을 그리는 일은 욕망을 나타내는 장면이나 인물의 묘사만을 의미하지 않는다. 소묘 도구를 이리저리 놀리는 것 자체가 욕망의 퍼포먼스이다. 소묘는 우리를 그린다. 욕망은 문자 그대로 소묘 혹은

한 번의 도구 놀림(도구를 끌고 가는 힘 혹은 끌어당기는 힘, 그리고 그림
에 나타난 이 힘의 흔적)이다. (Mitchell 2005, 59)

그렇다면 스트라다누스의 삽화는 모든 의미에서 '욕망의 소묘'이
다. 즉 영토 팽창 욕구, 타자의 땅, 자원, 인력, 영혼의 전유 욕구, 젠더
지배의 퍼포먼스에 필적하는 갈망 등 근대성의 에토스를 결집시키고
알레고리화한 전형적인 장면인 것이다.

이 판화는, 유럽의 인식론이 아메리카 발견을 관찰하고 합리화시
키는 패러다임적 위치를 점하고 있다는 사실을 연극적·알레고리적으
로 보여 준다. 베스푸치가 수반한 과학 도구들은, 콜럼버스에게는 예
기치 않은 발견이었던 것이 사실은 계획적인 탐색이었음을 암시한다.
역사와 창조(환상)의 만남을 계획된 임무로 제시할 뿐만 아니라 콜럼
버스가 자신의 대서양 횡단 항해록에서 구축한 예정설을 강조한다. 사
실 콜럼버스는 신의 설계가 존재한다고 확고하게 믿었다. 그리고 이
신의 설계는 콜럼버스 사후, 지리적으로도 멀 뿐만 아니라 서로 대단
히 낯선 두 개의 문화적 우주(헤겔이 『역사철학강의』[1837]에서 "역사 없
는 사람들"이라고 부른 문화적 우주와 유럽 문명이라는 문화적 우주)를 이
었다. 이동, 소통, 교환을 상징하는 머나먼 아메리카 연안에서, 현실이
상상도 할 수 없던 것과 만나는 지대인 바로 그곳에서 두 개의 대립적
문화(두 개의 시간성, 두 개의 존재 형식, 두 개의 인식론)는 갖은 어려움
을 극복하고 '차이'와 '타자성'이 공존한 영토에서 서로 수렴하고 대면
한다. 이는 서구 역사를 영원히 바꾸게 될 것이고, 근대적 의식을 출현

시키게 될 것이었다. 바로 이 창건의 무대에서 '근대성 신화'가 탄생한다. 엔리케 두셀이 묘사하듯이, 이 신화는 유럽의 우월성, 복음화에 대한 윤리적 '요구', 타자에 대한 '정당한' 폭력, '죄 많은' 원시주의 등의 관념들을 포함하고 있다(Dussel 1993, 49).

스트라다누스의 삽화는 그 모든 층위의 의미를 연극처럼 보여 준다. 알레고리적 양식화를 통해 이 삽화는 두 명의 사람을 보여 준다. 한 사람은 역사적 인물이고, 또 다른 한 사람은 상상력과 예술의 산물이다. 그들은 서로의 눈을 바라보고, 타자의 존재를 확인하는 과정에서 서로의 자아상을 구축한다. 두 사람은 또한 타자성을 흡수하고 동화시키는 이름, 즉 정체성을 공유한다(혹은 최소한 이 그림에 담긴 도전이다). 이 한 쌍의 남성과 여성은 무엇인가 새로운 것, 즉 역사의 산물이 잉태되고 있다는 은유이기도 하다. 그 산물은 이를 창조한 부분들의 총합 이상이고, 아직도 재현 불가능한 어둡고 감춰진 지대에 머물러 있다.

이 장면의 해석에서 권력이라는 주제와 식민주의 이념은 대단히 중요하다. 지배자의 속성, 즉 '그'의 이해관계, 언어, 신앙을 쓸 수 있는 백지상태로서의 아메리카 이미지를 고착시킬 것이기 때문이다.

아메리카를 발견한 것이 아니라, 르네상스의 지도에는 없던 새로운 땅으로서의 아메리카의 의미를 발견한 베스푸치에게 여성의 육체는 무엇보다도 탐험되지 않은 영토, 자신의 이름을 취할 욕망의 장소, 식민주의의 토대와 패러다임을 쓰게 될 처녀지이다. 식민화의 폭력은 바로 이 공간에 각인될 것이다. 토착민의 육체에, 벌거벗은 여인으로 재현된 땅에, 강탈과 파괴의 대상이 될 천연자원에 말이다. 인류학적 접근 혹은 민족지학적 접근으로 볼 수 있을 베스푸치의 태도는 아메리카의 타자성을 유럽의 심문(inquiry)과 욕망의 시야에 위치시킨다. 처음부터 유럽은 아메리카를 일련의 가치, 필요, 특징에 결부시켰고, 아메리카의 영토적 육체를 지각하고 재현하는 과정 속에서 아메리카의 정체성을 구축했다. 그렇게 함으로써 유럽의 시선은 유럽 문화의 좌절, 필요, 기대를 신세계에 투사해서 새로운 땅을 야만의 장소로 만들었다. 하지만 발터 벤야민이 지적하듯이 야만은 늘 문명의 내면에 존재한다.

전형적 아상블라주[14]답게 스트라다누스의 삽화는 월터 미뇰로가 "식민성의 논리가 […] 작동하는 네 개의 사회-역사적 영역"(Mignolo 2008, 15)이라고 말하는 것들을 요약하고 있다. 경제 통제, 권위 통제, 젠더와 성의 통제, 지식과 주체성의 통제가 그것이다. 이 모든 층위가 판화 속에서 유희를 벌이는 것을 볼 수 있고, 이는 패권적 지배 형식과 권위 있는 이념적 서사로서의 서구 근대성이 개시한 역사적 여정의 초기 모습이다.

3. 바로크: 범람과 논쟁

음탕함을 비롯한 다른 종류의 육욕 재현을 경고한 종교재판소의 금지

---

14 [옮긴이] '집합', '집적'을 의미하며, 특히 미술에서 조각 내지 3차원적 입체 작품의 형태를 조형하는 방법을 말한다.

에도 불구하고 아메리카에 대한 관능적 이미지들은 17세기 말에 확산된다. 하지만 "신성 모독적 이미지들이 식민지시대에 지속적으로 나타났다 하더라도 상대적으로 덜 중요한 장치이다. 이런 이미지들의 유실과 파괴를 감안하더라도, 식민지시대 멕시코에서 모든 것에 승리한 종교적 이미지들과 비교하면 극소수의 신화적 장면들과 초상화들만이 존재했다"(Gruzinski 1996, 158). 그 무렵 이미지는 복음화 장치로서 거의 모든 전투에서 승리하였고, 문화횡단의 주된 방편이 되었다. 그리하여 크리오요 사회의 요구와 이해에 맞추어, 또 나중에 독립으로 귀결된 감성을 자아내기 시작한 혼혈 공동체의 기호에 맞추어 여러 가지 상이한 형식의 혼종에 문을 열었다.

바로크는 주로 이미지 문화로, 우리가 잘 알고 있다시피, 권력 과시용 선전 문화의 확산을 위한 가치와 시각적 요소들의 효용성에 의거한다. 바로크는 관능적이고 충일한 기질을 가지고 있다. 그래서 18세기에 부르봉 왕가는 "바로크의 대물결"(Gruzinski 1996)을 강력히 억제하고자 했다.[15] 선주민 관습의 억압, 조세 정비, 이교도에 대한 두려움, 신하들의 전횡과 종교 공동체들의 부패 척결은 유럽 국가들 사이에서 에스파냐의 위상을 공고히 하려는 목적으로 심도 깊은 개혁을 단행한 부르봉 군주들의 여러 관심사의 일단일 뿐이었다.

---

15 부르봉 가는 프랑스 기원의 왕가로, 오스트리아 합스부르크 왕조의 마지막 왕인 카를로스 2세 사후인 1701년에 에스파냐의 옥좌를 차지했다. 19세기의 에스파냐 부르봉 왕가의 왕은 펠리페 5세(1700~1724, 1724~1746), 루이 1세(1724), 페르난도 6세(1746~1759), 카를로스 3세(1759~1788), 카를로스 4세(1788~1808)였다.

신의 문제에 종종 관능성을 가지고 접근함으로써 세속적 유혹으로 종교 관례를 오염시키고, 그리하여 가톨릭교회의 규율과 원칙들을 부식시키는 폐단이 있었지만, 바로크의 시각적 증식이 주로 적용된 분야는 종교 문화에서였다. 이미지들이 기념행사, 퍼레이드, 궁정 활동, 공적인 공간과 사적인 공간, 육체 자체 등 모든 것에 침투했다. 바로크 시대에 육체는 문신과 그림으로 뒤덮였다. "육체는 형상들의 지지대였고, 문신과 그림을 구분하는 것이 불가능했다. […] 선주민의 가슴은 진짜 제단 병풍(retablo)처럼 변했다. […] 거대한 성소들의 신체적이고 '최종적'이고 인간적 판본인 '바로크 육체'라는 것이 존재한 것일까?(Gruzinski 1996, 163)

식민지의 이미지는 명백히 '권력의 전략'과 '저항의 전략'이라는 이중 역할을 수행했다. 16세기와 17세기 초에 식민지의 이미지들은 창건 역할을 했다. 정복과 식민화의 결과 선주민들이 겪은 비극을 형상화시키면서 말이다. 그러나 이와 동시에 시각적 담론들은 정복자의 승리, 용맹, 국왕에 대한 충성심을 기념하는 매체이기도 했다. 바로크 시대에 이미지는 더욱 명쾌한 의미를 획득했다. 종교적 기념행사와 세속적 기념행사를 위한, 또 보통 사람들의 여흥을 위한 대중적인 도구가 되었다. 개선문, 제단 병풍, 일반적인 공예품에서 볼 수 있듯이, 이미지는 다양한 문화와 전통의 요소들을 편입시켰다. 초상화와 풍경화는 물론 일상의 삶, 역사적 사건, 기타 상상들의 재현물들은 궁정의 삶의 일부분이 되었다. 그리고 지배적 가치를 공고히 하는 데에, 또한 그토록 이질적이고 계서적인 사회에 두드러지게 나타나는 사회적 갈등들을 표현하는 데에 크게 기여하였다. 이미지들이 그토록 중요한 상징적 자본을 구성했다는 사실에도 불구하고(혹은 아마도 바로 그 사실 때문에), 소르 후아나 이네스 데 라 크루스[16]가 그녀의 가장 훌륭한 시 몇 편에서 환기시켜 주듯이 이미지들은 식민지시대에 편재적 역할(ubiquitous role)을 수행했다. 이미지는 속성상 속임수, 기만이거나 적어도 그럴 소지를 지니고 있다. 그저 외양이고, 시뮬라크르이고, 허위의식을 발생시킨다는 의미에서의 이데올로기인 것이다. 또 패권적 관점을 재생산하고 강화함으로써 착취와 대대적인 파괴로 점철된 끔찍한 현실을 감추거나, 심지어 축하하는 능력을 지닌 장치이기도 하다. 이미지는 권력과 지배를 매력적으로 만들거나 이들에게 저항하는 데 사용될 수 있는 미학적 장치였다. 이런 이유로 해서 이미지는 크리오요 주체가 자신의 야누스 같은 양가적 조건, 즉 식민주의에 패배한 그들의 아메리카 조상들의 문화를 대면할 수밖에 없으면서도, 그와 동시에 포용, 존중, 인정을 기대하면서 서구 근대성과 직면할 수밖에 없는 그런 양가적 조건을 표현하곤 하던 식민지 사회의 심장에 위치해 있었다.[17]

우석균 옮김

---

16 Sor Juana Inés de la Cruz(1648~1695). 멕시코 여성 문인이자 사상가. 여성의 사회적 활동이 쉽지 않은 시대에 수녀의 신분으로 힘들게 지적 활동을 한 입지전적 인물.
17 이 글의 외국어 인용은 필자가 에스파냐어로 번역한 것이다.

참고문헌

Andermann, Jens and William Rowe(eds.)(2005), *Images of Power. Iconography, Culture and the State in Latin America*, New York/Oxford: Berghahn Books.

De Certeau, Michel(1988), *The Writing of History*, New York: Columbia University Press.

Dussel, Enrique(1993). "Europa, modernidad y eurocentrismo", In Edgardo Lander(ed.), *La colonialidad del saber. Eurocentrismo y ciencias sociales. Perspectivas latinoamericanas*, Buenos Aires: CLACSO, pp. 41~53.

_____(1994), *1492. El encubrimiento del Otro. Hacia el origen del mito de la modernidad*. Quito: Abya Yala.

Elliott, J. H.(1992), "De Bry y la imagen europea de América", In Gereon Sievernich(ed.), *Teodoro de Bry: América(1590-1634)*, Madrid: Siruela, pp. 7~13.

Glaser, Lynn(1989), *America on Paper. The First Hundred Years*, Philadelphia: Associated Antiquaries.

Greer Johnson, Julie(1988), *The Book in the Americas. The Role of Books & Printing in the Development of Culture and Society in Colonial Latin America. Catalogue of an Exhibition*, Providence: The John Carter Brown Library.

Gruzinski, Serge(1991), *La colonización de lo imaginario: sociedades indígenas y occidentalización en el México español, siglos XVI-XVIII*, México: Fondo de Cultura Económica.

_____(1996), *La guerra de las imágenes: de Cristóbal Colón a "Blade Runner"(1492-2019)*, México: Fondo de Cultura Económica.

Mason, Peter(1986), "Imaginary Worlds, Counterfact and Artefact", In *Myth and the Imaginary in the New World*, Edmundo Magaña and Peter Mason(eds.), Amsterdam/Dordretch: CEDLA/FORIS, pp. 43~73.

_____(1990), *Deconstructing America. Representations of the Other*, New York: Routledge.

_____(1991), "Continental Incontinence: Horror Vacui and the Colonial

Supplement", In *Alterity, Identity, Image: Selves and Others in Society and Scholarship*, Raymond Corbey and Joseph Theodoor Leerssen(eds.), Amsterdam: Rodopi, pp. 151~190.

Mignolo, Walter(2008), "Preamble: The Historical Foundation of Modernity/ Coloniality and the Emergence of Decolonial Thinking", In *Blackwell Companion to Latin American Literature and Culture*, Sara Castro-Klarén(ed.), Oxford: Blackwell Publishing, pp. 12~32.

Mitchell, W. J. T.(2005), *What Do Pictures Want? The Lives and Loves of Images*, Chicago: The University of Chicago Press.

Montrose, Louis(1993), "The Work of Gender in the Discourse of Discovery", In *New World Encounters*, Stephen Greenblatt(ed.), Berkeley: University of California Press, pp. 177~217.

Rabasa, José(1993), *Inventing America. Spanish Historiography and the Formation of Eurocentrism*, Norman: University of Oklahoma Press.

11장
페루와 문화연구의 지평 확대[1]

마벨 모라냐 인터뷰

미겔 앙헬 카르와리카 문화횡단(transculturación)과 이질성(hetero-geneidad) 이 두 개념은 포스트모던 시대의 문화연구에서 어떤 가능성들을 지니고 있습니까?

마벨 모라냐 이질성과 문화횡단 간의 차별화 혹은 수렴을 논하려면, 또다른 개념을 함께 다루어야겠다는 말씀을 우선 드려야겠네요. 혼종성(hibridez)이라는 개념입니다. 혼종성, 이질성, 문화횡단이라는 이 세 개념이 국제적인 비평에서 보통 함께 사용되었기 때문입니다. 이곳 페루에서는 이질성 개념이 더 존재감이 크겠지만 말입니다. 문화횡단 개념에 대해서는 나중에 조금 더 살펴보도록 하고, 라틴아메리카의 문학

---

1 이 인터뷰는 『식인종끼리』(*Entre Caníbales*) 6호(2017년 7월)에 게재되었다(http://entrecanibales.net/julio-2017/entrevista-mabel-morana.html).

연구와 문화연구에 큰 영향을 미친 이 이질성 개념이 아니발 키하노에게서 시작된다는 말씀을 우선 드리고 싶습니다. 계보가 있었고, 안토니오 코르네호 폴라르[2]가 다시 정교화시킨 것이죠. 아무튼 문화연구에 적용된 방식의 이질성 개념이 문화연구의 핵심적 개념 중 하나입니다. 우리가 근본적이라고 간주하는 모든 거대 개념과 마찬가지로 이 개념도 항상 의제로 올라와 있어야 마땅했습니다. 그러나 특정 순간에, 무엇보다도 근대성의 중심 개념의 하나인 민족(nación) 개념이 약화되는 상황에서 이질성이 정교화됩니다.

　민족, 정체성, 시민권, 합의와 같은 개념들은 특정 순간에 쇠퇴합니다. 우리는 고도 근대성(alta modernidad) 시기가 아니라 근대성의 약속들이 심각한 환멸을 야기한 시기를 살고 있습니다. 근대성의 개념들은 현실을 형용하는 데 더 이상 적합하지 않아 보입니다. 거기서부터 포스트근대성(postmodernidad)에 대한 모든 논쟁이 나타납니다. 근대성이 상실되었다거나 극복되었다거나 사라졌다는 말이 아닙니다. 근대성의 개념적이고 인식적인 기준들을 넘어서는 과정들이 있다는 뜻입니다. 근대성의 중심적인 개념들 중 하나가 민족이라는 개념입니다. 자유주의적 구조물로서의 민족은 단일화(unificación)와 동질화(homogeneización)의 의미를 지니고 있습니다. 민족은 국가의 존재와 권력을 중심으로 한 중앙집권적 의지와 함께 등장합니다(그래서 민족국가Estado-nación에 대하여 말하는 것입니다). 그리하여 민족적인 것(lo

---

2 [옮긴이] Antonio Cornejo Polar(1936~1997). 페루의 문학·문화연구 비평가.

nacional)이라는 개념 아래에 있는 모든 것은 매우 동질적이고, 민족적 기획들을 인도하고 시민권을 국가의 제도에서 동질적이고 단일하며 중심적인 문제로 제시하는 경향이 있는 법과 같은 형태의 모든 원칙들 앞에서 우리 모두가 평등하다고 가정합니다. 분명히 페루 같은 나라에서, 나아가 안데스 지역에서 일반적으로, 그리고 라틴아메리카 거의 모든 곳에서, 또 과테말라의 극단적인 경우가 표본인 중앙아메리카에서 민족이라는 개념, 즉 독립 이후 근대성이 질서와 진보라는 거대 기획하에서 추진하고 정착시킨 그 개념은 맞지 않습니다.

그렇다면 중앙집권주의와 동질성이라는 개념들이 실제로 우리 라틴아메리카 국가들의 현실에 맞지 않는다는 점이 분명해지기 시작합니다. 페루의 경우에는 분명히 그렇습니다. 페루에는 민족적인 것이라는 개념에 잘 들어맞지 않는 수많은 종족문화적 공동체들이 있습니다. 이들은 단일화되어 있지 않고, 따라서 당연히 비동질적입니다. 모두가 다 국가의 중앙집권적 권력 아래에서 인정받는 것은 아닙니다. 완전히 다른 문화적, 언어적, 전통적 정체성을 가지고 있거든요. 그래서 하나의 집단이 아니라, 즉 국가를 중심으로 동질화되는 능력에 의해서가 아니라 그 다양성(diversidad)에 의해 묘사되어야 합니다. 여기서 '이질성'이라는 마술 같은 말이 나옵니다. 왜냐하면 국가의 동질화 과정이란 지배 문화가 마치 우월한 것인 양 이를 선주민 공동체, 농민 공동체, 아프로히스패닉[3] 공동체 등의 문화 위에 강제하려는 권위

3 [옮긴이] 아프리카계 주민.

적이고 중앙집권적인 기획이기 때문입니다. 다시 말하자면, 이 다원성(pluralidad)을 부정하고, 우리가 다언어 국가임을 알면서도 에스파냐어를 지배언어로 강제하고, 이 매우 다양한 종족문화적 공동체들의 이해들을 전혀 반영하지 않은 채 민족이 무엇이어야 하고 국가는 무엇을 대표해야 하는가에 대한 생각을 강요하는 개념이자 기획이라는 것입니다.

국민적인 것이라는 개념은 모든 곳에서 물이 새기 시작합니다. 민족적 이질성이라는 현실을 명명하지 못하는 일종의 엔텔레케이아[4]가 분명하기 때문입니다. 여러분이 원하는 방향으로 이야기를 풀어 가겠습니다만, 이 개념이 어디에서 나오는지 실질적으로 이해되도록 천천히 논의를 진전시키겠습니다. 이 개념은 매우 단순하면서도 혁명적인 개념입니다. 예를 들어, 코르네호 폴라르가 이론화하고 설명하듯이, 페루는 단일화되지 않은, 그의 표현을 따르자면 단일화될 수 없는 일련의 종족문화적 시스템들로 구성되어 있습니다. 이 시스템들은 조화속에 존재하지 않습니다. 심지어 중앙집권화라는 조화를 요구하지 않을 겁니다. 왜냐하면 이는 공동체들이 포기할 수 없는 종족문화적 차이들의 희생을 의미할 것이기 때문입니다. 여기서 우리는 문화적 차이라는 문제에 직면하게 됩니다. 사회적 불평등이라는 훨씬 더 중요한 개념이 이 차이에 더해질 때 이 문제는 극단적으로 심각해집니다. 문

---

4 [옮긴이] entelequia. 아리스토텔레스의 철학 용어로, 가능태로서의 질료가 목적하는 형상을 실현하여 그 운동이 완결된 상태를 의미한다.

화적 차이를 우리의 공동체 경험을 풍요롭게 하는 것으로서 추켜세울 수도 있겠지만, 불평등이라는 개념은 회피할 수 없습니다. 불평등에 대하여 이야기한다는 것은 사회적 불의에 대하여 말하는 것이며 이는 공공정책을 요구합니다. 아마도 권력의 계층들을 변화시키는 혁명, 국가의 위치를 변화시키는 혁명을 요구할 것입니다. 또 우리 모두를 대표해야 하지만 엘리트 집단을 대표하는 이 국가 제도가 누구를 대표하는지 보라고 요구하는 것일 것입니다.

이질성이라는 개념은 여러 전통, 여러 공존 기획을 가진 다문화적이고 다언어적인 안데스 지역의 본질을 고려하지 않는 민족 개념의 주의주의(主意主義, voluntarismo)를 환기시킵니다. 우리가 이질성을 논할 때는 그 모든 층위의 다양성과 차별화에 대하여 말하는 것입니다.

이어서 문화횡단이라는 다음 개념이 나옵니다. 여러분도 알다시피 인류학에 등장한 이 개념은 페르난도 오르티스(Fernando Ortiz)의 저작 『쿠바: 담배와 설탕의 대위법』(Contrapunteo cubano del tabaco y el azúcar, 1940)으로 거슬러 올라갑니다. 오르티스는 문화접변(aculturación)과 같은 다른 개념들을 극복하기 위하여 이 문화횡단이라는 개념을 이용한다고 말합니다. 접두사 'a'는 문화 없음을 의미하는 부정적인 접두사인데, 사실 문화는 다른 문화에 군림하고 다른 문화를 없애지 않습니다. 문화가 없는 공동체가 있을 가능성은 결코 없습니다. 한 문화가 다른 문화 위에 포개지면, 지배받는 다른 문화는 생존을 위해 투쟁하고 혼종화(여기서 혼종화라는 또 다른 개념이 출현합니다)가 이루어집니다. 문화횡단이라는 개념은 분명 문화들의 결합 속에

서 등장합니다. 비록 이질성이라는 개념과는 다르지만 이에 수렴되는
측면이 있고, 에스파냐와 포르투갈의 식민지였다가 해방된 라틴아메
리카에서 식민적 또는 포스트식민적 속성이 다른 형태로 계속되는 현
상(키하노의 용어로는 식민성)을 주목한 것입니다. 라틴아메리카에는
유럽 문화가 끊임없이 유입되었습니다. 먼저 식민지시대에 식민모국
의 문화들이 들어왔고, 이어서 프랑스 문화처럼 명망 높은 문화와 의
회주의 같은 영국 문화 등의 유럽 문화들이 유입되었고, 나중에는 미
국 문화의 문화적 침투가 있었습니다.

　　문화횡단의 과정들 또는 개념은 중심부의 문화적 모델이 주변부
문화로 이동(traspasar)하는 것과 관련이 있습니다. 여기에서도 'tras'
혹은 'trans'라는 접두사에 주목할 필요가 있는 셈이죠. 아무튼 이러한
이동이 대서양 층위에서 이뤄집니다. 식민지시대에 에스파냐 문화가
도래하고, 나중에 프랑스 문화 등이 라틴아메리카에 도래하기도 하는
것입니다. 이 이동은 국가 단위에서도 이뤄집니다. 예를 들어 도시에
서 농촌으로의 문화횡단도 있습니다. 문화 모델, 가치, 개념, 관습, 풍습
의 이동이 이루어집니다. 그와 함께 무슨 일이 일어날까요? 기존의 가
치들이 수정되고, 변화하고, 변질되고, 도래하는 다른 가치 및 모델들
과 뒤섞이게 됩니다. 그리고 문화는 살아 있는 과정이기 때문에, 보통
강한 문화가 약한 문화를 비대칭적으로 보육하는 과정이 시작됩니다.
바로 그렇기 때문에 이질성이라는 연구 주제, 다원성과 다양성이라는
연구 주제가 필요합니다. 낯선 문화 모델, 외국 문화 모델, 먼 곳의 문
화 모델이 지역의 문화적 현실 위에 군림하는 이 또 다른 과정에 대해

성찰해 보아야 하기 때문입니다.

엘렌 가르니카 예를 들어 문학연구 영역을 생각해 보면, 안토니오 코르네호 폴라르는 이질성 개념을 호세 마리아 아르게다스⁵에게 적용합니다. 페루 문학의 경우 시로 알레그리아⁶와 같은 이전 작가들은 물론이고, 아르게다스 이후 작가들에 대하여도 이질성을 사용하는데, 이처럼 이질성을 여러 작가에 적용하거나 모든 것이 이질적이라고 주장하는 것이 문학에 대한 시각을 단순화시킨 것이 아닐까요?

모라냐 그렇지 않다고 봅니다. 왜냐하면 이질성 개념이 드러내는 것은 복잡성이기 때문입니다. 다시 말해, 문화적·상징적 구축 과정들 속에 (문화란 상징적 구축 과정이니까요) 다양한 층위가 존재한다는 사실을 드러내죠. 그렇다면, 우리가 아르게다스를 연구할 때 그의 내면에서 작동하는 다양한 시스템, 예를 들어 문자 시스템(sistema letrado)과 구술 시스템(sistema oral) 같은 것들의 공존을 인정하지 않는다면, 그것이야말로 그를 과도하게 단순화하는 것일 겁니다. 알레그리아도 그렇

---

5 [옮긴이] José María Arguedas(1911~1969). 페루 작가이자 인류학자. 페루 신선주민주의(neo-indigenismo) 문학을 대표하는 소설가로, 주요 작품으로는 『깊은 강들』(*Los ríos profundos*, 1958), 『모든 피』(*Todas las sangres*, 1964) 등이 있다.

6 [옮긴이] Ciro Alegría(1909~1967). 페루 작가이자 언론인. 아르게다스와 더불어 신선주민주의 문학을 대표하는 작가로, 주요 작품으로는 『황금뱀』(*La serpiente de oro*, 1935), 『굶주린 개』(*Los perros hambrientos*, 1939), 『세상은 넓고도 낯설다』(*El mundo es ancho y ajeno*, 1941) 등이 있다.

고, 마누엘 스코르사[7]나 다른 선주민주의 작가들의 경우도 마찬가지입니다.[8]

가르니카 물론입니다. 그러나 예를 들어 아르게다스는 저항을 제안합니다. 아마도 가말리엘 추라타[9]의 노선에서일 것입니다. 그러나 알레그리아는 이미 안데스 시스템에도 문제를 제기하고 있습니다.

모라냐 두 작가에게 이질성이 있다고 해서 두 사람이 동일한 최종 합(síntesis)에 도달한다는 뜻이 아닙니다. 두 작가 모두 상이한 기획이 있었고, 상이한 시대에 글을 썼고, 선주민주의의 과정에서 다른 시기에 속해 있었습니다. 저는 아르게다스의 기획이 선주민주의의 고전적인 개념과 일치한다고 보기 어렵다고 생각합니다. 말하자면, 알레그리아와 아르게다스는 저마다의 방식으로 선주민주의 작업을 하는 셈이죠. 초기 선주민주의에서, 안토니오 코르네호 폴라르가 많이 연구한 클로린다 마토 데 투르네르[10] 역시 자신의 방식으로 작업을 합니다. 아

---

7 [옮긴이] Manuel Scorza(1928~1983). 페루 문인. 알레그리아와 아르게다스를 잇는 신선주민주의 경향의 소설을 썼다. 주요 작품으로는 『조용한 전쟁』(*La Guerra Silenciosa*) 5부작(1970~1979)이 있다.

8 [옮긴이] 연구자에 따라 선주민주의를 1920~30년대의 선주민주의와 1940~50년대부터의 신선주민주의로 나누는 경우도 있고, 이 구분 없이 선주민주의로 통일하여 쓰는 경우도 있다.

9 [옮긴이] Gamaliel Churata(1897~1969). 아르투로 페랄타(Arturo Peralta)의 필명. 전위주의와 선주민주의의 융합을 시도한 페루 작가. 대표작으로는 『황금물고기』(*El pez de oro*, 1957)가 있다. 최근 페루 문학의 대표적인 작가로 새롭게 조명되고 있다.

르게다스와 달리 종교와 도시문화 요소들이 나타납니다. 각자 다른 방식으로 문화 요소들을 사용하고 다른 의미로 상징적인 합을 이루어 냅니다.

카르와리카 지난 세기 말에는 라틴아메리카 문화에 대한 많은 연구자들의 발화지점이 미국이었고, 현재도 그렇습니다. 이 사실을 인식론적인 발화지점의 구성으로 보아야 할지, 아니면 단지 일화적 상황에 불과한 것인지 묻고 싶습니다.

모라냐 이데올로기적 과정과 비평의 구축 과정에서 우연한 것은 결코 없고, 순수하게 일화적인 것도 결코 없습니다. 한 가지만 먼저 정확히 해두어야겠네요. 포스트모더니즘 비평에서 사실상 공통으로 많이 언급되는 발화지점을 논할 때, 이는 다양한 층위와 의미를 지니고 있다는 점을 말입니다. 지금 당신은 발화지점을 지문화적 의미로 사용하고 있는데, 이를테면 기관을 염두에 두고 사용할 수도 있거든요. 가령 미국의 작은 도시에 있는 작은 대학에서 말하는 것과 뉴욕대학이나 버클리대학에서 말하는 것은 다릅니다. 이미 발화지점의 차이, 가용 자원의 차이가 존재하니까요. 또 다른 예를 들자면, 미국에서 말하는 것은 라틴아메리카에서 말하는 것과 대립되는 발화지점을 지니고 있지만,

---

10 [옮긴이] Clorinda Matto de Turner(1854~1909). 『둥지 없는 새』(*Aves sin nido*, 1889)로 페루 선주민주의 형성에 선구적인 역할을 한 여성 작가.

리마에서 말하는 것과 푸노[11]에서 말하는 것도 발화지점의 차이가 있습니다.

카르와리카 그러나 인식론적으로는 어떻습니까?

모라냐 지문화적 개념의 발화지점에 관한 질문인 것 같네요. 그러나 발화지점은 어떤 이데올로기적 지점에서 말하는지 설명하기 위해 사용되는 표현이기도 합니다. 이 경우 당신이 뉴욕대학에 있는가 푸노에 있는가는 중요하지 않습니다. 당신이 소외계층 입장에 있다거나, 근대성에 동조하는지 또는 과두제 국가에 동조하는지에 있다거나 하는 것이 중요합니다. 즉 이데올로기적 지점이 중요한 것입니다. 발화지점이 반드시 지문화적 지점과 일치하지는 않습니다. 좌파이면서 뉴욕대학에서 말할 수도 있고, 우파이면서 푸노에서 말할 수도 있습니다. 그 반대일 수도 있고요. 그렇다면 확인해야 하는 것은 무엇일까요? 당신이 어떤 장소에 있으니 그것이 당신을 조건 짓는다고 말하는 것은 매우 쉽습니다. 물론 장소가 전혀 영향을 주지 않는다고 말하려는 것은 아닙니다. 조금 더 심사숙고한 뒤에 당신이 어떠한 이데올로기적이고 윤리적인 지점에서 발화하고 있는지 말해야 한다는 것입니다. 제 판단기준에서 중요한 것은 그것입니다. 어떤 지점에서, 어디에 공감하며, 얼마나 충실히, 어떤 정치적 입장에서, 어떤 윤리적 책무로 당신이 말하

---

11 [옮긴이] Puno. 티티카카 호수 옆에 위치한 페루의 도시. 선주민 문화유산이 강렬한 곳.

는 것인지, 그것이 중요한 지점입니다.

카르와리카 그러면 선생님은 어떤 윤리적 책무를 지니고 발화하십니까?

모라냐 그것은 제 청중과 독자들이 결정하도록 남겨 놓겠습니다. 아시다시피 누군가가 자리 잡고 있는 지문화적 위치 또는 살고 있는 장소, 또는 운이 좋든 나쁘든 일하는 장소는 때로는 선택한 것이고, 때로는 역사적 상황 등에 달린 운명의 장소이기도 합니다. 사적인 주제를 질문하였으니 말하는 것인데 저는 우루과이의 독재 시대에 고국을 떠나 몇 년 동안 베네수엘라에서 일했습니다. 그곳에서 안토니오 코르네호 폴라르, 넬손 오소리오(Nelson Osorio)를 비롯하여 많은 사람을 만났고 중요한 비평적 주체성이 형성되었습니다. 이후 박사학위과정을 위해 미국에 갔고, 여러 차례 시도에도 불구하고 베네수엘라로 돌아갈 수 없었습니다. 우루과이로도 돌아갈 수 없었고요. 경제적 혹은 정치적인 디아스포라로 떠났다가 어딘가에 남고 직업을 구하게 된 사람들에게 아주 흔히 일어나는 일이죠. 그래서 당신이 어떤 이데올로기적이고 윤리적인 지점에서 말하는가는 꼭 당신이 있는 곳에 의해 결정되는 것이 아닙니다. 당신의 대화 상대자가 어디에 있는지, 어떤 윤리적·정치적 발화지점에서 말하고 있는지 알기 위해서는 그 사람의 텍스트들을 연구해야 하고, 더 세밀하게 생각해 보아야 하고, 올바른 질문을 할 줄 알아야 합니다. 물론 자본주의의 거대한 중심지에 있다 보면 자신의 인식적 지점이 오염될 위험이 매우 높고, 가용 자원과 피할 수 없는 관계를 맺게 됩니다. 특히 다른 문화 속에서 살 경우에는 타인들과 환경뿐만 아니라 자신에 대해서, 자신의 충실성의 유지, 자신의 책무, 그 책무를 실현해 가는 방식에 대해서도 지속적으로 경계해야 합니다. 그것이 지식인의 과제 중 하나입니다.

가르니카 선생님의 작업에 대해 묻겠습니다. 만약 우리가 다문화적 상호문화성을 생각한다면, 그리고 상호문화적인 것은 둘 이상의 문화들 간의 긴장이 흐르는 만남이고 다문화적인 것은 다른 문화들 간의 조화로운 만남이라고 생각한다면, 선생님의 작업과 저작을 생각할 때 선생님은 어떻게 정의될까요? 상호문화적일까요 아니면 다문화적일까요?

모라냐 그 어휘들이 사람의 평가에는 쓸모 있으리라고 생각하지 않습니다. 문화적인 과정이나 상황을 평가하는 데에는 쓸모 있지만요. 명백하게 자유주의적인 개념인 다문화주의는 상이한 문화들의 공존을 가리키는 데 쓸모가 있습니다. 예를 들어, 저는 로스앤젤레스에서 오랫동안 살았는데, 그곳은 흑인, 중국인, 히스패닉, 백인 동네들이 접촉이나 소통 없이 공존하는 전형적으로 다문화적인 도시입니다. 때로는 일련의 긴장들이 길거리 싸움으로, 수도원적이고 문화적이고 종족적인 적대감으로 귀결되기도 했죠. 많은 문화들이 존재해서, 오늘은 중국 요리, 내일은 이탈리아 요리, 그 다음 날은 대만 요리를 먹을 수 있습니다. 그러나 이는 아무것도 의미하지 않습니다. 어떤 종류의 책무도 생산적인 동력도 의미하지 않습니다. 따라서 미국에서 만들어진 것이 분명한 다문화주의는 사실 불우한 개념입니다. 라틴아메리카의 가장 특징적인 개념인 상호문화성에 자리를 내주었거든요. 상호문화성은 상호관계의 동력들이 어떤가를 보는 데에 관심을 두는 개념입니다. 다시 한 번 비밀은 접두사에 있습니다. '다'(多), 즉 많다는 것(multi-)은 중요하지 않습니다. 중요한 것은 서로 어떻게 연결되는지, 서로 어떤 책무들을 실현하는지, 차이가 상호 간에 어떻게 협상되는지입니다. 그것이 상호문화적인 것입니다. 저는 분명히 상호문화적 과정들의 연구를 지지합니다. 다문화주의는 그저 다수의 문화가 공존하고 있는 상태를 의미할 뿐이니까요.

카르와리카 만약 예를 들어 바르가스 요사, 가르시아 마르케스 같은 작가들, 아르게다스가 코르타사르와 벌인 논쟁, 이 작가들이 다른 장소에서 라틴아메리카인임을 느끼는 것을 생각한다면,[12] 이주주체(sujeto migrante)라는 개념이 적용될 수 있을까요?

---

12 [옮긴이] 바르가스 요사(Mario Vargas Llosa, 페루, 1936~), 가르시아 마르케스(Gabriel García Márquez, 콜롬비아, 1927~2014), 코르타사르(Julio Cortázar, 아르헨티나, 1914~1984)는 라틴아메리카 소설의 국제적 약진에 기여한 주요 소설가들이다. 코르타사르와 아르게다스는 1960년대 말에 일종의 세계주의/민족주의 논쟁을 벌였다. 국제적인 차원에서 볼 때, 아르게다스의 위상은 코르타사르에 비길 바 못 되었다. 그러나 선주민주의의 중심에 있으면서 가장 페루적인 작가, 가장 민족적인 작가라는 평을 들었던 아르게다스인지라 두 사람의 논쟁은 상당히 관심을 끌었다.

모라냐 이주주체라는 개념은 지나치게 모호한 개념입니다. 한 장소를 떠나 다른 곳으로 가는 사람을 이주주체라고 명명할 수 있으니까요. 그러나 코르네호 폴라르가 이 개념을 사용할 때는 다른 것에 대하여 이야기하고 있는 것입니다. 예를 들자면, 한 농민이 경제적 필요 때문에 리마든 트루히요[13]든 혹은 그 어디든 간에 재정착해야 하는 내부 이주 과정을 이야기하는 것입니다. 그때 그의 주체성은 새로운 문화의 적응과 채택 과정을 겪게 되는데, 이를 이주주체라고 말합니다. 편의에 따라 또는 취향에 따라 또는 필요에 따라 도시를 바꾸는 지식인들을 말하는 것이라면 저는 그 개념을 사용하지 않을 것입니다. 이를 위해서는 차라리 덜 우쭐대는 개념, 이를테면 세계주의적 지식인이라는 개념을 사용할 것입니다. 이런 종류의 모든 지식인들은 떠나고 싶었기 때문에 떠난 것이니까요. 코르타사르가 떠난 것은 정치적 망명을 위해서가 아니라 프랑스어를 좋아했기 때문입니다. 가르시아 마르케스는 콜롬비아 정치에 동의하지 못해서 떠났습니다. 바르가스 요사의 경우는 여러분이 저보다 더 잘 알 테니 설명할 필요가 없겠죠. 또한 이주 방식도 천차만별입니다. 아예 떠나는 사람이 있고, 돌아오는 사람이 있고, 계속 머무는 사람이 있죠. 계속 머무는 사람들 중에는 정신적으로만 머무는 사람이 있고, 실제로 머무는 사람도 있고요. 아르게다스 경우는 많은 맥락들을 포기하기는 했지만, 내면적으로는 계속 연결되어 있었습니다. 당신이 언급하는 사람들은 라틴아메리카 문학의 위대한

---

13 [옮긴이] Trujillo. 페루 북부 해안에서 가장 중요한 도시.

등불들이죠. 여러 다른 나라에서 특권을 누리는 일종의 문학계 엘리트들입니다. 이주주체라는 개념은 다른 조건에서 적응해야 하는 주체들과 관련이 있습니다. 일반적으로 이들은 자신들이 함몰된 과정을 이해할 정도의 지적인 자원을 가지고 있지 않습니다.

가르니카 『포스트식민적 추라타』(*Churata postcolonial*)에서 선생님은 추라타가 『황금물고기』를 통해 형상화하는 저항의 공간, 예를 들어 에스파냐어와 아이마라어[14]와 같은 언어들 간의 긴장성의 만남이 있는 저항의 공간으로서의 언어라는 생각을 강조합니다. 페루 문학은 에스파냐에 빚을 졌다는 호세 데 라 리바 아구에로[15]에 대한 응답이죠. 그러한 의미에서 선생님은 추라타가 반(反)순혈주의자였다고 지적합니다. 리바 아구에로가 에스파냐에 진정한 영혼이 있다고 말하는 데 반해, 추라타는 출파투유[16]를 언급하면서 아메리카, 즉 인도아메리카[17]의 진정한 영혼이 거기에 있다고 말합니다. 추라타도 일종의 생물속생설 (biogénesis)을 시사한 것인데, 그렇다면 두 사람 모두 순수주의에 빠

---

14 [옮긴이] aimara. 주로 페루와 볼리비아에 걸쳐 사는 아이마라인의 언어. 아이마라인은 안데스에서 잉카인의 후예인 케추아인 다음으로 인구가 많다.

15 [옮긴이] José de la Riva Agüero(1885~1944). 페루 지성계에 막대한 영향력을 행사한 역사학자이자 정치인. 보수주의자였고 백인의 시각으로 페루 역사를 조망하여서 선주민주의자들에게는 극복의 대상이었다.

16 [옮긴이] chullpatullu. 정복 이전 티티카카 호수 주위의 장례용 탑. 상류층의 가묘(家廟)였다. 출파(chullpa)라고도 부른다.

17 [옮긴이] Indoamérica. 아메리카 선주민을 '인디오'(indio)라고 부르는 이유는 콜럼버스가 자신이 도달한 곳이 인도라고 믿었기 때문이다. '인도아메리카'는 인디오들의 아메리카, 즉 인디오들의 아메리카라는 뜻이다.

진 게 아닙니까?

모라냐 아닙니다. 리바 아구에로의 경우는 훨씬 더 전형적이고 고전적이고 예측 가능합니다. 반면에 추라타는 탈주적이고 상궤를 벗어난 사상가이고, 엄청나게 제설혼합주의적이고, 믿을 수 없을 만큼 급진적인 사상가입니다. 그러한 의미에서 리바 아구에로와 관련이 없습니다. 만일 당신이 두 사람을 동일시한다면, 한 소용돌이 속에 그들을 함께 위치시키는 일입니다. 추라타는 순혈주의의 근본주의자도, 선주민적인 것의 근본주의자도 아닙니다. 만약 당신이 『황금물고기』, 더 나아가 『죽은 자들의 부활』(*Resurrección de los muertos*) 같은 작품들을 읽는다면 하나의 범문화주의를 발견하게 될 것인데, 거기서 그는 플라톤, 칸트, 티티카카 호수의 인어들과 대화를 나누고 있습니다. 또한 신화와 역사, 신화와 전설을 뒤섞어 놓았습니다. 에스파냐는 배제되지 않고 오히려 광적인 합, 증식하는 합에 등장합니다.

가르니카 물론입니다. 그러나 그 증식하는 합에서 에스파냐는 부정적으로 보입니다. 예를 들어 추라타가 펠리페 와망 푸마 데 아알라와 잉카 가르실라소 데 라 베가를 비교하면서, "잉카 가르실라소는 에스파냐에 가서 노비가 되었고, 와망 푸마는 이곳에 남았다"고 지적할 때 그렇다고 생각합니다.

모라냐 백인이고 파란 눈의 소유자였지만, 추라타가 선주민 세계에 호감을 지니고 있었다는 것은 분명하다고 말해야겠습니다. 지적으로 그리고 정서적으로 자신을 선주민 세계와 동일시합니다. 이 세계는 그가 선주민이 아니라는 점에서 그의 본성적인 세계는 아닙니다. 아르게다스 경우도 마찬가지입니다. 백인, 그것도 너무나도 백인이었죠. 그러나 다시 한 번 중요한 것은 지적, 정서적, 이데올로기적, 윤리적 책무입니다. 추라타가 원하는 것은 선주민 문화의 위치를 회복시켜 유럽 문화들의 의미 있는 대화자로 만드는 것입니다. 추라타와 페루뿐만 아니라 라틴아메리카 전체가 식민지시대와 에스파냐에 원한을 지니고 있다는 것은 분명 부정할 수 없습니다. 나중에 신세계라 불린 땅의 수백만 명의 거주자들을 제거한 것이 식민주의였기 때문입니다. 에스파냐의 식민주의에 대해서는 미국 땅에 대한 영국의 식민주의만큼이나 비난할 게 많다는 것은 자연스러운 일입니다. 그럼에도 불구하고 아무튼 추라타는 선주민 문화의 위치를 강화시켜 유럽 문화와 대등하게 만들려고 했습니다. 옥시덴탈리즘에 반대하는 강력하고 급진적인 일종의 법정명령으로 그 토대를 파괴하려 하고, 라틴아메리카의 비서구적인 문화들을 잠시라도 보라고 말합니다. 서구가 신세계에 알려지기 훨씬 이전에 존재했고, 플라톤과 세상의 위대한 철학자와 문학가들의 반열에 있는 문화들을 말입니다. 그래서 추라타는 대단히 격렬하고 생산적인 제설혼합주의를 수행하고 있다고 할 수 있습니다. 민족적인 것이라는 신화, 어머니 조국과의 관계라는 신화를 해체하고 세상은 훨씬 더 넓고도 낯설다는 것을, 즉 리바 아구에로 같은 사람들이 인정하기 원하는 것보다 훨씬 더 넓고도 낯설다는 사실을 보여 주기 때문입니다.

카르와리카 선생님의 저서 『불순한 비평』(Critica impura)을 언급하고 싶습니다. 거기서 선생님은 20세기 초에 맑스주의 노선은 문학 연구를 혁신한 독해 노선이었다고 지적하십니다. 또한 호세 카를로스 마리아 테기[18]의 관점은 라틴아메리카 대륙이 실체론에 종속되어 있을 수 없는 한 적절한 것이었다고 언급하십니다. 그렇지만 마리아테기의 관점은 민족주의적입니다. 그렇다면 이 민족주의는 일종의 실체론 아닙니까?

모라냐 자, 그것은 당신이 "페루를 페루화하자"(Peruanicemos al Perú)라는 문구를 어떻게 이해하느냐에 달려 있습니다. 마리아테기는 페루인이고 상당히 민족주의적이었다고 보아야겠죠. 그러나 그는 맑스주의자이고 무엇보다 국제주의자입니다. 라틴아메리카 대륙 차원의 관심이 지대하고, 혁명을 실현하고 세상을 뒤엎고 세상을 거꾸로 하고(일종의 파차쿠티[19]), 더 정의로운 세상을 창조할 전위계급으로서의 프롤레타리아를 믿습니다. 사회주의 유토피아에 빠져 있는 셈이죠. 그렇지만 당신이 지적하는 마리아테기의 민족주의적 측면도 매우 중요합니다. 그것이 마리아테기에게서 가장 중요한 것은 아니므로 저로서는 민족주의를 강조하고 싶지는 않지만, 아무튼 그는 그렇게 말하죠. 민

---

18 [옮긴이] José Carlos Mariátegui(1894~1930). 라틴아메리카 좌파의 선구적 인물. 특히 서구 사회주의나 공산주의에 대한 맹목적 추종을 경계하여 라틴아메리카 사상사와 지성사에서 높은 평가를 받는다.

19 [옮긴이] pachacuti. 원뜻이 '지진'인 선주민어이지만, 옛 세계가 파괴되고 새로운 세상이 열린다는 뜻으로 종종 사용됨.

족주의는 라틴아메리카 좌파에게는 큰 교훈입니다. 우리의 좌파 사상의 토대, 우리의 혁명 사상의 토대에는 자유주의적 색채가 있다는 것을 잊어서는 안 됩니다. (안데스 지역에서뿐만 아니라 국제적인 수준에서도) 가장 위대한 맑스주의 이론가 중 하나인 마리아테기가 그렇게 말합니다. 그는 우리가 모든 점에서 자유주의적 색채를 띠고 생각하고 있다고 인정합니다. 그것은 무의식적이고 라틴아메리카의 집단적 주체성 속에 있습니다. 그렇다면, 어떠한 방식으로든 우리의 해석과 우리의 사회적 의식의 형태들에 영향을 미칩니다. 물론 민족적인 것에 대한 문제제기를 하고 있습니다. 그러나 마리아테기는 위대한 예지자입니다. 민족적인 것이 국제적인 것(오늘날의 용어로는 '초국가적인 것'이 되겠네요)의 내부에 직접 기입되어야 한다는 깨달음을 얻습니다. 그 당시에는 사용하지 않는 용어였지만 전지구성을 생각하고 있었고, 이로부터 라틴아메리카를 세계에 삽입하는 방식을 재정의해야 한다고 생각합니다. 마리아테기의 위대한 문제제기는 라틴아메리카를 어떻게 국제적인 맥락에 재기입하고 국가 층위의 전투를 전개할 것인가를 고민했다는 점입니다. (포퓰리즘을 내세운) 레기아[20]가 있었고, 산체스 세로[21]가 있었으니까요. 마리아테기는 그 모든 전선에 대응하고 있었고 민족적인 것의 맥락에서 선주민의 정치적 · 이데올로기적 위치

---

20 [옮긴이] Augusto Leguía(1863~1932). 페루의 정치인으로 1908~1912년에 대통령을 역임했고, 1919년에 쿠데타로 재집권하여 1930년까지 사실상 독재를 했다. 마리아테기는 레기아 정부의 지원을 받아 1919년 말에 페루를 떠나 2년 조금 넘게 이탈리아, 프랑스 등 유럽 국가를 둘러볼 수 있었다. 그러나 이 정부 지원은 마리아테기를 추방하기 위한 조치였다.

를 어떻게 이론화할지 이해하고자 했습니다. 선주민이라는 주제가 레기아에 의해, 국가에 의해 이용되고 있는 것을 깨달았습니다. 윤리적 의식이 점화되어 이 소외계층을 통합시켜야 한다는 차원에서가 아니라, 당시 페루의 산업화 과정, 격렬한 근대화, 도시화 과정, 공장 등 이런 것들이 싼 노동력을 필요로 하기 때문에 이용한 것입니다. 이미 도시에 있는 선주민을 비숙련 노동자로, 값싼 근로자로 통합시키고 있었습니다. 페루의 근대화 기획은 선주민들을 필요로 하였습니다. 그래서 이데올로기적으로 선주민들을 통합시키려는 의지가 출현한 것입니다. 레기아의 포퓰리즘은 이 과정에서 페루에 선주민이 있다는 사실을 발견한 것뿐입니다.

카르와리카 그러한 성찰력과 예지력 때문에 마리아테기가 지식인인 것일까요?

모라냐 마리아테기가 지식인인 이유는 그가 어마어마한 지성을 갖춘 사람이고, 견고한 맑스주의 소양을 쌓은 사람이기 때문입니다. 마리아테기는 많은 지식인 혹은 이론가, 혹은 교수들이 여전히 충분하게 소화하지 못한 무엇인가를 이해한 인물입니다. 그것은 1930년대, 특히 페루의 1930년대가 역사적·지문화적으로 위대한 순간이 되리라는 생

---

21 [옮긴이] Luis Miguel Sánchez Cerro(1889~1933). 페루의 군인이자 정치인으로 쿠데타를 통해 레기아 정부를 전복시키고 1930~1931년 과도정부 수반을 맡은 데 이어 1931~1933년 대통령을 역임하였다.

각입니다. 그가 창간한 『아마우타』(*Amauta*)와 『노동』(*Labor*)에서 마리아테기는 페루뿐만 아니라 라틴아메리카와 서구 세계를 통틀어 가장 먼저 자유주의적 역사 해석 모델에 대한 대안이 등장했다는 분명한 의식을 드러냅니다. 라틴아메리카 역사에서 우리가 자유주의적 역사 해석 모델에 대한 대안을 지닌 유일한 순간, 맑스주의를 통하여 자본주의의 기능에 대한 철저하고 인상적인 설명을 제공한 유일한 순간입니다.

카르와리카 지식인과 관련하여 선생님이 보시기에 바르가스 요사는 진보적인 지식인인가요, 아니면 지식인의 위기를 표상하는 인물인가요?

모라냐 마리아테기에서 바르가스 요사로 건너뛰는 것은 너무 급작스럽네요. '지식인'이라는 범주는 그것을 어떻게 이해하는가에 달려 있습니다. 아마도 바르가스 요사는 포스트모던적 개념의 지식인의 정점을 표상하는 인물일 것입니다. 대단한 정치적·이데올로기적 책무를 지니지 못한 지식인, 하층계급과 선주민 문제란 그저 문학의 주제일 뿐인 지식인이죠. 제 책에서 상당히 다루었지만, 바르가스 요사는 모든 것에 미디어 방식으로 접근합니다. 그는 근대 지식인 모델과 거대한 괴리가 있습니다. 근대 지식인이란, 마리아테기의 말의 최선의 의미에서 그 용어를 사용하자면, 자신의 사상으로 세상을 최종적으로 변화시키고자 하는 책무를 띤 지식인입니다. 마리아테기 이전과 이후는 있지만, 바르가스 요사 이전과 이후라는 것은 없습니다. 바르가스 요사는 매우 중요하고, 미학적으로 매우 세련된 작품들을 썼습니다. 하지만 근대 지식인 모델에 비해 더 해이하고 미디어적이며 자기중심적인 지식인 모델을 표상합니다. 자신의 목소리를 듣는 것을 좋아하고, 모든 문제에 의견을 내며, 마치 연극배우처럼 행동하기도 합니다. 그러한 퍼포먼스적인 성격은 장애 때문에 휠체어에 앉아 있던 마리아테기에 대비됩니다. 그 대비되는 모습이 페루 국민을 연상하게 하네요….

가르니카 마리아테기에 관한 선생님의 바로 이 접근법에 따르면, 마리아테기는 가령 세계주의, 식민주의, 민족주의 등과 같은 사회경제학적 범주들에서 출발해서 현실을 분석합니다. 코르네호 폴라르도 이질성, 이주주체, 모순적 총체성과 같은 개념들을 사회과학에서 가져오고요. 문학연구에서도 이러한 개념들이 여전히 타당한 것인가요?

모라냐 분과학문이라는 개념은 이제 사실상 통용되지 않습니다. 매우 케케묵은 것으로 간주되죠. 오늘날 지식은 통합적입니다. 아니발 키하노의 식민성 개념 없이 문학은 물론 다른 어떤 것을 연구할 수 있겠습니까? 많은 것들을 이해하지 못할 것입니다. 사회과학 연구에서 문학연구로 어찌 넘어오지 않을 수 있겠습니까? 사실상 분리 불가능한 것인데 말입니다. 모든 분과학문적 구분들은 실증주의의 시대에 만들어졌는데, 이후 거대한 진전이 있었습니다. 세계체제 개념을 창조한 월러스틴은 키하노와 함께 작업하고 글을 발표했습니다. 항상 있는 일은 아니지만 월러스틴은 학제간 연구를 넘어 횡단학제적으로 (transdisciplinariamente) 연구를 해야 한다는 생각을 퍼뜨린 위대한 사람들 중 하나였습니다. 대체로 사회과학이 라틴아메리카에 대한 잘 못된 해석들 중 상당 부분에 책임이 있습니다. 인류학과 인문학이 나름대로 기여를 하고, 철학이 해석하도록 놔두지 않았기 때문입니다. 사회적인 것의 해석 작업과 사회적 의식을 구축하는 작업을 분과학문적으로 나눌 수는 없습니다. 그것은 과거의 발명품입니다. 오늘날 우리는 다른 방식으로 작업을 합니다. 그렇지 않다면 우리는 대답을 변화시킬 질문들을 제기하지 못할 것입니다.

가르니카 그렇다면 문화연구나 사회과학에서 유래한 범주들을 적용함으로써 오히려 연구대상을 잊게 만들기 때문에 문학적인 것으로 돌아가야 한다는 일단의 비평계의 주장에 선생님은 동의하시지 않는 것 같습니다.

모라냐 그런 주장을 한 번도 들어 본 적이 없습니다.

가르니카 문화연구에 관한 어떤 논쟁들에서는 사회과학에서 유래하는 범주들이 문학적인 것의 특수성을 제거했다고 강조합니다. 적어도 여기 산마르코스 대학에서는 문화연구가 문학 시스템에 도움이 되었다고 생각하는 사람들과 도움이 되지 않았다고 생각하는 사람들이 극명하게 갈립니다.

모라냐 제게는 무익한, 실질적으로 생산적이지 않은 논쟁으로 보입니다. 문학을 공부했는데 사회학자와 이야기를 나누는 것에 불안을 느끼기 때문에 내 조그만 영지를 지키고자 한다는 것은 세상의 흐름에 맞지 않습니다. 세상은 그러한 하찮음을 초월합니다. 세상은 어디를 향하고 있을까요? 통합적인 지식을 지향하고, 조각난 분과학문들로는 이해할 수 없는 현상들을 이해할 수 있게 도와주는 새로운 체계적인 모델을 지향합니다. 몇 가지만 예로 들도록 하겠습니다. 폭력 연구는 어떤 분과학문에 속하는 것이죠? 문학은 폭력에 대한 묘사, 현상, 이야기들로 가득합니다. 폭력이 문학비평을 통해서만 이해될 수 있을까요? 아니면 사회학, 경제학, 정치학, 인류학과도 관련이 있는 것일까요? 문학연구와 인문학과 관련이 있고, 의심할 바 없이 철학과도 관련이 있습니다. 저로서는 분과학문들을 넘어서는 책을 쓸 수밖에 없었습니다. 당신도 알고 있겠지만, 오늘날의 문학연구는 작금의 문학에서 커다란 흐름을 차지하고 있는 마약거래 현상을 배제할 수 없습니다. 이 문제가 국가의 무능에 따른 것이라든지 혹은 법의 영역 밖에서 작동하는 이익단체들에 따른 것이라든지 한쪽 입장을 택할 수 있나요? 이러한 단체들과 서민층과 특권층 간의 상호관계를 어떻게 설명합니까? 마약거래, 폭력, 테러리즘 등 오늘날의 커다란 문제들이 소설과 같은 문학 작품에 등장할 때, 당신은 이것이 오로지 문학적인 주제라고 생각할 것입니까? 솔직히 그러한 전제에서 생산되는 논문들은 저는 읽고 싶지 않습니다. 사람들이 분과학문을 원하는 것은 사회적인 문제로 수렴되는 현상들을 설명하기 위해서입니다. 당신이 앞서 사용한 용어를 사용하자면 이러한 인식적인 변화들, 즉 지식의 매트릭스 자체의 변화들은 진행되어 왔고, 지금도 진행 중입니다. 이를테면 모든 거대한 중심들에 대한 문화기계의 변화가 진행되었죠. 하지만 거대한 문화 중심인 리마의 지적 층위에서는 그런 변화들이 투영되지 않고 있습니다. 이는 학계의 커다란 문제점인데, 심지어 미국 학계도 마찬가지입니다. 사람들은 여전히 사회학과에, 역사학과에, 인문학부에 진학하고 등록하니까요. 그래도 모두가 지적으로 사실상 다른 차원에 있기 때문에 각자의 분과학문의 주제를 취해도 다른 모든 분과학문들의 문제의식을 지니고 있습니다. 각 학과는 학생들이 다른 영역의 수업을 듣는 것을 크게 장려하고요. 역사학과를 기웃거리고, 인류학자들과 이야기를 나누고, 정치학을 공부하고, 예술연구를 살펴보고, 철학과 수업에 가 보세요. 그러면 다른 관점들을 무시하지 않으면서도 자신만의 시각을 얻을 수 있는 지적 경력을 쌓을 수 있을 겁니다.

카르와리카 호세 마리아 아르게다스의 모습에서 사회학, 종족학, 문학, 인류학 이 모두가 집대성될 수 있습니다. 바르가스 요사와 아르게다스에 관한 연구에서 선생님은 이 『깊은 강들』의 저자를 이 모든 분과학문의 종합이 잉태되는 지식인이라고 소개하십니다. 선생님이 책에서 이러한 생각을 어떻게 전개하시는지 설명해 주실 수 있을까요?

모라냐 여러분이 저보다 훨씬 더 잘 알겠지만, 아르게다스는 비전형적인 지식인이자, 천재적인 작가이자, 어떠한 틀에도 가둘 수 없는 작가

이자, 자신의 시대를 넘어서는 작가이자, 앞으로 도약하는 작가입니다. 그의 작품은 포스트근대성의 문제틀에 속하는 측면들을 많이 가지고 있습니다. 만약 우리가 아르게다스에게 이렇게 말을 했다면 그는 한 번 더 자살하겠지만, 분명히 그가 상호문화성이라는 주제를 다루는 방식은 훨씬 앞서 있었습니다. 그는 다분과학문적인 모습을 지니고 있었고, 분과학문들 사이에 차이를 두지 않았습니다. 그에게는 『모든 피』를 쓰는 일이나 완벽한 선주민 도자기 컬렉션을 갖는 일 혹은 음악을 연구하는 일이 매일반이었습니다. 지금 제가 당신들에게 설명하고자 하는 것을 이해하고 있었기에 차이를 두지 않은 것입니다. 문화는 단 하나라는 것과 선주민 주체성은 말하고 싶은 것을 말하기 위해 다양한 방식으로 다양한 흔적을 남기는 법이라는 것을 말입니다. 그래서 마음속에 선주민 공동체들을 담고 있었고, 그 멸시받고 배척된 주체성을 재현하고자 한 아르게다스는 모든 통로를 통해 그 주체성에 다가갔습니다. 그는 그 모든 사고와 재현의 매트릭스를 아우르는 지식인인 것입니다. 결코 차이를 두지 않았고, 이를 자신의 글에서 여러 차례 밝혔습니다. 예를 들어, 소리를 내는 팽이, 말이나 진배없는 음악, 전설과 똑같은 인물의 이미지들을 떠올려 보죠. 그 세계는 모든 것이 섞이거나 결합되는 세계가 아니라, 모든 것이 마그마에 녹아들어 통째로 재현되기를 기다리는 세계입니다.

가르니카 선생님은 추라타와 아르게다스에게 모두 "얼룩"(borrón)이 있다고 지적하십니다. 추라타는 에스파냐인처럼 말하지는 않지만 그렇다고 선주민처럼 말하지도 않습니다. 그는 아르게다스처럼 두 세계 사이에 위치한 얼룩진 글쓰기로 말합니다. 그 개념은 코르네호 폴라르가 제기한 이질성 범주와 관련이 있을까요?

모라냐 물론입니다. 아르게다스는 순혈주의 담론을 말소하고 언어를 재창조할 의지를 표명합니다. "작중 선주민들이 그러한 방식으로 말하게 할 것이다"라고 말하면서 언어와 육탄전을 벌입니다. 선주민들에게 표현과 목소리를 부여하고, 구어적 표현을 뒤섞습니다. 하지만 이내 이렇게 말합니다. "실제로는 아무도 그렇게 말하지 않는데, 지금 내가 무슨 짓을 하는 건가?" 이번에는 케추아어로 글을 쓰려고 시도합니다. 그러다 또 이렇게 말합니다. "이러면 아무도 내 글을 이해하지 못할 텐데." 여기서 '아무도'는 도시 사람들을 말합니다. 왜냐하면 아르게다스는 문자 세계에 속했고, 또 그것을 바랐으니까요. 또 말합니다. "그러나 에스파냐어로 쓰면, 내 글의 대상이 되는 사람들이 글을 이해하지 못하잖아." 그것이 아르게다스에게서 결코 해결되지 않는 드라마입니다. 해결될 수 없는 것이니까요. 추라타도 마찬가지입니다. 선주민이 되려고 하나 선주민이 아니고, 아이마라어와 케추아어로 말하고자 하나 할 줄 모릅니다. 그는 제한된 수의 단어들만 알 뿐입니다. 거기서 우리는 선주민주의의 굴절, 타자가 되려는 의지, 소외되고 멸시받는 선주민의 피곤한 주체성과 자신을 동일시하려는 의지를 보게 됩니다. 그래 봤자, 결국은 도시 지식인의 주의주의일 뿐입니다. 우리가 모를 리 없죠. 아르게다스 자신도 압니다. 그것이 그의 위대한 드라마, 낙담과 문제제기로 점철된 위대한 주제들 중 하나입니다. 자신이 정말로 두 갈래 물길 사이에 있다는 점을, "사이 장소"(entre lugar)에 살고 있다는 점을 알고 있는 것이죠. 이는 지난한 일, 엄청난 갈등을 짊어지고 사는 일입니다.

김동환 옮김

12장

라틴아메리카니즘이라는 사건
: 정치적-개념적 지도

존 베벌리

미국의 맑스주의 비평가인 프레드릭 제임슨은 1982년에 발표한 유명한 에세이 「포스트모더니즘 혹은 후기자본주의의 문화논리」(Postmodernism: Or, the Cultural Logic of Late Capitalism)에서 경제적 전지구화가 상부구조에 미친 여파 중 하나로 막스 베버의 근대성 모델이 그 수명을 다하게 되었다고 주장하였다. 베버에 따르면, 근대성 시대에는 문화가 시장의 도구적 이성에 맞서 자율적 혹은 준자율적 영역으로서 기능한 반면, 포스트근대성 시대에는 적절하게 이론화되지 못한 채 개인의 정신에서 국가에 이르기까지 모든 차원의 사회적 영역을 가로지르고 있다. 근대성의 다양한 영역들 간의 경계에서 나타나는 이러한 균열의 결과들을 기록하기 위해서는 새로운 인식지도 만들기(mapeamiento cognitivo) 과정이 요구된다고 제임슨은 생각하였다.

　이 글의 목적은 라틴아메리카니즘의 부분적인 인식지도를 제공하는 데 있다. 이 인식지도는 집단적인 동시에 개인적이기도 한 일종의 지적 전기이다. 내가 이해하는 라틴아메리카니즘은 우선적으로 생각될 수 있는 라틴아메리카에서 생산된 라틴아메리카의 정체성 혹은 민족주의 담론이 아니다. 나는 라틴아메리카이든 미국이든 유럽이든 그 지역을 막론하고 학문 영역에서 라틴아메리카와 라틴아메리카의 문화적 정체성(들)에 '대하여'(sobre) 생산된 이론적-비판적 담론을 라틴아메리카니즘으로 이해한다.[1]

그것은 라틴아메리카에 대한 지적-이론적 '전유'이다. 다시 말해, 특정 분과학문적 제도(이 경우에는 '라틴아메리카 연구'라는 제도)와 그 연구대상과의 관계에 대한 것이다. 그러한 의미에서 라틴아메리카니즘은 에드워드 사이드가 말하는 오리엔탈리즘, 즉 식민지 혹은 반(半)식민지 타자에 대한 유럽의 학계와 고급문화의 재현과 관련이 있다. 그러나 라틴아메리카니즘과 라틴아메리카의 관계는 오리엔탈리즘의 경우만큼 그렇게 일방적이지 않다. 라틴아메리카니즘이 라틴아메리카에 대한 내부담론이기도 하기 때문이다. 라틴아메리카니즘과 라틴아메리카의 관계는 라틴아메리카의 학문적 지식뿐만 아니라 정치적-문화적 표현에도 영향을 미친다. 이 글의 요지는 라틴아메리카의 특정 근대성 기획이 좌절되었고, 그 결과 공산주의 근대성 모델뿐만 아니라 자본주의-자유주의 모델 역시 위기에 처한 시기에 국가와 헤게모니의

1 이는 알베르토 모레이라스의 정의(Moreiras 2001, 1)를 다른 말로 바꾸어 표현한 것이다. 내가 이러한 정의와 하위주체연구 경험을 공유하는 것은 사실이지만, 이 글을 통해 모레이라스의 입장에 대해 일종의 대안적 비판을 하고자 한다.

본질에 대해서 다시 상상해야 할 필요성이 생겼다는 것이다.

오늘날 라틴아메리카니즘의 상황을 시의적절하게 정의하는 것은 소위 라틴아메리카의 '분홍 물결'(marea rosada)이다. 최근 몇 년 동안 라틴아메리카에서는 매우 이질적이지만 어느 정도 의식적으로 공통의 기획을 공유하는 일련의 좌파 정권이 등장했다. 나는 이러한 현상이 많은 모호함과 모순과 위험을 수반하고 있음을 결코 부인하지 않으며, 인간의 모든 기획이 그렇듯이 이상이 좌절되거나 변질될 가능성도 배제하지 않는다. 그러나 세계 인구의 약 10%를 차지하고 있는 라틴아메리카인 대부분이 어찌 되었든 사회주의적이라 불리는 정권 아래에서 살고 있다는 사실은 희망적이라 하지 않을 수 없다. 버락 오바마의 미국 대통령 취임만큼이나 (모순적이며) 희망적이다.

나는 오바마의 대선 승리와 마찬가지로 이 분홍 물결을 하나의 '사건'(evento)으로 이해한다. 프랑스 철학자 알랭 바디우의 용어로, 갑작스럽고 예측할 수 없으며 우발적이고 급진적으로 중층결정되지만, 또 한편으로는 모든 새로운 가능성과 결정들의 길을 열어 주는 그무엇이 '사건'이다. 여기서 나는 라틴아메리카니즘의 이론적-비판적 성찰과 분홍 물결의 관계를 일부 천착하고자 한다.

이 글은 다음과 같이 여섯 부분으로 나뉜다. 1) '이론'의 도래, 2) 하위주체연구, 3) 증언서사(testimonio), 4) 문화연구의 붐과 쇠락, 5) 신보수주의적 전환, 6) 라틴아메리카니즘과 국가의 문제. 물론 이 주제들의 몇몇 측면만 재빠르게 그리고 다분히 추상적으로 다룰 수밖에 없을 것이다. 더불어 위의 주제들과 자연스럽고 밀접한 관계를 유지하고 있는 일련의 주제들까지 포함하지는 못했다. 가령 성과 권력 간의 관계에 문제를 제기하는 페미니즘과 퀴어 이론/비평, 가장 일반적인 의미에서의 포스트식민적 전환(하위주체연구는 포스트식민주의 연구의 한 형태일 것이다), 미국의 라티노 연구와 경계연구 붐과 라틴아메리카니즘과의 문제적 관계, 영화·비디오·미디어에 대한 연구 등은 다루지 못했다.

1. '이론'의 도래

소위 68세대라는 학문적 세력을 구축한 우리는 1960년대 말에서 1970년대 초에 문학비평에서 '이론'이라는 미지의 땅으로 이동하였다. 나중에 (조녀선 컬러라는 미국비평가에 의해) '이론 장르'(género de la teoría)라고 불리게 된 이 흐름의 매력은 이론이 정치에 대한 사고방식뿐만 아니라 정치적 실천방식도 표상할 수 있으리라는 점이었다. 이러한 관점의 변화 혹은 '인식론적 단절'의 중심인물 중 한 명인 프랑스의 맑스주의 철학자 루이 알튀세르는 당시 많이 쓰던 말인 '이론적 실천'의 필요성에 대해 말했다(알튀세르 이전에는 이론과 실천의 통합unidad을 말했을 뿐이었다). 라틴아메리카니즘은 그 무렵에 일종의 이론적 실천으로서 등장한다.

　이러한 흐름에 우호적이었던 것은 무엇보다도 언어 기호의 자의적 특성을 주장하는 구조주의 학설에 내포된 급진주의였다. 구조주의 언어학의 창시자인 소쉬르에 의하면, 말을 나타내는 'horse'나 붉은색을 나타내는 'red'와 같이 음소들의 조합(기표)이 세상의 사물 혹은 순간(기의)을 표상한다는 사실만 자의적인 것이 아니다. 기호는 또한 (자크 라캉의 유명한 말을 빌리자면, "상징화에 철저하게 저항하는") 실재계의 비결정적인 차원을 자의적으로 재단한다.

만약 구조주의자들의 말이 옳다면, 우리가 세상의 사물을 인식하는 방식과 사물로서의 혹은 상태로서의 정체성은 우리를 포함하고 있는 기호체계, 즉 랑그가 결정하는 것이다. 부연하자면, 세상을 의식하는 주체로서 우리의 정체성은 "기표효과"(efecto del significante)인 것이다. 그래서 구조주의는 믿음, 신화, 금지체계, 법 등과 같은 사회적 상부구조에 대한 새로운 사고방식을 표상했을 뿐만 아니라, (경제적·사회적) 토대와 (문화적·법적·이데올로기적) 상부구조라는 전통적인 맑스주의적 구분을 부분적으로 지운다. 기표체계는 기존 사회의 구분들만 반영하는 것이 아니라, 그러한 구분들을 생산한다. 어떤 의미에서 사회적인 것(lo social) 역시 기표의 효과이다.

구조주의 학설의 유명론적 급진성은 시기적으로 1960년대의 사회적 투쟁들의 폭발과 일치한다. 이 시기에 알제리전쟁이나 베트남전쟁, 쿠바혁명, 라틴아메리카의 다양한 형태의 무장투쟁들과 같은 대대적인 반식민주의나 반제국주의 운동들은 물론이고 학생운동, 소수민족권리회복운동, 페미니즘운동, 동성애자운동, 민권운동, 환경운동, 대항문화운동 등과 같은 새로운 형태의 사회운동들과 중국 문화혁명에서 나타났다. 1960년대 말에는 전 세계적 차원의 혁명적 변화라는 생각은 여전히 가능해 보였고, 어쩌면 금방 일어날 것처럼 보였다.

오늘날 유토피아적으로 보이는 그러한 믿음은 매우 특별한 정치적-경제적 정세의 객관적인 산물이었다. 전 세계 차원의 자본주의는 중심부 국가들에서뿐만 아니라 주변부 국가들에서도 2차 세계대전 막바지부터 1970년대 초까지 엄청난 팽창을 경험하였다. 경제학자들이 부르는 성장의 그 장기파동은 고도로 산업화된 국가들에서 노동자 계급의 정치적 순응을 부분적으로 설명해 준다. 그러나 또한 시스템이 대응하기에 어려운 일련의 새로운 요구와 기대를 야기했다. 이는 제3세계에서 2차 세계대전의 종전과 함께 나타나는 대규모 탈식민화 운동의 출현과 일치한다. 라틴아메리카니즘은 본질적으로 이론의 붐과 탈식민화의 힘이 일치하던 순간에 탄생하였다. 심지어 이론은 어떠한 의미에서 옛 식민주의-제국주의 모국의 지식 기관들에서 나타난 탈식민화 효과로 이해될 수 있다. 즉, 이론은 처음에는 유럽에서 또는 유럽으로부터, 특히 프랑스에서 또는 프랑스로부터 생산되었지만, 포스트유럽적이고 포스트식민적인 역사의지를 따른 것이었다. 그러한 의미에서, 내가 전하고자 하는 모든 이야기는 포스트식민성이라는 표식 아래에 기입된다.

2. 하위주체연구

1970년대 말과 1980년대 초는 이러한 급진적 시기의 종말과 라틴아메리카와 세계질서에서 신자유주의를 경제적 형태로 삼는 보수주의의 부흥으로 특징지어진다. 이러한 변화로 인해 이론의 인식론적 급진주의와 1960년대의 정치적·문화적 급진주의는 결별하게 된다. 그 결과 이론은 근본적으로 학문적인 일련의 실천들로 분화하였다. 그러한 실천들은 보통 '연구'(studies)라고 불린다. 문화연구, 하위주체연구, 포스트식민주의연구, 여성연구, 퀴어연구, 아프로라티노연구, 영화연구 등이 그 예이다.

나에게 있어 우리 세대의 기획이 경험한 가장 구체적인 패배는 1990년 산디니스타의 대선 패배였다. 당시에 나는 니카라과혁명과 연대 관계를 맺으며 연구를 진행시키고 있었다. 나는 미국 학계의 다른 동료들과 산디니스타의 패배를 함께 공유하였다. 그러던 차에 우리는 각자 다른 경로를 통해 (그러나 주로 가야트리 스피박의 영향으로) 남아시아 하위주체연구그룹의 저작들을 읽게 되었고, 그것들이 우리의 관심사와 우연 이상의 관계가 있음을 알게 되었다. 전부가 다 그렇지는 않지만 원래 우리는 주로 문학비평의 장에 몸담고 있었고, 우리의 이전 작업과 관련된 라틴아메리카 좌파의 기획이 한계에 도달하였다고 느끼고 있었다. 그 한계가 정확히 무엇인지 확신하지도 그리고 합의에 이르지도 못하고 있었지만, 세상이 변하고 있고 새로운 패러다임이 필요하다는 점은 확실하였다. 우리의 비공식적인 첫 만남은 1992년에 이뤄졌다. 우리는 우리의 모임을 라틴아메리카 하위주체연구그룹 (Grupo de Estudios Subalternos Latinoamericanos)이라고 부르기로 결정하였다. 그리고 (내 생각에는) 여전히 유효한 새로운 패러다임의 필요성에 대하여 다음과 같이 정의하였다.

현재 라틴아메리카에서 일어난 권위주의 정권들의 몰락, 공산주의의 종말, 이에 따른 혁명기획들의 폐기, 민주화 과정, 대중매체의 효과가 만들어 낸 새로운 역학관계, 경제의 초국가화 등 이 모두가 새로운 형태의 정치적 사고와 정치적 행동을 요구하고 있다. 최근 라틴아메리카의 정치적·문화적 공간들에 대한 재정의는 이 지역의 지식인들로 하여금 사회과학과 인문과학의 기존 인식론들을 다시 생각하게 하였다. 전반적인 민주화 추세는 특히 다원주의 사회의 개념들과 이런 사회들 내부의 하위주체성의 조건에 대한 재검토를 우선시한다. (Latin American Subaltern Group 1995, 135~136)

우리는 라틴아메리카에서 혁명적 좌파 기획의 실패를 철학자 장 프랑수아 리오타르가 말하는 의미에서의 포스트근대성의 한 현상, 즉 '메타서사의 종언'으로 이해하였다. 지면 제약으로 이 문제에 대해 더 살펴볼 수는 없지만, 포스트근대성의 문제틀이 함축하는 바가 (정치적, 철학적, 미학적, 윤리적으로) 넓은 의미에서 근대성의 텔로스(telos), 즉 합목적성과 상관이 없는 좌파의 새로운 개념을 발전시켜야 할 필요가 있고 동시에 그것이 가능하다는 것을 밝히는 것만으로도 충분할 것이다. 가야트리 스피박의 표현을 빌리자면, 우리는 하위주체연구를 포스트근대 시대인 "우리 시대의 전략"으로 보았다. 우리의 목표는 라틴아메리카연구의 장을 포스트식민적이고 하위주체적인 관점에서 재정의하는 것이었다.

남아시아 하위주체연구그룹의 역사학자들은 인도 아대륙의 역사

서술이, 식민주의적 역사서술이든 (맑스주의적 역사서술을 포함하는) 민족주의적 역사서술이든 상관없이, 처음에는 식민주의적이었고 나중에는 민족주의적이었던 정치적·경제적 근대화를 위한 하나의 국가주의적 모델에 의해 구성되었다는 사실에 맞닥뜨렸다. 이러한 모델이 독립 이후에 지적으로나 정치적으로 부정적인 효과들을 유발하기 시작했을 때, 남아시아의 하위주체연구자들은 자국의 사회사를 이해하는 다른 방법을 찾아야겠다고 생각하였다. 이를 위해 그들은 역사에서 이론과 문학비평의 장으로, 특히 포스트구조주의적 사고로 이동하였다. 라틴아메리카 그룹의 움직임은 그 반대였다. 우리는 문학의 장과 라틴아메리카니즘 문학비평의 장이 위기에 처해 있고, 그 위기에서 벗어나 사회사를 천착하는 관점으로 나가야 한다고 느꼈다. 이 위기는 앙헬 라마(Ángel Rama)가 비행기 사고로 비극적으로 사망하고 2년이 지난 뒤인 1984년에 출판된 『문자도시』(La ciudad letrada)에서 구체적으로 개진되었다. 『문자도시』는 완성된 저서라기보다는 개요에 가까워서 오늘날 많은 침묵과 모호함을 드러내고 있다. 그러나 우리 세대에게는 결정적인 영향을 준 저서였다. 푸코식으로 말하자면, 라틴아메리카 문학제도에서 하나의 계보학, 라틴아메리카 문학연구를 지배하는 역사주의에 도전하려는 계보학(비록 역사주의와 완전히 단절하지는 못했지만)으로 여겨졌다. 라마가 우리로 하여금 보게 한 것, 혹은 우리가 그의 저서에서 보고자 한 것은 라틴아메리카에서 문학이라는 제도(따라서 우리 분과학문의 연구대상)가 식민지시대 및 포스트식민지시대의 엘리트 형성에 연루되어 있다는 사실이었다. 따라서 문학은 민중과 하위주체의 목소리가 최고의 표현을 찾을 수 있는 곳이자 문화적 민주화를 위한 수단이라고 주장한 1960년대의 라틴아메리카니즘은 그 토대 자체가 의문시되었다. 라마는 한편으로는 문학이 어떻게 해서 라틴아메리카에서 헤게모니적 중심이 되었는가를 설명했다. 그러나 또 다른 한편으로는 라틴아메리카의 사회적 주체를 적절히 재현하지 못하는 문학의 한계들을 그려 냈다.

근본적인 수정이 없는 기존의 문학형식으로는 결코 적절히 재현될 수 없는 타자성을 드러내 준다는 점에서, '하위주체적인 것'이라는 개념은 이러한 위기를 개념화하는 방법이었다. 그러나 우리 자신이 교수, 비평가 그리고/혹은 작가로서 문자도시에 연루되어 있는 한, 하위주체연구는 단순히 학계 외부에 존재하는 무엇인가를 연구하는 것, 예를 들자면 인류학 현지조사를 하거나 텔레노벨라를 연구하는 데 머물 수는 없을 것이다. 우리의 진정한 도전은, 우리가 계속해서 문학, 문학비평, 문학연구 내부에서 활동하면서 권력과 예속 관계의 창출과 재생산에 우리도 참여하고 있다는 사실을 직시하는 것이었다.

3. 증언서사

1990년대에 라틴아메리카니즘 내부에서 증언서사라는 주제가 나타난 것은 이러한 도전과 구체적인 관련이 있다. 증언서사 자체에 새로운 주제가 있었던 것은 아니다. 이미 1960년대와 1970년대에 관련 논쟁이 있었고, 1973년부터 카사 데 라스 아메리카스[2]에서 이 장르에 문학상을 주기 시작하였다. 그러나 증언서사는 1990년대의 상황 속에서 개념적인 그리고 전략적인 중요성을 새롭게 획득한다.

성매매 여성이나 마약중독자의 이야기에서부터 게릴라 증언서사의 모델인 체 게바라의 '혁명전쟁의 순간들'(Pasajes de la guerra revolucionaria) 시리즈에 이르기까지 다양한 종류의 증언서사가 존재한다. 그러나 학계 내부와 외부를 막론하고 많은 이들이 이 장르의 모범으로 꼽는 것은 1982년에 쿠바에서 카사 데 라스 아메리카스를 통해 처음 출판된 『내 이름은 리고베르타 멘추』(1983)였다. 멘추의 증언서사는 연대를 위한 것이었다. 특히 과테말라 군부가 아르헨티나, 이스라엘, 미국 등의 조언을 받아 자국민에게 자행한 집단학살전쟁을 저지하기 위해서였다. 그러나 학문적 맥락에서 『내 이름은 리고베르타 멘추』와 증언서사의 문제는 다음과 같이 곤혹스러우면서도 혁신적인 일련의 질문을 야기하기도 했다. 증언서사, 그것은 문학이 아닌가? 픽션과 증언서사는 어떻게 구분되는가? 문학은 누군가의 목소리를 위하여 혹은 그 목소리에 대하여 말하려 하지만 그 목소리 스스로는 말하게 하지 않는데, 그렇다면 문학이 배제하는 목소리는 무엇인가? 증언서사의 저자는 누구인가? 진술을 하는 사람인가 아니면 그의 진술을 받아 적고 텍스트를 편집하는 문사(文士 / los letrados) 대화자인가? 증언서사에서 저자의 근대적인 문화적 권위는 사라진 것인가?

---

2 [옮긴이] Casa de las Américas. '아메리카의 집'이라는 뜻으로 1959년 쿠바혁명 직후 혁명정신 고취를 목적으로 정부 산하에 설립된 문화 기관. 한때 라틴아메리카 지식인과 예술가들의 풍향계 역할을 할 정도로 막강한 지적 영향력을 행사했다.

증언서사는 문학의 생산과 수용에 내포된 부르주아적 주체성을 박탈하고 탈중심화시켰다. 그것은 문자도시의 주변부에서 나타났다. 이를 통해 증언서사는 이론과 유사한 방식으로 그리고 이론과의 밀접한 관계 속에서(어떤 의미로는 일종의 구체적인 해체로서) 문학이나 역사로 출판되고 인정받고 연구되는 텍스트에서는 보통 재현될 가능성이 없는 하위주체의 목소리가 인문학에 실재하도록 만듦으로써 이 학문 분야를 급진화시켰다.

물론 증언서사를 통해 우리가 하위주체의 목소리와 경험에 직접적으로 접근할 수 있다는 (롤랑 바르트의 개념을 빌리자면) 현실효과(efecto de lo real)에는 많은 모호함과 모순이 존재하였다. 그리하여 증언서사는 라틴아메리카니즘에서 커다란 논쟁을 불러일으켰고 지금까지도 그 논쟁이 지속되고 있다. 그러나 이러한 모호함에도 불구하고 증언서사는 문학장(場)에 새로운 불편한 존재로서 자신의 흔적을 남겼다. 증언서사를 통해 민중하위주체의 정체성은 수정되었다. 증언서사의 주체는 옛날처럼 연구자나 작가에게 원자재를 제공하는 풍속적 토착정보원이 아니었다. 이제는 자신의 진술 조건 및 진실의 관리자가 되었다. 증언서사는 비문학이나 유사문학(para-literario) 지대에 머물면서 문학장에 활기를 불어넣는 잠재력을 지니고 있었다. 정치학자들이 '통치불가능성'(도시범죄자, 게릴라, 마약중독자, 선주민 세계, 거리의 아이들, 불법이민자, 마약중개인)이라 부르는 공간에서 생산되었고, 문학과 국가의 관계에 대해서도 문제를 제기하였다. 그러나 동시에 증언서사는 종종 민중하위주체 화자와 문화적 권위의 위치에서 그의 진술을 수집하고 편집하는 지식인(혹은 연구자) 간의 협력을 요하는 생산 과정에서 '연대정치'의 구체적인 방식을 제공하고, 이를 통해 새로운 방식의 좌파정당 혹은 좌파운동의 가능성을 제시한다. 더불어 민중의 투쟁과 저항의 방식을 재현할 뿐만 아니라, 이를 위한 헤게모니적인 표현 모델로 기능한다. 그러한 의미에서 증언서사는 분홍 물결의 등장과 이 물결의 가장 특징적인 몇 가지 정치형태를 선취한다.

4. 문화연구의 붐과 쇠락

『문자도시』는 어떤 면에서는 국가에 대한 저서였다. 라마는 식민시대에서 현재까지의 문사도시의 계보학을 추적하면 식민지시대와 포스트식민시대의 라틴아메리카 국가의 성격이 어느 정도 설명이 될 것이라는 전제에서 출발하였다. 라틴아메리카의 국민국가들은 영토성과 언어적-문화적 종족성 간의 유기적 관계에 근간을 두지 않았다. 이러한 의미에서 이 국가들은 베네딕트 앤더슨이 말하는 문학과 인쇄술에 의해 형성되는 '상상의 공동체'라는 개념의 완벽한 본보기처럼 보인다. 도리스 서머(Doris Sommer)의 '건국 픽션'(ficciones fundacionales) 혹은 프레드릭 제임슨의 '민족적 알레고리'도 유사한 개념들이다. 이와 대조적으로 『문자도시』에서는 문학의 개념, 문학과 국민국가의 관계 등에서 급진적 변화의 시작을 지적하였다. 1960년대 좌파의 문화정책이 문학을 국가의 근대화와 민주화를 위한 도구로 보았다면, 오늘날 문학은 빈번하게 임의적이고 모호해지는 영토적 경계 내부의 정체성들과 이해관계들을 적절하게 재현하거나 완전하게 통합시키지 못하는 기존 국가들의 무능력과 관련지어 읽힌다.

안토니오 그람시는 1930년대에 무솔리니의 파시스트정권에 의해 투옥되어 있으면서 이탈리아 역사를 두고 동일한 문제를 고민하였다. 그의 생각은 이탈리아와 같은 나라에서 국가의 취약함이라는 문제는 단순히 경제적인 문제, 즉 농업봉건제적 요소들의 지속이나 외국자본의 내부시장 침탈 문제만은 아니라는 데에 도달하였다. 특별히 문화적인 차원의 문제이기도 하다는 것이었다. 그람시에게 문화는 헤게모니(그는 헤게모니를 국가의 도덕적·지적 지도력으로 정의한다)가 구축되고 부서지고 재구성되는 영역이다. 그러나 헤게모니의 변화는 문화의 내용뿐만 아니라 형식의 변화도 가져온다. 진정한 민족민중적 문화에 도달하기 위해서는, 자유주의적이든 보수주의적이든 상관없이 엘리트 전체가 문화로 이해하는 것과 그람시가 말하는 계급문화나 하위주체 집단이 문화로 이해하는 것 사이의 근본적인 괴리를 초월할 필요가 있었다.

라틴아메리카 사회과학에서의 문화에 대한 새로운 관심은(종종 '그람시로의 회귀'로 명명된다) 부분적으로 1970년대 기술관료제적 군부독재의 등장으로 나타난 결과였다. 그 이전에는 좌파와 우파를 막론하고 경제적 근대화를 민주화 및 세속화와 동일시하는 것이 지배적이었다. 그러나 1970년대(브라질의 경우는 1960년대)의 남아메리카 원뿔형 지대[3] 국가들의 경험은 경제적 근대화가 반드시 민주화로 이어지는 것은 아님을 보여 주었다. 심지어 경제적 근대화(자본주의 방식이든 쿠바 경우처럼 사회주의로 지칭되는 방식이든)가 항상 민주화를 용인할 수 있는 것은 아니었다. 근대화 패러다임을 축출하기 시작한 것은 문화, 윤리, 이데올로기, 정치, 법 등의 근대성의 상이하고 비동시적인 영역들과 이들 간 상호작용의 구조적 인과관계에 대한 질문이었다. 이러한 질문은 개인적 주체성 혹은 집단적 주체성에 대한 사회과학의 새로운 관심과 라틴아메리카인의 종교적·언어적·문화적·인종적 이질성에 대한 새로운 관용을 요구하였다. 증언서사에 대한 새로운 관심 집중은 이러한 윤리적 개념의 전환을 보여 주는 학계 내부의 징후였다. 정치적으로는 증언서사는 소위 신사회운동의 '정체성 정치'(identity politics)에 대한 새로운 관심과 상관이 있다. 정체성 정치는 1973년 이후 아메리카대륙을 휩쓴 반동적 물결에 의해 좌절되고 연기된 좌파의 거시적 혁명기획을 대체하기 위해 추진되었다.

문화와 정체성 정치가 새롭게 화두가 되면서 역설적이게도 문학이론과 문학비평 분야가 전통적으로 사회과학이 지배해 온 라틴아메리카 연구에서 개념적 전위로서 기능하게 되었다. 그러나 헤게모니의 문화적 차원에 대한 그람시의 견해는 또한 호세 호아킨 브루네르가 예술 영역을 시장과 국가의 도구적 이성으로부터 분리시키는 인문학의 전형적인 "문화의 '문화화된' 개념"(Brunner 1995, 35)이라고 부르는 것을 대체하는 동기가 되었다. 새로운 방식의 초분과학문적 혹은 상호

---

3 [옮긴이] Cono Sur. 브라질, 아르헨티나, 우루과이, 칠레 등을 포함하는 남아메리카의 남부 지역을 지칭한다.

분과학문적 실천들이 요구되었다. 라틴아메리카 문화연구의 선구자 중 한 사람인 네스토르 가르시아 칸클리니는 이러한 의미에서 꾸준히 전통적인 학문분야의 경계, 특히 인문학을 사회과학 및 자연과학에서 분리하는 구분을 적극적으로 전복시키는 노마드적 학문에 대하여 말하였다.

문화연구는 일정 부분 1960년대의 급진적인 정치행위의 연장선상에 있다. 1980년대와 1990년대에 문화연구장을 구축하는 데 노력한 우리는 소비재로서의 대중성, 가령 팝(pop)도 정치적으로 민중적이라고 가정했다. 즉 민중에 속하고, 민족민중적인 것을 대변한다고 본 것이다. 우리는 우리의 관심을 문학과 엘리트문화(고급문화)에서 대중문화로 옮기는 단순한 행위에서 문학장과 예술비평장의 심미주의뿐만 아니라, 당시에 지배적이던 문화산업에 대한 프랑크푸르트학파의 관점에도 도전하고 있다고 생각하였다. 주지하다시피 프랑크푸르트학파는 자본주의적 대중문화를 일종의 세뇌로 간주했으며, 이를 통해 대중을 소비사회에 통합시키고 있다고 보았다. 그런데 이러한 우리의 가정이 옳았을까?

아마도 우리는 문화연구라는 분야가 출현한 것 자체가 일종의 신자유주의적 세계화의 상부구조적 효과였음을 충분히 이해하지 못한 것 같다. 그 결과 문화연구는 그것이 1960년대의 급진적 기획의 연장선상에서 태동한 것임에도 불구하고 경제적 세계화, 매스컴, 신자유주의적 에토스가 생산하는 상품화된 문화의 새로운 흐름과 종종 공모관계에 빠져들었다. 공식적 혹은 비공식적 시장, 구매자와 판매자의 경제적 계산 ── 시장-선택(market-choice) ── 이 암암리에 또는 노골적으로 민중하위주체적 중재 형태의 선결조건과 필요조건이 되었다. 마찬가지로 소수민족 정체성 정치나 성 정체성 정치도 새로운 민중하위주체 헤게모니 블록을 형성하기 위해 단결하는 대신, 국가나 기업이나 NGO에 개별적으로 자신들의 권익옹호나 권리를 요구하는 데 집중하였다.

만일 문화연구를 라틴아메리카니즘 내부의 하나의 정치적·이론적 기획으로만 생각하면, 틀림없이 그 효용성은 이제 한계에 도달하였다. 그렇지만 초기의 평등주의적 약속은 여전히 남아 있다. 아마도 문화연구는 그람시가 민족민중적인 것으로 완전히 인정할 만한 것은 아닐지도 모른다. 그러나 증언서사의 경우처럼 밑으로부터 세상을 인식하고 재현하는 새로운 방식들 중 하나임에는 분명하다.

5. 신보수주의적 전환

문화연구 기획이 답보 상태에 머물면서 1990년대 말에 라틴아메리카 문학비평과 문화비평에 신보수주의적 전환이라 부를 만한 일이 나타난다. 이러한 전환은 이중으로 역설적이다. 첫째, 이 전환은 라틴아메리카 좌파가 분홍 물결 정부들로 대표되는 정치세력으로 재등장하는 상황에서 나타났다. 둘째, 이 전환이 주로 좌파로부터 발생하였다. 즉, 신보수주의적 전환은 라틴아메리카 좌파적 문화와 지식인 진영의 균열 혹은 분열 현상이다. 내가 생각하는 신보수주의적 전환의 가장 대표적인 인물은 베아트리스 사를로(Beatriz Sarlo)이다. 그러나 이 현상은 라틴아메리카 지성계의 많은 영역에서 일반화된 경향이다.[4]

신보수주의적 전환은 본질적으로 각종 '연구'의 붐과 그것이 라틴아메리카의 사유에 미친 영향에 대한 라틴아메리카로부터의 반응이다. 그 목적은 마벨 모라냐가 이러한 전환의 기원들을 설명하는 한 논문에서 "하위주체 붐"(Moraña 1997)이라고 경멸적으로 특징지었던 것에 의문을 제기하는 것이다. 즉, 증언서사와 민중하위주체 목소리의 권위에 대한 (순진해 보이는) 찬사, 소수민족과 선주민의 정체성 정치, 다문화주의, (사를로의 표현을 빌리자면) 문화연구의 "미디어 신포퓰리즘"(neopopulismo de los medios)에 의문을 제기하는 것이다. 이는 '포스트모던적 상대주의'에 대항하여 전통적인 분과학문들의 권위와 이들의 문화적·미학적·과학적 가치의 위계질서를 재정립하고자 하는 것이다.

정체성 정치에 대한 비판에도 불구하고, 신보수주의적 전환은 그 내부에 크리오요의 신아리엘주의[5]적 주장을 담고 있다. 그 중심 주제 중 하나는 '연구'들의 확산이 라틴아메리카를 알고자 하는 중심부, 특히 미국 학계의 욕구 또는 필요에 의해 결정된 의제라는 것이다. 이는 라틴아메리카니즘에서 각종 '연구'의 헤게모니 장악이 에드워드 사이

---

4 이러한 의미에서 사를로의 핵심 저서(Sarlo 2005)는 바로 증언서사에 부여된 정치적 힘에 대한 비판이다. 사를로에 대한 반론과 신보수주의적 전환에 대한 더 광범위한 개괄은 나의 논문을 보라(Beverley 2008).

5 neoarielismo. 호세 엔리케 로도(José Enrique Rodó)의 저서 『아리엘』(Ariel, 1900)이 주장하듯이 정신적 가치, 지성, 엘리트주의 등을 중요시하는 태도를 가리킴.

드가 문제시하는 오리엔탈리즘과 마찬가지로 라틴아메리카 주체를 (모라냐가 생각하는 것처럼) '새로운 오리엔트화'(neo-orientalización) 시키는 것이라는 점을 시사한다. 대조적으로 신보수주의의 소망은 새로운 경향들의 대중성에 반(反)하여 라틴아메리카 지적 전통의 권위를 재확인하는 것이다.

신보수주의적 전환은 라틴아메리카가 오늘날 전지구화 과정에 통합되는 것과 관련된 다음과 같은 두 개의 과정에서 발생한 상부구조적 효과로 볼 수 있다. 1) 신자유주의적 구조조정 정책, 국가의 고등교육 (또한 교육 전반에 걸친) 지원 축소, 상업화된 대중문화의 확산에 타격을 입은 중산계급과 상류계급의 위기. 2) 그와 같은 신자유주의 헤게모니가 최근 약화되는 현상.

신자유주의적 경제 정책들은 결과적으로 국가의 정통성과, 민족문학의 정전, 학교, 박물관, 가족, 종교 기관, 전통적인 정당 체계를 포함하는 이데올로기 기구들의 정당성에 위기를 가져온다(각종 '연구'와 증언서사 붐은 학문 분야의 정당성 위기의 한 형태일 것이다). 예전처럼 단 하나의 규범적인 가치·기대지평 구조를 강요하는 일은 자유시장을 통한 '합리적 선택' 모델에 내포된 자유주의적 경향에 위배된다. 또한 민영화와 전지구적 대중매체문화의 확산은 전통적 지식인이 대변해 온 이전의 규범 체계, 가치 체계, 계급 체계의 문화적 권위를 약화시킨다. 나아가 이데올로기적 입장과 상관없이 일반적으로 문학 지식인들을 배출하고 이들에 의해 대변되는 전문직 상류계급과 중산계급의 경제적 복지를 위협한다. 또한 라틴아메리카의 새로운 좌파에게서 우리는 신자유주의 정책에 저항하는 매우 이질적인 민중하위주체 행위자들의 분출(볼리비아의 코카 재배농민, 차베스를 지지하는 베네수엘라의 교란자들turbas, 사파타스타, 아르헨티나의 피켓시위자piqueteros, 비공식부문 노동자, 브라질의 무토지운동)을 목도하고 있다. 일반적으로 신보수주의적 전환은, (구좌파 정당들을 포함하는 신성한 정치 형태와 공적 문사 영역의 외부에서 나타나며) 강력한 증언서사적 성격을 가지고 있는 이러한 경향들을 매우 회의적으로 바라본다. 신보수주의적 전환은 신자유주의는 물론이고 이러한 무정형의 정치적 형태들의 분출 모두에 맞서면서, 신자유주의 교육개혁으로 특히 권위를 박탈당하고 손상을 입은 인문학에서 전문성과 분과학문성(disciplinariedad)을 강조하는 이데올로기를 구축한다. 신보수주의적 전환은 본질적으로 라틴아메리카 문자도시를 이를테면 현대적 형태로 복원하는 것을 지향한다. 또한 라틴아메리카 학계 내부에서 '연구'들의 힘을 체계적으로 무력화시키는 것을 목표로 한다. 그러나 동시에 일부 분홍 물결 정부들의 헤게모니적 표현과 경쟁하는 새로운 정치적 표현을 대변한다. 특히 신보수주의적 전환에는 현대적이고 존중받을 만한 좌파와 포퓰리즘적이고 반동적인 좌파를 구분하는 시각이 암시적으로든 노골적으로든 내재되어 있다(이러한 시각은 오늘날 라틴아메리카의 정치계급에 만연해 있다). 구체적으로는 바첼레트, 타바레, 룰라 대(對) 차베스, 로페스 오브라도르, 키르치네르, 모랄레스, 코레아, 산디니스타, 쿠바인들의 대립 구도를 만들어 내는 시각이다. 내가 보기에 이러한 구분은 이분법적이고 부정확할 뿐만 아니라 라틴아메리카 좌파를 분열시킴으로써 국가, 대류, 대륙 간 관계 수준에서 라틴아메리카 좌파의 헤게모니적 힘을 억누르려는 시도임이 분명하다. 특히 현재 라틴아메리카의 정치적 상황에 내재된 두 가지 가능성, 즉 민중하위주체 계급에서 출발하며 전통적인 크리오요 지식인 계급의 권위를 박탈하는 헤게모니적 표현의 가능성과 라틴아메리카 국가들 간의 새로운 경제적·문화적 협력관계 네트워크의 가능성을 부정하거나 지연시킨다. 아직 매우 미약하기는 하지만 분홍 물결 현상은 개별 국민국가 내부에서, 또 서로 다른 국민국가들 사이에서 '차이들의 통합'(unidad de diferencias)을 자아내고 있다. 새뮤얼 헌팅턴의 개념을 사용하자면, '하나의 문명으로서의 라틴아메리카'라는 지정학적 조직화 가능성을 보여 주고 있다. 이를 분명히 하면서, 국가의 형태와 라틴아메리카니즘 담론 간의 관계를 다룰 본고의 마지막 부분으로 넘어가겠다.

6. 라틴아메리카니즘과 국가의 문제

하위주체연구와 문화연구를 비롯하여 또 다른 형태의 포스트모던적 사회사상들은 국가와 흔히 시민사회라 불리는 것 외부에서 작동하는 사회운동들의 활동을 선호한다. 특히 하위주체는 국가의 경계나 외부에 존재하는 것일 뿐만 아니라 어떠한 의미에서는 국가에 반하는 것, 모든 정치적 또는 헤게모니적 명령에 철저하게 저항하는 사회적 주체로 개념화된다. 따라서 하위주체의 역사는 국민국가의 형성, 발전, 완성의 서사를 거부하는 반근대적인 동시에 반헤게모니적인 역사라고도 할 수 있을 것이다.

　그러나 오늘날 라틴아메리카에서처럼 다양한 민중하위주체 사회운동들이, 에르네스토 라클라우의 표현을 빌리자면 "스스로 국가가 되었을 때", 우리는 무엇을 할 것인가? 여기에 이와 관련하여 오늘날 라틴아메리카니즘의 개념적 공간을 가로지르는 일련의 질문들이 있다. 가령, 이 과정과 관련된 좌파의 새로운 정치 형태들은 무엇인가? 차베스주의인가, 아니면 강력한 선주민 요소를 포함한 에콰도르나 볼리비아의 좌파 운동들인가? 좌파 내부에 실재하는 민중하위주체적 의지로 인해 국가에 무슨 일이 일어나고 있는가, 혹은 무슨 일이 일어나야 하는가, 혹은 무슨 일이 일어날 수 있는가? 국가의 정체성을 재정의할 때 다문화주의는 어떠한 위치를 점하는가? 다문화 국가, 나아가 다국민(multinacional) 국가가 존재할 수 있는가?(García Linera 2005). '연구'들과 이 현상은 서로 관련이 있는가? 사회운동들과 새로운 좌파 정권들과의 관계는 어떠해야 하는가? 이 마지막 질문에 대해서는, 가령 선거 제도와 관련된 어떠한 참여도 거부하는 사파타주의적 입장에서부터 선주민과 농민의 권리 찾기 운동을 현재 볼리비아를 통치하는 정치 블록으로 변화시킨 볼리비아의 MAS(Movimiento al Socialism, 사회주의로의 운동)에 이르기까지 선택이 다양하다.

　한편 이러한 모든 질문을 관통하는 역설이 있다. 만약 헤게모니를 장악하기 위해 하위주체계급이 결국은 지금 현재 헤게모니적인 것(즉, 부르주아적 근대문화와 같은 것)처럼 되어야 한다면, 어떠한 의미에서 지배계급은 정치적으로 패배하더라도 여전히 승리하는 것이 된다. 우리는 다음과 같은 방식으로 이 역설을 다시 표현할 수 있을 것이다. 국가와 주권권력의 삶정치적(bio-political) 토대에 대한 포스트식민연구와 하위주체연구의 해체주의적 비판은 민중하위주체 국가가 구축될 가능성을 미리 봉쇄하는가? 만약 그렇다면, 두 가지 대안이 남는다. 첫 번째 대안은 막 설명한 바와 같이, 문화장의 재영토화와 그에 따른 신보수주의적 전환이 제안하는 국가 또는 라틴아메리카 정체성/전통의 재영토화이다. 두 번째 대안은 대단히 포스트국가주의적이고 급진적인 정치를 조장하는 것으로, 이는 하트와 네그리의 저서 『제국』에서 소개된 다중 개념과 유사하다. 하트와 네그리는 전지구화를, 이전 시대(레닌의 정의에 따르면 자본주의의 제국주의적 시대)에 상응하는 영토적 개념인 주권을 국민국가에서 빼앗은 새로운 단계의 자본주의로 본다. 따라서 그들에게 새로운 혁명적 주체, 즉 다중은 필연적으로 디아스포라적이고 초국가적이며 혼종적이어야 한다. 헤게모니가 작동하는 공간이 (오늘날 유행하는 표현을 빌리자면) '포스트헤게모니적 국가'이기 때문이다.[6]

　　라틴아메리카니즘에서의 이러한 경향은 신보수주의적 전환과는 반대로 일종의 극단적 좌파주의로 흐른다. 그러나 역설적이게도 분홍물결 정권들을 거부한다거나 회의적인 입장을 취한다는 점에서는 신보수주의적 전환과 일치한다. 예를 들어, 하트와 네그리는 최근 저서

---

6 『포스트헤게모니』(Beasley Murray 2009)와 블로그 '포스트헤게모니'(http://posthegemony.blogspot.com)를 참조하라.

『공통체』(*Commonwealth*)에서 코카재배 농민과 코차밤바에서의 수도민영화 반대운동 같은 볼리비아의 사회운동을 다중의 예로 강조한다(Hardt and Negri 2009, 108~112). 이들은 이러한 운동들이 "2005년 에보 모랄레스의 대통령 당선에 길을 열었다"고 올바르게 적고 있다. 그러나 그 이후 볼리비아에 일어난 일들, 즉 사회운동이 국가기구 내부의 헤게모니적 표현의 일부가 되었을 때 벌어진 일에 대해서는 논하기를 거부한다. 이는 이들이 신자유주의와 마찬가지로 국민국가에 대해서 비판적이기 때문이다. 그들은 국민국가를 전지구적 질서에 대한 다중의 봉기에 방해가 된다고 본다.

국민국가에 대한 믿음의 상실은 포스트근대성의 일반적인 현상이다. 우리 모두가 어떤 식으로든 그 경험을 공유하고 있다. 국가를 계급지배의 도구로 보며 국가의 해체를 필연적이라 믿는 맑스주의 내부에서 두드러지는 현상이었지만, 사회주의 사상이 이미 구시대의 것이라 여기는 젊은 세대들 사이에서도 국가에 대한 불신이 확산되었다. 그러나 국가에 대한 이러한 부정적인 시각은 일정 부분 자본주의의 내적 모순에서 비롯된 상부구조적인 효과이다. 1960년대의 소위 '축적의 위기'는 포드주의의 해체, 사회민주주의적 또는 사회기독교적 복지국가의 해체를 요구했다. 국가에 대한 환멸은 공산주의의 몰락과 이에 따른 신자유주의의 헤게모니 장악 때문만은 아니다. 그 헤게모니는 경쟁과 자본이동이 전지구화된 상황에서 민족적-포퓰리즘적 복지국가는 더 이상 유지될 수 없다는 자본주의의 새로운 현실원칙을 표현한 것이었다. 좌파와 진보주의 세력은 살아남기 위하여 신자유주의적 전지구화의 새로운 모델을 근본적으로 수용하였다. 개량주의적 대안으로 이 모델에 더 인간적인 면을 부여할 수 있다고 주장하거나, 하트와 네그리처럼 하위국가적 혹은 국가 초월적(sub- o supra-nacionales) 봉기 운동들에 희망을 건다.

그러나 신자유주의 모델의 헤게모니는 전지구적 층위의 위기 국면에 접어들었다(라틴아메리카에서는 이미 1990년대에 위기가 있었다. 1989년의 카라카스 봉기Caracazo는 이 위기의 중요한 첫 번째 징후일 것이다). 새로운 국면은 패러다임의 변화를 요구한다. 1980~1990년대에 라틴아메리카니즘적 문화이론이 국가를 대신하는(혹은 국가에 대항하는) 시민사회와 사회운동을 높이 평가하였다면, 지금은 시민사회와 국가의 관계를 변증법적으로 재고할 필요가 있다. 만약 카라카스 봉기 또는 코차밤바의 수도민영화 반대투쟁이 전지구화 내부의 자연발생적인 봉기 사례들이라면, 오늘날의 문제는 오히려 이러한 사례들로부터 공산주의와 현실사회주의 체제들의 붕괴 이후 자본주의에 대한 헤게모니적 대안을 준비해야 한다는 것이다.[7]

이것은 분홍 물결에 의해 열린 구체적인 약속이자 가능성일 것이다. 그러나 이는 그 가능성이 어떻게 발현되는가에 달려 있다. 내가 라틴아메리카니즘에서 패러다임의 변화를 말할 때, 신자유주의와 전지구화 이전의 근대 국민국가 형태에 대하여 단순히 다시 말하는 것이

---

7 이스트번 메자로스의 표현이다. "자본주의에 대한 '헤게모니적 대안'의 필요성이 역사적 의제로 등장하였다."(Mészarós 2007, 75)

아니다. 이것은 오히려 신보수주의적 전환의 목표일 것이다. 내가 말하고자 하는 것은 특수한 국가적, 지역적(regional) 조건에서 우선 상상의 영역을 만들어 낸 다음 '다른 국가'의 새로운 제도적 형식들을 만드는 것이다. 이때 이 다른 국가는 민중의 평등하고 민주적이며 다종족이고 다문화적인 특성을 표현하는 국가이다. 즉, 현재 볼리비아 부통령 알바로 가르시아 리네라의 구호를 빌린다면, "더 이상 국가가 아닌 국가"를 말한다.[8] 이 가능성은 라틴아메리카니즘의 공간을 가로지르고 있다. 우선 하위주체-민중의 생생한 경험과 그 제도 및 조직으로부터, 그리고 문화 이론과 비평 활동에 연대적으로 참여함으로써 그람시가 말하는 국가의 지적·도덕적 지도력을 갖춘 새로운 형태의 헤게모니를 창출할 필요성이 있다는 의미에서이다.

이러한 관찰을 통해 나는 본질적으로 학문적인 현상이기는 하지만 결과적으로 학문 영역을 넘어서는 라틴아메리카니즘에 대하여 다시 한 번 생각하게 된다. 1960년대에 '이론'이 각광받던 시기에 우리는 대학과 학문적 지식이 급진화될 수 있는 공간이자 사회를 급진화시

---

8 2007년 몬트리올에서 열린 라틴아메리카학회에서 행한 연설에서 그는 반대 시각에 대하여 "[…] 국가는 국제금융을 보호하는 수단으로든 자본에 대한 사회주의적 관리수단으로든 자본을 보호하고 관리하는 역할을 벗어나서는 생각될 수 없다"고 주장하였다. 2010년 출간 예정인 내 동료 하위주체연구 연구자 호세 라바사의 책 『역사 없이: 하위주체연구, 사파티스타 봉기, 역사의 유령』(Rabasa 2010)에 실린 가르시아 리네라의 주장에 대한 논쟁을 참조하라. 나는 분홍 물결을 장밋빛 안경으로 볼 필요가 없다는 라바사의 생각에 동의한다. 그러나 내가 보기에 사파타주의와 구체적인 정치적 친연성을 지니고 있는 그의 주장은 포스트헤게모니 개념과 마찬가지로 내가 위에서 언급한 현재 라틴아메리카니즘 내부에 존재하는 극좌파적 입장의 변이형이다.

킬 수 있는 공간이라고 믿었다. 내가 아직도 그 신념을 지니고 있는지는 모르겠다. 왜냐하면 대학 역시 많이 변하였기 때문이다. 내가 예전에 그 신념의 신봉자였다면, 지금의 나는 적어도 그 문제에 있어 유보적이다. 대학은 항상 혁신과 포획 사이를 오간다. 혁신은 탈주의 선을 열어 놓는 반면, 포획은 탈주의 선들을 닫고 통합하며 새로운 형태의 정통교리와 규율을 만들어 낸다. 그것은 불평등한 게임이다. 왜냐하면 대학의 규율적인 특성으로 인해 해방적이고 혁신적인 입장은 결국은 항상 패배하기 때문이다(증언서사는 이미 정전 목록에 올라 있다). 이리하여 우리는 우리의 학문적 작업을 통해 더 심도 깊은 문화적 민주화를 지향하지만(이것이 '이론'의 약속이다), 결국 실패하고 좌절을 맛볼 수밖에 없다는 역설에 직면하게 된다.

가장 큰 위험은 이러한 좌절감 때문에 문학을 포함한 분과학문 영역들이 신보수주의적으로 재영토화되는 것이다. 영화 「매트릭스」의 반란자들처럼, 객관적이고 사악한 숙명에 의해 우리가 대항해 싸우고 있다고 생각했던 권력에 우리가 결국 복무하게 될 수도 있다는 것이다. 우리는 저항의 포스트모더니즘이 가능하다고 믿었다. 그리고 라틴아메리카니즘을 그러한 가능성의 한 형태로 보았다. 지금의 관점에서 보면, 포스트모더니즘은 1960년대의 급진적 약속 대신에 신자유주의를 경제적 축으로 삼고 있는 보수주의의 부흥을 선택한 것에 불과했다. 그럼에도 불구하고, 그러한 약속은 여전히 현실적이며, 맑스의 '늙은 두더지'처럼 라틴아메리카 좌파의 부활, 오바마 당선이 만들어 낸 새로운 미국의 권력 블록의 부활에 힘을 더한다. 그것은 우리 사회를 가로지르는 모든 종류의 거대한 불평등과 불의가 존재하지 않는 사회, 차이가 평등과 함께 공존할 수 있는 곳에 대한 약속이다. 내가 생각하는 오늘날의 라틴아메리카니즘의 숙제는 우리 시대의 적절한 새로운 형태의 사회주의를 창조하는 데 일조하는 것이다.

김동환 옮김

참고문헌

Beasley Murray, Jon(2009), *Posthegemony*, Minneapolis: University of Minnesota Press.

Beverley, John(2008), "The Neoconservative Turn in Latin American Literary and Cultural Criticism", *Journal of Latin American Cultural Studies*, Vol. 17, No. 1, pp. 65~83.

Brunner, José Joaquín(1995), "Notes on Modernity and Postmodernity in Latin American Culture", John Beverley, José Oviedo and Michael Aronna(eds.), *The Postmodernism Debate in Latin America*, Durham: Duke University Press, pp. 34~54.

García Linera, Álvaro(2005), *Estado multinacional: Una propuesta democrática y pluralista para la extinción de la exclusión indígena*, La Paz: Editorial Malatesta.

Hardt, Michael y Antonio Negri(2002), *Imperio*, Buenos Aires: Paidós.

_____(2009), *Commonwealth*, Cambridge MA: Harvard University Press.

Jameson, Fredric(1991), *Postmodernism: Or, the Cultural Logic of Late Capitalism*, Durham: Duke University Press.

Latin American Subaltern Studies Group(1995), "Founding Statement", John Beverley, José Oviedo and Michael Aronna(eds.), *The Postmodernism Debate in Latin America*, Durham: Duke University Press, pp. 135~146.

Mészáros, István(2007), "Bolívar y Chávez: The Spirit of Radical Determination",

Monthly Review, Vol. 59, No. 3, pp. 55~84.

Moraña, Mabel(1997), "El boom del subalterno", *Revista de Crítica Cultural*, No. 14, pp. 48~53.

Moreiras, Alberto(2001), *The Exhaustion of Difference*, Durham: Duke University Press.

Posthegemony, http://posthegemony.blogspot.com.

Rabasa, José(2010), *Without History: Subaltern Studies, the Zapatista Insurgency, and the Specter of History*, Pittsburgh: University of Pittsburgh Press.

Sarlo, Beatriz(2005), *Tiempo pasado. Cultura de la memoria y giro subjetivo*, Buenos Aires: Siglo XXI.

13장

세계화 시대의 문화연구, 무엇을 할 것인가?
: 존 베벌리와 라틴아메리카 하위주체연구

박정원

1. 역사적 패배와 전환기의 라틴아메리카니즘

필자가 대학에 입학할 1993년 당시 국내 지성계의 화두는 '실패'였다. 민주/진보 진영의 1992년 대선 패배는 소비에트연방의 해체와 사회주의 동구권의 몰락이라는 외적 충격과 더불어 커다란 파장을 몰고 왔다. 이에 기존의 '좌파'라는 이름의 정치학은 상당 부분 패배를 인정하지 않을 수 없었으며, 무엇보다 이 실패를 회피하지 않고 근본적으로 성찰해야만 새로운 모색도 가능하다는 인식이 지성계 전반을 관통하고 있었다. 이런 맥락에서 진보세력의 전 세계적 패배를 다루며 1994년에 번역, 출간된 로빈 블랙번의 『몰락 이후』는 당시의 상황을 상징적으로 대변한다. 이후 진보세력과 이론진영은 그 대안으로 ① 미시 정치학과 소(小)서사의 활성화, ② 하버마스의 소통이론을 통한 근대성의 재구성, ③ 시민사회 공간의 전략적 인식과 신사회운동이라는 세

가지 방향으로 나가게 된다. 이러한 경향들은 국가주의의 한계를 인식하고 변화된 정치사회 영역과 공간의 확장을 통해 '진보'라는 이름의 돌파구를 찾고자 하였음을 보여 준다.[1]

『몰락 이후』의 한 부분은 1990년 니카라과 산디니스타 정부의 선거 패배를 다룬다. 혁명의 성공과 십여 년간의 집권 이후 실시된 대선에서의 패배가 가져온 충격은 제3세계 운동의 상징이었던 20세기 후반 라틴아메리카의 진보적 전통 ── 쿠바혁명, 종속이론, 해방신학, 게릴라 운동 ──이 붕괴하는 하나의 결정적인 사건으로 보였다. 이와 더불어 1970-80년대 시작된 신자유주의와 세계화의 흐름이 좌파의 몰락과 더불어 본격적으로 헤게모니를 장악해 가는 시점이었다. 문화연구 진영과 학계에서도 우리의 경우와 같이 기존 좌파와 그 전략이 막다른 골목에 도달했음을 인식하고 있었다. 그러한 가운데 1960년대 급진운동과 이후 라틴아메리카와 미국에서 다양한 운동에 직·간접적으로 참여했던 라틴아메리카 연구자들은 새로운 정치학의 가능성을 타진했으며, 그것이 문화 영역과 대안적 관계를 맺을 수 있는지를 모

---

1 비교문화·비교사회학적 측면에서 진보진영의 실패 이후 우리 사회가 관심을 가졌던 영역은 무엇보다 시민사회였다. 열거한 세 가지 경향은 모두 시민사회에 대한 비판적 인식과 일상에서의 통제 메커니즘에 대한 분석과 더불어 시민사회를 통한 새로운 주체와 근대성을 창출하는 데 그 기반을 둔다는 점에서 공통점이 있다. 그러나 한편으로는 그 시야가 시민사회 내부로만 한정되고 그 주체를 '민중'이 아닌 '시민'으로 축소했다는 비판을 받는다. 이와 관련하여 앞으로 논의를 진행해 나가겠지만 하위주체연구 역시 시민사회에 주목한다. 그렇지만 이들은 '민중'을 '시민'으로 대체하기보다는 기존에 '민중'으로 포함되지 않았던 배제된 그룹과 집단까지 '민중'의 범주로 끌어들이며 소위 하층민, '하위주체'라는 보다 급진적이고 포괄적인 개념을 탄생시킨다.

색하게 되었다. 이 흐름이 이른바 문화연구와 라틴아메리카니즘의 결합이다. 이들의 시도는 당시 유행하던 기존의 우파와 좌파를 동시에 넘어서자는 소위 '제3의 길'과 같은 중도주의적 수사를 사용하는 대신, 포스트모더니즘 비판을 맑스주의의 진화를 위해 적극적으로 수용하는 포스트맑스주의 또는 포스트식민주의와 맥락을 같이한다. 따라서 신자유주의적 세계화에 대항하는 급진적인 사회 개혁과 관련된 이론화를 추구하였고, 이에 라틴아메리카 하위주체연구라는 기획을 발족하여 급진적 다문화주의 기획을 실천한다.

1992년 「창립선언문」(Founding Statement)을 발표하면서 라틴아메리카 하위주체연구 그룹은 본격적으로 활동을 시작한다. 초기에는 조지 유디세로부터 '하위주체연구의 하위주체'라고 불리기도 할 만큼 이들은 문화연구 진영 내부에서도 소수자였다. 창립 멤버 중 하나인 일레아나 로드리게스가 그들의 기획을 정리한 책 『라틴아메리카 하위주체연구 읽기』(*Latin American Subaltern Studies Reader*)에서 밝히듯, 라틴아메리카 하위주체연구는 남아시아 하위주체연구의 문제제기와 성과를 적극적으로 받아들이면서 자신의 인식론적, 담론적, 실천적 기반을 세워 나간다. 이후 포스트식민주의와 함께 문화이론의 중심축 중 하나로 자리매김하며, 다제학문적 관점에서 문학, 역사학, 인류학, 사회학, 정치경제학 등 라틴아메리카 학문과 정치 영역에 뿌리를 내린다. 이들은 ① 공통적으로 그람시의 사상과 이론에 기초를 두며, ② 그람시의 하위주체 개념을 인도의 농민반란에서 구체화한 라나지트 구하의 연구를 받아들이고, ③ 무엇보다 '재현'의 문제의식을 심화시키고자 노력하였다. 존 베벌리는 이 연구를 주도한 인물이다. 그는 창립멤버 중 한 명이자 증언서사를 이론화하면서 하위주체연구를 세계화 시대의 정치적 실천으로 위치시키고자 하였다. 이 글은 그의 논의를 따라가면서 라틴아메리카 하위주체연구의 진화 과정을 개괄하며, 특히 그룹이 해체된 이후 지속된 논쟁의 지점을 베벌리의 입장을 통해 소개하고자 한다.

2. 하위주체연구: 윤리학을 넘어 정치학으로

라틴아메리카 하위주체연구 그룹 구성원들의 이론적 기반은 맑스주의, 그중에서도 문화(상부구조)의 중요성을 강조하며 중심(북)과 주변(남)의 문제를 암시한 안토니오 그람시였다. 이 문제의식을 이어받아 이들이 주목한 실제 모델은 서구 이론이 아닌 주변부 탈식민지 인도 사회였고, 인도의 역사학자인 라나지트 구하의 하위주체연구 틀은 라틴아메리카를 분석하고 연구하는 데 커다란 영감을 주었다. 식민지 당시의 민족주의 운동과 독립 후의 좌파 담론에서 농민과 하층민의 역사는 '민족 통합'과 '역사 진보'라는 관점으로 기록되어야 했고, 이들은 '올바른' 관점을 통해 지도되어야 할 대상이었다. 따라서 이들의 역사를 다룬다고 해도 실제로는 역사학자와 지식인들의 복화술과 다름이 없는데, 왜냐하면 그들의 기록 속에는 정작 농민의 목소리가 존재하지 않았기 때문이다. 구하는 기존 좌파의 '계급'이라는 개념을 대신하여 그람시의 용어 '하위주체'(혹은 서발턴)를 되살려 낸다. 즉, 맑스주의의 직선적 역사관이 제시하는 역사의 주체이자 최종 심급의 결정자로서의 노동계급 바깥에 존재하는 '작은 목소리'를 복원해야 한다고 주장한다. 하위주체는 이제까지 인종, 성, 젠더, 종족, 나이와 직업에 의해 소외된 하층민을 지칭하는데, 이들은 고전적 의미에서의 정치기획 속에서 진보를 '부정'한다는 오명을 쓰고 있었다. 하지만 이러한 비판은 (맑스주의를 포함하는) 근대의 공식 역사가 역설적으로 이들의 '역사적' 존재를 거부한다는 사실을 반증한다. 따라서 구하는 이 '부정'(negation)이 하위주체를 정의할 수 있는 광범위한 성격 규정의 잣대이며, 하위주체는 그 '부정'을 통해 '역사를 거꾸로 쓰는'(writing in reverse) 또 다른 '행위자'임을 인정해야 한다고 주장한다. 이에 로드리게스는「창립선언문」에서 다음과 같이 하위주체의 성격을 규정하며 라틴아메리카 연구가 하위주체를 중심으로 재편되어야 함을 강조한다.

> '하위주체성'은 해방된 사회의 충만함을 표현하는 데 있어 '계급'보다 훨씬 광범위하다. 또한, 미국 스타일의 다문화주의가 추구하는 차이라는 (탈정치적으로) 세탁된 개념과 비교하여 훨씬 정치화된 개념이다. 이러한 이론적인 합의점에서, 지식인으로서 우리의 선택은 국가주의 (민족-국가와 정당 정치)를 지지하느냐 혹은 하위주체를 선택하느냐이다. 우리는 하위주체를 선택하였다. (Rodríguez 1995, 6)

이 하위주체라는 개념은 명백히 그람시에게서 왔지만 동시에 포스트모던의 영향 아래 놓여 있다. 국가 권력을 장악함으로써 헤게모니를 획득하려는 기존의 좌파운동에 반대하며 민족통합을 대체하는 단어로 하위주체를 설정한다. 그들의 관심은 국가주의 기획보다는 소외되었던 시민사회의 복합적 모순에 있었던 것이다. 특히, 작은 서사를 주목하는 것은 포스트모더니즘 이론가 장-프랑수아 리오타르의 주장과 일치하는 듯하다. 하지만 해체와 분산에 중점을 둔 리오타르의 '작은 목소리'와 달리 하위주체의 개념에는 지배와 종속이 여전히 존재하며 구조적인 억압과 차별로부터 하위주체가 생긴다는 점에서 여전히 맑스주의적 전통과 연결된다.

베벌리는 1960년대 말 급진적 청년문화의 세례를 받으며 미국 캘리포니아주 샌디에이고 대학 재학 당시 영문학자 프레드릭 제임슨과 함께 맑스주의 문학비평 그룹에서 활동하였다. 박사학위를 받은 후 피츠버그 대학의 에스파냐어학과에 재직하다 최근에 은퇴하였는데, 니카라과 산디니스타 운동을 지지하고 방문하는 등 학자로서 라틴아메리카 현실 정치에 많은 관심을 가져 왔다.[2] 그뿐 아니라 같은 대학의 영문과 교수였던 가야트리 스피박과 함께 대학 내에 '문화연구 프로그램'(Cultural Studies Program)을 설립하여 다제학문적 연구를 활성화

---

2 베벌리는 에스파냐 황금세기 문학과 바로크 작가 루이스 데 공고라(Luis de Góngora)에 대한 논문으로 박사학위를 받았으며, 오랫동안 강단에서 에스파냐 문학 전문가로 강의와 저술 활동을 펼쳤다. 그러다가 니카라과 산디니스타 혁명과 관련을 맺으면서 본격적으로 라틴아메리카 문학과 문화연구로 자신의 영역을 확장시킨다. '라틴아메리카 하위주체연구 그룹'의 창립 멤버이자 증언서사, 다문화주의를 이론화하면서 현재 베벌리는 가장 중요하게 언급되는 라틴아메리카 연구자 중 한 명으로 더 많이 알려져 있다.

하고 학계와 현실을 가로지르는 문화정치의 기반을 다지고자 한다.[3] 즉, 이들은 '문화는 이데올로기가 확산되고 재조직되는 장소'라는 그람시의 해석에 기반을 두고 문화 영역을 재정의하려는 영국 문화이론 연구의 방식을 따라 정치색이 퇴색되어 '부드러운' 학문으로 미국에 정착된 문화연구와 그 성격을 달리하고자 했다. 즉, 베벌리에게 문화는 정치와 분리될 수 있는 것이 아니며 문화연구는 그 자체로 실천 학문인 것이다.

구하와 남아시아 하위주체연구 그룹을 그 모델로 하면서도 베벌리는 스피박과의 교류를 통해서 주로 역사학 쪽에 관심을 두고 '하위주체성'에 중점을 두었던 남아시아 하위주체연구에 '재현'의 문제의식을 결합시킨다. 포스트식민주의의 정전(正典)이 된 「하위주체는 말할 수 있는가?」(Can the Subaltern Speak?)라는 논문을 통해 스피박은 엘리트 지식인이 하위주체를 위하여 쓰는 행위가 실제로는 하위주체에 대하여 쓰는 결과를 가져온다고 지적한다. 따라서 하위주체에 호의를 보이며 그들을 대변하려는 지식인과 엘리트들의 행위도 의도와 상관없이 본인들의 지식 권력을 강화하는 것으로 귀결된다. 반면, 재현의 대상이 되는 하위주체는 대상화되는 운명으로부터 결국 벗어나지 못한다. 그러므로 하위주체연구의 임무는 '아래로부터의 목소리'가 존재함을 확인하는 것을 넘어 그들의 목소리가 발화되는 장소와 글을 쓰는 지식인에 의해 매개되는 방식에 비판적으로 개입하는 것을 포함하는

3 스피박은 피츠버그 대학을 떠날 때까지 프로그램의 학과장을 지냈다.

데, 이는 푸코식으로 말하자면 모든 주체의 상호작용은 권력관계에서 자유롭지 않기 때문이다.

엘리트 지식인의 선한 의도조차 자신의 권력 강화로 이어진다는 점에서 스피박의 근본적 문제제기는 지식인에 대한 회의적이고 냉소적인 태도를 낳는다. 그러나 이러한 '본질주의적' 비판은 바로 그녀의 전략이다. 그녀는 하위주체의 재현의 불가능성을 말하려는 것이 아니고, 오히려 '대문자 타자'(Other)인 하위주체를 이해하는 데 있어 윤리학의 필요성을 역설한다. 레비나스와 데리다를 경유한 스피박의 윤리학은 주변부 타자에 대한 인식론적 불가능성에 기초한다.[4] 우리가 하위주체에 다가가기 위해서는 타자와 이를 재현하는 엘리트 사이의 권력 관계를 인식하고 타자를 그대로 재현할 수 없다는 것을 깨달아야 하며, 이것이 바로 '윤리적' 관계에 대해 스피박이 암시하는 지점이다. 따라서 하위주체연구의 목적은 식민지에 대한 식민 모국의, 주변부에 대한 중심부의, 하층민에 대한 엘리트 지식인의 재현이 가지는 이러한 모순과 위험성을 폭로해 내는 데 있다.

그러나 베벌리는 해체적 방식으로 하위주체연구를 전유하려는 스

---

4 1990년대 이후 포스트구조주의와 윤리학 비평의 주제는 라틴아메리카 문학연구에서 중요하게 다루어지고 있다. 여기서 '윤리학'은 '도덕'과 구별되어야 한다. 도덕이 사회 행위 규범을 준수하는지 여부에 방점을 둔다면, 윤리학은 주체와 타자의 구조적 관계에 초점을 맞추어 이 둘의 권력 역학을 분석한다. 잘 알려져 있듯이 레비나스는 서양 철학의 지배적 형태였던 '주체철학'을 비판하면서 타자는 주체가 결코 인식할 수 없는 존재라고 주장한다. 주체에 의해 완전한 재현이나 점유가 불가능한 타자는 관계에서 우위를 점하게 되며, 따라서 주체는 타자를 지배하는 대신 얼굴 없는 타자가 주체에게 명령을 내린다는 것이 레비나스 윤리학의 기본 골격이다.

피박으로부터 한 걸음 더 나가야 한다고 주장한다. 윤리학적 비판의 중요성에도 불구하고 스피박은 하위주체가 엘리트의 인식 불가능성 유무에 관계없이 이미 존재하는 현실이라는 사실을 간과한다는 것이다. 포스트구조주의적 해석은 지식인의 재현의 문제점을 폭로하는 데 집중한 나머지 상대편에 존재하는 하위주체 자체에 관해서는 큰 관심을 두지 않는다. 따라서 스피박의 전략은 실제로 억압과 차별에 싸우는 하위주체와의 연대 문제에 있어서는 명확한 한계를 드러내며, 비록 의도하지 않더라도 하위주체와 엘리트 지식인의 거리가 더욱 멀어지는 결과를 낳게 된다. 베벌리는 스피박이 제기한 제1세계 지식인(혹은 제3세계 민족 지식인) 비판을 수용하는 동시에, 다른 한편으로 그람시가 발전시킨 '유기적 지식인'의 아이디어로 돌아가 저항하는 하위주체와 어떻게 정치적 연대를 이끌어 낼 것인가를 고민한다. 고전적 지식인이 의사, 전문기술직 등 고등교육을 이수한 전문가 집단을 의미한다면, 그람시에게 유기적 지식인은 자신의 출신 계급이(혹은 이들에 반하여) 헤게모니를 획득하는 과정에 결합, 연대하는 개인 혹은 그룹을 지칭한다. 베벌리는 서로 배치되는 것으로 보이는 그람시와 스피박의 두 담론에 대해 명확한 이론적 해결점을 보여 주지는 않는다. 그보다는 이 둘 모두를 봉합하는 방식으로 하위주체와 지식인의 관계에 대한 현실적이고 실천적인 접점을 찾고자 한다. 이를 위해 베벌리와 하위주체 연구 그룹은 엘리트가 하위주체를 대변하고 재현하는 것에서 벗어나 하위주체가 스스로에 대해 발언하는 문화의 민주화 가능성에 천착하게 된다. 이 둘이 결합하는 조건은 기존 문학 전통과는 달리 하위주체가 헤게모니를 갖게 되며, 지식인은 이들을 지도하는 것이 아니라 철저하게 하위주체의 조력자 위치로 규정된다.[5]

　1993년에 출간된 『문학에 반대하여』(*Against Literature*)에서는 제목이 말해 주듯 문학 장르가 가지는 재현의 한계를 지적하며 부르주아 서사 양식으로서의 문학에 반대하는 입장을 보여 준다. 베벌리는 스피박의 이론 틀을 빌려, 라틴아메리카 문학의 정점이라 일컬어지는 1960-70년대 '붐 소설'이 라틴아메리카 사회의 총체성 표현에는 성공하지만, 동시에 작가의 목소리가 작품 전체를 지배한다는 점을 지적한다. 비록 소설가들이 정치적으로 진보적이라 할지라도 작품 내에서는 하위주체의 목소리가 사라지고 작가의 논리로 통합된다. 거칠게 말해 하위주체적 관점에서 문학이라는 장르는 지식인이 하위주체를 재현하고 종속시키는 서사 양식인 셈이다. 베벌리는 대신 타자가 보다 직접 자신의 목소리를 낼 수 있는 새로운 서사 형식과 발화 양태에 관심을 기울이게 되는데, 이러한 태도는 그가 전통적 문학 진영에 속하기보다는 '문학은 이데올로기가 재조직되는 장소'라는 문화연구 비평 그

---

5 이런 측면에서 멕시코 치아파스 주의 사파티스타 선주민 운동은 하위주체연구의 주요한 이론적·실천적 모델이 될 수 있겠다. 이 운동의 아이콘이 된 마르코스 '부'사령관은 사파티스타들의 입(대변인) 역할을 하지만, 실제로는 인디오가 아닌 대학의 강단에 섰던 메스티소 지식인 출신이다. 그러나 그는 본래 자신의 피부색을 벗어던지고 마스크를 착용해 차별에 저항하는 선주민과 뜻을 함께한다는 것을 보여 준다. 또한, 그는 운동의 지도자가 되는 대신 혹은 자신이 헤게모니를 가지려 하지 않으려는 상징적 의미에서 운동 내/외부에서 리더가 아닌 '부사령관'으로 불린다. 이는 이 운동의 주체는 선주민들이며, 마르코스 자신은 이들을 돕는 조력자임을 분명히 하며, 이를 통해 '재현'의 딜레마를 극복하려는 수행적(performative) 행위로 볼 수 있다.

룹의 경향을 명백히 보여 주고 있다.

이렇듯 베벌리는 문학의 한계를 지적하는 지점에서 텍스트의 전략적 해체를 통해 윤리학의 가능성을 찾는 스피박과 달리 텍스트의 재정치화 효과에 관심을 기울이며 문학 바깥에 존재하던, 그리하여 이전에는 가치 있는 텍스트로 인정받지 못했던 서사 양식의 복원을 시도한다. 그리고 그 텍스트들에서 하위주체가 중심이 되어 세계화의 중심과 주변, 주변과 주변을 연결하는 연대의 가능성을 찾는다. 즉, 문학의 문학적 가치라는 잣대를 거부하고 급진 정치의 '일부'——이는 급진 정치의 '수단'이라는 표현과 구별되어야 하는데, 왜냐하면 문화 자체가 경제구조의 단순한 반영이 아닌 일정 정도 자율적인 상부구조라는 그람시적 해석을 공유하기 때문이다——가 된다. 따라서 베벌리에게 하위주체연구는 아카데미의 안팎을 가로지르는 또 다른 정치적 실천 방식이 된다.

3. '재현'의 문제: 문학에 반대하여 증언서사로

앞서 살펴보았듯이, 하위주체연구가 왜 문학에 반대하는 학문인가라는 문제는 베벌리와 그 동료들이 증언서사라는 형식을 발굴하고 이론화함으로써 보다 구체화된다. 하위주체 스스로가 이야기하는 형식의 이 증언서사는 문학의 한계를 넘어서는 대안 서사로 많은 관심을 끌었고, 1990년대 라틴아메리카 문학 논쟁의 주요 주제 중 하나로 떠올랐다.

증언서사는 노벨평화상 수상자였던 과테말라의 선주민 운동가 리고베르타 멘추의 『내 이름은 리고베르타 멘추』(1983)라는 책에서 비롯된다. 선주민들의 정치적·문화적 권리를 말살하려는 라디노[6] 정부의 차별과 탄압에 맞서는 삶을 묘사하는 이 책은 엘리사베스 부르고스(Elizabeth Burgos)라는 베네수엘라 출신 작가의 이름으로 출판되지만, 제목이 말해 주듯이 '나'라는 일인칭의 목소리로 이야기가 진행된다. 화자인 멘추는 자신의 공동체에 대한 소개와 부모의 삶으로부터 시작해 자신이 어떤 어린 시절을 겪어 왔는지, 에스파냐어가 모국어가 아닌 처지로 인해 어떤 차별과 박해를 받았는지, 내전과 정부가 보낸 군대의 폭력으로 어떻게 공동체가 파괴되고 자신이 왜 저항을 하게 되었는지에 대해 '증언'한다.

베벌리가 보기에 『내 이름은 리고베르타 멘추』로 대표되는 증언서사가 다른 문학 장르와 구별되는 이유는 다음과 같다. 첫째, 르포나 다큐멘터리는 허구가 아닌 실제로 일어난 일을 다루지만 외부의 시선이나 제3자로서 사건을 바라본다. 이와는 달리 이 책은 멘추 자신의 목소리로 공동체에 대한 국가기구의 폭력적 개입과 저항을 이야기하기에 하위주체의 관점을 지식인 엘리트라는 여과장치를 거치지 않고 드러낸다. 다음으로, 증언서사는 1인칭 서술이라는 점에서, 그리고 자신의 체험을 들려준다는 점에서 자서전적 글쓰기와 같지 않은가라는 의

---

6 ladino. 중앙아메리카에서 주로 사용되는 용어. 특히, 과테말라에서는 선주민에 대비되는 인종적 명칭으로 에스파냐어를 사용하는 서구화된 메스티소 혼혈인을 지칭한다.

문이 제기될 수 있다. 베벌리는 자서전이 서사를 통해 개인의식의 성장과 완성을 추구하는 일종의 빌둥스로만(성장소설)인 반면, 『내 이름은 리고베르타 멘추』의 경우 멘추의 개인사를 다루고 있지만 그것이 멘추로 환유되는 선주민 공동체를 그린다는 점에서 다르다는 점을 지적한다. 종족 공동체와 근대 국가권력과의 갈등, 고유 언어와 전통의 문제, 정치적 억압과 문화적 말살이라는 주제들은 '개인적'이라기보다는 '사회적'이며, 이런 의미에서 증언서사는 타자의 집단적 목소리를 담고 있다는 점에서 자서전과 구별되어야 한다는 것이다. 정리하자면, 증언서사는 ① 긴급한 정치적 상황을 다루며, ② 1인칭의 화자를 가지고, ③ 화자가 공동체를 대표하거나 긴밀한 관계를 맺고 있는 것으로 정의될 수 있다.

베벌리와 동료들이 주도한 증언서사의 이론화는 즉각적 반향을 일으켰으며, 『내 이름은 리고베르타 멘추』 외에도 다른 텍스트들을 이 서사 양식으로 재인식하고 다시 연구하기 시작했다. 아르헨티나, 칠레 등에서 독재와 '더러운 전쟁'(Dirty War) 후 발견된 증언들이 그것이다. 또 다른 예는 미겔 바르넷(Miguel Barnet)이 쿠바의 노예 출신 흑인이 구술한 이야기를 녹취, 정리, 편집하여 책으로 펴낸 『어느 도망친 노예의 일생』(*Biografía de un cimarrón*, 1966)이다. 여기서는 에스테반 몬테호(Esteban Montejo)라는 105세 노인을 정보 제공자로 삼아 하위주체의 목소리를 직접 전달하고자 했다. 이들의 이론적 논의를 통해, 소설(혹은 문학)이 되기에는 작품성 미달이라고 비판을 받았던 다양한 형태의 증언, 진술 등의 파편화된 서사 형식이 '타자의 목소리'를 담아내는 그릇으로 재인식되었다.

　새로운 장르로서 증언서사 논쟁은 베벌리의 문제제기와 학자들의 광범위한 참여를 통해 비평적으로 심화되었다. 특히 베벌리와 우고 아추가르(Hugo Achugar)가 편집, 출판한 책 『타자의 목소리』(La voz del otro)는 전적으로 증언서사 논쟁을 다룬 책으로, 이 새로운 서사 장르가 1990년대 라틴아메리카 비평의 한가운데에 있었음을 증명해 준다고 하겠다. 이 책에는 멘추와 그녀의 목소리를 글로 옮긴 지식인 부르고스 사이에서 과연 누가 진짜 책의 지은이인가에 대한 논쟁,[7] 멘추의 증언 중 사실이 아닌 부분이 있다는 의문을 제기한 인류학자 데이비드 스톨(David Stoll)과의 논쟁,[8] 멘추가 밝히기를 거부한 '비밀'이 가지는 의미와 그로 인해 파급되는 엘리트와 하위주체 권력의 역전 효

---

7 처음에 책이 출간되었을 때에는 부르고스가 저자로 표기되었다. 이후 멘추는 이 책이 본인의 증언과 구술로 구성되어 있으며 자신이 명백히 책의 참여자임을 주장하였고, 이에 따라 재판된 책에서는 멘추가 공동저자로 등장한다. 그리고 현재 영문 번역판에는 멘추가 저자로, 부르고스는 편집·정리자로 다시 바뀌어 나오게 된다. 이 과정은 우리에게 증언자와 그들의 구술을 옮긴 이 사이에서 과연 누가 작가인가에 대한 질문을 제기하고, 더불어 근대 문학에 확립된 저자의 개념을 재고하게 만든다.

8 인류학자인 스톨은 현장 연구를 통해 멘추가 직접 목격했다는 동생의 처형 자리에 그녀가 있지 않았다는 주장을 하며 멘추 '증언'의 진실성에 의문을 제기한다. 이에 멘추는 이 점을 인정하면서 실제로는 그 현장에는 어머니가 있었으며 자신은 어머니가 이야기해 준 것을 대신 전한 것이라고 대답했고, 스톨도 멘추 동생의 공개 처형은 실제로 일어난 사건이었다고 확인해 준다. 베벌리는 이 '거짓말' 논쟁의 의미는 단순히 그 사실 자체를 가리는 데 있지 않고, 오히려 이를 통해 증언서사의 공동체적 성격을 보여 주는 것으로 보았다. 멘추는 단지 자신의 개인적인 경험을 구술하는 것이 아니라, 공동체의 입으로서 집단적인 체험을 말해 주고 있기 때문이다. 즉, 멘추 개인의 오류(혹은 거짓말)는 역설적으로 멘추가 속한 선주민 공동체의 경험과 이야기를 전달한다.

과[9] 등 증언서사를 둘러싼 여러 가지 질문과 토론이 담겨 있다. 베벌리 자신도 이러한 논쟁에 적극적으로 참여하면서 『하위주체성과 재현』(*Subalternity and Representation*, 1999), 『증언서사: 진실의 정치학』(*Testimonios: on the Politics of Truth*, 2004), 『9·11 이후의 라틴아메리카니즘』(*Latinamericanism after 9/11*, 2011) 등의 저작을 발표하게 된다.

증언서사는 무엇보다 문학의 민주화와 정치적 긴급함에 대한 하나의 문화적 대응이라 볼 수 있다. 엘리트 지식인들에 의한 재현을 거부하고 타자가 자신의 목소리를 통해 국가주의 기획이 담보하지 못하는 시민사회의 다양한 모순들을 드러낸다. 이렇게 증언서사가 민족 담론의 내부에 머무르지 않는 것처럼, 멘추의 잠재적 독자와 연대의 대상은 국민국가의 틀을 넘어선다. 즉, 과테말라 국민이 아닌 초국가적 자본에 대항하는 전 세계의 민중과 하층민이 될 수 있다. 따라서 증언서사는 국경을 넘어 하위주체와 엘리트, 다른 지역의 하위주체를 가로지르며 연대의 잠재적 토대가 되는 전지구화 시대에 하나의 대안적 서사 양식으로 읽히게 된다.

---

9 멘추의 증언 중에서 큰 관심을 끈 부분 중의 하나가 '비밀'에 관한 것이다. 그녀는 공동체에 관한 것 중 절대로 외부에 발설하지 않아야 할 비밀이 있으며 자신 또한 결코 말해 줄 수 없다고 단언한다. 지식인 엘리트와의 권력 관계에 있어 약자의 위치에 있는 선주민들은 자신들의 처지가 알려져 함께 저항할 수 있기를 원하지만, 한편으로는 지식인들에게 자신들이 하나의 지식의 대상이 된다는 사실도 간과할 수 없다. 하지만 그들의 '비밀'로 인해 지식인은 멘추와 선주민 공동체를 완벽히 재현하는 것이 불가능하기에, 이 '비밀'은 그들이 타자로 박제되는 것을 막아 주며 오히려 지식인과의 관계에서 발생하는 불균등한 권력 관계를 일정 정도 반전시킬 수 있는 효과를 가진다는 것이다.

4. 비판과 의의

하위주체연구는 많은 반향을 일으킨 동시에 문화연구 진영 안팎으로
부터 비판을 받는다. 여기에서 외부적 시선은 전통적 문학연구 방식
을 지지하는 흐름과 무관하지 않다. 이들은 문학의 한계와 이에 대한
대안적 형식으로서의 증언서사 자체에 회의적인 입장을 보인다. 로베
르토 곤살레스 에체바리아(Roberto González Echevarría)는 문학성이
결여된 증언서사와 같은 에세이 형식이 과연 시간이 지난 후에도 독자
들한테 읽힐 수 있는가에 강한 회의적 입장을 취하면서 증언서사를 고
전적인 문학의 잣대로 파악한다. 결과적으로 문화연구와 하위주체연
구가 일정한 유행이나 특정한 정치적 상황에서의 적합한 상태를 크게
넘어서지 못하며 세월이 지나면 곧 사라지게 된다는 것이다.

　문화연구 진영 외부의 시선이 문학의 중심성이라는 오래된 화두
를 꺼내 하위주체연구를 비판한다면, 내부에서도 하위주체연구에 대
한 우려의 목소리를 확인할 수 있다. 이는 무엇보다도 1990년대 이후
학문의 중심이 된 미국 학계가 주도하는 연구에 대한 위험성을 지정
학적 측면과 포스트식민주의적 관점으로 바라본 것이다. 마벨 모라냐
의 경우는 활발한 하위주체연구 논의를 '하위주체 붐'이라고 표현하는
데, 그녀의 관심은 '하위주체'가 라틴아메리카 문화의 맥락에 (갑작스
럽게) 도입된 계기이다. 모라냐는 맑스주의에 기반을 둔 좌파가 그 현
실적 유효성을 상실하면서 새로운 가능성을 라틴아메리카의 '타자'에
서 찾았으며, 그 이론화 작업의 결과가 하위주체연구로 이어졌다는 점

을 강조한다. 그녀의 논리에 따르면 하위주체연구는 라틴아메리카를 중심부 좌파의 시선을 통해 낭만화하고 급진화하려는 기획인 셈이다. 중심부 학계가 자신의 정당성을 유지하기 위해 하위주체란 신조어를 이용하는 것과 다름이 없으며, 이런 이유에서 가르시아 칸클리니 등이 주장한 포스트모던적 혼종성과 그 내용에 있어서는 완전히 다른 것 같지만, 세계화 시대 서구 좌파가 라틴아메리카에 대해 가지는 외부적 시각이라는 점에서 결과적으로 동일하다는 것이다. 우고 아추가르의 주장도 이와 크게 다르지 않다. 미국 학계 중심의 하위주체연구 역시 라틴아메리카라는 다루기 힘든 '사자'를 길들이려는 '사냥꾼'의 시도라는 비유를 사용하면서, 결국 하위주체연구도 지식 권력의 불평등한 지형도에서 완전히 자유로울 수 없으며, 비록 정치적으로 급진적 형태를 보여 주지만 그 본질에 있어서는 세계화 시대에 대응하여 중심부 권력이 자신의 영향력을 확장시키고 완충하려 하는 역할을 한다는 것이다.

이와 달리 닐 라센(Neil Larsen)의 경우, 지정학적 측면에서 위 두 사람의 견해에 어느 정도 동의하면서도 하위주체연구를 폐기하는 것이 아니라 이를 심화함으로써 보다 긍정적 가능성을 보여 줄 수 있다는 양가적인 입장을 취한다. 라센이 강조하는 부분은 하위주체와 그 외부에 대한 관계의 문제였다. 증언서사를 예로 들면서 하위주체의 목소리가 공동체 외부에서는 어떻게 읽히는지, 읽는 행위를 통해 양자 간의 소통이 가능한지, 그 과정에서 나타나는 중심/주변의 위계와 권력 효과가 무엇인지에 대한 분석이 필요하다고 주장한다.[10] 즉, 중심/

주변, 지식인/하위주체, 미국의 학계/하위주체의 분리에서 나타나는 균열에 대한 성찰이 전제되지 않는 하위주체연구는 결과적으로 중심부가 주변 혹은 하위주체를 재현한다는 이름으로 장악하고 통제하는 하나의 방식으로 굳어질 것이라고 라센은 말한다.

실제로, 베벌리의 경우 스피박이 제기한 재현의 문제에 대해 공감하지만, '재현'의 문제에 함몰되는 것을 경계하고 정치성을 강조한 나머지 대안으로서 증언서사가 갖는 재현의 복합적 관계를 간과하는 측면이 있었다. 즉,『내 이름은 리고베르타 멘추』가 멘추의 구술을 기록한 부르고스라는 지식인의 저작이라는 사실에서 파생하는 '저자'의 문제, 멘추가 공동체 내에서 어떤 담론적 위치에 있는가에 대한 문제, 멘추와 책을 읽는 독자 사이에 놓인 거리, 불균등한 권력의 문제는 이론적·인식론적으로 더욱 엄밀하게 연구되어야 할 과제로 남는다. 이 과정을 생략한 채 '연대'의 문제에만 초점을 맞추게 된다면, 중심부 지식인들이 라틴아메리카의 하층민과 그 저항을 외부자의 시선으로 낭만화한다는 비판을 피하기 어렵다. 이러한 지적에 대답하고 토론하면서 베벌리와 하위주체연구 그룹은 자신들의 논의를 심화시켜 왔다.

사실 지정학적인 관점에서 하위주체연구가 주로 미국에서 논의된 중심부의 학문이라는 비판은 피할 수 없는 것이었다. 하지만 이 태

---

10 라센은 담론의 '발화 위치'(locus of enunciation)를 통한 지정학적 분석을 받아들이면서도, 동시에 '읽는 행위'(reading)를 통해 발생하는 다양한 권력 효과에 관심을 기울인다. 라틴아메리카 문학에 대한 '읽기'의 지정학적 고찰은 그의 책『남쪽의 관점에서 북쪽 읽기』(Reading North by South)에서 자세히 논의된다.

생적 한계는 한편으로는 세계화 시대 초국가적인 연대의 가능성으로 기능한다는 점에서 이중적이다. 어떤 한 지역이나 국가도 세계체제 내에서 자유로울 수 없으며 저항은 국경을 넘는 연대를 필요로 하기 때문이다. 지식과 권력의 불평등한 세계 지도에서 중심과 주변, 주변과 주변을 연결하는 기획이 바로 하위주체연구의 임무라면, 그것이 비록 중심부의 학문일지라도 의의를 가진다. 베벌리 역시 이 점을 인지하고 있으며, 하위주체와 유기적 지식인의 관계 속에서 하위주체의 목소리와 저항에 그 중심을 두며 중심부 지식인은 그들의 투쟁에 힘을 실어 주는 역할에 국한되어야 함을 강조한다. 또한, 이와 관련하여 간과해서는 안 될 점이 있다. 이미 라틴아메리카 하위주체연구는 남아시아 하위주체연구와의 대화를 통해서 그것이 단순히 중심부의 담론이 아니라 주변부와 주변부 —— 중심부인 세계의 북쪽에 대항하는 '남-남 기획'이라고 불리기도 한다 —— 를 연결하려 하였다. 즉, 그 자체가 중심부의 이론이라는 한계를 넘어서려는 노력 속에서 등장한 실천이자 학문이라는 점이다. 이런 측면에서 하위주체연구는 비판과 한계에도 불구하고 커다란 정치적 함의를 지니며, 특히 세계화 시대의 문화실천으로 자리를 잡아 갔다.

베벌리는 증언서사가 문학을 넘어서는 서사 형식이라고 주장했고, 반대로 곤살레스 에체바리아는 그것의 유행은 일시적인 것이라고 못 박았다. 이 두 사람 모두에게 역설적이게도 『내 이름은 리고베르타 멘추』는 현재 라틴아메리카 문학 수업에서 광범위하게 읽히는 텍스트가 되었다. 어떤 입장에 서든 간에 증언서사를 읽음으로써 문학의 한계와 대안적 서사 양식, 재현의 문제와 현실의 정치, 사회적 문제를 제기하기 때문이다. 다른 한편으로는, 세계화 시대의 문화적 실천의 한 방식을 보여 준다. 포스트식민주의의 경우 주로 인식론적 비판을 통해 불평등한 세계의 권력 지도나 문화의 식민성을 추적해 왔다. 하위주체 연구는 앞서 설명한 바와 같이 보다 현실 정치에 밀착되어 있다. 라틴아메리카 하층민의 저항과 투쟁의 목소리를 직접적으로 전달함과 동시에, 전지구적인 저항을 조직해 내는 것, 따라서 문화와 정치의 영역은 분리된다기보다는 문화는 정치화 과정을 통해 재구성되고 생명력을 얻게 된다는 것을 보여 준다.

5. 신자유주의 세계화, 하위주체 그리고 '국가'라는 문제 설정

라틴아메리카 하위주체연구는 1970년대부터 이어진 문화연구의 전통 중에서도 가장 실천적이고 현실 정치사회의 구조 및 상황과 밀접한 관계를 맺으려 한다는 평가를 받아 왔다. 그런 의미에서 현실주의자 레닌을 규정하는 유명한 구절 '무엇을 할 것인가'에 빗대어 설명할 수 있을 것이다.[11] 하위주체가 있는 장소에서, 저항이 존재하는 곳에서

---

11 이 구절은 레닌이 발행했던 팸플릿 『무엇을 할 것인가?』의 제목이다. 이 책은 혁명의 단계론에 집착하는 경제주의자들이 노동운동의 성숙기까지 기다려야 한다는 대기주의적 경향에 반대하여 구체적인 정치적 실천을 강조하는 레닌의 전략을 가장 잘 드러낸 것으로 유명하다. 레닌의 구절을 이 글의 제목과 연관지은 것은 하위주체연구가 라틴아메리카의 신자유주의적 세계화에서 나타나는 문제에 현실적으로 그리고 실천적으로 접근하기 위한 문화연구의 한 경향임을 보여 주기 위함이다.

구체적 실천을 기획하고 연대하는 것이 하위주체연구가 제기하고 진화시킨 문화연구의 과제이기 때문이다. 또한, 장밋빛 미래를 약속했던 경제적 세계화와 신자유주의적 정책은 오히려 새로운 불평등과 빈곤을 야기했으며, 이에 하위주체연구는 세계화에 대한 대항담론으로서 보다 큰 설득력을 얻을 수 있었다. 하지만 21세기에 접어들면서 그룹은 위기를 맞게 되고 2002년에는 결국 해체에 이른다. 애초부터 느슨한 학자 연대의 형식이었고 점점 더 광범위해지는 의제의 확장으로 인해 더 이상 그룹을 유지하는 것이 불가능하였다고 베벌리는 설명한다. 다른 분석도 존재한다. 2003년 필자가 참여한 에콰도르 키토에서 개최된 여름 비평학교 세미나에서 하위주체그룹의 일원이었던 훌리오 라모스(Julio Ramos)는 1980년대와 1990년대를 관통했던 증언서사와 같은 새로운 서사 형식에 대한 연구의 쇠퇴는 일정 부분 새로운 목소리를 담은 '텍스트'의 부재로 귀결된다고 설명하였다. 즉, 주목하고 연대해야 할 문화적, 서사적 텍스트가 고갈됨으로써 연구자들은 하위주체연구를 지속, 심화시킬 동력을 찾기가 힘들다는 것이다.

오히려 라틴아메리카의 정치, 문화 지형은 신자유주의와 세계화에 대항한 사회운동의 물결과 좌파 정치의 재집결, 그리고 이를 통해 정권 획득을 목표로 하는 새로운 상황을 맞이하게 된다. 이른바 '분홍물결'로 불리는 이 현상은 베네수엘라의 차베스를 필두로 하여 신자유주의와 미국에 의해 주도되는 세계화에 정면으로 반기를 든 세력이 라틴아메리카의 거의 전 지역에서 헤게모니를 장악한 하나의 사건이었다. 아르헨티나의 키르치네르에서부터 브라질의 룰라, 우루과이의 바스케스, 도미니카공화국의 페르난데스, 칠레의 바첼레트, 니카라과의 오르테가, 볼리비아의 코카 재배 농민 출신인 모랄레스, 에콰도르의 코레아에 이르기까지 좌파 세력의 연속된 집권은 라틴아메리카를 세계화의 거대한 조류 속에서 또다시 독특한 위치에 올려놓는다.[12] 그리고 라틴아메리카 문화비평가들과 하위주체연구 그룹에 속했던 학자들은 국가를 통한 헤게모니의 획득이라는 현실을 해석하고, 평가하며, 이에 대한 이론화를 시도한다. 이는 시민사회에 집중되었던 정치, 문화적 관심과 역량이 다시 국가주의 전략으로 선회하는 것임을 암시하는 것일까?

베벌리는 '분홍 물결'이 결코 기존의 하위주체연구와 분리되거나 대립되는 것이 아니라는 의견을 피력한다. 반대로 하위주체와 국가가 만나는 방식을 보여 주는 중요한 예로서 이 현상을 주목하고 옹호한다. 이를 증명하기 위해 우선 하위주체연구와 포스트식민주의 정치학이 성장하면서 형성된 이분법 —— 즉, 국가와 시민사회의 분리 —— 이 가져온 역효과를 지적한다.[13] 사회주의의 몰락 이후 국가라는 제도는 결과적으로 하위주체를 억압하는 기구이며, 국가 권력을 획득하려는 시도는 명백한 한계를 가진 해방 전략이라고 인식되어 왔다. 즉, 하위주체의 운동과 저항은 국가라는 '제도'에 맞서 시민사회를 비롯한

---

12 물론 이들 정부가 이데올로기적으로 동일한 지향을 가진 것은 아니다. 베네수엘라의 차베스와 같이 미국 중심의 신자유주의 질서에 정면으로 대항하며 보다 확고한 라틴아메리카의 동맹을 추구하는 경향과 브라질의 룰라와 같이 신자유주의적 세계화 물결에 어느 정도 타협하면서 주로 국내 문제를 선결하려는 경향, 이렇게 크게 두 방향으로 나눌 수 있다.

제도권 밖의 정치사회공간을 통해 경유해야 하는 것이었다. 베벌리가 보기에 이러한 주장은 1990년대에는 충분히 납득할 만한 것이었지만, 현재는 다른 국면에 접어들었음을 인식해야 한다는 것이다. '분홍 물결'을 가능케 한 라틴아메리카 좌파와 하위주체의 기획은 비록 국가권력 획득을 그 과제로 설정하고 있지만, 결코 권력 획득 그 자체에 매몰되지 않기 때문이다.

하위주체연구가 자유주의 진영과 기존 좌파 세력 모두가 가진 '국가주의'를 비판하면서 결집된 실천적 학문이라는 점에서 베벌리가 '국가'를 긍정적으로 바라보는 것은 자칫 모순으로 보일 수도 있다. 그러나 여기서 주목해야 할 점은 그는 이전에도 '국가'를 단순히 하위주체의 적으로 파악하지 않고, 하위주체가 '국가'가 되는 것은 가능한가, 그리고 이런 상황에서 어떤 방식으로 하위주체는 헤게모니를 조직해야 하는가에 관한 질문을 던진다. 『하위주체성과 재현』의 한 단락을 인용해 보자.

---

13 베벌리가 이 분리로 인한 문제점으로 지적한 예는 사파티스타였다. 이들은 멕시코의 2006년 대통령 선거에서 중도좌파 연합인 PRD당을 지지하는 대신, 선거라는 국가주의 기획 공간에 참여하지 않을 것을 결정한다. 그리고 그들이 투쟁할 곳은 시민사회임을 명백히 했다. 결과적으로 부정 선거의 논란 속에서 신자유주의를 추종하는 여당의 후보가 근소한 차로 당선이 되게 된다. 이후 멕시코의 진보진영은 급속하게 분열되었으며 새로운 정부는 국가 안보라는 명목으로 통제를 강화하였다. 그 결과로 시민사회 공간은 축소되었다. 이 과정을 설명하면서 베벌리는 시민사회 운동이 결코 국가와 분리된 것이 아니며, 이 두 영역을 넘나들어야만 궁극적으로 시민사회의 영역을 보다 확장, 강화시킬 수 있다고 주장한다.

하위주체연구는 민족-국가, 특히 탈식민적 민족-국가에 대한 비판과 연구를 그 중심 과제로 포함시키는 것으로 이해되어 왔다. 하지만 언제나 최종적으로 놓인 민족이라는 형태의 에너지에 대한 '탈민족적' 탈구조주의를 넘어, 하위주체연구는 우리로 하여금 '실제로 존재하는 사회주의'의 몰락과 탈식민화 과정에서 생긴 산디니스타와 같은 혁명적 운동의 패배 혹은 쇠퇴 이후 오늘날 의미를 얻어 가는 새로운 형태의 민족을 다시 상상하게 된다. 데이비드 로이드(David Lloyd)는 이런 관점에서 "국가에 대항하는 민족주의"의 가능성에 대해 언급한다. 나는 그의 이 슬로건에 동의하는 한편, (많은 논란을 불러오겠지만) 국가에 반대하는 민족주의를 주장하는 것이 또한 새로운 종류의 국가가 될 수 있다는 점을 부연하고자 한다. (베벌리 2013, 81~82)

여기서 베벌리는 국가주의의 문제점을 인정하면서도, 한편으로는 하위주체로부터 시작되는 새로운 종류의 민족 혹은 국가에 가능성의 문을 열어놓는다. 시민사회 안팎의 민중들은 국가로까지 발전될 수 있다는 점에서 그는 국가-시민사회의 명확한 분리에 반대한다. 그리고 민중이 중심이 된 새로운 공동체가 한 사회에서 헤게모니를 가질 때 국가라는 형태를 취할 수 있으며, 이 '민중국가'(people-state)는 기존의 부르주아 국가와 다른 방식의 사회적 조직과 관계를 만들어 낼 가능성을 긍정적으로 그리고 실천적으로 바라보아야 한다고 베벌리는 주장한다.

'민중국가'의 측면에서 국가를 현실적 대안에서 완전히 배제하지 않는 그는 다른 한편으로 역사적 맥락에 주목한다. 세계화와 신자유주의는 명백히 개별 국가의 역할을 축소해 왔다. 특히 이 둘의 결합은 새로운 방식의 불평등, 폭력, 가난과 소외를 만들어 왔으며 하위주체는 이를 위한 어떠한 완충 장치도 갖지 못한 채 이 급속한 변화에 내몰리게 되었다. 베벌리가 보기에, 이런 역사적 맥락에서 국가를 전유하려는 좌파의 계획은 민족국가가 단시간에 사라지기보다는 지속될 것이란 예상 속에서 현실적인 대안이 될 수 있다.[14] 즉, 개별 국가의 경계를 넘어 폭력적으로 진행되는 세계화에 의한 삶의 식민화에 대한 방어막의 기능을 국가로부터 기대하는 것이다. 그리고 국가의 권력이 하위주체로부터 나옴으로써, 다시 말해 하위주체가 국가가 됨으로써 국가의 메커니즘은 다른 방식으로 재구성되고 행사될 가능성을 가진다.

따라서 '분홍 물결'은 하위주체 그룹 내의 다른 연구자들이 비판하는 것처럼 구좌파와 같이 국가 권력을 획득하기 위한 기획을 단순히 답습하는 것은 아니다. 오히려, 세계화와 신자유주의가 경제적, 정치적, 문화적, 담론적으로 지배하는 현상에 대한 하위주체의 새로운 도전으로 읽힐 수 있다. 하위주체는 '국가가 됨'으로써 그 '하위주체성'을 상실하는 것이 아니며, 그 역동성이 확장되어 민중적 헤게모니의 형태를 만들어 낼 수 있다. 이 점이 바로 차베스를 비롯한 이들 정부의 문제

---

14 이러한 주장은 마이클 하트와 안토니오 네그리가 『제국』에서 주장하는 것과 정면으로 배치된다. 이들은 이제 국가의 시대는 끝났으며 세계는 네트워크를 통해 작동하는 제국에 의해 통제된다고 보았다. 그리고 이 '제국'에 대항하기 위해서는 역시 기존의 민족국가의 틀로는 불가능하고 바람직하지도 않으며, 대신에 전 세계 다중의 결집이 요구된다는 주장을 제기한 바 있다.

점과 많은 논란에도 불구하고 마냥 부정적으로 판단해서는 안 될 이유이다.

베벌리는 라틴아메리카에서 벌어지는 현실적 문제에 적극적으로 참여하면서 새로운 이론적 결합을 추구하고 있다. 여기서 우리는 베벌리가 하위주체연구를 실천과 떼어 놓을 수 없는 학문으로 본다는 것을 다시 확인할 수 있다. 앞서 언급한 바와 같이 그에게 하위주체연구는 '무엇을 할 것인가'에 천착하는 문화연구를 지향하는 학문인 것이다. 어쩌면 이런 측면에서 하위주체연구는 그룹이 해체되고 유행의 정점을 지났다고 할지라도 하위주체가 존재하는 한 여전히 그 유효성과 가치를 지닐 것이다. 그것은 이 연구가 모든 학문이 빠지기 쉬운 자기 폐쇄성을 넘어 하위주체와 연대하는 지향점을 제시해 주기 때문이다.

참고문헌

베벌리, 존(2013), 『하위주체성과 재현: 라틴아메리카 문화이론 논쟁』, 박정원 옮김, 그린비.

블랙번, 로빈 편저(1994), 『몰락 이후, 공산권의 패배와 사회주의의 미래』, 김영희 외 옮김, 창작과비평사.

우석균(2010), 「라틴아메리카 하위주체 연구와 문화적 권리」, 임상래 외, 『저항, 새로운 연대, 다문화주의』, 박종철출판사, pp. 51~74.

하트, 마이클/안토니오 네그리(2001), 『제국』, 윤수종 옮김, 이학사.

Achugar, Hugo(1998), "Leones, cazadores e historiadores: a propósito de las políticas de la memoria y del conocimiento", Santiago Castro-Gómez(ed.), *Teorías sin disciplina. Latinoamericanismo, poscolonialidad y globalización en debate*, México: Porrúa, pp. 271~286.

Achugar, Hugo and John Beverley(1992), *La voz del otro: Testimonio, subalternidad y verdad narrativa*, Lima & Pittsburgh: Latinoamericana Editores.

Beverly, John(1993), *Against Literature*, Minneapolis: University of Minnesota Press.

_____(2004), *Testimonio: on the Politics of Truth*, Minneapolis: University of Minnesota Press.

_____(2008), "The Neoconservative Turn in Latin American Literary and Cultural Criticism", *Journal of Latin American Cultural Studies*, Vol. 17, No. 1, pp. 65~83.

_____(2011), *Latinamericanism after 9/11*, Durham: Duke University Press.

Burgos, Elizabeth and Rigoberta Menchú(1987), *I, Rigoberta Menchu: An Indian Woman in Guatemala*, London and New York: Verso.

González Echevarría, Roberto(1992), "Reflections on Crystal Ball", *Latin American Literary Review*, Vol. XX, No. 40, pp. 51~53.

Larsen, Neil(1995), *Reading North by South: On Latin American Literature, Culture and Politics*, Minneapolis: University of Minnesota Press.

Latin American Subaltern Studies Group(1993), "Founding Statement", *Boundary 2*, Vol. 20, No. 3, pp. 110~121.

Moraña, Mabel(1998), "El boom del subalterno", *Cuadernos Americanos*, Vol. 67, No. 1, pp. 216~222.

Rodríguez, Ileana(ed.)(2001), *The Latin American Subaltern Studies Reader*, Durham and London: Duke University Press.

Spivak, Gayatri Chakravorty(1988), "Can the Subaltern Speak?", Cary Nelson and Lawrence Grossberg(eds.), *Marxism and the Interpretation of Culture*, Urbana: University of Illinois Press, pp. 271~313.

찾아보기

지은이 · 옮긴이 소개

넬슨 말도나도-토레스 Nelson Maldonado-Torres

러트거스 뉴브런스윅 뉴저지주립대학교에서 비교문학과 및 라티노·카리브학과 교수로 재직 중이다. 푸에르토리코대학교에서 철학과 사회학, 라틴아메리카학을 전공하고, 브라운대학교에서 종교학 박사학위를 취득했다. 주요 저서로는 『전쟁에 반대하여: 밑에서 본 근대성의 양상』(*Against War: Views from the Underside of Modernity*, 2008)과 『세계체제 속의 라티노/나: 21세기 미국 제국에서의 탈식민화 투쟁들』(*Latino/as in the World-system: Decolonization Struggles in the 21st Century U. S. Empire*, 2015) 등이 있고, 『반둥: 전지구적 남』(*Bandung: the Journal of the Global South*)의 '프란츠 파농, 탈식민성, 반둥 정신' 스페셜 이슈를 공동 편집하였다.

마벨 모라냐 Mabel Moraña

우루과이 출신의 문학 비평가이자 문화 연구자. 미네소타대학교에서 문학박사 학위를 취득했다. 피츠버그대학교 교수로 재직 중에 10년 동안 이베로아메리카문학 국제연구소의 출판 부분을 지휘하였고, 현재 세인트루이스의 워싱턴대학교 교수로 재직 중이다. 『불순한 비평』(*Crítica impura*, 2004), 『고삐 풀린 식민성: 라틴아메리카와 포스트식민주의 논쟁』(*Coloniality at Large: Latin America and the Postcolonial Debate*, 2008, 공동 편찬), 『한계의 글쓰기』(*La Escritura del límite*, 2010), 『아르게다스대 바르가스 요사: 딜레마와 조립』(*Arguedas/Vargas Llosa: Dilemas y ensamblajes*, 2013), 『포스트식민적 추라타』(*Churata postcolonial*, 2015), 『전쟁기계로서의 괴물』(*El monstruo como máquina de guerra*, 2017), 『몸을 생각하다: 역사, 물질성, 상징』(*Pensar el cuerpo: Historia, materialidad y símbolo*, 2021) 등 수많은 저작이 있다.

산티아고 카스트로-고메스 Santiago Castro-Gómez

콜롬비아의 철학자로 요한 볼프강 괴테 프랑크푸르트 대학교에서 박사학위를 취득하고, 자국의 하베리아나대학교와 보고타 산토 토마스 대학교에서 교수를 역임했다.

근대성/식민성 그룹의 일원으로 아니발 키하노, 월터 미뇰로, 엔리케 두셀 등과 교류하며 철학 분야에서 비판적 사유의 실천과 확산에 노력했다. 주요 저서로 『라틴아메리카 이성비판』(*Crítica de la razón latinoamericana*, 1996), 『0도의 오만. 누에바 그라나다의 과학, 인종, 도해(1750-1816)』(*La hybris del punto cero. Ciencia, raza e ilustración en la Nueva Granada(1750-1816)*, 2005), 『통치성의 역사. 미셸 푸코와 국가이성, 자유주의, 신자유주의』(*Historia de la gubernamentalidad. Razón de estado, liberalismo y neoliberalismo en Michel Foucault*, 2010) 등이 있다.

아니발 키하노 Aníbal Quijano

페루의 사회학자로 페루 산마르코스국립대학교에서 박사학위를 취득하고, 1965년에서 1971년 사이에 산티아고의 유엔 산하 라틴아메리카경제위원회(CEPAL) 연구원으로 재직하면서 종속이론가로 변신했다. 이후 산마르코스국립대학교와 뉴욕 빙햄튼대학교 교수로 재직했다. 엔리케 두셀과 월터 미뇰로와 함께 탈식민주의 연구(decolonial studies)의 토대를 구축했으며, 특히 권력의 식민성 개념을 창안했다. 주요 저서로 『페루의 민족주의, 신제국주의, 군사주의』(*Nacionalismo, neoimperialismo y militarismo en el Perú*, 1971), 『제국주의 위기와 라틴아메리카의 노동계급』(*Crisis imperialista y clase obrera en America Latina*, 1974), 『지배와 문화: 촐로와 페루의 문화적 갈등』(*Dominación y cultura. Lo cholo y el conflicto cultural en el Perú*, 1980), 『라틴아메리카의 근대성, 정체성, 유토피아』(*Modernidad, identidad y utopía en América Latina*, 1988) 등이 있다.

엔리케 두셀 Enrique Dussel

아르헨티나 철학자로 에스파냐 마드리드 콤플루텐세대학교에서 철학으로, 소르본대학교에서 역사학으로 박사학위를 받았다. 빈곤의 본질이 억압이라는 깨달음에 입각해, 철학·역사학·신학을 넘나들며 1970년부터 해방철학의 토대를 마련하였다. 1975년 멕시코 망명 뒤에는 마르크스의 작품을 체계적으로 읽고 3부작을 집필하면서 자신의 사상에 깊이를 가미했다. 사유란 주어진 문화적 틀로부터 가능하며, 계급, 집단, 성, 인종 등의 이해관계와 밀접하게 연관되어 있다는 점을 역설했다. 그의 사상은 『해방철학』(*Filosofía de la liberación*, 1977), 『전지구화와 배제의 시대의 해방윤리학』(*Ética de la liberación en la edad de la globalización y la exclusión*, 1998), 『해방정치학』(*Política de la liberación. Historia mundial y crítica*, 2007), 『해방정치학 II』(*Política de la liberación: Arquitectónica*, 2009)로 구체화되었다. 이 밖에도 철학과 역사학, 신학 분야에서도 수많은 저서를 출간했다.

월터 미뇰로 Walter Mignolo

아르헨티나 코르도바대학교 철학과를 졸업하고 프랑스 사회과학고등연구원에서 기호학으로 박사학위를 취득했다. 인디애나대학교와 미시간대학교를 거쳐, 현재 듀크대학교에 재직 중이다. 라틴아메리카 식민지 시대 텍스트 연구를 통해 포스트식민주의에 관심을 지니게 되었고, 이후 탈식민주의의 주요 이론가로 진화했다. 주요 저작으로 『르네상스의 어두운 이면: 문해성, 영토성, 식민화』(*The Darker Side of the Renaissance: Literacy, Territoriality, Colonization*, 1995), 『로컬 히스토리/글로벌 디자인: 식민주의성, 서발턴 지식, 그리고 경계사유』(*Local Histories/Global Designs: Coloniality. Subaltern Knowledges and Border Thinking*, 1999), 『라틴아메리카, 만들어진 대륙』(*The Idea of Latin America*, 2005), 『서구 근대성의 어두운 이면: 전지구적 미래, 탈식민적 선택들』(*The Darker Side of Western Modernity: Global Futures, Decolonial Options*, 2011) 등이 있다.

이매뉴얼 월러스틴 Immanuel Wallerstein

컬럼비아대학교 사회학과에서 아프리카 연구로 학사학위를 받았다. 동 대학과 뉴욕주립대학 교수로 재직했다. 2005년까지 뉴욕주립대학교의 페르낭브로델센터 소장을 역임했다. 종속이론과 아날학파의 영향을 받았으며, 세계의 역사와 사회 전체를 하나의 시스템으로 보는 세계체제론으로 국제적인 주목을 받았다. 주요 저서로 『근대세계체제』(*The Modern World-System*, 전 4권, 1974~2011), 『세계체제 분석: 이론과 방법론』(*World-Systems Analysis: Theory and Methodology*, 1982), 『역사적 자본주의/자본주의 문명』(*Historical Capitalism, with Capitalist Civilization*, 1995), 『미국 패권의 몰락』(*Decline of American Power: The U. S. in a Chaotic World*, 2003) 등이 있다.

존 베벌리 John Beverley

라틴아메리카 하위주체연구 그룹의 창립 멤버로 샌디에이고 캘리포니아주립대학교에서 박사학위를 받았다. 문학의 한계를 급진정치와 결합하여 극복하려는 노력을 통해 라틴아메리카 문화연구, 탈식민주의, 하위주체연구를 주도했다. 피츠버그대학교의 명예 석좌교수이다. 저서로는 『중앙아메리카 혁명에서의 문학과 정치』(*Literature and Politics in the Central American Revolutions*, 공저, 1990), 『문학에 반대하여』(*Against Literature*, 1993), 『증언서사: 진실의 정치학에 관하여』(*Testimonio: On the Politics of Truth*, 2004), 『9·11 이후의 라틴아메리카니즘』(*Latinamericanism after 9/11*, 2011), 『라틴아메리카의 실패: 곤경에 처한 포스트식민주의』(*The Failure of Latin America: Postcolonialism in Bad Times*, 2019) 등이 있다.

김동환

서울대학교 서어서문학과를 졸업하고 멕시코 이베로아메리카대학교 근대문학과에서 '콜롬비아 시카리오 내러티브'를 주제로 박사학위 논문을 작성 중이다. 주 과테말라 대한민국 대사관에서 선임연구원으로 근무 후 서울대학교와 연세대학교에서 시간강사로 강의하였고, 현재는 주 에콰도르 대한민국 대사관에서 선임연구원으로 일하고 있다. 공역서로『현대 라틴아메리카』(2014)가 있다.

김은중

멕시코국립대학교에서 라틴아메리카 문학으로 박사학위를 받았다. 현재 서울대학교 라틴아메리카연구소 교수로 재직 중이다. 라틴아메리카 탈식민성과 사회운동에 관한 연구를 진행해 왔고, 최근에는 기후변화와 인류세 시대에 라틴아메리카에서 모색되고 있는 문명의 전환에 대해 주목하고 있다. 저서에는『라틴아메리카의 전환: 변화와 갈등』상·하(공저, 2012),『세계 지방화 시대의 인문학과 지역적 실천』(공저, 2012),『포퓰리즘과 민주주의』(공저, 2017) 등이 있으며, 역서로는『활과 리라』(공역, 1998),『라틴아메리카, 만들어진 대륙』(2010),『라틴아메리카 신좌파: 좌파의 새로운 도전과 비전』(공역, 2017) 등이 있다.

김종규

고려대학교 사학과 대학원.

김창민

서울대학교 인문대학 서어서문학과를 졸업하고, 멕시코 과달라하라대학교에서 라틴아메리카 문학 석사, 에스파냐 마드리드 콤플루텐세대학교에서 라틴아메리카 문학 박사학위를 취득했다. 현재 서울대학교 인문대학 서어서문학과 교수로 재직하고 있으며, 서울대학교 라틴아메리카연구소 소장을 맡고 있다. 대표 저서로는『라틴아메리카의 문학과 사회』(공동편저), 대표 역서로는『살라미나의 병사들』,『멕시코의 역사』등이 있다.

박정원

서울대학교 서어서문학과를 졸업하고 미국 피츠버그대학교에서 라틴아메리카 문화연구로 박사학위를 받았다. 노던콜로라도대학교에서 교수를 역임하였으며, 현재 경희대학교 스페인어학과 교수로 근무하고 있다. 라틴아메리카 문학과 영화를 중심으로 탈식민주의 이론, 라틴아메리카 대안사회 운동을 연구하고 있다. 주요 논문으로

「서발턴, '인민'의 재구성, 그리고 21세기 라틴아메리카 포스트신자유주의」(2017), 역서로는 『하위주체성과 재현: 라틴아메리카 문화이론 논쟁』(2013)이 있다.

우석균

서울대학교 서어서문학과를 졸업하고, 페루 가톨릭대학교와 마드리드 콤플루텐세대학교에서 라틴아메리카 문학으로 각각 석사와 박사학위를 취득했다. 칠레대학교와 부에노스아이레스국립대학에서도 수학했다. 현재 서울대학교 라틴아메리카연구소에 재직 중이다. 저서로 『바람의 노래 혁명의 노래』(2005), 『잉카 in 안데스』(2008), 『쓰다 만 편지』(2017) 등이 있고, 편저역서로 『역사를 살았던 쿠바』(2018), 공역서로 『마술적 사실주의』(2001)와 『현대 라틴아메리카』(2014) 등이 있다.

위정은

미국 노스웨스턴대학교 아시아문학·문화학과에서 조교수로 재직 중이다. 동 대학에서 영문학과 비교문학을 전공하고, 러트거스 뉴브런스윅 뉴저지주립대학교에서 비교문학 박사과정을 마쳤다. 근현대 한국문학 속 식민성과 유동성 연구를 수행 중이며, 『반둥: 전지구적 남』(*Bandung: the Journal of the Global South*)의 '프란츠 파농, 탈식민성, 반둥 정신' 스페셜 이슈를 공동 편집하였다.

이경민

조선대학교와 서울대학교를 졸업하고 멕시코 메트로폴리탄자치대학교에서 문학 박사학위를 받았다. 현재 조선대학교 스페인어과 교수로 재직하고 있다. 역서로 『제3제국』(2013), 『참을 수 없는 가우초』(2013), 『살인 창녀들』(공역, 2014), 『영원성의 역사』(공역, 2018), 『죽음의 모범』(공역, 2020), 『보편 인종, 멕시코의 인간상과 문화』(2018) 등이 있으며 엮은 책으로 『로베르토 볼라뇨』(2018) 등이 있다.